KB219802

이천 태평흥국명마애보살좌상 지표조사

2002

단국대학교 매장문화재연구소

이 천 시

동아시아의 뒷간

김광언

동아시아의 뒷간

2002년 9월 10일 초판1쇄 인쇄
2002년 9월 20일 초판1쇄 발행

지은이   김광언(金光彦)
발행인   홍기원(洪起元)

발행처   도서출판 民俗苑
주 소   서울 금천구 시흥5동 220-33 한광빌딩 B-1호
등 록   제 18-1호
전 화   805-3320, 806-3320
팩 스   802-3346
E-mail   minsok1@chollian.net

정가 45,000원
ISBN 89-5638-013-9   93380

Latrines Of The East Asia | Kim Kwang-on

동아시아의 뒷간

민 속 원

동아시아의 뒷간 | 차례 |

머리말
감사의 말씀

I. 한국의 뒷간

Ⅱ. 중국의 뒷간

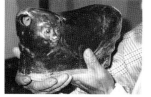

동아시아의 뒷간 | 차례 |

Ⅲ. 일본의 뒷간

6

IV. 동아시아 뒷간 민속

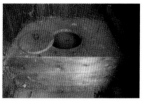

머리말

세계에서 가장 오랜 뒷간 유구는 1919년에 고대 수메르 문화의 중심지였던 유프라테스강 하류에서 발견되었다. 아카드(Akakad) 왕조(서기전 24세기～서기전 22세기) 때 개인 주택에서 쓴 수세식 뒷간이다. 그리고 서기전 2000년쯤 바빌로니아를 통일한 제4 왕조의 우르나무(Ur-namu)왕 무덤의 제5실에서도 벽돌을 쌓아올려 만든 좌식(座式) 뒷간이 나왔다(사진 1). 바닥으로 물이 흐르는 수세식으로, 하수관의 지름은 1미터에 이른다. 이 무렵에 수세식 뒷간이 적지 않게 보급되었던 사실을 알 수 있다. 고대 이집트의 여러 도시 주민들도 실내에 뒷간을 갖추어 놓았다. 또 서기전 1350년 무렵의 에집트의 텔 엘 아마르나(Tel-el-Amarna)

 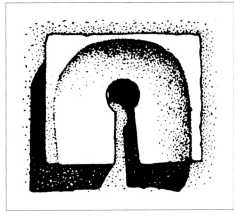

사진 1 고대의 좌식뒷간
서기전 22세기 무렵에 벌써 수세식 뒷간이 나타난 것은 놀라운 일이다.

그림 1 돌을 깎아 만든 변좌
앉기 편하도록 살을 궁둥이꼴로 발라내었다.

궁전 유적에서도 석회암으로 만든 변좌(便座)가 발굴되었다. 양쪽을 벽돌로 괸 것으로, 가운데에 열쇠 구멍 꼴의 구멍을 뚫었다(그림 1). 똥·오줌은 아래에 놓은 항아리에 받았다가 정원의 거름으로 썼다(Wright, 1960 ; 31).

그리스에도 크레타 섬의 크노소스 궁전(서기전 17~서기전 15세기)에 수세식 뒷간이 있었다. 그러나 서기전 5~4세기의 아테네 서민들은 뒷간과 거리가 멀었다. 길에서 똥·오줌을 누었고, 밤에만 요강을 썼다. 서기전 3세기에도 집에 뒷간이 없어서, 요강 청소를 맡은 노예를 따로 둔 형편이었다. 상속문서에 뒷간이 포함되었던 것도 그만큼 드물었기 때문이다.

잘 알려진 대로 로마에는 일찍부터 상·하수도 시설이 잘 갖추어졌다. 이 덕택에 서기전 3세기에 이미 시내 중심부와 체육시설 그리고 공중 목욕탕 등에 수세식 한데뒷간(공중변소)이 들어섰다. 클로아키나(cloacina)라고 불린 이 뒷간에는 큰방이나 뜰의 벽을 따라 물도랑을 돌렸다. 그 위에 걸터앉기 알맞은 높이의 대리석을 놓고, 60~70센티미터 간격으로 원형 또는 열쇠형의 구멍을 마련하였다. 배설물은 아래의 도랑을 통해 흘러 나갔다. 서기 1~5세기에는 여러 황제들이 적극적으로 한데뒷간을 세웠다.

개인 집에서 뒷간을 마련한 것은 1세기 뒤부터이며, 바닥으로 물이 흐르는 수세식도 있었다. 그림 2처럼 수도관에서 흐르는 물이 반달꼴로 돌아 나가는 위에 구멍 뚫린 돌은 얹은 것이다. 이 그림의 다른 한쪽, 곧 아무 시설이 없는 데를 일본 학자는 "쭈그려 앉는 뒷간"이라 하였으나(光藤俊夫·中山繁信, 1984 ; 74), 소변소로 보아야 옳다. 이 때에도 세 든 사람은 뒷간을 쓰지 못 하고 요강을 이용하였으며, 똥·오줌을 각 층에 놓인 큰그릇에 비우거나 길에 쏟아 버렸다. 로마·폼페이·오스티아(Ostia)·팀가트(Timgad) 등지의 대도시 사람들은 돈을 내고 한데뒷간을 이용하였다. 길가의 담 벽에서 똥을 눈 서민들도 적지 않았다. 폼페이 유적 담 벽에 집주인이 "이 곳에 똥·오줌을 누면 가만 두지 않는다."고 적어 놓은 내용을 통해 당시 사정을 잘 알 수 있다.

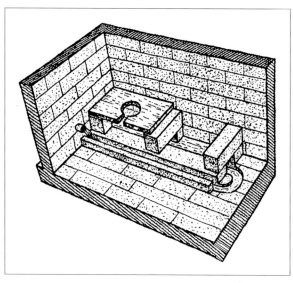

그림 2 로마의 수세식 뒷간모형도
왼쪽이 앉는 자리로 꼭지에서 나온 물이 말굽꼴로 돌아 나가면서 오물을 함께 실어간다. 오줌은 오른쪽 턱 위에 올라서서 누었을 것이다.

사진 2는 로마에서 서남쪽으로 15킬로미터쯤 떨어진 항구 도시인 오스티아의 공중목욕탕 앞에 세운 1-2세기의 한데뒷간이다. 회전문이 달렸고 대리석 한 장에 20개의 구멍을 뚫었으며 바닥으로 언제나 물이 흘렀다. 앉는 자리의 아래 구멍은 오줌 구멍이다. 한가지 눈에 띄는 것은 칸막이도 문도 없는, 완전 개방식인 점이다. 당시에는 오늘날처럼 똥·오줌 누는 일을 부끄럽게 여기지 않은

사진 2 로마시대의 수세식 한데 뒷간
오늘날과 달리 문도 칸막이도 없는 완전 개방식이다. 20여 명이 나란히 앉을 수 있으며 바닥으로 흐르는 물이 똥을 휩쓸어 나가는 구조이다. 아래 구멍은 오줌구멍으로 보인다.

듯 하다. 자락이 너른 옷을 입었던 것도 한 원인이었을 것이다.

뒷간이 수세식이었던 데에 견주면, 밑을 닦는 방법은 아직도 원시적이었다.

한데뒷간마다 마련해 둔 소금물 통에, 헝겊을 감은 막대기를 꽂아놓았다. 사람들은 이것으로 닦은 뒤, 다시 넣어서 다른 사람이 쓰도록 하였던 것이다 (Bourke, 1891 ; 118). 또 거리의 모퉁이마다 오줌 항아리(gastra)가 있어서 행인들이 이용하였다.

중세로 접어들면서 위생시설은 오히려 퇴화하였다. 유럽의 각 도시에 하수도 시설이 전혀 없었던 것이다. 시민들은 길에서 똥·오줌을 누었고, 밤에 눈 오줌을 창에서 길바닥으로 쏟아 버렸다. 페스트와 같은 돌림병이 큰 폐해를 낳은 것도 이 때문이다. 프랑스에서는 1372년과 1395년에 오물을 창 밖으로 버리지 말라는 왕명이 나왔으며, 파리의 경우, 1513년에서야 뒷간을 세우라는 법령을 만든 정도였다. 영국은 16세기말에 개인 집에 뒷간이 들어서기 시작하였다. 그러나 나무 밑이나 으슥한 담 밑에서 일을 보는 왕후나 귀족도 적지 않았고, 스페인 수도인 마드리드의 시민들은 1760년까지 똥·오줌을 길 밖으로 쏟아 버렸다. 오줌벼락을 맞지 않도록 여성을 길 가운데로 걷게 하는 것이 당시의 신사도였다. 영국에서는 18세기에도 오줌이 스미지 않는 특수외투를 입기도 하였다. 독일의 플뢰트너(Peter Flötner, 1485~1546)나 네덜란드의 렘브란트(Rembrandt, 1606~1669)가 길에서 똥을 누는 농민의 그림을 남긴 데에는 이만한 까닭이 있었던 것이다.

성곽에서도 뒷간을 따로 두지 않고 벽 밖으로 내어 붙인 작은 공간 바닥에 뚫어놓은 구멍에 똥·오줌을 누었다. 이것이 길바닥으로 떨어진 것은 더 말할 나

위가 없다. 나는 알프스 산맥 남쪽인 이탈리아의 티롤 지역에 있는 옛 성곽에서 이것을 보았다(사진 3). 주위에 인가가 없는 산꼭대기에 위치한 까닭에 근래까지 쓴 듯하다. 지금은 세계적 등반가인 라인홀트 메스너(Reinhold Messner, 1944~)의 소유물이 되었다.

베르사이유 궁전에도 뒷간이 없었다는 설이 돌았으나, 18세기초부터 물의 흐름을 조절하는 손잡이가 달린 수세식 뒷간을 쓴 사실이 근래에 밝혀졌다. 그러나 서민은 물론이고 궁정에서도 흔히, 걸터앉는 변기나 요강을 이용하였다. 요강을 닮은 휴대용 변기가 나온 것은 17세기말에서 18세기초이다. 귀족들은 이를 호사스럽게 꾸미는 외에, 금으로 이름도 박기도 하였다. 한편, 1843년에 나온 '파리시 공보'에 "벌건 대낮에도 길가에 쭈그려 앉아 똥·오줌을 누는 사람이 흔히 눈에 띤다. 그들은 몸을 가리거나 숨기려 들지 않는다."는 내용이 있다. 19세기 중반에도 온 시가지가 뒷간이었던 셈이다.

수세식 변기는 1596년에 영국의 해링턴(Jhon Harrington, 1516~1612) 경이 발명하였고, 1775년에 개량품이 나왔으며, 1840년대 이후 프랑스와 독일로 퍼져나갔다. 로마 시대의 수세식 뒷간이 1000년도 더 지나서 다시 나타난 것은 수수께끼에 가까운 일이다. 이로써 문명이 더러 뒷걸음질을 치기도 하는 사실을 알 수 있다. 서양의 변기는 거의 모두 의자식이지만 한데뒷간이나 공공장소의 뒷간에는 더러 일본의 그것처럼 쪼그려 앉는 것도 보인다. 이러한 변기는 특히 터키에 많다.

앞에서 든, 로마의 완전 개방식 뒷간은 1950년대에 미국의 대학 기숙사에 남아있었다. 나는 한국 전쟁 때 미군들이 들판에 나란히 마련한 변기에 줄줄이 걸터앉아서 떠들며 일을 보는 모습을 보았다. 1988년, 그랜드 캐년 부근의 어떤 식당에는 문이 없이 앞이 환하게 터진 뒷간도 있었다. 나는 매우 급박한 상황이었음에도 똥을 못 누고 되돌아 나오고 말았다.

비슷한 시기에 아리조나주의 주도(州都)인 피닉스 국제 공항에서 겪은 일이다. 뒤를 보고 나서 물 꼭지를 찾았으나 보이지 않았다. 물통의 좌우 양쪽을 두 손으로 번갈아 가며 더듬고 다시 위아래를 훑었지만 마찬가지였다. "이럴 수가 있나?" 싶어, 바닥까지 살폈어도 역시 눈에 띄지 않았다. 다른 도리가 없어 일어나서 찾기로 하였다. 서서 바지춤을 올리는 순간, '콰르릉' 물소리가 나면서 소용돌이와 함께 오물이 휩쓸려 내려갔다. 꼭지를 찾아 누르지 않더라도, 일어서면 물이 스스로 쏟아져 내리는 변기였던 것이다. 지금은 서울의 삼성병원에도 설치되었다. 얼마동안은 "바로 일어서면 물이 저절로 흐릅니다."는 안내문이라도 붙이는 것이 좋을 것이다.

러시아의 모스크바 국제 공항 변기에 뚜껑은 물론이고, 나무 깔판이 없어서 당황했던 기억이 새롭다. 두 발을 변기 가장 자리에 올려놓고, 조마조마하게 일을 보았다. 1980년대 말의 러시아는 기름이 모자라서 비행기가 뜨지 못할 정도로 혼란이 극심하였다. 이 때문에 승객들은 비행기를 기다리며 공항 이곳 저곳에서 노숙을 하는 형편이었다. 깔판이 없는 변기도 이 탓이려니 싶었다.

또 1995년, 동부 시베리아의 하바롭스크시에서 백 킬로미터쯤 떨어진 작은 도시의 호텔 변기에도 깔판이 없는 것을 보고 놀랐다. 이것은 그대로 앉거나, 다리를 변기 가장 자리에 올려놓고 쪼그려 앉는 방법을 쓸 수밖에 없다. 그러나 변기의 크기를 보면, 여간한 뚱보가 아니고서는 걸터앉는 것이 불가능하였다. 따라서 두 다리를 올려놓거나, 궁둥이를 될 수 있는 대로 앞으로 빼고 앉아야 한다. 러시아 사람들은 뒤의 방법을 쓸 터이지만, 어느 쪽이나 불편하기는 마찬가지이다. 궁둥이를 앞으로 빼면 오줌발이 밖으로 뻗칠 위험이 높다. 특히 여성은 더욱 문제가 아닌가?

사진 4 문도 칸막이도 없는 중국
(절강성)의 한데뒷간
낯모르는 사람들이 식당에 앉아
서 주문한 음식을 기다리듯, 서
로 이야기를 나누며 똥을 눈다.

사진 5 · 사진 6 타이 북부 산악
지대 소수민을 위해 선교사가 세
운 마을의 수세식 한데뒷간
그러나 현지민들은 아무도 드나들
지 않았다. 똥을 누고 나서 물확의
물을 떠서 흘려 보내는 동시에 뒤
를 닦고 손도 씻도록 하였다.

오늘날 중국 대도시에 한데뒷간 구조도 마찬가지이다. 통로 양쪽에 똥누는 구멍이 있을 뿐 칸막이도 문도 없다. 수세식이 아니고 쪼그려 앉는 점만 다르다(사진 4). 좌식 변기는 서양의 전유물이 아니다. 고대 중국에서도 썼으며 오늘날 절강성의 농촌에도 남아있다. 수세식 변기도 마찬가지이다. 고대 일본에서도 똥·오줌을 물에 흘려 보냈고, 13세기에 오물을 거름으로 쓰면서 수거식으로 바뀌었다. 우리네 불국사에서도 수세식 변기를 썼다. 중국의 주나라 궁궐에도 한 때 수세식 뒷간이 있었다.

오늘날이라고 모두 뒷간을 쓰는 것은 아니다. 물과 풀을 따라 옮아 다니는 유목민들은 이를 세울 생각도 없고, 필요도 느끼지 않는다. 나는 1990년 여름, 몽골의 유목민 천막에서 며칠동안 지냈다. 아침에 일을 보려고 멀리 걸었지만, 사방이 질펀한 풀밭이어서 거기가 거기였고, 다른 사람들이 쳐다보는 것 같아서, 하루 이틀은 제대로 누지 못하였다. 저들은 남녀 모두 자락이 넓은 두루마기를 입으므로, 어디서나 쭈그려 앉는 것으로 채비가 끝난다. 이들은 천막의 서북쪽을 똥·오줌 누는 자리로 여긴다.

타이 북부 산악지대의 소수민족들도 마을 주위의 숲이나 언덕에서 똥·오줌을 눈다. 그러나 돼지가 곧 먹어 치우므로 문제가 없다. 기독교 선교사들이 확의 물을 떠서 오물을 흘려보내는 뒷간을 지어주었지만, 그들은 드나들지 않는다. 1995년, 라후족 마을에서 일주일쯤 머무는 동안 나 혼자 이용하였다(사진 5·사진 6).

인도 동남쪽의 마드라스 시 해변에 사는 사람들에게도 뒷간이 없다. 남녀 모두 바닷가에서 해결하므로, 해변은 똥 모래밭 그대로이다. 아름다운 풍광에 홀려서 들어섰던 나는, 곧 새 바지에 똥 휘갑을 치고 말았다.

서울에 뒷간이 없는 술집이 있다면 믿을 사람이 적을 것이다. 그것도 인사동의 맥주 집이다. 맥주를 마시면 자주 오줌을 누게 마련인데, 뒷간이 없으니 놀랄 밖에 없다. 한 구석에 양철통을 놓았을 뿐이다. 남자들은 그렇다고 하거니와, 여자들은 어떻게 눌까? 상상만 해도 얼굴이 달아오른다. 이름을 대면 누구나 알만한 예술가들을 따라 두어 번 드나들었다. 이렇다고 할 특징이 없는 것이 특징이라고 할밖에 없는, 평범하기 짝이 없는 술집이었다. 나는 그 집에 끌려 들어갈 때마다 "참으로 사람의 심리란 알 수 없는 것이로구나." 찬탄을 터뜨렸다.

동양의 뒷간에 관한 서양사람의 글이 처음 나온 것은 110여 년 전인 1893년이다. 미국인 에드워드 모스(Edward S. Morse)가 그 해 3월 16일자 <미국 건축과 건물 소식(American Architect and Building News)>지에 <동양의 뒷간(Latrines Of The East)>을 발표한 것이다(Vol. XXXIX-No. 899). 일본 학자는 책이라고 하였으나, 모두 5쪽의 짧은 글로, 자신의 스케치 8점을 곁들였다. 그는 일본에 오랫동안 머물며 처음으로 진화론을 소개하였고 중국에도 다녀왔다.

그의 글은 중국과 일본의 뒷간을 중심으로 삼았지만, 우리 것에 대해서도 적었다. 그리고 타이·말레이반도·인도네시아·인도·러시아의 뒷간 이야기도 덧붙였다. 그는 동양의 뒷간 자체보다 위생적인 배설물 처리에 관심을 기울였다. 특히 중국에 뒷간이 없는 집이 많아서 똥·오줌이 식수와 지하수를 오염시킨 점을 지적하였다. 그 결과 콜레라나 페스트와 같은 돌림병이 주기적으로 돌아, 많은 사람이 목숨을 잃었다는 것이다. 도시의 똥·오줌을 농촌에서 거름으로 쓰는 것도 심각한 폐해를 일으키는 중요 원인으로 잡았다. 동양의 다른 나라들도 중국과 다르지 않으나, 일본은 훨씬 앞서 있다고 추켜 올렸다.

그러나 이집트·그리스·인도 등지에서도 고대부터 집짐승의 똥을 거름으로 썼다. 유럽도 마찬가지이다. 12~19세기에 걸쳐 이루어진 삼포제(三圃制)에 따라, 셋으로 나눈 경작지의 한곳을 갈지 않고 집짐승을 놓아먹이고, 그 똥을 거름으로 쓴 것이다. 페르시아에서도 밀밭에 똥을 주었다.

그가 동양의 뒤떨어진 위생관념을 꼬집으면서도 100여 년 전에는 미국이나 유럽도 같은 수준이었다고 하는 등, 객관적인 입장을 지킨 것도 돋보인다. 다음의 결론 부분은 다시 읽어 볼만하다.

세상에는 아주 간단한 뒷간조차 쓰지 않는 족속이 많다. 뒷간 자체도 위생의 필요성보다 똥·오줌을 거름으로 쓰기 위해 세웠다. 적지 않은 인류가 아직도 유인원처럼 똥·오줌을 누고 지냄에도 불구하고, 한쪽에서는 음식을 먹으면서 예절을 지키고 접시에 그림을 그려 넣어 꾸미기도 한다. 많은 문명 사회의 무관심은 심각한 질병을 일으켰고, 가공할만한 돌림병을 퍼뜨렸다. 인간이 만물의 영장이라 자랑하지만, 다른 동물들은 우리보다 더 나은 방법을 쓴다. 고양이는 제 똥을 땅에 묻으며 둥지에 사는 새들, 예컨대 로빈 따위는 입에 물어서 둥지 밖으로 내다 버리는 것이다(하략).

뒷간을 다른 이름으로 둘러대는 관습은 양의 동서나, 때의 고금을 막론하고 마찬가지이다. 그리스의 경우, 코프론(kopron)이라는 말 하나만 '똥누는 데'일뿐, 나머지 넷은 모두 둘러대는 말이다. 예컨대, 아포타토스(apotatos)는 '집밖(the walk outside of the house)'이고, 아포도스(apohdos) 또한 마찬가지이다. 이 밖에 오이마레이아(eumareia)는 '설비(the facillities)', 이프노스(iponos)는 '오븐(oven)'을 가리킨다. 형태가 닮은 데서 온 듯 하다.

고대 로마에서는 뒷간을 '씻는 데'라는 뜻의 라바트리나(lavatrina)라 불렀으며, 오늘날 라바토리(lavatory)로 굳어졌다. 뒤에 '집밖의 오두막(the hut outside)'이라는 뜻의 포리카 타베르나(forica taberna)가 나왔다.

독일도 크게 다르지 않다.

가장 오랜 16세기의 앞트리트(abtritt)는 '집 밖'이라는 뜻이다. 이는 그리스말 아포타토스에서 왔으며 오늘날에도 쓴다. 압트리트가 일반화하자 '밖의 공간(the place away)'이라는 뜻의 아보르트(abort)가 생겨났다.

이어 1750년에 영국에서 들어온 수세식 변기(water-closet)의 영향을 받아 클로젯트(klosett)가 선보였다. 본디 '닫힌 공간(closed)'을 뜻하는 이 말은 옷(cloth)과 무관하였으나, 근대에 '옷을 갈아입는 데'라는 의미로 바뀌었다. 옷을 가리키는 프랑스 말 토일렛뜨(toilette)가 들어온 것은 19세기로, 말 뜻이 '옷 벗는 데'로 변하였다. 수세식 변기의 보급에 따라 20세기초부터 WC가 자리를 잡아왔다. 현재 공식적으로는 토일렛트라고 하지만, 개인 집에서는 '클로(klo)'라 부른다.

우리나 중국처럼 뒷간을 대수롭지 않게 여기는 민족도 드물다. 사용빈도를 기준 하면 뒷간이야말로 방이나 부엌 못지 않은 중요한 공간이다. 하루 서너 차례 이상 반드시 드나들어야 하기 때문이다. 건축학자들도 마찬가지이다. 예컨대, 1985년에 문화재 관리국에서 낸 『문화재 대관』 중요민속자료편(상)에 실린 132채의 평면도에 뒷간이 거의 보이지 않는다. 아예 빼놓은 것이다. 외국사람들이 보면, 조선시대 상류사람들이 이슬을 먹고 구름 똥을 싼 줄 알 것이다.

이와 대조적으로 일본에서는 벌써부터 여러 채의 뒷간을 문화재로 지정하였다. 나는 1990년대 초부터 문화재청의 고위공무원에게 몇 곳의 뒷간을 문화재로 지정하자고 졸랐고, 담당 직원에게도 강조해왔다. 그러나 말만 잃어버렸을 뿐이다. 우리 나라 관계공무원들은 아직도 고려청자나 조선백자라야 문화재감이 된다고 여기는 모양이다. 그 사이에 공주 마곡사의 것은 헐려 나갔고, 송광사에서는 현대식으로 개조하고 말았다. 그나마 선암사에서 옛 법식대로 다시 지은 것은 고마운 일이다.

서양의 여러 나라와 달리 일본에서는 아직도 쭈그려 앉는 변기가 큰 비율을 차지한다. 공간을 덜 먹는 장점도 있지만, 그 보다 똥·오줌을 눌 때 궁둥이가 변기에 닿지 않는 것을 선호하는 일본인 특유의 결벽증 때문이다. 대부분의 가정에 양변기를 놓았음에도, 공공 시설 화장실에 재래식이 압도적으로 많은 것은 이와 연관이 깊다.

우리 나라에 양변기가 퍼진 것은 1970년대 이후이다. 1958년에 종암아파트, 이 듬해에 개명아파트 그리고 1962년에 마포아파트가 각각 서울에 건설되었지만, 시설은 재래식 그대로였다. 아궁이에 연탄 화덕을 넣어 난방을 하였고, 변기 또한 쭈그려 앉는 일본식이었던 것이다. 그러나 이와 대조적으로 1957년에 서울에 첫 선을 보인 행촌아파트는 집중식 난방 시설에, 좌변기를 갖추었다. 외국인을 위해 지었기 때문이다. 우리가 이와 같은 수준의 아파트를 처음 세운 것은 1970년으로, 세운상가 뒤쪽의 진양아파트가 그것이다. 따라서 이름에 걸 맞는 아파트는 이 무렵부터 나타난 셈이다.

1970년대 이전의 아파트에 일본식 변기를 놓은 것은 재래식에 길들여져 있었던 탓이기도 하다. 1958년부터 가정교사로 일했던 국제호텔 차 사장 댁 어린이들은 양변기 위에 올라가 쭈그려 앉아서 똥을 누었다. 내가 1968년부터 살았던 행촌아파트에서도 같은 일이 벌어졌다. 우리 집에 오는 아이들은 거의 반드시 변기 위로 올라갔다.

이와 대조적인 경우도 있다. 1960년대 후반에 미국으로 떠났던 한 친구는 국내 여행길에 오를 때마다 행선지의 변기 사정부터 묻는다. 나는 어느 쪽이나 자유로운 편이다. 워낙 나도는 일에 익은 탓인지, 큰 불편이 없다.

양변기를 여럿이 쓰는 점에 대한 문화 충돌도 일어났다. 1960년대에, 내 친구는 "네 마누라의 궁둥이가 닿았던 자리에 앉으려니, 찜찜하다."는 불평을 늘어놓았다. 오늘날에도 어떤 시아버지가 며느리와 같은 변기를 쓰기 싫어서 밖으로 나가서 해결한다는 이야기가 들린다. 아닌게 아니라, 비행기의 화장실에서도 비슷한 느낌이 드는 것이 사실이다. 덮개를 쓰라는 안내문이 있지만, 복잡해서 한 번도 쓰지 못하였다.

올 해 열리는 월드컵 축구대회를 위해, 3년 전부터 한 단체(2002년 월드컵축구대회 문화시민운동 중앙협의회)에서 '아름다운 화장실' 운동을 벌이는 한편, 심사를 해서 등급을 매겨온다. 이 모임에서 낸 책자(『아름다운 화장실』)에 실린 화장실을 보면, 우선 그 화려함에 놀라지 않을 수 없다. 이들은 모두 공중·다중·업소화장실임에도 눈이 번쩍 뜨이도록 사치스럽다. 심지어 수 십 만원에 이르는 '비데'까지 설치한 곳도 적지 않다. 또, 수원 월드컵 경기장 주변에 세운 13평 규모의 공중화장실 평당 건축비는 770만원이었다(2002년 봄). 이것은 서울 강남 최신식 카페의 인테리어 비용과 맞먹는 액수이다. 수원시가 3억원을 들여서 3채나 지었다니 기가 찰 노릇이다. 내부뿐 아니라 외부에도 미술관이나 박물관을 빰치는 호사를 부렸다. 미리 아는 사람 외에는, 아무도 똥·오줌을 누는 데라고 상상하기조차 어렵다. 화장실은 고사하고 집의 거실이나 방을 이렇게 꾸미고 사는 국민이 과연 몇이나 될 것인가? 남에게 보이기 위해 돈을 퍼붓기보다, 깨끗하고 편리한 화장실 하나를 더 세우는 '시민 의식'과 '정부 시책'이 아쉽다.

농촌 학교의 뒷간이 수세식으로 바뀐 것은 불과 2~3년 전이다. 경기도의 경우, 1999년부터 벌인 '환경개선특별사업' 덕분에 재래식이 사라졌다. 서울에서도 10여 년 전까지 초등학교 학생들이 똥을 누러 집을 달려가고는 하였다. 이제는 변기를 바꿀 차례이다. 몇 년 전까지도 고속도로 화장실의 양변기 칸에 '외국인용'이라는 패를 달아놓았었다. 좌변기를 외국인 전용으로 알고 있었던 것이다. 그러나 지난 해 12월에 개통된 대전 진주간 고속도로 휴게소에는 모두 양변기를 놓았다. 다른 곳도 거의 바뀌었으리라 짐작된다. 그럼에도 초등학교나 중·고등학교는 물론이고, 대학에는 아직도 쭈그려 앉는 변기 그대로이다. 우선 대학에서부터 들어내야 한다. 앞으로는 다리가 저려드는 것을 피하려고 집으로 달려가는 초등학생이 나올지도 모른다. 집안과 밖의 변기가 이처럼 다른 나라도 드물 것이다.

한 일본인은 서울 충무로의 유명 관광호텔 화장실 남자 칸에, 뒤를 닦은 화장지를 담는 그릇이 따로 있는 것을 보고 놀랐다는 글을 남겼다. 그러나 그 곳 뿐이 아니다. 평창동의 별 5개 짜리 호텔도 마찬가지이다. 어디 호텔뿐인가? 개인 집에서도 적지 않게 보았다. 몇 해 전, 어떤 이가 신문에 이를 나무라는 글을 발표하자, 다른 이가 "화장지는 완전히 분해되지 않으므로, 따로 버리는 것이 좋다."는 반론을 폈다. 화장지가 환경에 얼마나 해를 끼치는지 알 수 없으나, 따로 모았다가 버리는 나라는 우리뿐일 것이다. 그렇다면 우리 제품의 질이 그만큼 떨어진다는 말인가? 1958년 여름에 보름쯤 해군 군함을 타게 되었을 때, 담당 장교가 "국산 화장지를 쓰면 변기가 막히므로 미제를 사 오라."던 말이 떠오른다. 그것은 이미 반세기 전의 일이다. 개인 집도 그렇지만, 관광호텔만은 하루 바삐 그릇을 치워야 할 것이다.

재래식 뒷간에 대한 지나친 자찬도 삼갈 일이다. 옛적에는 사람의 똥·오줌을 거름으로 쓰고 그로 인해 자라는 식물을 우리가 먹는, 이른바 자연 순환이 이루어졌던 것이 사실이다. 그러나 기생충의 만연과 지하수의 오염 등 폐해도 적지 않았다. 과거에도 한정된 지역에서 한시적으로 이용하였던 점도 기억할 필요가 있다.

이제는 화장실 표지판에도 관심을 기울일 필요가 있다. 가장 흔한 것이 사진처럼 좁은 허리에 스커트를 입은 여성과, 바지 차림의 남성상이다(사진 7). 이것은 만국 공통이므로 큰 문제가 되지 않지만, 우리에게는 아직 낯선 면이 없지 않다. 나 자신도 혼동하여 잘못 뛰어든 적이 몇 번 있다. 외국에서도 표지물 위에 '남·녀' 라고 쓴 패를 덧붙이기는 것을 보면 우리만의 문제는 아닌 듯 하다(사진 8).

그것도 그렇거니와 우리 식의 표지판을 세우는 것도 생각해 볼일이다. 다른 나라에서도 그 지역 문화에 걸 맞는 표지를 쓰기도 한다. 미국 아리조나주에 위

사진 7 화장실 표지
이 그림은 만국 공통이지만, 우리에게는 아직도 낯설어서 혼동을 일으키기도 한다.

사진 8 외국의 보기
표지에도 '여성칸'이라 쓰고, 그 위에 다시 큰 글씨로 적었다. 이쯤되면 아무도 혼동을 일으키지 않을 것이다.

치한 세도나(Sedona)의 공중 화장실이 좋은 보기이다(사진 9 · 사진 10 · 사진 11).
남자 칸에는 돈 호세 풍의 투우사를, 여성 칸에는 카르멘 풍의 집시 여인 그림을
걸어놓은 것이다. 화장실이 아니라 미술관 입구를 연상시키는 표지물이다.

사진 9 **미국 뒷간의 표지**
남 · 녀를 나타내는 그림을 걸었
음에도, 다시 남 · 녀 칸을 알리
는 글을 붙였다.

사진 10 · 사진 11 **앞그림**
남자 칸에는 투우사풍의 남자 그
림을, 여자 칸에는 집시풍의 여
성 그림을 붙였다. 뒷간이 아니
라, 극장에라도 들어가는 느낌을
준다.

우리도 이미 시도하였다. 전라북도 남원시 광한루 부근의 공중 화장실이 대표격이다. 춘향이골답게 남자 칸에는 오른 손에 부채를 든 이몽룡을(사진 12), 여성 칸에는 길게 늘인 머리에 부채를 들고 춤을 추는 성춘향의 표지판(사진 13)을 걸었다. 유명 관광지다운 착상이다. 부채는 소리꾼의 유일한 소도구이다.

사진 14·사진 15는 지리산 뱀사골 계곡의 공중화장실 표지물이다. 주인공이 산(山)을 닮은 모자를 쓴 것은 그럴 듯하지만, '남·녀'의 구별이 쉽지 않은 점이 흠이다. 사진 16은 뱀사골 입구에 위치한 실상사(實相寺)의 뒷간 표지판이다. '선남·선녀'라고 쓰고, 남자 쪽에 붉은 칠을 해 놓았다. 새로운 시도이다.

사진 12·사진 13 남원시 광한루원의 표지

화장실(여)
Toilet(Woman)

사진 16 실상사의 뒷간 표지

남원처럼 지역에 따라 독특한 표지물을 쓰면 좋을 듯 하다. 예컨대 궁궐에는 임금과 왕후를, 안동에는 선비와 양반댁을, 술집에는 혜원 풍속화의 난봉꾼과 기생을, 호텔에는 등짐장수와 주모(酒母)를, 은행에는 돈을 헤아리는 남·녀를 내세우자는 것이다. 역사나 전설상의 인물은 교육적인 효과도 거둘 수 있다. 김유신과 천관은 경주에, 이율곡과 신사임당은 학교에, 이순신과 논개는 군대에, 권율 장군과 행주치마 차림의 여성은 고양시에, 신재효와 초선은 고창에, 서경덕과 황진이는 개성에, 심학규와 심청이는 백령도에 어울릴 것이다. 이렇듯 고장마다 자랑스런 인물을 내세운다면, 그 지역의 문화가 한 눈에 드러난다. 뿐만 아니라, 각 고장의 대표적인 인물을 만나는 재미 또한 적지 않을 것이다. 표지물 한쪽에 간단한 내력을 덧붙이면 금상첨화일 것이다.

사진 14·사진 15 지리산 뱀사골의 표지

2002년 8월
지은이 씀

감사의 말씀

이 책을 내는 데에 여러분의 도움을 입었다.

지난 해 시월, 900여장의 원고가 홀연 컴퓨터화면에서 사라지는 변고가 일어났다. 여러 사람의 전화지시에 따라 컴퓨터의 단추를 두드렸지만 허사였다. 조선일보사의 서건 국장에게 급박하고도 절박한 상황을 호소하였다. 그러나 반응은 딴판이었다. "그것은 제 일이 아니지 않습니까?" 초까지 쳤다. 참으로 옳은 말이라, 대꾸도 못하였다.

그러나 그는 조금 뒤에 "지금 댁으로 가는 길입니다." 하더니, 회사의 관계자와 함께 들어섰다. 그러나 일급기사의 긴급출동도 효과가 없었다. 하드 드라이브를 전문 회사에 보냈다. 일주일 뒤 '복구불능'이라고 알려왔다. 다른 곳에 부탁하였다.

그 사이에 다시 쓸 마음을 먹었지만 아무 것도 떠오르지 않았다. "컴퓨터라는 요물이 왜 생겨서 이처럼 괴롭히는가?" 원망만 치솟았다. 영국의 칼라일(Thomas Carlyle, 1795 ~ 1881)도 비슷한 쓰라림을 맛보았다. 그의 『프랑스 혁명사』 원고를 하녀가 폐지로 여겨, 화덕에 던져버린 것이다. 그러나 그는 처음부터 다시 써서 세기의 명저를 내었다(1837년 간). 그 끈기 하나만으로도 칭송을 받아 마땅하다.

"하늘이 무너져도 솟아날 구멍이 있다." 하였던가? 그 뒤 90퍼센트를 되살려내었다는 희소식이 왔다.

최백 선생님은 『東方見便錄』이 나왔다고 알려 주셨으며, 이를 조선일보사

안병훈 부사장 덕택에 곧 읽을 수 있었다. 제주대학교 고광민 선생은 『오키나와의 뒷간 역사』의 저자에게 내게도 책을 보내주었으면 좋겠다는 전화를 걸었다. 그러나 그 책은 오지 않았다.

연세대학교 건축공학과의 김성우 교수가 학술진흥재단에서 3년간의 연구비를 받게 되어, 같은 대학의 윤정숙 선생과 함께 현지조사에 나섰던 것은 다행이었다. 산동·강소·절강·운남·귀주성 등지를 돌았다. 운남·귀주성은 세 번째 걸음이었다. 독일에서는 김시내가 길라잡이가 되어 주었다.

모스의 <동아시아의 뒷간>을 읽은 것은 독일 훔볼트 대학의 빅토르(Dr. Ulrich Victor) 교수 덕분이었다. 미국의 아들아이도 아리조나 대학 도서관에서 찾지 못한 것이었다. 빅토르 박사는 베를린의 중앙 도서관을 통해 마이크로 필름이 자유대학에 딸린 케네디 연구소에 있는 사실을 알아내었다. 일본 학자는 책이라고 하였으나, 모스 자신의 스케치 8점을 함께 헤아려도 5쪽에 지나지 않은 짧은 글이었다. 워싱톤의 국회도서관에 있는 모스의 논문을 따로 묶은 것을 잘못 안 듯 하다. 빅토르 교수도 허탈한 느낌이 들었던지, 로마의 시인인 호라티우스(Quintus Horatius Flaccus, 서기전 65~서기전 8)의 시 귀를 들려주었다. "큰산이 해산의 고통을 겪었지만, 정작 태어난 것은 생쥐였다."

유홍준 교수는 선암사 뒷간의 존재를 알려주었다. 일본 고대 뒷간 자료는 국립중앙 박물관의 고 한영희 고고부장을 통해, 나라 국립문화재연구소의 마쓰이(松井 章)선생으로부터 받았다. 미국 원주민의 똥누는 관습은 피닉스 원주민 보건소(Peonix Indian Health Service)의 신경호 박사에게, 멕시코인과 흑인의 배변관습은 로스엔젤리스 셀렉트론(Selectron)의 함태헌 사장에게 물었다. 국립민속박물관의 정연학 박사와 제주도 민속자연사박물관의 김동섭 선생, 제주민속촌의 김태욱 선생, 당진의 향토 민속학자인 송봉화 선생 그리고 김현미·최금해·김금월 선생의 도움도 입었다. 경기대학교 박물관의 권진숙 선생으로부터 한문해독의 훈수를 받았다. 영문 초록 번역은 박병주 양과 김가람 군이 맡았다.

앞에서 든 호라티우스의 말대로, 많은 분들의 '태산같은' 도움을 입었건만, 책 내용은 '생쥐'가 되고 말아 송구스럽기 그지없다.

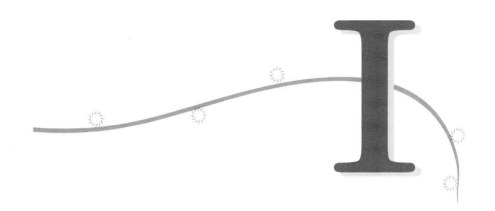

한국의 뒷간

1. 뒷간의 어원

가. 뒷간

신라시대 이전에 뒷간을 어떻게 불렀는지 알 수 없다. 고려시대에는 대체로 '측(厠)'으로 적었다. 『삼국유사』(권2 기이2 혜공왕)에 '측청(厠圊)'이라는 이름이 보인다(先時宮北厠圊中二莖蓮生). 『고려사』에 '혼(溷)'도 들어 있지만(열전 제38 박심조), 이는 예외적인 것이다. 한편, 동아대학교 고전연구실은 1987년에 낸 『역주 고려사』에서 '측두(厠竇)'를 '변소 들창'이라 새겼지만(열전 제38 김종연), 이는 '뒷간 구멍'의 잘못이다. 사람이 뒷간 구멍으로 빠져 나올 수 없다고 여긴 듯 하나, 뒤에 설명하는 대로 이곳을 통해서 달아난 사람이 적지 않다.

조선시대에도 상류층에서는 측간(厠間)이라 이른 반면, 서민들은 뒷간이라 불렀다. 이 밖에 정랑(淨廊)·통시·동사(東司)·서각(西閣)·북수간(北水間)·변소(便所)·매화간이라는 이름도 썼다. 궁중의 내인들은 급한데·작은집·부정한데 등으로 불렀다(김용숙, 1987 ; 196).

'뒷간'(사진 17)은 1459년에 나온 『월인석보(月印釋譜)』에 처음 보인다.

淫慾앳 이론 즐거부미 젹고 手苦ㅣ 하ᄂᆞ니…뒷가니 난 곳 ᄀᆞᆮᄒᆞ야(7 ; 18)
(음욕이란 즐거움은 적고 괴로움을 받음이 많으니 뒷간에 핀 꽃 같아서)

사진 17 **뒷간현판**(선암사)
우리나라에서 가장 큰 뒷간답게.
굵게 쓱쓱 써 내렸다. '대변소'는
'똥칸'이라는 뜻이 아니라 '아주
큰 뒷간'이라는 말이다. '싼뒤'에
대해 어떤 이는 '까고 나서 뒤를
보라'는 뜻이라고 새기는 재치를
부렸다.

1489(?)년에 간행된 『구급간이방(救急簡易方)』의 용례이다.

바믜 시혹 뒷가내 오르거나 시혹 드르헤 나가거나(暮夜或登厠或出郊野)(상 ; 15)
(밤에 혹시 뒷간에 가거나 들에 나가거나)

오늘날의 뒷간으로 굳어진 것은 1527년에 나온 『훈몽자회(訓蒙字會)』부터이
다. 다음의 용례가 그것이다.

厠 뒷간 치 國音 측 俗呼厠屋又茅厠又間雜也…圂 뒷간 혼 俗呼淨房 圊 뒷간 청
俗又呼東司(초 ; 중 3)

1542년의 『분문 온역 이해방(分門瘟疫易解方)』과 1670년의 『노걸대언해(老
乞大諺解)』, 그리고 1690년의 『역어유해(譯語類解)』의 보기이다.

쏘 가치를 뒷간 앒픠 무드라(又方 埋鵲於圊前)(5).
(또 까치를 뒷간 앞에 묻어라.)
이런 어두은 짜해 뒷간의 가미 어렵다(這般黑地裏 東厠裏難去)(상 ; 37).
(이런 어두운 땅에 뒷간에 가기 어렵다.)
淨房 뒷간 茅房 上소(상 ; 19)

1617년의 『동국 신속 삼강행실도(東國新續三綱行實圖)』에서는 '뒫간'으로 적었다.

싀어미 미양 뒫간의 갈 제 몸소 친히 업더라(姑每如厠 身親負之)(열 1 ; 42).
(시어머니가 뒷간에 갈 때마다 업었다.)

뒷간은 말할 것도 없이 "뒤에 있는 방"이라는 뜻이다. 우리 겨레는 오랜 옛적에 시베리아에서 불어오는 찬바람을 등지고, 따뜻한 남쪽으로 내려왔다. 따라서 언제나 앞은 남(南)이고 뒤는 북(北)이었다. 민속에서도 앞이나 남쪽을 광명·봄·부활로, 북쪽을 어둠·겨울·죽음으로 여긴다.

옛적에도 뒤는 북쪽을 가리켰다. 『용비어천가』에서 북천동(北泉洞)을 '뒷샘골'이라 부르고, 『훈몽자회』에서도 '북(北)'을 '뒤 북'이라 새겼다. 음부나 항문을 씻는 물을 '뒷물', 이렇게 하는 데를 '북수간(北水間)'이라 하고, 똥 누는 것을 '뒤본다'고 이르는 것도 마찬가지이다. 이와 대조적으로 남쪽은 앞이었던 까닭에, 남쪽의 산은 '앞산'이었다. '뒤보기'의 용례는 『노걸대언해』에 보인다.

뒤보기 됴티 아니ᄒᆞ랴(淨手不好那)(상 ; 33).
내 ᄆᆞᆯ 자바쇼마 네 뒤보라 가라 나는 뒤보기 마다 네 길흘 ᄠᅴ워ᄒᆞ고 길ᄀᆞᆺ새셔 뒤보기 말라(我拿着馬 你淨手去 我不要淨手 你離路兒着 休在路邊淨手)(상 ; 37).

'뒷간'을 집 뒤에 둔 것은, 어둡고 냄새 나고 더러운 공간을 될수록 감추고 싶었기 때문이다.

『훈몽자회』에는 뒷간 외에도 환(圂)·혼(溷)·측옥(厠屋)·모측(茅厠)·간잡(間雜)·정방(淨房)·청(圊)·동사(東司) 등의 중국 이름이 있다. 저자가 "이 책을 중국어를 배우는 데에도 쓰게 하려고 마음먹었기 때문"에 집어넣었을 것이다(범례 7조).

나. 정랑(淨廊)

사진 18 **정랑 현판**(송광사)
말뜻 그대로 깨끗하고 반듯하게
쓴 현판으로, 몸과 마음이 저절
로 여미어질 듯 하다. 송광사에
서 뒷간 수리 때 이를 치워버린
것은 매우 아쉬운 일이다.

정랑은 절간에서 쓰는 이름이다. 전라남도 송광사에는 옛적에 '정랑'이라고 쓴
작은 현판을 입구에 걸었었다(사진 18). 정랑의 '정(淨)'은 "깨끗하다." 또는 "깨끗
이 하다."는 말이지만, 불교에서는 부처의 세계를 상징하는 특별한 의미로 쓴다.
예컨대, 정토(淨土)는 걱정 근심이 없는 극락을, 정원(淨院)은 절간을, 정계(淨戒)
는 깨끗한 부처의 계법(戒法)을, 정토지학(淨土之學)은 불교의 학문을 이른다.
또 정토종(淨土宗)이라 하여, '나무아미타불'의 여섯 자를 읊조리며, 아미타 여래
의 대원력(大願力)인 서방 극락정토에 가는 것을 이상으로 삼는 종파도 있다.
  그러므로 정랑은 단순히 '깨끗한 데'를 가리키는 말이 아니라, '부처의 세계'를
이르는 심오한 뜻을 지닌 것이기도 하다. 특히 우리네 선종(禪宗)에서 뒷간에 드
나드는 것을 수행의 한 과정으로 삼아, 입측오주(入厠五呪)를 외우는 까닭도 이
에 있다. '더러운 데'를 '깨끗한 데'로 바꾸고, 이를 부처의 세계로 여기는 불교의
정신은 참으로 위대하다.
  정랑(淨廊)의 낭(廊)은 '복도'나 '행랑'의 뜻이다. 일반의 것과 달리 절간의 뒷
간은 좌우 양쪽에 남녀의 칸을 두므로, 가운데에 자연히 복도가 생긴다. 뿐만 아
니라 입구에 복도를 붙이기도 한다. 송광사나 선암사의 뒷간이 좋은 보기이다. 정
은 흔히 절간에서 뒷간의 대명사로도 썼다. 이러한 의미에서 최세진이 『훈몽자
회』에서 측간을 일반인이 알기 쉽도록 '정사(淨舍)'와 '정방(淨房)'으로 새긴 것
은 잘한 일이다. 경상북도를 비롯하여 북한 지방에 퍼진 '정랑'은 정랑에서 왔다.
  정약용은 『아언각비(雅言覺非)』에 "청랑(圊廊)을 잘못 옮겨서 정랑(精朗)이
라 한다."고 적었다. '청랑'과 '정랑'도 흔히 쓴 듯 하다.

다. 해우실(解憂室)

해우실이라는 이름도 있다(사진 19). "근심을 더는 방(解憂室)"이라니, 참으로
그럴 듯 하다. 급한 경우로 말하면, 세상에 이보다 더한 근심이 또 어디 있는
가? 이에 견주면, 서양의 "쉬는 방(Rest Room)"이나, "편안한 방"이라는 뜻을 지

니기도 한 변소(便所)는 멋대가리 없다. 지금은 이곳 저곳에 해우소라는 현판이 보이지만, 원조(元祖)는 비구니의 절간인 충청남도 동학사(東鶴寺)이다. '해우실'로 건너가는 다리 난간 기둥에도 '해우교(解憂橋)'라 새겨 놓았다(사진 20). 이 이름은 우리네 창작품으로, 중국이나 일본의 절간에서는 쓰지 않는다. 한국전쟁 뒤 어떤 스님이 지었다고 한다.

사진 19 해우실 현판(동학사)
지금은 아무데나 '해우소' 현판이 붙어 있지만, 원조는 동학사이다.
사진 20 해우교 새김(동학사)
'근심을 더는 다리'라는 이름 또한 마음에 와 닿는다.

라. 기타

뒷간의 다른 이름 가운데 통시 · 동사 · 서각 · 매화간 등을 살펴본다.

똥의 고어는 쏭이다(『월인석보』 10 ; 117). 『훈몽자회』에서도 '시(屎)'를 '쏭시'라 하였다. 따라서 '쏭'이 '통'으로 발음되어, 똥을 누는 공간이라는 뜻의 '통시' 또는 '통시깐'이 나온 듯 하다. 1569년에 나온 『칠대만법(七大萬法)』에 "도로 통시에 쏭이로라 ᄒᆞ고"라는 용례가 보인다(13). '통시'가 오래 전부터 쓰인 것을 알 수 있다.

『훈몽자회』에 실린 '동사(東司)'는 중국에서 들어온 것으로, 흔한 이름은 아니다. 우리보다 일본의 사찰에서 널리 썼다.

서각(西閣)은 개성을 비롯하여 황해도 지역에 퍼진 이름이다. 제주도 무당 노

사진 21 벽에 쓴 '변소'(선암사)
'변소'라는 이름조차 이제는 찾아
보기 어렵다.

래에도 실린 것을 보면, 황해도 이외의 지역에도 퍼졌던 듯 하다. 조선왕조를 세운 이성계가 머물렀던 수궁창 서쪽에 있었던 건물로, 그를 미워한 나머지 이렇게 불렀다는 것이다. 뒷간을 서쪽에도 두는 것을 누가 둘러대었을 것이다.

우리말 '뒷간'은 언제부터인가 '변소'로 바뀌었다. 변소는 『삼국사기』·『삼국유사』·『고려사』 등에 없는 것으로 미루어 적어도 고려 이후부터 쓴 것으로 생각된다. 15세기의 문헌에도 '소변'과 '대변'은 나타나지만, 변소는 보이지 않으며, 『17세기 국어사전』에도 올라 있지 않다. 그러나 앞의 두 이름이 있었으므로 당시에 이미 썼을 가능성도 없지 않다(사진 21).

1960년대까지 흔히 부르던 뒷간과 변소는 1970년대에 들어와 양옥과 아파트가 늘어나면서 '화장실'로 바뀌었다(사진 22). 이곳에서 똥·오줌을 눌 뿐 아니라, 몸을 씻고 화장도 하게 되면서 주인 자리를 차지한 것이다. 뒷간이나 변소에는 어둡고 더럽고 냄새나는 듯한 이미지가 깃들인 반면, 화장실은 밝고 우아한 느낌을 주는 것이 사실이다. 이에 따라 '뒤지'도 '화장지'로 둔갑하였다. 그러나 실상 이것은 일본 사람들이 쓰다가 버린 이름이라는 사실을 알아야 한다. 일본은 서양의 것(토일렙)을 따르고, 우리는 일본의 찌꺼기를 들여온 것이다.

사진 22 **화장실 현판**
일본 사람들이 쓰다 버린 '화장실'이 '변소'와 '뒷간' 자리를 차지하고 말았다.

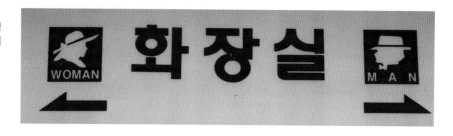

우리네 옛말사전들이 부출을 잘못 새겨 놓은 짐을 집고 넘어가야 할 필요가 있다.

유창돈이 1964년에 낸 『이조어사전(李朝語辭典)』에서 '부츨'을 '부출'이라 새기고 『역어유해』의 "보ㅅ부츨 나모(犁槳)"를 용례로 든 것이 발단이다. 이어 한글학회의 『우리말 큰사전』에서도 '부츨 나모'를 '부출'이라 새기고 다음의 보기를 들었다.

犁 犁 又駁文又耕也 又 今俗語犁兒 보 又 犁槳봇 부츨나모 又犁牛頭 보십 『四聲通解』(중, 상 : 28)
犁槳 보ㅅ부츨나모 犁把 上소 『역어유해』(下)

시진 23 해우소 현판(천은사)
글씨 솜씨에 어울리지 않게 뒷간 자체는 재래식 그대로여서 '근심을 더하는 방(加憂所)'이라 불러야 좋을 듯하다. 부근을 지나치기만 하여도 냄새가 코를 찌른다. 내부는 더 이를 것이 없다.

1999년에 나온 국립국어연구원의 『표준국어대사전』에서도 '부츨 나모'를 '부츨 1'의 옛말이라 하고, 앞에서 든 『역어유해』의 용례를 붙였다.

그러나 『사성통해』(1517년간)의 '犁槳'은 쟁기의 '술'을 가리키는 말이다. 따라서 "보ㅅ부츨 나모"는 "보를 붙드는 나무", 곧 "보를 고정시키는 나무"라는 뜻이다. 이 때문에 『역어유해』에서 "把犁와 같다."고 한 것이다. 술에 해당하는 한자가 '상앗대 장(槳)'인 것도 둘의 형태가 닮은 데에서 왔다. 이에 대해 이미 밝혀 놓았음에도, 잘못이 되풀이되어 온다(김광언, 1986 ; 81).

따라서 앞의 '부츨나무'와 뒷간에 까는 '부출'은 낱말이 같을 뿐, 뜻은 전혀 다르다. 더구나 『표준국어대사전』에서는 '부출 1'을 "가구 따위의 네 귀퉁이에 세운 기둥"이라고 새겼다. 엉뚱하기 짝이 없다. 더욱 더 빗나간 것은 한국정신문화연구원에서 1995년에 낸 『17세기 국어사전』이다. '부츨나모'를 '널판지'라 하고, 앞에서 든 『역어유해』의 내용을 덧붙여 놓은 것이다.

'부츨나모'의 '부츨'은 '브티다'가 원형이며, 이것이 '브츠다'로 바뀐 결과이다. 곧 '붙이다.', 또는 '붙게 하다.'의 뜻이다. 다음의 용례가 그것이다.

ᄒᆞ다가 이 法師의 이 곧ᄒᆞᆫ 德 일우믈 보아든…頭面으로 바래 브텨 절ᄒᆞ야(若見此法師의 成就如是 德ᄒᆞ야든…頭面으로 接足禮ᄒᆞ야) 『법화경(法華經)』(5 ; 212)
뎌른 머리를 簪纓에 브툐라(短髮寄簪纓) 『두시언해(杜詩諺解)』(初 23 : 24)
계ᄌᆞ 호 되를 초 서 되에 글혀 호 되 드외어든 머리예 브티고 뵈로 ᄡᆞ 미요ᄃᆡ(芥子 계ᄌᆞ 一升 酢 초 三升 煮取一升 傳頭以布裹之) 『구급간이방(救急簡易方)』(1 : 15)
구틔여 골 브티기 말라(不須貼膏藥) 『박통사(朴通事)』(上 : 13)

마. 이름 분포도

최학근의 『증보 한국방언사전』에 실린 뒷간·변소·측간·통시·정랑 등의 분포지역을 도표로 꾸몄다. 그림의 검은색(■)은 '전 지역', 회색(▨)은 '거의 전 지역', 빗금(▥)은 '많은 지역'을 나타낸다.

그림 3 뒷간 계열 분포도

(1) 뒷간 계열(그림 3).

뒤깐 평안북도·평안남도·전라북도의 전 지역·충청남도의 많은 지역.
뒷간 황해도의 거의 전 지역·평안남도·충청북도·충청남도·강원도·평안남도의 일부 지역
뒷깐 경상북도의 많은 지역
두깐 황해도의 많은 지역
듸깐 충청남도의 거의 전 지역·충청북도의 청주, 보은, 영동, 단양

그림 4 변소 계열 분포도

(2) 변소 계열(그림 4)

변소 황해도·경기도의 전 지역·강원도·경상북도·충청북도·충청남도·전라북도의 많은 지역
벤소 경상남도·전라남도·함경북도의 많은 지역·경상북도·함경남도·전라북도의 일부 지역

그림 5 측간 계열 분포도

(3) 측간 계열(그림 5)

직간 전라남도의 거의 전 지역·충청남도 공주, 강경, 서천
측간 함경북도의 거의 전 지역
측깐 함경북도의 거의 전 지역
치깐 전라북도의 거의 전 지역
칙깐 전라남도·전라북도의 전 지역·충청남도 홍성, 청양, 서산, 태안, 대전, 예산, 아산·경상북도 포항, 경주, 영천
칙간 전라북도 남원, 순창, 정읍, 김제, 전주, 임실·전라남도 장성, 목포, 담양.
측실 함경남도의 거의 전 지역·평안북도 자성, 강계, 후창

(4) 통시 계열(그림 6)

통시   경상북도 · 경상남도의 거의 전 지역 · 전라남도 담양, 구례, 여수,
             광양, 강진, 목포 · 제주도 제주, 성산, 서귀, 대정 · 충청북도 영동 ·
             전라북도 남원
통시깐   경상남도 밀양, 부산, 김해, 마산, 거창
통씨   경상북도 김천, 함양, 산청, 진주, 사천, 충무
통새   전라남도 강진, 해남, 진도, 구례, 곡성, 순천
동수깐   충청남도의 많은 지역 · 전라북도 남원, 군산, 전주, 임실

그림 6 통시 계열 분포도

(5) 정랑 계열(그림 7)

정랑   경상북도의 거의 전 지역 · 함경남도의 영흥, 정평, 천내, 원산, 법동.
경낭   평안북도 · 황해도의 일부 지역
껑낭   평안북도의 운산, 구성, 양강, 자성, 희천, 후창
껑낭깐   평안북도의 희천, 동신, 강계, 자성

뒷간 계열은 서부지역 곧, 평안남북도 · 황해도 · 충청남도 · 전라북도에 집중
적으로 분포한다. 이들 가운데에 낀 경기도만 빠진 까닭이 무엇인지 궁금하다.
동부에는 오직 경상북도가 포함된다. 통시 계열의 본거지는 경상도와 제주도이
다. 문화적으로 가까운 전라도는 빠지고, 그 너머의 충청남도가 들어간 것도 수
수께끼이다. 측간 계열도 동북과 서남으로 갈라졌으며 중부 지역은 텅 비었다.
정랑 계열은 경상북도에서만 뚜렷하다. 변소 계열의 중심지는 황해도 · 경기도
이며, 함경북도 · 전라남도 · 경상남도에서도 널리 불린다.

그림 7 정랑 계열 분포도

  다음은 두 계열을 함께 쓰는 고장이다.
  함경도(통시 · 변소)
  황해도(뒷간 · 변소)
  충청남도(뒷간 · 통시)
  전라도(뒷간 · 측간 · 변소)
  앞의 여러 이름 가운데 가장 일반적인 것은 6개 도에서 불리는 '뒷간'이고, 다
음은 5개 도에 퍼진 '변소'이다.

2. 옛적 뒷간

조선시대에 뒷간 내용을 처음 책에 올린 이는 홍만선(洪萬善, 1643~1715)이다. 『산림경제(山林經濟)』에 이렇게 적었다(권1 卜居).

뒷간(厠)의 방향은 자방(子方·북)과 축방(丑方·동북)이 모두 나쁘고, 인방(寅方·동북)·묘방 (卯方·동)·미방(未方·서남)은 매우 좋다. 진방(辰方·동남)은 밭농사와 양잠에 좋고, 사방(巳方·동남)은 자손이 잘 되며, 오방(午方·남)은 귀인이 나오고, 신방(辛方·서)은 구설수가 끊이지 않는다. 유방(酉方·서)은 자손이 불효하고, 술방(戌方·서북)은 처음은 가난하지만 뒤에 부자가 되며, 해방(亥方·서 북)은 크게 나쁘다.

뒤간을 새로 지으면 옛 것을 똥·오줌과 함께 바로 없앤다. 똥통에 물을 가득 채운 다음, "똥·오줌을 치운다." 이르지 않고 "물을 퍼낸다."고 해야 좋다(『거가 필용』).

부엌의 재를 뒷간에 버리면 가난해 지고 나쁜 일이 크게 생긴다(『산거사요』·『거가 필용』).

뒷간에 구더기가 생기면, 순채(蓴荣 : 연못 등에 나는 풀) 한 줌을 넣으면 곧 없어진다(『거가필용』).

뒷간에 올라가서 가운데와 사방 벽에 침을 뱉으면 안 된다(『산거사요』·『거가 필용』).

뒷간에 갈 때 서너 걸음 떨어진 데에서, 두서너 번 기침 소리를 내면 귀신이 달아난다(『산거사요』·『거가필용』).

쓴 이가 토를 달아 놓은 것처럼, 앞의 내용은 모두 명 나라 전여성(田汝成)의 『거가필용(居家必用)』과, 왕여무(王汝懋)의 『산거사요(山居四要)』에서 뽑아

사진 24 귀때동이
밭 가로 날라온 똥통의 똥·오줌을 이 귀때동이에 딸아붓고, 사람이 들고 다니며 질금질금 주었다. 왼쪽에 귀를 붙인 까닭에 귀때동이라 부른다. Y자꼴의 손잡이가 돋보인다.

왔다. 따라서 이 내용을 우리가 얼마나 지켰는지 의문이다. 그가 자신의 생각이나 주장을 내세우지 못하고 남의 나라의 책에서 끌어 낸 것은 아쉽지만, 처음으로 뒷간 항목을 따로 둔 점은 실학자다운 면모라 하겠다. 한편, 뒷간에 들어가기에 앞서 기침을 하고, 안에서 침을 뱉지 않는 등의 관습이 중국에서 들어 온 것을 알 수 있다. 우리도 재는 함부로 버리지 않았다.

유중림(劉重臨)은 이보다 반세기쯤 지난 1766년에 『증보산림경제(增補山林經濟)』를 내면서 뒷간에 대해 덧붙였다. 뒷간을 짓는 좋은 날과 잿간에 대한 설명 등이 그것이다(上篇 卜居).

뒷간(廁室)과 잿간(灰室)

뒷간을 짓는 날은 경진병술계사임자기미(庚辰丙戌癸巳壬子己未)와 기묘임오을묘무오(己卯壬午乙卯戊午) 그리고 천롱지아폐일(天聾地啞閉日)이다. 또 병인무진병자병신경자임자병진(丙寅戊辰丙子丙申庚子壬子丙辰)과 천롱일은 모든 일에 좋다. 그러나 을축정묘기묘신사을미정유기해신축신해계축신유(乙丑丁卯己卯辛巳乙未丁酉己亥辛丑辛亥癸丑辛酉)일은 나쁘며 특히 정월 29일은 피해야 한다. 다만 지아일은 모든 일에 좋다.

잡법(雜法)에 이른 내용이다. 뒷간 방향은 자축방(子丑方·북과 동북)이 모두 나쁘고, 인묘미방(寅卯未方·동, 동북, 서남)은 매우 좋다. 진방(辰方·동남)은 밭농사와 양잠에, 사방(巳方·동남)은 자손에 좋으며, 오방(午方·남)은 귀인이 태어난다. 신방(申方·서)은 구설수가 끊이지 않고, 유방(酉方·서)에서는 불효자가 나온다. 술방(戌方·서북)은 처음은 가난하지만 뒤에 부자가 되며, 해방(亥方·서 북)은 크게 흉하다. 무릇 뒷간을 새로 지으면 곧 옛것을 허물고 똥·오줌도 함께 없앤다. 이 때 물을 가득 붓고 "뒷간을 치운다." 하는 대신, "물을 버린다."고 해야 좋다. 부엌의 재를 뒷간에 버리면 가난해 지고 흉한 일이 일어난다. 매 달 초 6일·16일·26일에 뒷간에 귀신이 깃들이므로 가까이 하지 말라. 뒷간에 갈 때에는 먼저 서너 걸음 떨어진 데에서 기침을 세 번하면 (귀신이) 달아난다. 또 뒷간 가운데나 사방 벽에 침을 뱉지 말라.

뒷간은 안채와 사랑채에 각기 두며, 반드시 높고 밝아야 하고, 어둡고 침침한 곳은 나쁘다. 또 날마다 똥을 쳐내고, 항상 깨끗이 하라. 여름에 순채(蓴茱) 한 줌을 넣으면 구더기가 없다.

잿간을 유방(酉方·서)에 두면 곡식이 잘 여문다. 이는 반드시 뒷간 곁에 두어야 한다. 삼면에 담을 쌓은 다음, 서까래를 걸고 벽에 흙을 바르며, (지붕에) 새를 덮는다. 매일 오줌을 받아 재위에 뿌리면, 불씨가 죽을 뿐 아니라 화재도 막는다. 이 때문에 잿간을 바람이 부는 곳에 지으면 안 된다.

뒷간을 짓는 날과 방향 그리고 뒷간을 치는 일은 『산림경제』의 것을 그대로 옮겨놓았다. 안채와 사랑채에 뒷간을 따로 세울 것을 강조한 것으로 미루어, 안뒷간과 바깥뒷간을 더 적극적으로 세운 것은 18세기 이후부터로 생각된다.

'천롱지아(天聾地啞)'는 문창 제군(文昌帝君)의 두 종자인 천롱과 지아를 가리키며, 중국에서 남의 총명을 빌리려 하지 않는 사람을 빗대는 말로 쓴다. 괴성(魁星)이라고도 불리는 문창 제군은, 사람의 녹적(祿籍)이나 문장(文章)을 맡은 신이다. 그러나 고려대학교 민족문화연구소에서 낸 『중한대사전(中韓大辭典)』에는 천롱지아를 바보 또는 천치라고 새겼다. 천롱일(天聾日)이나 지아일(地啞日)이 어떤 날을 가리키는지는 알 수 없다. 우리네 민속 가운데 달마다 6자가 든 날 뒷간 지킴이가 깃든다는 내용도 중국에서 들어온 것을 알 수 있다.

서유구(徐有榘, 1764~1845)가 1827년쯤에 낸 『임원경제지(林園經濟志)』에 뒷간(廁室)과 오줌웅덩이(溺庫) 그리고 잿간(灰屋)의 위치와 구조 등에 대한 내용도 들어 있다(贍用志 권제1 溷厠 溝渠).

뒷간(廁室)

뒷간은 반드시 널리 트이고 밝아야 하며, 낮고 어둡거나 음침해서는 안 된다(『증보삼림경제』). 집에는 마땅히 뒷간 세 채를 지어야 한다. 하나는 안채에, 또 하나는 사랑채에 그리고 다른 하나는 담장 밖 밭가에 둔다. 안채와 사랑채의 뒷간은 나무 기둥을 세우고 널벽을 친 다음, (지붕은) 회(灰)로 덮는다. 기둥 발부리에서 석 자 이상 높이에 널을 깔고, 앞에 사닥다리를 놓아 오르내린다. 널 가운데에 타원형 구멍을 뚫고, 아래에 자루가 길고 끝을 우묵하게 파 낸 가래에 모래와 흙을 담아 똥을 받는다. 이를 밟아서

사진 25 귀때동이
앞의 것과 같은 것으로 좌우 양쪽에 손잡이를 붙였다. 주둥이가 길어서 흘릴 염려가 적다.

벽돌 꼴로 만들어 매일 담 밖의 뒷간으로 옮긴다. 예운림(倪雲林)은 뒷간(溷厠)을 다락집으로 짓고 아래의 나무 틀(木格) 안에 거위 털을 가득 채웠다. 똥이 떨어지면 털들이 들고일어나 덮었으며, 대기하던 어린 아이(童子)가 곧 치웠다. 이는 그의 결벽증(潔癖症) 탓이지만, 뒷간은 반드시 소제를 잘 해서 깨끗이 유지해야 한다. 유희(劉熙)는 『석명(釋名)』에 '뒷간(圂)'이라는 말은 언제나 똥·오줌을 깨끗이 치워서 청결히 하는 데에서 왔다고 적었다(『金華耕讀記』). 담 밖의 뒷간은 3칸으로 세운다. 위는 돌기와(石板)로 덮고

한 칸에는 주위에 담을 두르고(중략) 동복(童僕)이나 머슴이 똥·오줌을 거두게 한다. 뒷간 앞 담장에 구멍을 내고 널문으로 여닫게 하여, 닭이나 개가 파거나 핥는 것을 막는다. 남은 두 칸 역시 사람 어깨 높이의 담을 두르고 문을 붙인다. 매 번 사람과 가축의 똥을 모아 밟아서 벽돌 꼴을 지어 말려 모은다. 낮에는 해를 가리고 밤에는 이슬에 젖지 않도록 하였다가(해나 볕에 노출되면 질이 떨어진다) 봄에 밭으로 실어 나른다(上同).

오줌 웅덩이(溺庫)

오줌 웅덩이는 사람이 기거하는 방 근처에 깊고 너르고 둥글게 파되, 깊이는 한 발 반쯤이 좋다. 바닥에 네모난 벽돌을 세 겹 깔고, 주위도 벽돌로 역시 세 겹 두른다. 벽돌은 모두 닦아서 깨끗이 하며, 회와 진흙을 짓이겨 바른다. 벽돌이 맞닿는 자리는 안팎으로 들쭉날쭉 하게 되므로, 모아 놓은 물이 새지 않도록 회와 진흙을 잘 바른다. 만약 터진 곳이 있으면 다시 석회와 역청(瀝青)에 콩기름을 섞어서 반듯하게 바른다. 구덩이의 위는 좁고 아래는 너르게 하되, 아래 지름은 10척, 위 지름은 8척이 알맞다. (중략) 덮개에 작은 구멍을 내고 매일 요강이나 호자(虎子)의 오줌과 아침에 나오는 세숫물을 붓는다. 퍼 낼 때에는 뚜껑을 들어내고 긴 자루가 달린 바가지를 이용한다. (똥·오줌은) 생것을 주면 때로 싹이 죽으므로, 오래 썩혀야 한다. 이에는 세 가지 이익이 있다. 첫째 밭이 걸어지고, 둘째 방이나 부엌에서 불이 일어났을 때 근처에 웅덩이가 있으면 급한 불길을 잡는 데에 도움이 되고, 셋째 오줌과 세숫물을 마당에 함부로 뿌리지 않고 잘 모으면, 청결 유지에 도움이 되는 것이다(『金華耕讀記』).

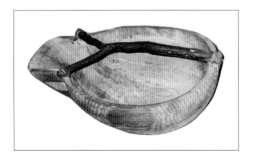

사진 26 귀때박
통나무를 귀때를 붙여 파고 역시 나무 손잡이를 붙였다. 이것은 '귀때박'이라 불러야 어울릴 듯하다. 주둥이가 짧은 대신 넓어서 한 번에 넉넉하게 줄 수 있다.

잿간(灰室)

잿간은 마땅히 밭 옆의 뒷간 부근에 두어야 한다. 사방으로 담을 쌓고 앞에 구멍을 뚫어 문을 달아 여닫는다. 위에 들보를 얹고 산자에 거적을 덮는다. (또는 돌기와나 진흙에 회를 이겨서 덮는다. 돌기와에는 거적을 덮지 않아도 좋다.) 매일 오줌을 뿌리면 좋은 거름이 된다. 열이 나서 화재가 발생할 위험이 있으므로, 창문은 반드시 바람이 불지 않는 쪽에 낸다(『증보삼림경제』).

잿간에 대한 설명도 돋보인다. 재의 유용성에 대한 부분은 말할 것도 없고 건축 방법과 위치 그리고 화재 예방법까지 들어 놓았다. 우리네 뒷간은 대체로 어둡고 음침하게 마련인데 그는 "널리 트이고 밝아야 한다."고 적었다. '똥누는 공간'인 뒷간을 '거름 저장소'로 여긴 까닭이다. 밭가에 뒷간을 세우자는 주장도 농학자답다. 안채와 사랑채의 뒷간을 다락집으로 꾸미면 역시 거름을 모으고 나르는 데에 도움이 된다. 그러나 뒷간을 세 채나 둘만한 양반네 여성들이 사다리를 오르내리는 모습은 상상하기 어렵다. 실제로 안뒷간을 이렇게 꾸민 집은 드물다.

모래를 담은 나무통에 똥·오줌을 받아 밖으로 옮기면, 냄새도 나지 않고 청결도 유지되므로 더 할 나위 없이 좋지만, 이는 지나친 이상론이다. 똥을 발로 밟아서 벽돌 꼴로 만든다는 내용도 의문이다. 삽이나 넉가래를 두고 발로 밟아야 할 까닭이 무엇인가? 더구나 발로 밟아서 될 일도 아니지 않는가? 이러한 몇 가지 점으로 미루어 앞의 내용은 서유구 자신의 생각이 아니라 중국의 서책에서 옮겨 적은 듯 하다. "똥을 밟아서" 운운한 대목은 박지원이 중국의 관행을 적은 글(☞ 중국, 똥오줌의 민속)에 보일 뿐만 아니라, 예운림의 고사를 끼워 넣은 것도 이러한 추측을 불러일으킨다.

거위 털로 똥·오줌을 덮었다는 예운림의 본명은 예찬(倪瓚, 1301~1374)으로, 원 나라 때의 문인화가이다. 황공망(黃公望)·오진(吳鎭)·왕몽(王蒙)과 더불어 '원의 사대가'로 불렸다. 좋은 가문에서 태어나 고서화와 고기물(古器物)을 수집, 풍류적인 은둔 생활을 즐겼다. 장년 이후에 불교와 도교에 심취한 나머지, 가산을 친척들에게 나누어주고 유랑 생활을 하다가 고향에 돌아오던 해에 죽었다. 성격이 결벽해서 여러 가지 일화를 많이 남겼다. 앞의 이야기도 그 가운데 하나이다.

오줌 웅덩이에 관한 내용은 훌륭하지만, 실제로 이렇게 만든 이가 몇이나 되겠는가? 그리고 남성들이 호자를 썼다는 내용도 중국 기록에서 따온 사실을 알리는 대목인 셈이다.

우리 농가에서는 오줌 웅덩이 대신 독이나 항아리 또는 구유에 오줌을 모았다. 식구가 많은 집에서는 독이나 항아리를 두어 개 묻었다(사진 27). 신돈복(辛敦復)이 1750년에 낸 『후생록(厚生錄)』에도 "닭 둥우리에 똥이 많이 쌓이면 쳐내어 뜨거운 햇볕에 잘 말린 다음, 몽둥이로 가루를 내어 오줌동이(尿盆)에 넣고 잘 섞는다. 그리고 이를 재 가운데 붓고 다시 섞는다. 매번 이렇게 하면 재가 매우 걸어진다."는 내용이 보인다. 오래 두고 썩히려면 큰 웅덩이가 좋지만 아래 지름 10척에, 위 지름 8척이면 이만 저만한 크기가 아니다.

『금화경독기』는 서유구가 1827년에 낸, 농촌 백과전서의 하나이다. 『임원경

사진 27 **오줌독**
독 안의 벽에 허옇게 낀 것이 오줌버캐이다. 오줌독은 흔히 땅에 깊숙하게 묻지만, 이것은 어른이 서서 누기 알맞은 높이로 박아놓았다.

제지』와 거의 동시에 나왔으나 지금은 전하지 않는다. 이에 대해 이성우는 "『임원경제지』 편찬의 한 감본(監本)으로서 동시에 진행되고 있었다는 것을 짐작할 수 있다."고 하였다(이성우, 1981 ; 82).

박지원(朴趾源, 1737~1805)도 『과농소초(課農小抄)』에 똥재간(糞屋)에 대해 이렇게 적었다.

농가에서는 반드시 똥재간을 지어야 한다. 처마를 낮게 하여 바람과 비가 들이 치는 것을 막고 거름통도 마련한다. 땅을 파고 벽돌로 네 귀를 쌓아 올린다. 쓰레질에서 나오는 검불을 태워서 재를 만들고, 키질에서 나온 겨와 짚북데기, 가랑잎을 모아 태운 데에 비액(肥液)을 뿌려 오래 동안 둔다. (중략)

농가에서는 부엌 근처에 구덩이를 깊숙하게 파서 물이 새지 않도록 하고, 방아 찧을 때 나오는 겨와 썩은 풀이나 가랑잎을 그 속에 넣고 구정물과 쌀뜨물을 부어서 오래 두면 자연히 썩는다.

'비액'은 외양간에서 나오는 지지랑물을 가리킨다.

박제가(朴齊家, 1750~1805)는 1778년에 낸 『북학의(北學議)』에 뒷간 시설이 엉망이어서 오줌이 땅에 스며들어 우물물에 짠맛이 돈다고 하였다.

더구나 오줌을 받는 그릇조차 없다.

혹 시골에서는 깨진 구유에 오줌을 받지만, 반만 담기고 나머지는 넘쳐흐른다. 서울에서는 오줌을 날마다 뜰이나 거리에 내다 버리므로, 우물물이 모두 짜게 되고 냇다리의 석축(石築) 가에 똥이 더덕더덕 말라붙어서 큰 장마가 아니면 씻겨지지 않는 형편이다 (『進北學議』 糞五則).

오줌을 길에 버린 탓에 우물물이 짠 것은 중국의 사정과 같다. 다리 석축에 똥이 말라붙었다고 하였으니, 당시에 개천 등에 몰래 버린 사람이 적지 않았던 모양이다. 또 그는 같은 책에 "성안에서 나오는 분뇨를 다 수거하지 못하여, 더러운 냄새가 길에 가득하다."고 적은 한편(外篇 糞), "수채의 물이 흐르지 않아 뒷간에 항상 물이 가득하다."는 탄식도 남겼다(內篇 宮室). 뒤에 드는 대로 궁궐의 뒷간도 적은 비에 넘쳐 났으니, 여염의 것이야 더 말힐 여지가 없었던 셈이다.

이러한 사정은 19세기말에 이르러서도 달라지지 않았다. 우리 나라를 찾았던 여러 외국인이 남긴 여행 기록 따위에 묘사된 서울 거리 풍경에 잘 나타나 있다.

1893년에 미국인 모스(Edward S. Morse, 1838~1925)는 '동양의 뒷간'이라는 글에서 "한국인 친구를 통해 뒷간이 중국과 닮은 사실을 알았다."고 하였다(1893 ; 172). 그만큼 더럽고 지저분하고 비위생적이라는 뜻이다.

그가 말하는 친구는 유길준(兪吉濬, 1856~1914)인 듯 하다. 1884년 외교사절단으로 미국에 갔다가 최초의 국비유학생이 된 유길준은, 당시 메사추세츠주 보스턴 근처의 세일럼(Salem)시 피바디 에섹스(Peabody Essex) 박물관장이었던 모스의 개인 지도를 받아 근처의 더머아카데미에서 공부하였다. 그는 이보다 앞서 1881년 일본에 유학하였을 때, 생물학자로서 처음으로 일본에 다윈(C. Darwin)의 진화론을 소개한 모스를 만난 적이 있다. 그는 자신의 유품을 박물관에 기증하였으며, 모스 자신도 우리 유물을 열심히 모아서 현재 2500여 점에 이른다. 이 가운데 모스가 일본에서 받은 김옥균·서광범·탁정식의 명함도 있다. 나는 한국국제교류재단에서 파견한 해외 소장 한국문화재 조사단의 한 사람으로, 1988년과 1989년에 갔었다. 유물의 일부는 1994년과 그 이듬해에 서울에서 전시되었고, 이를 계기로 2001년에 유길준 전시실이 마련되기에 이르렀다. 한국인의 이름이 붙은 전시실이 외국 박물관에 생긴 첫 보기이다. 규모 250입방미터에 전시물은 70여 점이다.

한편, 모스는 칼스(W. R. Carles)가 쓴 다음의 글을 인용하였다.

서울 시내를 꿰뚫어 흐르는 작은 내 위의 다리를 건널 때, 우리는 많은 아낙네들이 옷을 빨면서 방망이로 두드리기도 하는 모습을 보았다. 물이 느리게 흐르는 데다가 바닥에는 똥 무더기가 쌓여 있다. 이 물을 길어다가 집에서도 쓴다. 다른 곳의 사정도 마찬가지이다. 위생 관념이 이 정도인 서울 시민이 생존해 있는 사실은 놀라울 정도이다(칼스, 1888 ; 29~30).

이는 청계천의 광경인 듯 하다. 아닌게 아니라 1950년대 초까지도 서울의 여러 개천에서 빨래를 하였다. 특히 비가 내린 뒤에는 개천 바닥이 환히 들여다 보이도록 맑은 물이 흘러 내렸던 것이다. 내가 살던 서대문구 옥천동(玉川洞)의 개천에서도 머리에 수건을 쓴 흰옷 차림의 아낙네들이 하얗게 앉아서 옷가지를 빨았다. 이를 위해 개천 바닥에 돌을 박아 놓기도 하였다. 우리 동네보다 상류에 위치한 영천동(靈泉洞)에서는 이 물을 길어다가 허드레 물로도 썼다. 더구나 70~80년 전이라면, 청계천의 물은 깨끗한 편이었을 것이다. 서양인의 눈에 비위생적으로 비쳤을 뿐이다. 다만, 청계천에는 서울 장안의 물이 모두 모여 흘렀던 만큼, 더러 오물이 쌓인 곳도 없지 않았으리라 짐작된다.

다음 글도 비슷한 시기의 청계천 풍경이다(G. W. Gilmore).

도시 전체에 걸쳐 그 중심부에 개천이 있다. 가장자리에 둑을 쌓고 너비 2~25피트로 넓혔다. 하수구 깊이는 아직도 4피트 정도이며, 모래와 오물이 섞인 진흙이 바닥에 깔려 있다. 이 작은 수로를 통해서 도시의 모든 하수와 오물들이 장마철에 휩쓸려 내려간다 (길모어, 1892 ; 41).

개천 바닥에 쌓인 쓰레기와 똥이 장마철에나 흘려내려 간다는 것이다. 이로써 당시에는 서울의 각 가정에서 사정이 여의치 않으면 똥을 도랑에 버렸고 이것이 청계천에 모여 바닥에 쌓인 사실을 알 수 있다.

비숍(Bishop, Isabella. B.) 여사도 비슷한 내용을 적었다.

나는 북경을 보기 전까지 서울이 세상에서 가장 더러운 도시가 아닐까 생각하였다. 또 소흥(紹興)의 냄새를 맡기 전까지는 서울을 세상에서 가장 냄새나는 도시로 여겼다. 거대 도시이자 수도로서의 위엄을 생각할 때 그 불결함은 형용할 수 없을 정도로 심각하다. (중략)

그것도 퀴퀴한 물웅덩이와 초록색 점액질의 걸쭉한 것들이 고여 있는 수채 도랑 때문에 (길은) 더 좁다. 이 도랑들은 각 집에서 버리는 마르고 젖은 여러 가지 쓰레기로 가득하다. 더럽고 악취가 나는 수채 도랑은 때가 꼬질 꼬질한 벌거숭이 어린아이들과 수채의 걸쭉한 점액 속에서 뒹굴다 나온 크고 옴이 오른, 눈이 흐릿한 개들의 즐거운 놀이 터이다(비숍, 1898 ; 52~53).

서울이 북경이나 관광지로 널리 알려진 절강성의 소흥보다 낫다고 하였지만, 칭찬이 아닌 사실에 주의할 필요가 있다. 이 글의 "초록색 점액질의 걸쭉한 것들"은 바로 똥을 가리킨다.

이러한 가운데 1882년에 김옥균(金玉均, 1851~1894)은 도로 정비에 관련된 여러 문제를 정리한 치도약론(治道略論)을 내었다. 오물 처리법을 비롯하여 치도국(治道局) 설치, 기술자 양성, 필요한 기계 구입, 감독 및 순검(巡檢) 설치, 인력거 및 마력거 운행, 나무시장 개장 따위의 17개 항목이 들어 있었다. 이듬해 초부터 순검들이 사람의 똥·오줌은 물론, 말똥과 쇠똥을 거리에 버리지 못하도록 막았으며, 어기는 자는 감옥에 넣었다. 그리고 똥·오줌은 매달 말 교외로 쳐 나르도록 하였다. 그러나 아쉽게도 개화파가 몰락하면서 석 달만에 폐지되고 말았다.

1896년부터 한성부에서 다시 거리에 똥·오줌 버리는 행위를 단속하는 한편, 청소부를 두어 쓰레기를 치웠다. 또 청계천 주변 주민들에게 오물 투기에 대한 감시를 맡겼다. 그러나 20세기에 들어와서도 크게 달라지지 않았다. 고종의 시의(侍醫)였던 독일 의사 분쉬(Wunsch, R.)가 남긴 1905년 당시의 회고담이다.

조선의 비좁은 집에서 나오는 똥이나, 부엌에서 버리는 온갖 쓰레기는 길거리에 겨우내 쌓였다가 봄과 여름에 거름으로 쓰인다. 쓰레기 더미에서 가끔 풍기는 악취는 정말 참기 어렵다. 이러한 더러운 환경 때문에 장질부사나 다른 열병들, 천연두와 콜레라 따위가 자주 생겨서 참혹한 결과를 낳는다(김영자, 1997 ; 171).

3. 여러 곳의 뒷간

가. 강원도

　강원도의 뒷간은 삼척군·정선군·고성군·양양군의 것을 소개한다. 삼척군은 1960년대에, 나머지 지역은 1980년대 중반에 조사하였다.

　사진 31은 주로 강원도 산간지대에 분포하는 전형적인 너와집이고(그림 8), 사진 30은 외양간(사진 29) 옆에 붙인 뒷간이다. 몸채 옆에 긴 널쪽을 되는대로 걸쳐서 벽으로 삼았다(삼척군). 강원도의 산간지대에서는 이처럼 뒷간을 흔히 몸채 옆에 붙이며 문을 달지 않는다. 사진 32는 상류에 속하는 너와집으로, 안뒷간에서 용변을 본 소녀가 일어서고 있다(사진 34). 남자 칸 내부 앞쪽에 놓인 큰 돌은 가리개 구실을 한다(사진 35). 산간지역의 중상류 가옥에서는 몸채 옆에 붙인 뒷간 가운데에 널벽을 쳐서 둘로 나누고 앞쪽을 바깥뒷간, 뒤쪽을 안뒷간이라 부른다(그림 9). 이 경우에도 대체로 문은 달지 않는다. 뒷간은 집안에서 왼쪽의 널문을 통해 드나들며, 똥·오줌은 측면과 땅바닥 사이의 틈으로 퍼낸다. 오른쪽 아래에 널쪽으로 짠 거름통이 보인다(삼척군). 사진 36은 샛집(그림 10)으로, 몸채 측면 앞으로 뒷간을 붙여짓고 뒤쪽에 디딜방아를 놓았다. 앞은 터졌고 옆으로 널쪽을 세워 가렸다(사진 37). 땅에 묻은 독 위에 서너 쪽의 널을 걸쳐놓았을 뿐이다(삼척군).

　사진 38은 비탈에 세운 까닭에 똥·오줌을 따로 푸지 않고 가운데 구멍을 통해 끌어낸다(사진에서는 긴 널쪽 서너 개를 세워서 막았다). 외양간에 깔아 두었

사진 29 너와집의 외양간과 뒷간
(오른쪽)
널쪽을 처마에 기대 세워서 벽으로
삼았다.

사진 30 너와집 뒷간
외양간 벽에 붙였으며 문을 달지 않
았다.

그림 8 너와집 평면도
이 집은 지붕을 너와로 덮고, 벽
체는 귀틀로 꾸몄다. 나무 길이
에 한계가 있어, 방 2간만 귀틀
로 짓고 정지와 외양간은 널벽으
로 막았다. 굴뚝도 통나무 속을
파낸 '구새'를 땅에 박아서 쓴다.

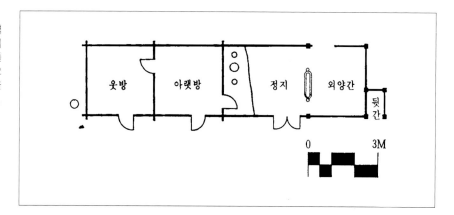

| 웃방 | 아랫방 | 정지 | 외양간 | 뒷간 |

0   3M

사진 31 너와지붕
너와는 2백년 이상 자란 붉은 소
나무 토막(50~60센티미터)을
길이로 세워놓고 도끼로 말라낸
널쪽이다(두께 5센티미터). 너
와가 바람에 날리지 않도록 호박
돌을 듬성듬성 얹어 놓았다.

사진 32 상류층의 너와집(동쪽 측면)

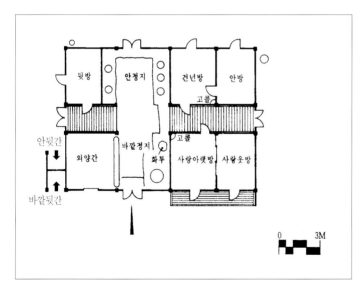

그림 9 너와집 평면도
방을 두 줄로 배치한 북부식 겹집이다.
외양간에 붙인 뒷간을 반으로 나누고 안·팎뒷간으로 쓴다.

사진 33 난방과 채광을 겸한 고콜
긴 겨울 동안 어린이들은 고콜에
감자나 고구마를 구워먹기도 하였다.

사진 34 여자 칸

사진 35 남자 칸

사진 36 샛집

산간지대에서는 너와나 굴피 외에 겨릅대나 야생의 새를 베어 지붕을 덮기도 하였다. 새는 두텁게 덮어야 눈·비를 가리지만 워낙 귀해서 이 집에서는 산자 위에 천막을 깔고 얇게 얹었다.

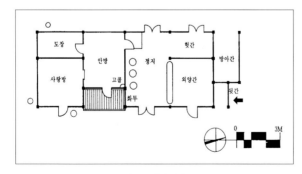

그림 10 샛집 평면도

사진 37 외양간과 뒷간(오른쪽)

사진 38 비탈에 지은 뒷간
뒷간을 비탈에 세운 덕분에 똥·
오줌을 따로 쳐내지 않고 쇠스랑
따위로 끌어내어 외양간에서 나
온 두엄(오른쪽)에 버무리면 좋
은 거름이 된다. 강원도 산간지
대의 전형적인 뒷간이다.

던 짚이나 나뭇잎 따위와 함께 버무렸다가 밭으로 내간다. 정선군과 삼척군 등
지의 영서 지역 뒷간의 본보기이다(삼척군).

사진 39의 뒷간은 잡석(雜石)으로 낮은 벽을 쌓고, 가운데에 기둥을 세운 다
음, 마룻대 좌우 양쪽으로 서까래를 걸었다. 지붕에는 볏짚을 덮었다. 형태는 청
동기시대의 반 움집 그대로이다. 입구는 터놓았다. 안쪽 뒤에 놓은 부춛돌을 딛
고 일을 본 뒤에, 재를 긁어 덮어 똥재를 만들었다가 거름으로 쓴다(삼척군).

사진 40은 팔작 지붕에 외양간이 딸린, 큰집이다. 앞의 펼쳐진 논도 이 집 땅
일 터인데, 뒷간은 허술하고 옹색하다(사진 41). 더구나 바람을 맞아 뒤로 자빠져
서, 옆에 세운 각목으로 겨우 버티어 놓았다. 반쯤 가린 문짝 또한 비스듬히 달
렸다(양양군).

사진 42는 이름 그대로 몸채 뒤에 세운 뒷간이다. 눈이 많은 고장이라, 뒷벽을
낮추어서 지붕의 물매가 되다. 벽은 흙벽이고 지붕에 슬레이트를 얹었다. 함석으
로 막은 전면 벽 상부는 본디 터져 있었다(고성군). 똥항아리 가운데에 기름한 구

사진 39 삼척군의 뒷간
청동기시대의 반움집을 연상시킨다. 한쪽을 잿간으로 쓰려고 자리를 너르게 잡았으며 앞은 터놓았다.

멍을 낸 널쪽 두 개를 얹었다(사진 43). 똥·오줌을 풀 때 들어내기 쉽지만, 발을 딛는 부분이 좁아서 똥을 누기 불편하다. 앞에 끼워 놓은 숫키와는 오줌 줄기가 내뻗치는 것을 막는다. 뒷벽이 한쪽으로 기울어지면서 흙이 무너져 내려서, 땅 바닥에 암키와 서너 장을 깔았다. 뒤지는 왼쪽 앞의 통에 따로 모은다. 이것이 섞이면 똥·오줌이 잘 썩지 않아 거름으로 쓰기 어렵고, 밭 또한 지저분해지기 때문이다(고성군).

사진 44는 오늘날 농촌 뒷간의 한 보기이다. 왼쪽이 뒷간이고 오른쪽은 헛간이다. 슬레이트 지붕에, 살창을 붙인 함석 문을 달았다(고성군). 사진 45는 우사(외양간)·소변(소변소)·화장실(대변소)·곳간 등을 들여앉힌 복합건물(?)이다. 오줌과 똥을 따로 모으려는 배려가 돋보인다. 남새밭에 주는 오줌은 따로 모으는 것이 좋다(고성군).

사진 46의 단지 옆에 세운 것은 똥 넉가래이다. 오줌 위로 뜬 똥은 자연히 뭉치므로, 퍼낼 때에는 이것으로 서너 번 휘저어서 풀어주어야 한다. 넉가래는 겨울에 눈을 치우는 데에도 요긴하다. 오줌 단지도 보인다(고성군). 사진 47은 큰 뒷간의 내부 모습이다. 너른 확에 동굴이 나무를 건너지르고 쪽널을 나란히 놓았다. 똥·오줌을 모으는 데에는 도움이 되지만, 허술하기 짝이 없다(고성군).

사진 48은 시멘트로 지은 근대식 뒷간이다. 바닥에 크고 넓은 확을 만들고 구멍 위로 두툼한 쪽나무 두 개를 얹었다. 똥·오줌을 퍼낼 때의 편의를 위해 구멍을 넓게 마련하였다. 앞에 오줌 줄기를 막으려고, 가운데 살을 발라낸 나무토막을 비스듬히 세웠다. 그럴듯한 착상이다. 통나무의 앞쪽은 깊게, 뒤쪽은 얕게 파서 물매를 지은 것도 그렇거니와, 자연히 난 가지 두 쪽을 받침으로 삼은 점은 더욱 돋보인다. 그러나 이것은 앉아서 똥을 눌 때만 유효하다. 조심성 없는 남자들이 서서 오줌을 누면, 좌우 양쪽으로 흘리기 쉽다. 벌써 질펀하게 젖었다. 왼쪽 구석에 비를, 오른쪽에 뚜껑을 갖추었다. 군용 전선으로 짠 뒤지 망태기도 볼거리이다(고성군).

사진 49는 시멘트 확 위에 열쇠 구멍 꼴로 뚫은 나무 두 쪽을 얹었다. 앞으로 낸 좁고 긴 구멍은 오줌 줄기를 받기 위한 것으로, 서서 오줌을 눌 때에도 도움이 될 것이다. 우리 농가에서는 뒷간의 일부를 농기구를 보관하는 헛간으로도 이

사진 40 농가와 뒷간(오른쪽)

용한다. 이 뒷간에도 거름단지와 바람개비 따위가 있다. 거름단지는 똥·오줌을 퍼담아 나르거나, 장군의 거름을 딸아서 들고 다니며 밭에 질금 질금 주는 데에 쓴다. 곡식에 섞인 먼지나 쭉정이를 날릴 때 쓰는 바람개비와 쇠로 만든 써레 발도 보인다(고성군). 사진 50도 앞의 것을 닮았다. 오줌줄기를 바로 잡으려고 틀을 놓는 방식은 이 고장의 특징이기도 하다. 뒤에 세워둔 작대기들은 고추밭 따위에 박을 말뚝이다(고성군).

사진 41 앞집의 뒷간

사진 51은 시멘트 바닥 구멍에, 앞은 둥글고 뒤는 네모난 테를 둘러서 올라앉도록 하였다. 뒤에 세운 똥바가지의 자루가 긴 것은, 바닥이 그만큼 깊기 때문이다. 배가 부른 거름 단지도 보인다. 어린이가 발을 헛디디지 않도록 구멍 앞쪽의 일부를 막고, 똥·오줌을 퍼내는 구멍을 따로 마련하였다(고성군).

사진 52는 소·대변용으로 나누었음에도, 텃밭에 오줌독을 묻었다. 오줌을 모으는 정성이 대단하다(고성군). 사진 53은 남녀 칸을 따로 둔 외에, 가운데에 소변기를 설치하였다. 냄새를 뽑아 올리는 굴뚝도 세웠다(고성군).

사진 42 몸채 뒤의 뒷간

사진 43 뒷간 안 모습

사진 44 오늘날의 뒷간

사진 45 따로 마련한 소변소와 대변소

사진 46 똥 넉가래와 오줌단지

사진 47 너른 시멘트 확

사진 48 뒤간 안 모습

사진 49 뒷간 안 모습

사진 50 뒷간 안 모습

사진 51 앉는 자리와 퍼내는 구멍(왼쪽)

사진 52 뒷간 앞에 묻은 오줌독

사진 53 현대식 뒷간

사진 54 거적 뒷간
짚 날개를 세워서 벽으로 삼았으며 규모에 비해 확은 큰 편이다. 그 앞에 놓인 세 발 달린 나무틀은 맷돌 받침이다.
가을 끝인데다가 해 저무는 무렵이어서 멍석 위에 널린 고추가 을씨년스럽다.

나. 경기도

경기도는 1980년대 중·후반에 강화도·덕적도·연평도·대부도 등지의 도서지역에서 조사하였다. 내륙은 1990년대 중반 고양군의 것을 표본으로 삼았다.

사진 54는 크고 둥근 시멘트 확의 일부를 밖으로 빼놓아서, 똥·오줌을 퍼내기 쉽다. 거적을 둘러 벽으로 대신한 것은 이 때문이다. 그럴 듯한 착상이다(화성군).

사진 55는 잡석을 네모로 두르고 한쪽을 틔워 놓았을 뿐, 지붕도 문도 없다. 안에도 부춛돌 두 개만 보일 뿐이다. 똥을 누고 나서 한쪽에 쌓인 재를 삽으로 떠서 덮고, 두어 번 굴린 다음 옆에 밀어 놓는다. 이것이 똥재이다(강화도). 사진 56은 청동기 시대의 반 움집을 연상시킨다. 신석기시대의 원뿔 꼴 움집은 청동기로 접어들면서 평면이 긴 네모꼴로 바뀌었으며, 이로써 지붕과 벽이 분화되어 내부가 훨씬 넓어졌다. 청동기시대의 움집이 뒷간 형태로 이어 내려온 것은 흥미로운 일이다. 비록 축대를 한쪽 벽으로 이용하였지만, 용마름을 얹어

사진 55 지붕 없는 뒷간
경기도 서해 도서에는 이처럼 문도 지붕도 없는 뒷간이 드물지 않다. 비라도 내리면, 사람의 불편이야 말 할 것이 없지만 아까운 똥재 또한 물탕이 되고 말 것이다. 부잣집 뒷간도 이러한 것을 보면, 문화적 현상이라고 해야 할 것이다.

사진 56 반 움꼴 뒷간
집 벽에 붙여서 마련한 까닭에
옹색하기 그지없다.

사진 57 우산 꼴 뒷간
문 얼굴을 세웠지만, 정작 문은
달지 않았다.

서 격식을 갖추었다. 문을 달지 않고 터놓았다(강화도).

사진 57은 잡석과 흙을 한 켜씩 번갈아 가며 쌓아 올린 죽담 위에, 둥근 볏짚 지붕을 얹었다. 농가 뒷간의 전형적인 모습이다. 문 얼굴을 세웠음에도 정작 문은 달지 않았다. 아래 좌우 양쪽으로 호박꽃이 수줍은 듯 피어났다. 지붕의 물매가 워낙 되어서 덩굴을 올리지 못하였을 것이다. 사진 58은 팽이를 엎어놓은 듯한 특이한 형태의 뒷간이다. 함석 문도 돋보이거니와, 한옆으로 기어오른 호박 덩굴도 볼거리이다. 똥·오줌은 그때그때 재에 버무려 놓으므로 냄새는 거의 없다(강화도). 사진 59는 뒷간 지붕 위의 박 모습이다. 우리 옛 분네들은 이처럼 뒷간 지붕을 텃밭으로도 썼다. 박도 박이려니와, 이것을 매단 덩굴 또한 뒷간이 지닌 어두운 이미지를 덜어 준다(고양군). 사진 60은 대문 옆에 묻은 오줌독이다. 익는 순서대로 밭에 주려고 셋을 묻었다. 오른쪽의 단지는 오줌단지이다. ㄱ자 꼴로 둘러친 반 가리개도 그럴 듯 하다(덕적도). 사진 61은 똥재이다. 왼쪽으로 오줌독이 보인다. 사진 62는 시멘트 확 위에 걸쳐놓은 널 틀이다(강화도). 사진 63은 죽담을 두른 뒷간이다. 문을 달고 지붕에 용마름을 올렸으며, 옆에 돼지우리가 있다. 시멘트 벽돌을 이용, 네모로 쌓고 그 위에 밑을 땐 독을 얹은 굴뚝이 이채롭다. 경기도 도서 지역의 전형적인 굴뚝 모습이다(강화도).

사진 64는 덕적도에서 손꼽히는 부자 집 뒷간임에도 지붕이 없다.

형태와 구조도 앞에서 든 강화도의 것 그대로이며, 엉성한 쪽 널 문을 달아놓은 것만 다르다. 농가에서는 똥·오줌을 퍼 나르는 수고를 줄이려고, 뒷간을 밭가에 세우기도 한다(사진 65). 기둥을 세우고 삼면을 널쪽으로 가렸으며, 바닥에 큰 독을 묻었다. 지붕이라고 널쪽을 얹었지만, 큰비에는 제 구실을 못할 듯 하다.

덕적도에는 지금까지 내가 써 본 가장 그럴듯한 뒷간이 있다. 북리(北里) 여인숙의 바다 위 뒷간이다. 집이 워낙 좁아서 바다 쪽에 내어 박은 기둥 위에 세웠다. 썰물이면 똥이 갯벌로 철썩철썩 내려앉지만, 들물 때에는 바로 바다 물 속으로 사라진다. 이 뒷간에서 처음 일을 본 것은 1968년 여름이었다. 15년 뒤인 1983년에 다시 찾았을 때에도 그 모습 그대로 그 자리에 있었다. 아마 지금도 바뀌지 않았을 것이다.

사진 66의 앞쪽은 돼지우리이고, 검은 포장을 둘러친 데가 뒷간이다. 지붕이 없기는 앞의 것과 마찬가지이다. 사람의 뒷간이 돼지의 우리보다 못하다(대부도).

사진 58 팽이 꼴 뒷간
박 덩굴이 지붕 꼭대기에 이르렀다. 이러한 뒷간은 문 외에 환기구가 없는 것이 흠이다.

사진 67은 긴 작대기를 듬성듬성 박고 수수깡 울을 둘러쳤다. 지붕은 없다. 왼쪽의 삽을 들고 들어가서 한 옆에 쌓인 재로 똥을 버무린다(대부도).

사진 68은 드나드는 사람의 모습이 환히 보일 만큼 엉성하다. 안에는 부춛돌만 덩그렇게 놓였다. 그나마 높이도 달라서(사진 69), 여간한 재주가 아니고는 이 위에 쪼그려 앉기 어려울 것이다. 뒤에 재를 쌓았다(대부도). 사진 70은 짚 울을 두른 뒷간이다. 입구는 터졌다. 왼쪽은 포도밭이다(대부도). 사진 71·사진 72도 허술하기는 마찬가지이다. 전면과 측면에만, 그것도 함석 한 장씩만 붙여서 가리나마나한 상태이고 지붕도 없다. 시멘트 확 위에 짧은 다리가 달린 널 틀을 올려놓았다. 다리 또한 약해서 이제라도 한쪽으로 쓸그러질 듯 하다(대부도). 사진 73은 흙벽돌 벽 위에 볏짚 지붕을 얹었고 문도 달았다. 문 왼쪽에 삽이 있다. 큰 독 위에 널로 짠 틀을 올려놓아서(사진 74), 똥·오줌을 퍼내기 쉽다. 왼쪽 뒤로 잿더미가 보인다(대부도).

사진 75는 시멘트 벽돌로 지은 뒷간이다. 엉성하게나마 지붕도 얹고 문도 달았다. 안에 부춛돌·재·삽이 있다(사진 76). 왼쪽으로 똥재의 일부가 보인다(연평도). 사진 77은 번듯한 뒷간이다. 잡석을 가지런히 쌓아 올리고 양기와를 덮었다. 문도 어엿한 함석 문이다. 그러나 내부는 재래식 그대로이다. 오른쪽에 부춛돌이, 뒤에 잿더미가 있다(연평도).

사진 78은 네 귀에 세운 기둥에 의지하여 죽담을 쌓고, 볏짚을 덮었다. 본디 중상부를 터놓았으나, 겨울 바람을 막으려고 날개를 둘렀다. 오른쪽 벽에도 예비 날개를 달아매었다. 내부 한쪽 벽에 시렁을 매고 당장 쓰지 않는 농기구를 얹어 두었다(사진 79). 부춛돌·재·삽 외에 플라스틱 제품의 오줌통도 보인다(사진 81). 옆에 오줌독을 묻었으며(사진 80), 독 안쪽 벽에 허옇게 낀 것은 오줌 버캐이다(사진 82). 이것은 한약재로 쓴다(고양군).

앞의 섬들 외에 장봉도와 영종도를 포함하는 경기 도서 지역에는 지붕 없는 뒷간이 적지 않다. 임자도와 안좌도를 비롯한 전라남도 도서지역도 마찬가지이다. 뒤에 설명하듯이 제주도처럼 뒷간에서 돼지를 키우는 중국 산동성 가옥의 뒷간에도 지붕이 없다. 이것이 우리에게 영향을 끼쳤을 가능성을 생각할 수 있다.

사진 59 뒷간 지붕 위의 박
우리 옛분네들은 뒷간 지붕도 텃밭으로 이용하는 슬기를 부렸다.

사진 60 대문 옆에 묻은 오줌독과 오줌을 나르는 항아리(오른쪽)

사진 61 똥재와 오줌독(왼쪽)

사진 62 앉는 틀

사진 63 죽담 뒷간

사진 64 지붕 없는 뒷간

사진 65 밭가에 세운 뒷간

사진 66 뒷간(뒤) 보다 나은 돼지우리(앞)

사진 67 울을 둘러친 뒷간

사진 68 허술한 뒷간

사진 69 앞 뒷간의 부춛돌

사진 70 짚 울 뒷간

사진 71 엉성한 뒷간

사진 72 앞 뒷간의 틀

사진 73 흙벽돌 뒷간

사진 74 앞 뒷간의 안 모습

사진 75 시멘트 벽돌 뒷간

사진 76 앞 뒷간의 부춛돌과 똥재(오른쪽)

사진 77 잡석으로 벽을 쌓고 지붕에 양기와를 얹은 번듯한 뒷간

사진 78 죽담 뒷간

사진 79 앞 뒷간 벽에 걸린 농기구들

사진 80 반쯤 묻은 오줌독

사진 81 부춛돌과 재

사진 82 오줌독 벽에 낀 버캐

다. 충청도

충청도의 뒷간은 충청남도 예산군·서산군·당진군·아산군과, 충청북도 청원군·제천군 등지에서 조사하였다. 예산군·서산군·청원군의 뒷간은 1980년대 중반의 것이다.

사진 83은 제대로 지은 흙벽돌 뒷간 겸 헛간이다. 비료를 쌓아둔 헛간이 좁은 것은, 나머지 공간을 뒷간과 잿간으로 쓰려고 너르게 잡은 탓이다. 옆과 뒤로 키 큰 나무들이 둘러서 있다(예산군). 사진 84는 제원군의 청풍 문화재단지에 옮겨놓은 상류가옥의 뒷간(오른쪽)과 헛간이다. 여유가 있는 집에서는 흔히 이처럼 헛간과 뒷간을 한 건물에 둔다. 써래·톱·바구니·도래방석 따위를 줄줄이 걸어놓았다. 새벽질을 한 벽도 돋보인다.

사진 85는 잡석의 축대 위에 세운 다락 뒷간의 뒷모습이다. 똥·오줌은 아래쪽에 비스듬히 붙인 널을 타고 흘러 떨어지므로 따로 퍼낼 필요가 없다. 강원도

사진 83 흙벽돌 뒷간
비록 흙벽돌로 쌓은 뒷간이지만,
지붕이 어엿하고 무엇보다 나무
가 둘러서 있어, 뒷간 자리로는
더 바랄 것이 없다.

사진 84 상류가옥의 뒷간
깔끔하면서도 의젓한 모습이다.
왼쪽 벽 아래에 똥·오줌을 나르
는 오줌 장군이 놓였다. 그리고
오른쪽 벽에 걸린 것은 곡식을 갈
무리하는 대형 멱동구미이다.

산간지대에서도 자주 눈에 띈다(청원군).

지붕을 날개로 덮은 사진 86은 움을 연상시킨다. 지붕에 물매를 두기는 하였지
만, 많은 비가 내리면 샐 듯 하다. 처마에 달았던 가리개가 떨어져 나갔음에도 그
대로 두어서 앞이 환히 터졌다(예산군).

사진 87은 당진군의 상류가옥 뒷간이다. 지붕에 기와를 얹고 오른쪽 벽 중간
에 살창을 내었다. 중인방과 상인방 사이도 터놓았다. 내부 한쪽에 높이 50센티
미터의 쪽 마루를 깔고, 앞에 널 가리개를 붙였다. 뒷간 옆으로 다섯 개의 독을
ㄱ자 꼴로 묻었다(사진 88). 익는 순서에 따라 거름으로 쓰기 위해서이다.

사진 89는 아산군 외암리 이씨네 사랑채 오줌독이다. 작은 사랑방과 대문채를
잇는 담 밑에 묻은 까닭에, 댓돌을 딛고 내려와 몸을 돌리면 바로 오줌을 눌 수
있다. 이 같은 오줌독은 상류가옥 사랑채에 흔하다. 사진 90은 해미 읍성 안의
한데뒷간이다. 우리 나라에서 가장 아름다운 탱자 울 뒷간이다.

사진 85 **다락 뒷간**
몸채는 허술하지만 다락으로 짓고 아래에 드나드는 문까지 달았다. 똥·오줌을 퍼내기 십상이다.

사진 86 움막꼴 뒷간
움막처럼 벽은 물론이고 지붕도 짚으로 가리고 덮었다.

사진 87 상류가옥의 양기와 뒷간
오른쪽의 살창을 통해 똥을 누면서도 바깥 풍광을 즐길 수 있다.

사진 88 묻어 놓은 독
5개나 되는 독을 ㄱ자 꼴로 묻었
다. 익는 차례대로 밭으로 내기
위해서이다. 거름을 모으려는 정
성이 이만저만이 아니다.

사진 89 오줌독 위치
방에서 댓돌을 딛고 내려와 왼쪽
으로 돌면 바로 왼쪽의 오줌독에
오줌을 눌 수 있다.

사진 90 해미 읍성의 탱자 울을
둘러 꾸민 한데뒷간
2002년 6월 말에 다시 찾았을
때는 아름다운 탱자 울이 사라지
고 없었다.

라. 경상북도

경상북도 경주시의 양동리와 영천군 그리고 안동군 일대는 1970년대 초에, 봉화군은 1990년에 돌아보았다.

사진 91의 외형은 신석기시대 움집 그대로이다. 굵은 나무 서너 개를 원뿔꼴로, 위는 모아 묶고 아래는 적당히 벌려 세운 뒤에 짚을 둘러쳤으며, 비가 새지 않도록 주저리를 씌웠다. 땅에 묻은 독 위로 널 틀을 올려놓았다. 문은 널쪽 서너 개로 시늉을 내었을 뿐이다. 오른쪽의 거름단지는 흔히 지게에 얹어 옮기지만, 여인네들이 머리에 여 나르기도 한다. 거름 운반의 편의를 위해 문밖에 두었다(경주시). 사진 92는 경기도 강화군의 뒷간(사진 56)처럼, 여러 개의 나무를 긴 세모꼴로 엮은 위에, 들보를 걸고 짚으로 덮었다. 외형은 청동기시대의 집 그대로이다. 앞은 터졌다(경주시). 오늘날의 김치 광을 닮은 것도 있다(사진 101). 사람이 들어갈 때는 입구 왼쪽에 말아둔 짚을 풀어서 가린다(경주시). 옛적에는 사진 102처럼 흔히 거적문을 달았다. 가운데에 구멍은 통풍을 위한 것이다(상주군). 사진 93은 의성군 단촌면 김씨네 바깥뒷간이다. 근검절약 하는 모습을 남에게 보이려고 지붕에 볏짚을 덮었다. 널벽에 문을 달지 않고 한쪽을 터놓았다. 안동군 풍천면 하회의 북촌댁 바깥뒷간도 대문밖에 있다(사진 103).

조선시대 상류가옥에는 여성 전용의 안뒷간과, 남정네의 바깥뒷간이 따로 있었다. 이른바 남녀유별의 덕목에 따라, 여성 거주 공간인 안채와 남성 거주 공간인 사랑채를 따로 세우고, 그 사이에 담을 치고 문을 달아서 차단해 놓았기 때문이다. 흔히 디딜방아간이나 헛간 한쪽에 위치한 안뒷간은 부엌을 통해 드나든다. 바깥뒷간은 행랑채 한쪽에 붙이거나 이와 별도로 사랑 마당 한쪽 후미진 곳

사진 91 원뿔 뒷간
신석기시대의 원뿔꼴 움집 지붕 그대로이다. 눈부신 현대 문명의 한쪽에, 수 천년 전의 그림자가 아직도 드리워 있는 것은 놀랍다.

사진 92 세모 뒷간
청동기시대의 반움집을 연상시
킨다.

에 세운다. 심지어 대문 바깥에 둔 집도 드물지 않다. 이밖에 위 아래를 엄격하게 구분하려고 '아래것들(노비나 하인)'의 뒷간을 안팎에 따로 둔 집도 있다.

사진 94는 경주시 강동면 양동리 손동만 씨네(그림 11) 대문(오른쪽)과 바깥뒷간(나무 뒤로 보이는)이다. 상류가옥에서 바깥뒷간을 대문밖에 세운 좋은 보기이다(사진 95). 뒷벽은 죽담으로 쌓고 기와를 덮었으며 냄새를 빼려고 중인방과 상인방 사이를 터놓았다. 뒷간을 문밖에 두는 것은 집이 좁은 탓도 있지만, 될수록 멀리 두려는 생각 때문이다. 주인은 깊은 밤중이나, 비바람이 내리치는 때 등에는 요강을 썼다. 사진 96은 디딜방아간 옆(서쪽)의 안뒷간이다. 왼쪽 건물이 안채이고 오른쪽의 짚을 덮은 건물이 디딜방아간이다. 뒷간은 오른쪽(서쪽)에 붙였다. 본디 입구를 터놓았으나, 근래 외짝 널문을 달았다. 안채에서 부엌을 통해서 드나들었던 만큼, 불편이 적지 않았다. 사진 94를 보면 안뒷간과 바깥뒷간의 위치를 더 잘 알 수 있다.

사진 93 상류가옥의 바깥뒷간
'검약정신'을 보이려고 짚을 덮었다.

영천군 임고면 정씨네도 안뒷간을 고방채 벽에 붙인 탓에 부엌을 통해 드나든다(그림 12). 집 뒤의 언덕에 올라서면 사진에서처럼 환히 내려다보임에도 문을 달지 않았다(사진 97). 상류가옥에서는 바깥뒷간은 말할 것도 없고 안뒷간에도 흔히 문을 달지 않았지만, 외부의 시선이 미치는 자리임에도 이 같이 둔 것은 놀라운 일이다.

사진 94 손씨네 뒷간 위치

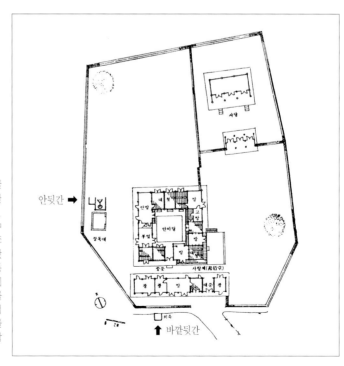

그림 11 손씨네 집 평면도
풍수는 손씨 집터를 물자(勿)꼴 등성이 위에 잡아주면서 위대한 인물 셋이 태어나리라 하였다. 과연 그의 말대로 손중돈(孫仲暾, 1463~1529)과 이언적(李彦迪, 1491~1553)이 태어났다. 이언적은 손중돈의 누이 동생이 친정에 돌아와 낳은 까닭에 손씨네는 세 인물 가운데 하나를 이씨네에게 빼앗겼다고 여겨서 오늘날까지 딸의 해산만은 마을의 다른 집에서 시키면서 마지막 인물의 탄생을 기다린다.

사진 95 대문 밖에 세운 바깥뒷간

사진 96 방앗간 뒤에 붙인 안뒷간(오른쪽 끝)

사진 97 앞을 터놓은 안뒷간

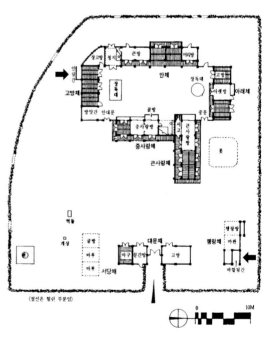

그림 12 정씨네 집 평면도

사진 98 병산서원의 한데뒷간
우리네 뒷간 가운데 가장 아름다
운 뒷간이다. 문을 싸리발로 대
신한 재치 또한 그럴 듯 하다. 저
건너로 흐르는 물줄기는 낙동강
이다.

    사진 98은 하회 병산서원(屛山書院)의 한데뒷간이다. 동그랗게 죽담을 두르고 용마름까지 짜 얹었다. 싸리문도 볼거리의 하나이다. 한 번 들어가 보고 싶은 충동이 이는 앙증맞기 짝이 없는 뒷간이다. 더구나 저 뒤로 낙동강이 흐른다. 지붕이 없기는 하지만, 가장 빼어난 뒷간 가운데 하나이다.

    사진 99는 사진 98의 담이 무너지자, 생나무를 되는대로 쳐내다가 허리에 작대기를 대고 묶어서 간신히 버티어 놓은 모습이다. 처음에는 갑자기 큰바람을 만난 탓에 임시로 둘렀거니 짐작했었다. 그러나 두어 해가 지난 뒤에도 그 모습 그대로였다. 우리는 조상이 끼쳐준 아름다운 뒷간 하나 제대로 간직하지 못하는 부끄러운 후손이 되고 말았다. 어디 뒷간뿐인가? 장승도 마찬가지이다. 오늘날의 장승은 옛적의 장승이 아니다. 이악하고 모진 현대 한국인의 모습 그대로이다. 지하여장군은 심학규의 남은 재산을 앗아서 정부와 달아난 뺑덕어미를 연상시키고, 천하대장군은 누구를 닮았다고 할 것도 없이 꾀죄죄한 우리들의 화상이다. 굶기를 밥먹듯 하던 그 시절에도 우리 옛 분네들은 저렇듯 의젓하고 품위 넘치

사진 99 본디 모습을 잃은 앞 뒷간
앞 뒷간이 무너지자 무슨 까닭인지
서너 해가 넘도록 이 꼴로 두었다.

는 장승을 만들었거니와, 살기 좋은 세상이 되었다는 오늘날 우리가 만든 장승은 이와 같으니 안타깝기 그지없다.

사진 100·사진 104는 담밖에 세운 상류가옥의 바깥뒷간이다. 죽담을 두르고 볏짚을 덮었다. 문은 달지 않고 한쪽을 터놓았다(봉화군). 사진 105의 앞쪽은 뒷간이고 뒤는 헛간이다. 간 살이 워낙 좁아서 헛간의 전면은 벽을 쌓지 않았다. 상인방에 짧은 기둥을 세우고 지붕의 물매를 잡았으며, 뒷간에 반쪽 널문을 붙였다(봉화군). 사진 106은 흙벽돌 벽에 양기와를 얹은 어엿한 뒷간이다. 전면에는 문대신 천을 늘어뜨렸다. 큰 독을 묻고 그 위에 널쪽을 올려놓았다(봉화군). 사진 107은 대문 쪽 담의 일부를 ㄷ자 꼴로 돌리고, 안쪽에 뒷간을 마련하였다. 지붕도 문도 없으며, 오줌 줄기를 막으려고 돌 한 개를 놓았을 뿐이다. 여간 대범하거나 무심하지 않으면 일을 보기 어려울 것이다(안동군).

사진 108은 경주시 교동의 최씨네 바깥뒷간 벽이다. 부자로 널리 알려졌던 집답게 대문 왼쪽으로 ㄱ자 꼴로 담을 쌓고 기와를 덮은 위에 용마루까지 올렸다. 뒷간은 널벽을 치고 칸을 나누었다(사진 109). 한쪽은 주인네가, 다른 쪽은 아래 사람들이 썼을 것이다. 문을 달았던 자취가 남았으나, 내부 구조로 미루어 뒤에 붙인 듯 하다.

다음은 울릉도 나리분지의 옛 뒷간이다.

사진 110의 뒷간은 청동기시대의 집처럼 긴 작대기 여러 개를 엇비슷하게 조붓이 세우고

사진 100 농가의 전형적인 뒷간
앞쪽이 뒷간이고 뒤쪽이 잿간이다.

들보를 건 다음, 짚으로 덮었다. 앞은 터놓고 뒤는 막았다. 사진 111은 통나무로
네모꼴의 틀을 짜고 짚으로 둘러막았다. 입구에 대나무 발을 늘어뜨리고 지붕에
새를 덮었다. 시멘트 확 위에 긴 널판을 건너질렀다(사진 112). 사진 113의 한쪽
은 재간으로, 다른 쪽은 뒷간으로 쓴다. 사람이 들어갈 때에는 말아 올린 대발을
내려뜨린다. 내부는 앞의 뒷간과 같다(사진 114).

사진 101 원뿔 뒷간
사람이 들어갈 때에는 왼쪽에 묶
어놓은 날개를 풀어서 가린다.

사진 102 거적문
가운데에 구멍을 내어서 환기와
채광에 도움을 받는다.

사진 103 대문 밖에 세운 바깥
뒷간(솟을대문 오른쪽 초가집)
앞의 손씨네처럼 이 집에서도 뒷
간을 대문 밖에 마련하였다. 어
두운 때에는 등불을 든 하인을
앞세우고 드나들었다.

사진 104 담 밖의 뒷간

사진 105 뒷간(앞)과 헛간(뒤)

사진 106 흙벽돌 뒷간

사진 107 상류가옥의 문도 지붕도 없는 뒷간

사진 108 경주 최씨네 바깥뒷간 벽

사진 109 뒷간 모습

사진 110 세모꼴 뒷간

사진 111 새를 덮은 뒷간

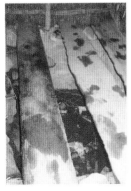

사진 112 앞 뒷간 바닥에 깔아놓
은 널

사진 113 새를 둘러 벽을 삼은 뒷간

사진 114 앞 뒷간 안 모습

마. 경상남도

경상남도의 뒷간은 청도군·함양군·창녕군·남해군 등지에서 조사하였으며, 남해군은 1970년대 말에 돌아보았다.

함양군 지곡면 개평리 정씨네 바깥뒷간 구조는 특이하다. 전면과 측면이 모두 한 간임에도 앞 뒤 반으로 나누고, 안에 벽까지 쳐놓았으며 문도 따로 달았다. 한 건물에 뒷간 둘을 들인 것이다. 앞쪽은 주인용이고(사진 115), 뒤쪽은 아래 사람들이 썼다(사진 116). 상하 계층의식이 뚜렷하게 드러난 뒷간이다. 전라남도 영광군 영광읍의 조씨네도 안뒷간을 둘 세우고 위·아래 사람들이 따로 썼다. 사진 117은 사랑채 중문 곁에 둔 소변소이다. 마루 높이에 맞도록 삼면에 널벽을 두르고 아래에 오줌 구유를 놓았다(사진 118). 앞쪽의 모난 구멍으로 오줌을 퍼낸다. 오줌받이로 독이나 항아리를 쓰지 않고, 구유를 놓은 것이 눈을 끈다. 농가에서 흔히 구유를 장만할 때, 터지는 것을 막으려고 한동안 오줌받이로 쓰기도 한다.

사진 115 **바깥뒷간**
사방 한 간의 뒷간을 앞뒤로 나누고 주인과 아래 사람들이 따로 썼다. 우리 뒷간 가운데 유일한 보기이다. 주인네는 앞쪽으로 드나들었다.

사진 119는 정자 한쪽에 마련한 간이 소변소이다. 아무리 뒷간이 떨어져 있기로서니, 풍월을 즐기는 정자에 이 같은 시설을 한 것은 격에 어울리지 않는다.

사진 120은 청도군 금천면 신지동의 운강고택(雲岡故宅) 안뒷간이다. 곳간채 옆 처마에 기둥을 세우고 중인방과 하인방 사이의 옆과 뒤에 널벽을 쳤다. 벽의 상부는 터졌고, 아랫도리에 시멘트벽을 쌓았으나 측면 가운데에 똥·오줌을 퍼내는 구멍을 내었다. 안뒷간에 사다리를 놓은 것은 이 집뿐이다. 두 쪽의 널을 짜 맞춘 바닥 구멍은 여음(女陰)을 연상시킨다(사진 121·사진 122). 충청남도 개심사의 것과 매우 닮았다. 가운데가 너르면 어른이라도 앉기 불편하고 어린아이는 빠지기 쉬운 법이거늘, 구멍을 이렇게 마련한 까닭이 무엇인지 궁금하다. 바깥뒷간은 대문 옆 헛간채 뒤에 있다(사진 123). 도리와 서까래에서부터 널벽과 망와에 이르기까지 조그만 빈틈이 없이 잘 짜였다. 앞은 헛간이고 뒷간은 뒤에 붙였다. 뒷간 내부를 오줌칸과 똥칸으로 나눈 것도 특징의 하나이다(사진 124).

사진 116 앞 뒷간의 아래사람이 드나드는 쪽이다.

사진 125는 창녕군 영산면 교동의 신씨네 바깥뒷간이다. 사방에 널벽을 치고 전면 반쪽을 터놓았으며, 뒷벽에 통풍 구멍을 뚫었다. 볏짚 지붕이던 것을 근래 함석으로 바꾸어 덮었다.

사진 119 정자의 소변소
정자에 이처럼 소변소를 붙인 것은 꼴불견이다.

사진 126은 남해군의 농가 뒷간이다. 막돌로 엉성하게 쌓은 뒤, 짚으로 덮고 거적으로 가렸다. 몸채 곁 길가 쪽에 붙여지은 데다가, 앞이 터져서 사람이 들고나는 것은 말 할 것도 없고 앉은 모습도 환히 드러난다. 사진 127은 죽담에 볏짚을 덮었으며, 한쪽을 헐어서 입구로 삼았다. 똥바가지와 똥통이 놓였다.

사진 117 정씨네 소변소

사진 118 오줌 구유

사진 120 운강고택의 안뒷간으로 오르는 층계

사진 121 앞 뒷간의 내부

사진 122 여음(女陰)꼴 구멍

사진 123 바깥뒷간

사진 124 바깥뒷간 내부
소변소(오른쪽)와 대변소를 따로 두었다.

사진 125 신씨네 바깥뒷간

사진 126 농가의 뒷간

사진 127 농가의 뒷간

바. 전라북도

전라북도의 뒷간은 정읍군·임실군·남원군·고창군·김제군·옥구군 등지의 것을 표본으로 삼았으며, 이들 가운데 정읍·임실·옥구군은 1970년대 후반에 조사하였다.

사진 128은 막돌로 벽을 쌓고 우산 꼴의 볏짚 지붕을 얹었다. 한쪽을 터서 입구로 삼고, 문은 비료부대로 대신하였다. 입구 왼쪽에 오줌독 두 개를 묻었다(익산군). 사진 129는 위로 가면서 좁게 얽은 벽에 짚을 덮은 세모꼴뒷간이다. 앞은 터졌다(고창군). 사진 130의 오른쪽은 외양간이고 왼쪽이 뒷간이다. 높은 기둥을 세우고, 뒷간과 외양간 천장과 지붕 사이에 여러 가지 농기구를 갈무리하는 등, 반 헛간처럼 이용한다(정읍군). 사진 131은 상류가옥의 헛간을 겸한 바깥뒷간이다. 건물 측면에 붙인 뒷간 앞을 모두 트고 칸을 나누어서, 위아래 사람이 따로 쓴다. 앞이 터졌음에도 사이에 낮은 흙벽을 쳤다. 매우 특이한 구조이다(김제시).

사진 128 원뿔 지붕 뒷간
입구 주위에 오줌을 받기 위한 오줌독을 묻었다.

사진 129 **세모꼴 뒷간**
환기구가 따로 없어 여름에는 안
이 몹시 무덥다.

사진 132는 장수군의 농가 뒷간이다. 사진 133은 조촐하면서도 의젓한 농가의 전형적인 뒷간이다. 전면 반 간에 널문을 달았다.

전라북도 정읍군 산외면 오공리의 김동수씨네 (그림 13) 바깥뒷간은 고졸한 품격을 지닌 상류가 옥의 전형적인 뒷간이다(사진 134). 지붕에 기와를 얹었으며, 문을 따로 달지 않고 북벽 한쪽을 터놓 았다. 똥누는 데를 동쪽에 마련하고, 앞에 ㅍ자 꼴 손잡이를 박았다(사진 135). 서까래를 받는 도리와 상인방 사이가 뚫려서 냄새가 잘 빠진다(사진 136). 처마와 보 등에 "쇠가 나무를 이긴다(金克 木)."는 오행(五行)의 글귀를 적었다. 뒤를 보고 나서 한쪽에 쌓아둔 겨를, 몽당 비로 쓸어 덮는 점도 특징의 하나이다. 따라서 한 여름에도 냄새가 나지 않고 벌 레도 꾀지 않는다. 쌀겨를 똥·오줌 위에 뿌리면 위생적일 뿐 아니라, 뒤에 거름 으로도 쓰므로 일석삼조(一石三鳥)인 셈이다.

안뒷간(사진 137)은 안 행랑채 한끝에 있다. 안뒷간을 헛간이나 방앗간 또는 뒤 란 등 외진 곳에 따로 세우는 관행과 다르다. 안에는 부춛돌 2개를 놓았을 뿐이다 (사진 139). 똥·오줌은 한 쪽에 쌓인 재로 쓸어 덮어서 똥재로 만든다. 중인방과 상인방 사이를 트고 무지개꼴로 굽은 보를 걸었다. 같은 꼴의 보가 헛간에도 있 어서 묘한 조화를 이룬다. 본디 이 보와 처마를 받는 보 사이에 나무토막을 끼워 놓았으나 지금은 보이지 않는다. 멍청한 보수 업자가 빠뜨린 것이다(사진 138).

사진 140은 대문밖에 세운 임실군 둔남면 둔덕 리 이응재씨네 바깥뒷간이다. 다락집으로, 똥·오 줌은 가운데 아래쪽의 거적문으로 쳐낸다. 입구는 대문쪽으로 내었으며, 문을 달지 않고 반간을 터 놓았다(사진 141). 다락뒷간은 똥·오줌을 나르기 가 편하다. 왼쪽에 턱을 지어 깎은 노둣돌이 있다 (임실군).

사진 130 **농가의 뒷간**
외양간(오른쪽)과 뒷간을 한 건
물에 둔 중·상류 농가의 뒷간
이다.

사진 142는 옥구군 어청도의 뒷간이다. 마당이 워낙 좁은 탓에 뒷간을 길가에 세웠다. 흙은 한 줌

도 쓰지 않고 크고 작은 돌로만 벽을 쌓았다. 입구에 함석을 늘어뜨린 데가 문이다. 사진 143도 같은 마을의 뒷간이다. 집의 낮은 담을 한쪽 벽으로 삼고 다른 쪽 벽은 막돌로 쌓았다. 지붕이 낮음에도, 바람에 날리지 않도록 헌 그물을 덮었다.

뒷간은 헛간이나 잿간 외에 외양간과 함께 두기도 한다. 사진 144도 죽담 위에 볏짚을 덮은 길가의 뒷간으로, 전면의 한쪽을 트고 입구로 삼았다(부안군). 사진 145도 같은 꼴이다.

사진 131 상류가옥의 뒷간
김제군에서 널리 알려진 상류가옥의 뒷간으로는 매우 허술한 편이다.

사진 146은 사진 133의 내부 모습이다. 널쪽을 올려놓은 독은 대변용이고, 왼쪽은 소변용이다. 오줌독을 뒷간 안에 두는 일은 드물다. 뒷벽 양쪽에 통풍구를 마련하고 가운데에 집게를 걸었다(고창군). 사진 147은 가운데에 벽을 치고 잿간과 뒷간으로 쓴다. 높은 기둥을 세우고 두 공간의 천장에 농기구 따위를 갈무리한다. 슬레이트 지붕이다(고창군).

사진 148의 뒷간은 죽담 한쪽이 반 넘어 무너졌음에도 손을 대지 않았다. 안이 드러나지 않도록 슬레이트 조각으로 가렸다. 큰 독에 널 틀을 얹은 것은 다른 데와 같지만, 손잡이가 달린 뚜껑은 돋보인다(사진 149). 뒤지도 벽에 걸었다. 사진 150은 이 뒷간 한쪽에 마련한 잿간이다. 오른쪽에 오줌그릇이 있다(김제군).

사진 132 죽담 뒷간
집의 담과 뒷간의 담을 하나로 삼은 재치가 그럴 듯하다.

사진 151은 남원군 수지면의 상류가옥 안뒷간으로, 안행랑채 왼쪽 끝에 붙였다. 내부 시설은 앞집과 같다. 왼쪽 벽에 똥삼태기가 걸렸다(사진 152). 사진 153은 지붕이 없는 뒷간이다. 듬성듬성 박아놓은 기둥에 의지하여 두텁게 짠 거적을 둘렀을 뿐이다(부안군). 사진 154는 어떤 집 사랑채 퇴 끝에 마련한 소변소이다. 바닥에 독을 묻고 ㄱ자 꼴의 가리개를 세웠다.

사진 133 흙벽을 치고 둥근 볏짚 지붕을 깊숙하게 덮은 농가의 뒷간
통풍을 위해 널문의 상부를 톱니꼴로 발라내고 오른쪽 벽의 아랫도리를 막돌로 막은 슬기가 놀랍다.

사진 134 고졸한 품격을 지닌 바깥뒷간

여러 곳의 뒷간 **89**

사진 135 앞쪽에 쌓인 것이 쌀겨이다　　　　　　사진 136 뒷간 내부 위쪽

사진 137 안뒷간(오른쪽)
일부러 무지개처럼 굽은 나무로 도리를 놓고 처마 도리 사이에 나무토막을 끼워서 힘을 받도록 한 것이 눈을 끈다.

사진 138 안뒷간(왼쪽)
멍청한 문화재 수리업자가 토막나무를 빼놓았다.

사진 139 안 모습
지금은 똥을 쌀겨로 덮는다.

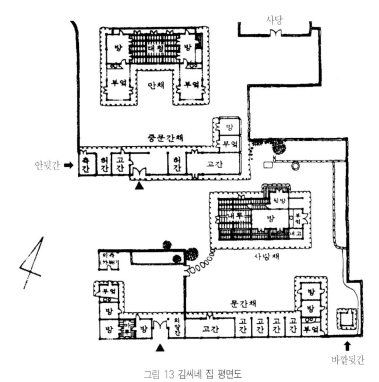

그림 13 김씨네 집 평면도

사진 140 대문 밖에 세운 바깥뒷간
턱을 지어 깎은 돌이 말에서 오르내릴 때 딛는 노둣돌이다.

사진 141 앞 뒷간의 옆모습
다락뒷간인 까닭에 오물을 아래로 쳐낸다.

사진 142 어청도의 뒷간

사진 143 어청도의 뒷간

사진 144 부안군의 뒷간

사진 145 유지기를 올린 뒷간

사진 146 사진 133의 뒷간 내부   사진 147 잿간과 뒷간(왼쪽)

사진 148 반쯤 무너진 뒷간 벽   사진 149 손잡이 달린 뚜껑   사진 150 잿간

사진 151 안뒷간(왼쪽 끝)   사진 152 앞 뒷간 안 모습

사진 153 지붕 없는 뒷간
짚더미에 의지하여 엉성하게 꾸민 뒷간으로 뻗어 오른 박 덩굴이 돋보인다.

사진 154 툇마루 끝에 붙인 소변소
널을 ㄱ자꼴로 둘러막은 아래에 오줌독을
묻었다.

사진 155 남원시 광한루원의 한데뒷간
드나드는 이의 모습이 드러나지 않도록 죽담을 쌓아 가렸다.
간단한 담이건만, 정식으로 기와골을 짓고 용마루까지 올렸다.

사진 156 표지판
통나무 틀을 세우고 남녀 칸을 알리는 표지판을 걸었다.
둥근 표지판과 틀 그리고 막돌로 쌓은 벽이 훌륭한 조화를 이루었다.

바. 전라남도

　전라남도의 뒷간은 신안군·진도군·담양군·장흥군·구례군·영광군·장성군 등지에서 조사하였다. 신안·완도·담양·장흥군은 1970년대에 돌아보았다.

　사진 157은 신안군의 전형적인 뒷간이다. 흙 한 켜와 돌 한 켜씩 번갈아 가며 쌓아올린 죽담에 두툼하게 짚을 덮고 유지기를 올렸다. 유지기는 전라남도 남부 지역에 집중적으로 분포한다. 입구 오른쪽, 곧 사람이 쪼그려 앉는 쪽에 가리개를 붙였다(안좌도). 사진 158은 흙담집의 몸채와 뒷간이다. 조금 높은 몸채와 그보다 조금 낮은 뒷간이다. 형제처럼 다정하게 앉은 모습이 인상적이다(안좌도). 사진 159·사진 160·사진 161은 구례군 토지면 오미리 운조루(雲鳥樓)의 바깥뒷간이다. 두 칸으로 나누었으며, 안쪽에 높이 50센티미터쯤의 마루를 깔아서,

사진 157 농가의 뒷간
오른쪽 아래에 구유를 놓고 오줌을 따로 받는다.

그 위에 올라앉아 일을 본다. 똥·오줌은 오른쪽 뒤에 낸 구멍으로 퍼낸다. 마루 뒤로 턱을 짓고 쌀겨를 쌓아 두었다. 정읍 김동수씨네처럼 쌀겨로 덮은 것이다. 두 칸 사이에 널 가리개를 세우고 겨를 쌓은 부분은 터놓았다. 문은 달지 않았다.

사진 158 **뒷간 뒷모습**
왼쪽이 몸채이고, 오른쪽은 뒷간이다. 이들은 모두 흙과 볏짚을 버무려서 벽을 쌓아올린 담집이다. 재목을 얻기 어려운 가난한 이들은 먼저 흙으로 네 벽을 쌓고 그 위에 지붕틀을 얹어서 집을 지었다.

사진 162는 지붕이 없는 것은 말 할 것도 없고, 담도 겨우 아랫도리를 가릴 정도만 남았다. 중간에 무너진 것이 아니라, 본디부터 이렇게 쌓은 것이다. 외딴 집이라 아무렇지 않게 여긴 듯 하다(임자도). 사진 163도 유지기를 올린 농가의 뒷간으로, 반쪽을 틔워서 출입구로 삼았다. 사진 164는 터가 워낙 좁아서 몸채 바로 옆에 세웠다. 입구가 반대쪽에 있어 왼쪽으로 돌아들어 간다(안좌도).

사진 165의 진도읍 서민가옥 뒷간은 입구를 돌려 앉혔다. 담벼락에 쌓인 것은 퇴비이다. 사진 166은 같은 곳의 상류가옥 뒷간이다. 일을 보고 나서 입구 오른쪽에 재를 삽으로 퍼 들고 들어가 버무린 다음 한 귀퉁이로 옮긴다. 소변은 재에 대고 눈다.

사진 167도 앞과 같은 형식이다. 전면 반쪽을 거적으로 가렸으며, 나머지 왼쪽으로 재를 쌓았다. 텃밭이 바로 앞에 있어서 거름을 주기 편하다(장흥군). 사진 168처럼 외양간(왼쪽)과 뒷간(오른쪽)을 함께 두기도 한다. 뒷간 입구 위쪽에 박은

사진 159 함양 정씨네처럼 바깥뒷간을 두 칸으로 나누고, 위·아래사람이 따로 썼다.

사진 160 안 모습(수리 전)

사진 161 안 모습(수리 뒤)

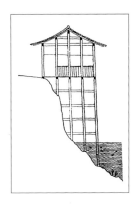

그림 14 물 위의 뒷간
일본 책에 실린 '조선 뒷간'이다.
물가에 박은 높은 기둥 위에 뒷
간을 지어서 똥·오줌은 물 아
래로 떨어진다. 경기도 덕적도에
도 같은 뒷간이 있었다.

작대기에 뒤지를 끼워놓았다(장흥군). 사진 169는 장흥군 상류가옥의 안뒷간이
다. 중문간의 오른쪽이 목욕간이고 그 옆이 안뒷간이다. 똥·오줌은 아래구멍으
로 퍼낸다. 1980년대에도 목욕간을 갖춘 상류가옥은 이 집뿐이었다. 사진 170은
지붕이 워낙 낮아서 허리를 구부리고 드나든다. 왼쪽에 거적문을 달았다(담양군).

사진 171·사진 172·사진 173은 영광군 상류가옥의 안팎 뒷간이다. 바깥뒷
간은 전면 2간 측면 한 간 규모이며, 뒷간을 제외한 공간은 헛간으로 쓴다. 널
문 아랫도리에 살창을 붙이고, 안에 높은 마루를 깔았다. 오른쪽에 오줌독이 보
인다. 지붕 용마루의 좌우 양쪽은 물론이고, 내림마루에도 바래기 기와를 얹었
다. 이러한 바깥뒷간에 견주면, 안뒷간은 허술하기 그지없다. 짚으로 두르고 슬
레이트 조각을 얹었으며 그나마 문도 없다. 안에도 독에 널쪽 두 개를 건너질
렀을 뿐이다. 사진 174도 같은 곳의 상류가옥 바깥뒷간이다. 앞에서처럼 아랫도
리에 살창을 내고 벽 상부에도 대살을 박은 창을 붙였다. 널문 왼쪽에 오줌독
을 묻었다.

사진 175는 장성군 황룡면 필암리의 필암서원(筆巖書院) 뒷간이다. 호남지방
의 뛰어난 유학자로 손꼽히는 하서(河西) 김인후(金麟厚, 1510~1560)와 그의
제자이자 사위인 고암(鼓巖) 양자징(梁子徵, 1523~1594)을 배향한 곳이다. 근
래에 세웠음에도 단아하고 아담하며 격조 또한 높다. 사방 한 간으로, 벽은 회
벽이다. 안에는 가리개를 세우고 변기 두 개를 앉혔다(사진 176). 상부에 살창을
붙인 뒷벽은 서원 담의 일부를 이루었다(사진 177). 뒷간을 될수록 내어 지으려
는 의도 때문이다. 슬기로운 배려이다. 네 개의 지붕 마루가 모인 한 가운데에
크고 작은 단지 두 개를 얹어 꾸민 재치도 돋보인다(사진 178).

그림 14는 일본의 어떤 책에 실린 우리 뒷간이다. 강(또는 시내)가의 언덕에 기
대어 지은 까닭에 똥·오줌은 바로 아래의 물로 떨어진다. 저자는 '조선의 변소'
라 하고, 묶음표 안에 '고안협수(高岸夾水)'라고 적었을 뿐, 다른 설명은 아무 것
도 달지 않았다(櫻川貞雄, 1966 ; 6).

사진 162 지붕도 담도 없는 뒷간

사진 163 농가의 뒷간

사진 164 몸채 곁의 뒷간(왼쪽 끝)

사진 165 진도의 뒷간

사진 166 상류 농가의 뒷간

사진 167 농가의 뒷간

사진 168 외양간과 뒷간(오른쪽)

사진 169 중문 옆에 붙인 안뒷간(오른쪽)

사진 170 담양의 뒷간

사진 171 바깥뒷간

사진 172 안뒷간

사진 173 내부

사진 174 바깥뒷간

사진 175 필암서원 뒷간

사진 176 안 모습

사진 177 바깥 모습

사진 175～사진 178은 근래에 지은 것임에도 격조를 지닌 아담한 모습을 갖추었다. 지붕 가운데에 단지 두 개를 얹어 꾸민 재치도 놀랍다.

사진 178 지붕 모습

4. 돼지뒷간

가. 경상남도

함양군 휴천면과 산청군 생초면 및 신등면 등지의 지리산 자락에 위치한 산간 마을에서는 오늘날에도 뒷간에서 재래종 흑돼지를 키운다. 불리한 농업 환경 때문이다. 경작지의 대부분이 산을 깎아서 마련한 비탈 밭인 데다가, 반은 돌 바닥이어서 거칠기 그지없다. 따라서 돼지우리에서 나오는 거름을 쓰지 않으면 소출을 기대할 수 없다. 사람의 똥이, 턱없이 부족했던 돼지먹이의 보탬이 되었던 점도 한 원인이었다. 뒷간에서 돼지를 먹임으로써, 이 두 가지 문제가 자연히 해결된 셈이다. 일제강점기에 관청에서 개량 변소 신축을 강권하였지만, 따르지 않는 까닭도 이에 있다. 돼지뒷간은 거름 생산과 돼지사육 그리고 똥·오줌의 처리가 서로 맞물린 덕분에 지금까지 이어져 내려왔다.

거름 감으로는 풀이 으뜸이지만, 볏짚도 좋다. 부지런한 농가에서는 마당에 쌓아놓은 풀을 열흘에 한번 꼴로 우리에 새로 깔았다. 돼지의 똥·오줌이 섞이는 데다가 쉴 새 없이 밟아대므로, 빨리 삭는 것이다. 옛적에는 이것을 주로 보리밭에 내었으나, 오늘날에는 사과·포도·감나무 등 과수에 준다.

사진 179 다락형 돼지뒷간
오른쪽 위가 사람이 똥을 누는 다락 뒷간이고, 왼쪽 아래가 돼지의 보금자리이다.

사진 180 대문채 옆(오른쪽)의
평지형 돼지뒷간
아래쪽에 환기와 채광을 위한 네
모꼴 구멍을 뚫었다. 마을에 돼
지를 키울 젊은이가 없어서 겨우
서너 집에 남았을 뿐이다.

휴천면 백연리의 염동희(74 살) 님은 돼지를 키운 목적의 반은 거름 생산이고 나머지는 살림에 보태기 위한 것이라고 하였다. 실제로 백연리 일대는 물매가 몹시 된 까닭에, 똥·오줌을 똥통에 퍼담아 사람이 옮기기가 어렵다. 이 같은 지형도 돼지뒷간의 존속 이유가 되었을 것이다.

그에게 "뒷간에서 자란 돼지의 맛이 더 좋으냐?" 묻자, 기다렸다는 듯이 "아이가 그 엉뚱이(엄청나게) 틀리지. 질이. 이건 말하자믄 똥돼진데, 살이 쪄도 많이 비기(비계) 없고, 또 이자 육질이 부드러우먼서도 이자 깐깐(단단)하고, 맛이 꼬신 맛이 엄청 더 있죠. 축사 돼지 십 만원이면 오 만원 더 주고 이걸 먹지." 하였다.

25호였던 1970년 무렵에는 집집마다 돼지를 먹였으나, 호수가 11호로 줄어든 오늘날에는 다섯 집에서만 키운다. 돌볼 젊은이가 없는 탓이다.

염씨는 돼지가 까닭 모르게 죽어나가자, 그의 아내가 밥을 차려놓고 빌었지만, 효과가 없었다고 하였다. 휴천면 일대에서는 돼지뒷간을 '호간'이라 불렀다고 하나, 말뜻은 알 수 없다.

돼지뒷간은 다락형과 평지형의 두 종류가 있다. 다락형은 똥 누는 데를 돼지우리 위에 붙인 뒷간이다. 사닥다리를 이용해서 오르내리고, 천장도 워낙 낮아서 허리를 깊이 구부려야 하며, 뒤를 보고 나서도 일어설 수 없는 등 여간 불편한 것이 아니다. 전기가 없던 시절에는 밤에 드나들기가 더욱 어려웠을 것이다. 그러나 편리한 점도 없지 않다. 돼지와 거리가 떨어져서 똥이 튈 염려가 없고, 거름도 들어내기 쉬운 것이다.

평지형은 똥누는 데가 지면과 거의 평행을 이루는 뒷간이다. 돼지우리는 땅바닥을 1.5미터쯤 파서 마련한다. 따라서 드나들기는 편하지만, 설사나 물지 똥이라도 누면, 돼지가 털어 내려고 몸을 뒤흔들 때 꼼짝없이 낭패를 당하게 마련이다. 거름을 들어내기 어려운 점도 흠이다.

사진 179·사진 182는 휴천면의 다락형 돼지뒷간이다. 일자 꼴 안채에 모로

꺾어 세운 헛간채 오른쪽 부분이다. 뒷간 출입을 위해 눈썹처마(함석)를 달고 아래에 시멘트 블러크를 반쯤 쌓아 올렸다. 사진 183의 왼쪽 아래에 널쪽을 이어 붙인 문이 있고, 그 위로 창을 달았다. 오른쪽에 뒷간으로 오르내리는 사닥다리가 보인다. 사진 184는 뒷간 내부이다. 흙바닥에 짚을 깔았으며 바닥 구멍은 좁다. 돼지우리 벽 중간에 나무를 건너지르고 통나무를 촘촘하게 놓아서 오른쪽에 뒷간을 꾸몄다(사진 179). 사진 185는 우리바닥에 깔아놓은 거름 감인 짚이다. 오른쪽에 돼지 밥통인 돌구유가 보인다.

사진 186은 평지형 돼지뒷간이다. 오른쪽이 뒷간이고 왼쪽이 우리이다. 땅을 파고 우리를 마련한 까닭에, 거름은 바깥쪽에 낸 살문(사진 오른쪽 위)으로 들어낸다. 우리의 위는 헛간으로 쓴다. 사진 187은 우리 안의 돼지 모습이다. 사진 188은 평지형을 다락형으로 개조한 것이다. 뒷간 자리에 헛간을 꾸미고 뒷간을 왼쪽 귀퉁이로 옮겼다. 우리에서 들어낸 거름이 마당에 쌓여있다. 돼지먹이는 사진 189의 왼쪽 아래 구멍으로 준다. 사진 181은 우리 안 모습이다. 사진 190의 왼쪽이 뒷간으로, 문은 달지 않았다. 바닥 구멍을 좁게 내고, 뒤쪽 아래로 턱을 붙여서 뒷간과 우리를 차단하였다. 돼지를 꺼리지 않고 마음놓고 똥·오줌을 누기 위해서이다. 사진 180은 바깥 모습이다. 대문채 왼쪽은 헛간이고, 창이 보이는 오른쪽이 돼지뒷간이다.

사진 181 **다락형 돼지뒷간의 우리 안 모습**
바닥에 거름감이 두툼하게 깔렸다. 돼지를 뒷간에서 키우는 목적은 먹이절약과 거름생산에 있다. 돼지는 재래종 흑돼지이다.

사진 182 다락형 돼지뒷간(오른쪽)

사진 183 뒷간으로 오르는 사닥다리

사진 184 뒷간 안 모습

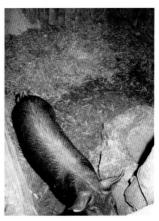
사진 185 우리 바닥

사진 186 평지형 돼지뒷간
왼쪽 아래로 돼지가 보인다.

사진 187 우리 안의 돼지 모습

사진 188 우리 앞의 거름

사진 189 먹이 구멍(왼쪽 아래)

사진 190 뒷간

사진 191 거름을 조금이라도 더 보태려고 키질
도 돼지뒷간에서 꺼낸 거름더미에 대고 한다.

사진 192 제주도의 돼지뒷간
근래에는 이처럼 담을 두르고 지붕까지 덮은 개량뒷간(?)을 더러 세우기도 하였다.

나. 제주도

제주도의 뒷간(통시)은 2001년 9월, 제주시에서 서쪽으로 10킬로미터 떨어진 외도(外都) 2동과 구좌읍 대천동·성읍 민속마을·성산읍 수산 2동 등지에서 조사하였다. 이곳의 통시는 내륙의 돼지뒷간 그대로이다.

흔히 안커리(몸채)의 정지에서 떨어진 밖거리(바깥채) 옆의 울담에 붙여 짓는 뒷간은, 돼지를 위한 돝통(돼지우리)과 사람의 똥·오줌 자리(통시)로 구성된다. 돝통은 땅의 생김새에 따라 높이 1미터쯤의 돌담을 둘러서 마련한다. 한쪽에 돼지가 들어가 쉴만한 돌집을 붙이고 그 위에 보릿대로 짠 삿갓 꼴의 지붕을 얹는다(사진 193). 똥누는 자리는 바닥에서 1미터쯤 떨어져서 2∼3개의 디딤돌을 딛고 오르내린다(사진 196). 주위에 벽을 치지 않고 높이 50센티미터쯤의 돌벽을 쌓을 뿐이어서, 어디서나 일을 보는 사람의 어깨나 머리가 보인다. 똥을 누면서도 주위를 살피려고 사방을 터놓았다고 한다. 왜구를 비롯한 외부의 침입이 끊이지 않았기 때문이라는 것이다. 이러한 설명에 타당성이 없는 것은 아니지만, 문화적 현상으로 보아야 할 것이다. 제주도의 뒷간을 빼 닮은 일본의 오키나와 뒷간도 마찬

사진 193 돼지뒷간의 '돌집'
오른쪽이 돼지집이고 돼지 뒤로 돌을 건너지른 데가 뒷간이다. 사람이 똥을 누는 뒷간에는 벽노 지붕도 없어서, 돼지를 위한 돝통보다 못하다. 왼쪽으로 돌구유가 보인다.

가지이기 때문이다. 근래에 이르러 벽을 세우기도 하지만 문은 달지 않으며 돌층계를 놓을 뿐이다.

내부에 부춛돌(디딜팡)을 놓을 뿐(사진 197), 문이나 지붕 따위의 시설은 하지 않는다. "비바람이 유난히 드센 고장인데, 지붕이 없으면 일을 어떻게 보느냐?" 묻자, "삿갓을 쓰고 우장(도롱이)을 입는 데다가, 그것도 잠깐 동안이므로 문제가 없다."는 대답이었다.

사진 194 보리눌
알갱이를 털어낸 보릿대를 차곡차곡 눌을 지어 쌓아 두었다가 돼지뒷간 바닥에 깔아서 삭혀서 거름으로 낸다. 외양간의 거름은 한 해가 지나야 효과가 나지만, 돼지뒷간의 것은 기름져서 당년 농사에 큰 도움이 된다.

사람이 부춛돌 위에 앉으면 곧 돼지가 달려든다. 바닥 높이가 낮은 데에서는 돼지가 궁둥이까지 핥는다. 더구나 설사라도 하면 돼지가 온 몸을 흔들 때 옷에 튀므로, 반드시 2~3미터의 작대기를 들고 휘둘러서 쫓아야 한다. 이 때문에 어린아이는 어머니가 옆에 지켜 서서 지킨다. 돼지를 피하려고 오줌은 남녀 모두 통시 곁의 우영 근처에 둔 오줌항에 눈다.

뒷간에서 돼지를 기르는 목적은 여러 가지이다. 첫째 사람의 똥이 돼지 먹이가 되어 기르기 쉽고, 둘째 똥·오줌을 따로 쳐낼 필요가 없으며, 셋째 거름 생산이 자동적으로 이루어지고, 넷째 뱀을 쫓는 데에도 도움이 된다. 엣적에는 돼지를 집집마다 키웠다. 대천동의 한 노인은 "비록 비럭질을 할망정, 돼지는 반드시 키웠다."고 하였다. 이 곳 뿐만 아니라 다른 데도 마찬가지였다. 돼지가 차지하는 비중을 짐작할만하다.

돼지는 한 집에서 대체로 한 마리를 키웠다. 무엇보다 먹이부족이 원인이다. 음식 찌꺼기는 생각도 할 수 없는 형편이었고, 보리 겨나 조 겨는 먹지 않았다. 사람의 똥에는 50퍼센트 이상의 영양분이 남아 있어서 6~7명분이면, 먹이의 30~40퍼센트가 되었다. 이 때문에 남의 집에 갔던 사람도 반드시 자기 집으로 돌아와 똥을 누었고, 그 집에서는 "급하면 우리 집에서 일을 보라."고 권유하였다. 그러나 사람의 배설물만으로는 먹이가 차지 않아, 때때로 음식물 찌꺼기 따위를 돌구유(돌도구리)에 담아 준다. 새끼는 반년이 지나면 다 큰다.

돌통의 넓이는 돼지의 수가 아니라 농사 규모에 좌우되었다. 농사가 많은 집일수록 거름이 더 필요했던 것이다. 거름 감의 대부분은 보릿대이다(사진 194·사진 195). 알갱이를 털어 낸 대를 차곡차곡 둥글게 쌓아서 보리눌을 꾸며 두었다가

사진 195 우리에 깔아 놓은 보
릿대
돼지 똥과 함께 삭은 보릿대는
초가을에 보리밭에 내며 씨에 버
무려 주면 잘 자란다. 이 밖에 감
자나 고구마밭에도 준다.

돌통에 들여놓으며, 외양간(쇠막)에 깔았던 것도 옮긴다. 돼지는 제 똥과 함께 이
것을 밟고 주둥이로 갈아서 삭힌다. 거름은 초가을에 꺼내어 보리밭에 펼치거나
씨에 버무리려 주며, '지슬(감자)'밭과 감자(고구마)밭에도 넣었다. 돌통의 거름은
기름져서 그 해 농사에도 도움이 되지만, 외양간의 것은 한 해가 지나야 한다.

사람의 똥·오줌을 돼지가 깨끗이 먹어 치우므로, 냄새가 나지 않고 따로 쳐
내는 불편도 없다. 바닥이 낮아서 비가 내려도 돌통의 구정물이 마당으로 흘러
들지 않는다. 돼지는 뱀의 천적이기도 하여 뱀을 쫓는 간접적인 효과도 있었다.

잔치에 쓰려고 돼지를 키우는 집도 적지 않았다. 특히 혼인을 앞 둔 집에서는
반드시 돼지를 먹였으며, 이를 '우정돼지'라고 따로 불렀다. 돼지는 혼사의 계기
도 마련해 주었다. 어느 마을에 훌륭한 처녀가 있다는 소문이 돌면, 신랑 아버지
가 찾아가서 "돼지나 팔 것 있습니까?" 물었고, 처녀가 나오면 "목이 마르니 물
이나 한 그릇 줍서." 하여 인물 됨됨이를 살폈다고 한다.

돼지뒷간은 1970년대에 불어닥친 새마을 운동의 열풍으로 자취를 감추었다.

당시 정부에서 20만원의 보조금을 주어가며 수거식으로 바꾸기를 부추긴 것이다. 이에 따라 뒷간에서 자라는 돼지도 없어졌으며 옛적의 것은 제주민속촌에만 남아 있다. 이곳의 김태욱님은 "과거의 통시는 사람의 오물뿐 아니라 음식 찌꺼기까지 거름으로 재생산시키는 매우 합리적인 것이었다."며 아쉬워하였다. 흔히 제주도의 돼지를 똥돼지라 부르고, 고기 맛이 더 난다고 하나 이는 잘못이다.

함경북도 회령과 강원도 양구를 비롯하여 경상남도 충무·거창·함양·산청 등지와 전라남도 광양에서도 돼지를 뒷간에서 키웠다. 뿐만 아니라 중국의 내몽골 서부와 산동성·산서성의 동부 및 중부 그리고 동북부(만주)의 용정, 네팔, 일본의 오키나와와 필리핀 등지에도 분포한다.

돼지를 뒷간에서 기르는 내용이 무당노래에 자주 등장하는 것을 보면, 그 역사가 오랜 것을 알 수 있다. 다음은 한경면(翰京面) 판포리(板浦里)의 판포 본향 당풀이의 일부이다.

널개(板浦) 본향은 축일본향(丑日本鄕) 짐씨(金氏) 할망, 오일본향(午日本鄕) 정씨 하르방이우다.
채얌에(처음에) 할망광(할멈과) 하르방이 부부간(夫婦間)이 돼였는디, 하른(하루는) 부인이 유태(有胎)를 가젼(가져서) 돗궤길(돼지고기를) 먹구정 하난(먹고 싶어하여)
통시(뒷간)예 간(가서) 돗숱(豚毛)을 하나 메연(뽑아서) 콧고망데레(콧구멍에) 찌른 게(찔러) 먹은 간(먹은 듯) 씬 간(쓴 듯) 허연게(한 것이) 남펜(男便)이 들어오란 부정(不淨)하댄 허연(하여) 살렴(살림)을 갈르고, 하르방은 하니바름 펜의(하늬바람 쪽으로) 좌정하고, 할망은 바름 알로(바람 아래쪽으로) 좌정허연 돗괴기(豚肉) 받읍네다(현용준, 1980 ; 780).

아이 밴 부인이 돼지 고기 생각이 나자, 뒷간에 가서 돼지털을 뽑아 냄새를 맡았고, 이를 안 남편이 부정을 저질렀다며 갈라섰다는 내용이다. 결국 이 부인은 죽은 뒤에야 돼지고기를 먹을 수 있었다. 이깃은 아무 때나 먹을 수 없는 귀물(貴物)이었던 것이다.

무당 노래에는 통시 외에 뒷간이라는 이름도 등장하며, 드물지만 '서각'도 나타난다. 남원면의 한 무당이 제주시 용담동의 신을 읊조리는 가운데 "마나님이 서각에 간 오멍(드나들면서) 돗숱(돼지털) 서울(세 개를) 뽑안 오란(뽑아 오라고)." 하는 내용이 그것이다.

사진 200은 돼지를 기르지 않는 가정의 뒷간이다. 문 대신 대발을 걸었다.

사진 196 돌층계

사진 197 부춛돌

사진 198 벽을 세운 뒷간

사진 199 우리 바닥에 깔아놓은 보릿대와 돼지들

사진 200 싸리발을 문으로 삼은 뒷간

5. 절간의 뒷간

가. 전라남도

(1) 선암사(仙岩寺)

어느 날 전라남도 승주군의 선암사 중과 그 이웃의 송광사 중이 서로 제 절간 자랑을 늘어 놓았다. 먼저 선암사 쪽에서 "우리 뒷간은 아주 깊어서, 어제 눈 똥이 아직도 떨어지는 중"이라고 뻐겼다. 상대는 이에 질세라 "우리 국솥은 어찌나 큰지, 건더기를 저으려고 사흘 전에 배를 타고 떠난 사람들이 풍랑을 만난 탓인가 아직도 돌아오지 않았다."고 대꾸하였다.

아닌게 아니라, 송광사에는 밥을 퍼 담아 두는 '비사리 구시'가 있다. 1724 년, 남원군 송동면 세전골의 싸리나무가 큰바람을 맞아 쓰러지자 구유 꼴로 판 것이다. '비사리'는 노를 꼬거나 미투리 바닥을 삼는 싸리 껍질을 이르는 말이고, '구시'는 구유의 사투리이다. 따라서 '비사리 구시'는 '싸리나무 구유'라는 뜻이다. 큰 불사(佛事)에 모여드는 신도들을 위해, 일곱 섬의 쌀로 지은 밥을 담아 두었다고 한다. 이만한 양의 밥을 먹이려면, 국 또한 많이 끓였을 것이다.

사진 202 선암사 뒷간(앞)
우리나라 뒷간 가운데 가장 큰 건물로. 일자꼴 몸채 가운데에 복도를 붙였다. 맞배 지붕의 합각 부분을 널쪽을 촘촘히 붙여서 가렸다. 이 부분의 끝을 부드러운 곡선으로 마무리한 솜씨가 돋보인다.

지금은 크고 작은 두 개의 구유가 남아 있다. 큰 것은 길이 490센티미터, 너비 120센티미터, 깊이 94센티미터에 이른다(사진 205). 좌우 양끝에 티자(T字)꼴의 귀를 붙여 파고 아래쪽에 구멍을 내었다(사진 207). 옮길 때에는 배가 아래로 향하도록 엎어놓은 다음, 이곳에 긴 나무를 꿰고 어깨에 멘다. 중국 서남부의 귀주성과 운남성 등지에 사는 소수민족들의 떡 구유에도 같은 구멍이 있다. 작은 것은 길이 345센티미터, 너비 66센티미터, 깊이 70센티미터이다. 이만한 크기의 그릇에 밥을 퍼 담으려면 십여 명이 삽질을 하였을 것이다. 수백 명이 한꺼번에 식사를 한 1960년대의 군대 부엌에서도, 목 긴 장화를 신은 취사병이 삽으로 퍼 담았다.

선암사 뒷간은 일자(一字)꼴 몸채에 한 간 길이의 복도(淨廊)를 붙여서 티자(T字)를 이루었다(그림 15·사진 202). 맞배 지붕에 측면 2간, 정면 6간이나 되는 2층 다락집이다(사진 204). 대체로 절간에서는 몸 속의 더러운 것이 아래로 멀리 떨어지듯, 욕심과 번뇌도 그렇게 사라지기를 바라서 뒷간을 높이 짓는다.

사진 203 수리 후의 모습
좌우 양쪽의 널이 마주 닿는 부위에 지네철을 새로 붙였다.

사진 204 뒷모습
'大便所'라는 현판에 걸맞는 웅장한 건물이다. 가운데 아래 문으로 거름을 들어낸다.

복도 합각에 쪽널을 대어 방풍판으로 삼았으며 중수 때, 지네철을 새로 붙였다 (사진 203). 복도 좌우 양쪽에 벽을 치고 가운데에 살창을 먹였으며, 문은 두짝 열 개의 판문이다(사진 212). 보에 걸어놓은 현판은 큰 볼거리이나. 흰 바탕에 검은 글씨로 '所便大'라고 쓰고(사진 201), 오른쪽에 주의 사항을 적은 쪽널을 붙였다.

三　二　一　入
默　淸　禁　厠
言　潔　煙　注
　　　　　意

'대변소'라는 말에 주의를 기울일 필요가 있다. '똥(大便)을 누는 데(所)'라는 뜻인지, '큰 뒤간'이라는 말인지 아리송하기 때문이다. 웬만큼 사는 농가에서는 오줌을 남새밭에 내려고 '대변소'와 '소변소'를 따로 갖추기도 하지만, 이 절에는 소변소가 따로 없으므로, '큰 뒷간'의 뜻으로 보아야 한다. 이름 그대로 이 뒷간 은 우리 나라에서 가장 크다.

한편, '싼뒤', '싼뒤' 속으로 현판의 글을 되뇌어 보라. 뇌면 뇔수록 그럴듯한 이름이다. 충청남도 공주에서 내 친구와 그의 친구인 시계포 주인과 도장포 주 인 그렇게 넷이서 소주를 마시던 때이다. 내가 이야기 끝에 '싼뒤'라고 써 보이 자, 두터운 안경의 도장포 주인은 대뜸 "그렇지, 그거야 까고 나서 뒤를 보라는 뜻이지." 하는 것이었다. 너무도 옳은 말이라, 우리는 소주잔을 거푸 비웠다. 그 러나 저러나, '뒷간'이라는 현판은 이것이 마지막이 될 것이다. 난 데 없는 '화장 실'이 판을 치고 있으니 말이다.

위 칸의 벽은 셋으로 나누었으며, 맨 아래는 양쪽에 쪽널을 촘촘하게 붙여서 벽으로 삼았다. 뒤에 통풍을 위한 살창을 붙이고, 나머지 부분은 회벽으로 마감 하였다. 몸채 뒷벽의 살창은 아래쪽에 두고, 복도 쪽의 것은 가운데에 베풀어서 바람이 잘 통한다. 대류 현상을 일으키려는 배려이다.

들어서서 오른쪽이 여자 칸(375센티미터), 왼편이 남자 칸(523센티미터)이다. 남자 칸(사진 214)의 똥 칸은 8칸이고, 여자 쪽은 6칸으로, 남자 칸이 더 넓다. 옛적에는 남자들의 절간 출입이 더 많았던 까닭이다. 남자 칸은 너비 120센티 미터, 깊이 130센티미터, 칸막이 높이는 135센티미터이다.

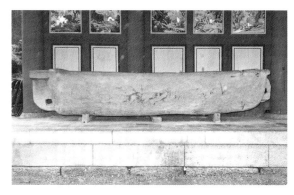

사진 205 큰 구유

사진 206 건물 안에 들여놓은 구유

송광사의 비사리 구유도 수난이 끊이지 않았다. 처음에는 사진 208처럼 작은 것을 큰 것 안에 넣어서 보관하였다. 어느 때인가 사진 207처럼 따로 떼어 엎어놓았다가 다시 건물을 지어 들여놓더니(사진 206), 지금은 어디로 치웠는지 보이지 않는다.

사진 207 엎어놓은 모습

사진 208 작은 것을 큰 것 안에 담은 모습

사진 209 '화장실' 표지판

사진 210 '남자용' 표지판

사진 211 '여자용' 표지판

들보에 걸린 큼직한 널쪽이 눈에 들어온다. 가운데에 '화장실'이라 쓰고, 왼쪽에 중절모를 쓴 남자를, 오른쪽에 베레모를 얹고 양복에 넥타이를 맨 여인을 그렸다. 그리고 머리 위에 다시 '남·녀'와 '화장실' 그리고 'W·C'를 덧붙였다. 이만하면 남녀의 칸을 혼동하는 바보는 없을 것이다. W와 C 사이의 가운데 점도 유념할 일이다(사진 209). 이 뿐만이 아니다. 기둥에도 '남자용·MAN'이라 적고, 남자 형상을 그린 판자를 걸었다. 여성 쪽도 마찬가지이다. 영어를 모두 단수형으로 나타낸 것은 잘못이다. 아래에 다시 남·여라고 쓴 널쪽을 붙이고, 그것으로도 모자라서 기둥에 푸른 색 페인트로 남·여라고 다시 적었다(사진 210·사진 211). 이러한 표지판들은 수리를 할 때 떼었다.

남녀 칸은 가운데에 각기 낮은 널벽을 치고, 다시 세 칸으로 나누어서(사진 214) 동시에 6명이 들어간다. 출입문인 널문의 높이는 널벽과 같다. 바닥에 6쪽의 널을 나란히 깔되, 가운데를 비워 놓았다. 구멍이 길어서 똥이 한데로 떨어지거나 오줌 줄기가 밖으로 뻗칠 염려가 적다(사진 215). 한쪽에 나무로 짠 좁고 긴 뒤지 상자를 놓았다.

아래 칸의 벽 상반부는 새벽이지만 하반부는 막돌로 막았으며 몸채 뒤에 마련한 널문으로 드나든다. 문을 열고 들어가서 사진을 찍었다(사진 216). 때때로 가랑잎을 덮어놓은 터라 냄새는 심하지 않았다. 남녀 칸의 똥오줌에 무슨 큰 차이가 있으랴 싶으면서도, 따로 찍기로 하였다. 여자 칸 천장에 초점을 맞추려는 순간, '쉬 부쉬 쉬시 쉬쉬' 소리와 함께 소나기가 내렸다. 잽싸게 몸을 돌려 날벼락을 피한 다음, 소나기가 멎고 '덜컹' 문 닫는 소리가 들릴 때까지 숨을 죽였다. 도중에 플래시를 터트리면, 오줌을 누던 이가 기절초풍을 할 터이고, 나 또한 파렴치범으로 몰릴 것이 뻔했기 때문이다. 매우 긴 동안(?)을 기다리면서, 어쩌다가 뒷간 밑구멍을 뒤지는 신세가 되었는가? 하는 자탄이 절로 나왔다.

남녀 칸의 똥은 가운데로 모아서 뒤지를 가려낸 다음, 가랑잎에 버무려 두었다가 이듬해 봄에 거름으로 쓴다(사진 217).

선암사에서는 1990년대 후반에 이 뒷간을 다시 세울 때, 본디 모습을 되살렸다. 고마운 일이 아닐 수 없다.

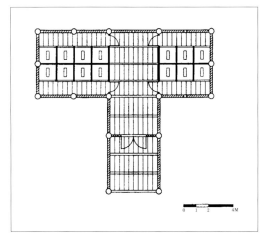

그림 15 뒷간 평면도

사진 212 판문

사진 213 문 안쪽 모습

사진 214 남자칸 안 모습

사진 215 바닥 구멍

사진 216 여자 칸 바닥

사진 217 가랑잎에 버무려서 가운데에 모아놓은 거름

사진 218 정랑 현판
이 현판을 떼어버린 것은 아쉬운
일이다.

(2) 송광사(松廣寺)

송광사의 뒷간(그림 16·사진 219)도 선암사처럼 티자(T字)꼴 평면의 다락집이다. 몸채는 전면 3간 측면 2간이며, 2간의 복도가 딸렸다. 전면의 지붕은 팔작으로, 측면은 맞배지붕으로 꾸몄다(사진 220·사진 222). 건물에 맞물리도록, 복도에 요자(凹子) 꼴의 못을 파 놓은 것이 눈을 끈다.

이 뒷간은 1993년에 다시 지을 때 크게 바뀌었다. 가장 큰 변화는 길에서 입구 사이의 땅을 파서 물을 이어 놓고 이 위에 돌다리를 건너지른 점이다(사진 231). 이것은 속세와 정계(淨界), 사람의 세계와 부처님의 세상을 가르는 경계이다. 걸어 들어가며 "몸의 더러움뿐만 아니라, 마음의 티끌도 버리게 해 주십시오." 읊조리고, 나오면서 "앞으로는 깨끗이 살겠습니다." 다짐을 두라는 뜻이다.

입구도 달라졌다. 모 기둥을 둥근 기둥으로 바꾸고 아취꼴 틀을 붙여서 화려하게 꾸몄다(사진 229·사진 230). 입구 오른쪽 기둥 위에 걸었던 '화장실' 현판도 근래에 '해우소(解憂所)'로 바꾸었다. 해우소의 원조(?)는 충청도 동학사이다(☞

사진 219 뒷간 전경
오른쪽 기둥에 '화장실'이라 적은
현판을 걸었다.

동학사). 절간의 뒷간 현판마저 유행을 타는 듯 하여 씁쓸하다. 더구나 입구 보에 걸었던 '정랑(淨廊)' 현판(사진 218)이 사라진 것은 아쉬운 일이다. 검은 바탕에 흰 글씨로 단정하고 깔끔하게 쓴 까닭에 마음이 저절로 여미어지고는 하였다. 절간에 천년의 세월이 머무는 듯 하지만, 이처럼 순식간에 변한다.

사진 220 앞모습
몸채는 맞배지붕으로, 입구는 팔작지붕으로 꾸몄다.

오른쪽 벽 아래쪽에 쪽널을 촘촘하게 이어 세웠고 나머지 부분은 회벽으로 마감하였다. 그러나 왼쪽은 사람 키 높이의 살을 세워서 벽에 대신하고(사진 223), 오른쪽에 가랑잎을 쌓아 놓았다(사진 221). 들어갈 때마다 필요한 만큼 손에 쥔다. 본디 널문 좌우 양쪽에 '남·男·MAN,' '여·女·Ladys'라고 쓴 표지판이 있었다. MAN을 복수형으로 적어야 하거니와, 'Ladys'가 아니라 'Ladies'가 옳다. 다음은 여성 칸 쪽의 널문 위에 걸었던 표지판 내용이다.

사진 221 복도에 쌓아놓은 가랑잎
이것을 한웅큼 쥐고 뒷간으로 들어간다.

더 중요한 것
시작보다 끝을 중시하라고 옛
선인들은 강조하셨습니다.
용변 후 나뭇잎으로 그 자리를
덮고 나오시면, 다음 사람이 훨씬
밝은 마음으로 화장실을 이용
하실 수 있습니다.

어법도 격식을 갖추었거니와, 띄어쓰기와 맞춤법 또한 바르다. 이 널쪽은 뒷간을 고칠 때 없어졌다. 나뭇잎을 쓰지 않게 된 탓도 있을 것이다.

내부도 새로 꾸몄다. 본디 남녀 칸을 8개로 나누었으나(사진 225), 가운데에 복도를 두고 12칸으로 늘렸다(사진 232). 이에 따

사진 222 옆모습(수리 전)
전면은 팔작지붕으로, 측면은 맞
배지붕으로 꾸몄다.

라 바닥 구멍도 옆으로 뚫었다(사진 233). 복도 끝에 4개의 남자용 소변기를 둔 것도 변화의 하나이다(사진 235·사진 236). 이로써 동시 사용 인원이 배로 늘었다. 각 칸에 문을 붙인 것도 눈을 끈다. 이로써 일을 보는 이의 '프라이버시'는 보장되었지만, 절간다운 분위기는 사라지고 말았다. 나날이 늘어나는 관광객을 위해 어쩔 수 없이 넓혔을 것이다.

몸채 좌우벽 가운데에 살창을 먹이고 뒷벽에 더 큰 살창을 베풀었으며, 좌우 양벽 아래에 쪽널을 이어 붙였다. 아래간 출입구는 좌우 양쪽으로 내고 발을 쳐 놓았다(사진 228).

들보 바닥에 붉은 칠을 하고 검은 글씨로 상량문을 적은 것도 옛적에 없던 일이다(사진 234).

吾家有一客　檀紀四三二六年
定是海中人　佛紀二五三七年
癸酉陰十月十五日未時解憂所上樑
口吞天漲水
能殺火精神

그림 16 뒷간 평면도

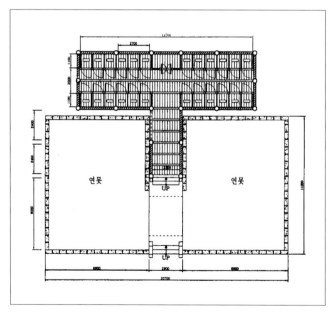

"입에 많은 물을 머금어(口吞天漲水), 불기운을 잡는다(能殺火精神)."는 내용은 화재를 막으려는 주문(呪文)이다.

가랑잎으로 밑을 닦던 시절에는 똥·오줌이 좋은 거름 구실을 하였지만(사진 227), 오늘날에는 뒤지를 쓰는 까닭에 거름으로 쓰기 어렵다. 좀체 썩지 않기 때문이다. 사진 230은 수리 뒤의 옆모습이고, 사진 237은 뒷모습이다.

사진 223 살 벽

사진 224 여자 칸

사진 225 안 모습

사진 226 바닥 구멍

사진 229 앞모습(수리 후)

사진 227 가랑잎에 섞인 오물

사진 228 뒷모습

사진 230 옆모습(수리 후)
몸채는 모듬지붕이고, 전면은 맞배지붕으로 꾸민 탓에 오랜 절간의 뒷간다운 모습이 사라졌다.

사진 231 못과 돌다리
이 돌다리를 건너 뒷간으로 드나들 때, '내 마음의 티끌도 깨끗이 씻어지이다' 읊조리라는 뜻이다.

사진 232 내부 복도

사진 233 바닥 구멍

사진 234 상량문

사진 235 소변소 입구

사진 236 소변기

사진 237 뒷모습

(3) 연곡사(鷰谷寺)

전라남도 구례군의 연곡사는 한국 전쟁 때 깡그리 잿더미가 되었다. 1991년에 새로 지은 뒷간은 T자꼴 평면(그림 17·사진 238)은 물론, 겉모습과 내부 구조도 선암사의 것을 빼 닮았다. 다른 점이 있다면 남녀 칸의 넓이를 똑같이 잡은 것뿐이다. 정면 5간에, 측면 2간 규모이다(사진 239). 다음은 상량문이다(사진 240).

龍 檀紀四三二四年上樑辛未十二月十日未時 龜

이상하게도 상량 글을 들보가 아닌 종이에 써 붙였다. 들어서서 왼쪽이 남자 칸(사진 241)으로, 남녀 양쪽 칸을 '외부인용'과 '스님용'으로 나눈 것도 다른 절에는 없는 점이다(사진 242). 이를 알리기 위해 '외부인용'과 '스님용'이라고 쓴 종이를 붙이고, 스님 전용 칸 쪽에 다시 '외부인 출입금지'를 덧붙였다.

사진 238 뒷간 앞모습
앞에서 든 선암사의 뒷간을 빼
닮았다.

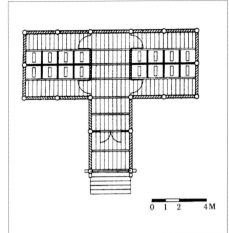

사진 239 옆모습
상부의 회벽과 가운데의 살창 그
리고 아래의 널벽이 조화를 이루
었다.
그림 17 평면도

사진 240 종이에 써 붙인 상량문

비록 뒷간에서라도 속인들과 섞이지 않으려는 의도는 짐작이 가지만, 과연 얼마나 효과가 있을지 의문이다. 이처럼 엄격한 구별과는 달리 양쪽의 내부 구조는 같다. 남자 칸 쪽에 큰 거울을 달아놓은 것도 이 절만의 특징이다. 각 칸에 다음의 내용을 써 붙였다.

깨끗이 사용합시다.
대소변을 미련 없이 버리듯
번뇌 망상도 미련 없이 버리자.

남녀 칸은 각각 8칸으로 동시에 여덟 사람이 들어간다(사진 244). 긴 네모꼴의 바닥 구멍은 21×65센티미터이다(사진 245). 살창을 복도와 측면에는 널벽 위에 내고, 뒤는 아래쪽에 붙였다. 통풍을 돕기 위해서이다. 그러나 건물 뒤의 길에서 보이지 않도록, 발로 가린 탓에 환기가 쉽지 않다. 똥·오줌을 퍼내는 문을 복도 아래쪽에 낸 것도 불편한 점의 하나이다. 출입을 위한 도랑을 마련하였지만, 도움이 되지 않는다. 사진 246은 뒷모습이다.

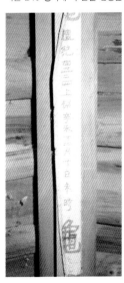

사진 241 남자 칸 쪽

사진 242 '외부인 전용'과 '스님 전용'이라고 써 붙인 종이

사진 243 '스님 전용' 칸 안 모습

사진 244 남자 칸 안 모습

사진 245 바닥 구멍

사진 246 뒷모습
아래쪽에 살창을 내었지만, 길에서 보이는 까닭에 안쪽에 발을 쳐서 환기가 잘 되지 않는다.

(4) 불일암(佛日庵)

송광사에 딸린 불일암 뒷간은 우리네 절간 뒷간 가운데 가장 아담하고 깔끔하다. 겉으로 보면 산신각이나 칠성각으로 여겨질 정도이다. 전면 3간에 측면 1간인 다락집이지만, 간살이 워낙 좁아서 보통 건물의 2분의 1에 지나지 않는다(사진 247). 맞배지붕에 기와를 덮었으며, 낮은 돌담을 둘렀다. 벽은 모두 널벽이고 뒷벽 아래쪽에 살창을 내었다(사진 249).

전면 가운데 문은 외짝 열개의 판문으로, 상부에 정방형의 띠살을 먹이고 한지를 붙였다. 좌우 양쪽 벽 위에도 살창을 꾸미고, 허리 께에 만자(卍字) 살 3개씩을 베풀었다(사진 250). 들어서서 왼쪽이 남자칸으로, 기둥에 '男'이라고 쓴 붉은 종이를 붙였다. 다른 절들과 달리 좌우 양 칸에 문을 달고, 신발을 벗도록 하였다. 가운데 복도 끝으로 "나올 때 신발 정리 문 닫기"라고 적은 쪽지가 보인다.

한쪽 칸에 변기를 앉힌 것도 특별하다. 화장지도 흰 그릇에 두었고, 구석에 비와 쓰레받기를 세웠다(사진 251). 벽에 걸린 좀 약은 좀 자체보다 냄새를 줄이는

사진 247 뒷간 앞모습
똥·오줌을 누는 뒷간이 아니라 암자와 같은 단정하고 깔끔한 느낌을 준다.

구실을 할 것이다. 작은 선반과 뒤지가 있다.

　한글로 쓴 다음의 상량문도 볼거리이다(사진 252).

　龜 불기 二五三〇년 十월 十六일 기둥세우고 보올리다 龍

　아래 칸에 두짝 열개의 널문을 달고 상부와 한쪽 측면에 살창을 먹였다. 좁은 담이
지만 기와를 나란히 박아 넣어 재치를 부린 것도 보통 솜씨가 아니다(사진 248).

사진 248 옆모습
대숲이 둘러선 이 뒷간에 들면
누구라도 도를 깨칠 듯 하다.

사진 249 내부

사진 250 **살창과 만자투각**
살창과 살창 사이에 만자를 투각
하여 변화를 주었다.

사진 251 뒷간 도구
변기·비·화장지가 모두 제자
리에 반듯하게 놓였거니와 화장
지를 그릇에 올려놓은 것이 눈을
끈다.

사진 252 상량문
상량문을 우리 글로 적은 것도
특징의 하나이다.

사진 253 뒷모습
암키와를 어긋나게 세워서 변화
를 피한 슬기가 돋보인다. 문짝
또한 빈틈이 없다.

나. 전라북도

(1) 내소사(來蘇寺)

전라북도 부안군 내소사에는 재래식과 현대식 뒷간이 나란히 있다(사진 255). 새 뒷간을 지으면서 옛 것을 그대로 둔 것이다. 몰려드는 관광객을 위해 옛 것을 살렸을 것이다.

옛 것은 2간(750×404센티미터) 규모이며, 맞배 지붕에 기와를 얹었다(사진 254). 길에서 입구까지 축대를 쌓아 연결하고, 안에는 우물 마루를 놓았으며, 나머지 한 간의 다락집만 뒷간으로 꾸몄다. 전면과 측면의 상인방과 중인방 사이에 살창이 있어 통풍을 돕는다. 벽은 모두 널벽이고, 좌우 양끝의 보와 합각 사이도 터놓았다.

뒷간은 남녀 칸으로 나누고, 따로 문을 달았다. 출입구 쪽이 남성 칸, 안쪽이 여성 칸이며 가운데에 널벽을 쳤다(사진 256). 남녀 칸은 각기 네 사람이 들어간

사진 254 옛 뒷간
이 절의 큰법당 못지 않은 의젓하고 듬직한 품격을 지녔다. 널벽에 '화장실' '변소' 'W.C'라고 어지럽게 적어놓지 않았더라면 얼마나 좋았을까. 그렇지 않더라도 필요한 사람은 반드시 찾게 마련이다.

다(사진 257). 칸막이 널벽 높이는 2미터로, 어느 절간의 것보다 높다. 바닥 구멍
은 복숭아 꼴이다(사진 258). 냄새를 빼려고 건물 아래 칸 전면에 대를 촘촘히 세
워서 벽으로 삼았다.

사진 255 재래식(왼쪽)과 현대
식 뒷간
한동안 살펴보았더니, 절식구들
은 옛 뒷간으로, 관광객들은 새
뒷간으로 드나들었다. 따로 구분
해 놓지 않았음에도 성(聖)·속
(俗)이 이처럼 달랐다.

새 뒷간 규모는 814×400센티
미터이다. 절간에 어울리도록 따
로 설계한 것이 아니라, 요즈음
어디에서나 볼 수 있는 공중변소
그대로이다. 맞배지붕에 기와를
얹고 시멘트 기둥에 벽돌담을 둘
렀다. 남녀 칸에 모두 출입문을
달고 똥 칸에도 문을 붙였다. 한
쪽에 세면기를 시설한 것도 같다.

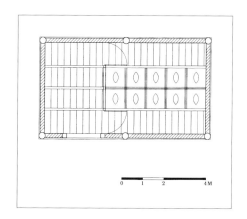

그림 18 뒷간 평면도

남자 칸에는 4개의 소변기를 두었으며, 여성 칸에는 똥 칸 2개소를 덧붙였다. 건
물 뒤에 정화조를 묻었다.

사진 256 남자 칸(오른쪽)과 여자 칸
남자 칸 쪽 표지물은 여성용으로 인식되기 쉽다. '여자용'이라고 따로 써 놓은 까닭도 이에 있을 것이다.

사진 257 남자 칸 안 모습

사진 258 바닥 구멍

(2) 개암사(開岩寺)

근래에 지은 전라북도 부안군 개암사의 뒷간은 맞배 지붕에 기와를 얹었다(사진 259). 정화조를 묻고, 냄새를 빼기 위한 굴뚝을 세웠다. 남녀 칸의 문은 가운데로 몰아서 달고(사진 260), 안에 변기를 앉혔다(사진 261). 전면 중인방과 상인방 사이에 살창을 먹이고 중인방 아래쪽에 회벽을 쳤다. 그리고 좌우 측벽 상부는 회벽으로, 아래쪽은 널벽으로 마감하였다. 후면 벽의 하부는 회벽이고, 중앙 상부에는 여러 개의 살을 세웠다.

향해서 오른쪽이 여성 칸, 왼쪽이 남성 칸이다(그림 19). 여성 칸은 모두 세 칸으로 칸마다 문을 달았다. 이와 달리 남성 칸을 두 칸으로 꾸민 대신, 왼쪽에 3개의 소변기를 설치하였다(사진 262).

사진 259 개암사 뒷간
회벽과 널벽 그리고 살창의 대조가 뚜렷하다. '화장실'이다 '무어다' 너절하게 써 붙이지 않은 것이 고맙다.

사진 260 널벽과 문

사진 261 안 모습

사진 262 소변기

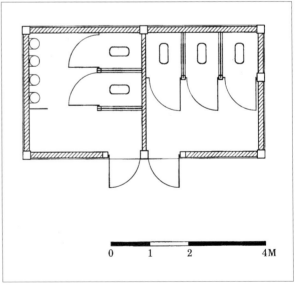

그림 19 뒷간 평면도

다. 충청남도

(1) 개심사(開心寺)

개심사는 충청남도 서산군 운산면에 있다. 일반 절간도 그렇지만 특히 선종(禪宗)에서는 뒷간에 드나드는 일도, 수행의 과정으로 삼아 엄격한 규범을 지킨다. 뒷간에서 웃거나 큰 소리를 내지 않고, 안에 누가 있는지 알려고 문을 가볍게 두드리는 예절도 이에서 나왔다.

이 절의 '입측오주(入厠五呪)'도 선종의 대표적인 계율의 하나이다. 오주는 세정(洗淨)·세수(洗手)·거예(去穢)·정신(淨身)·무병수(無甁水)의 다섯 가지를 가리킨다. 곧 세정은 뒷간을 깨끗이 함이요, 세수는 똥을 누고 똥구멍을 씻은 왼손을 닦음이요, 거예는 몸에서 빠져나가는 똥·오줌과 함께 마음의 찌꺼기를 버림이요, 정신은 이 과정을 마침으로써 몸이 완전히 깨끗이 됨이다. 마지막의 무병수는 여행 중이거나 하여 뒷물을 할 수 없는 경우, 이를 읊조림으로써 물로 닦은 것과 마찬가지가 된다는 의미이다. 이들 다섯 가지의 앞뒤와 중간에 산스크리트어의 주문이 들어 있다. 사진 263은 남자 칸에 붙인 입측오주이다.

사진 263 남자 칸 안쪽 널벽에 붙인 입측오주
선종에 딸린 절에서는 스님들이 뒷간을 깨끗이 하고, 왼손으로 항문을 씻으며, 마음의 찌꺼기를 버리고, 몸을 완전히 깨끗이 한다는 등의 5가지를 똥·오줌을 누면서 읊조린다.

入廁五呪

　入廁眞言
옴 하로다야 사바하
　洗淨眞言
옴 하나 마리제 사바하
　洗手眞言
옴 주가라야 사바하
　去穢眞言
옴 시리예 바혜 사바하
　淨身眞言
옴 바아라 뇌가닥 사바하
　無甁水眞言
摘葉蓮華枝　還同海上波
此處無甁水　淸淨琉璃界
옴 정체혜체 사바하

무병수 뒤에 이어 붙인 한시의 내용은 대체로 다음과 같다.

연꽃 가지에서 잎을 따서 바다 물결에 띄워 보내나니
비록 뒷물을 못 했어도 유리 청정계처럼 깨끗하구나.

오주는 말 그대로 '진언(眞言)'인 까닭에 세속에 묻혀 사는 보통 사람은 그 뜻을 알기 어렵다. 처음부터 불도를 닦는 이들을 위해 마련한 탓이기도 하다. 여자 칸에는 이상하게도 입측오주가 보이지 않았다. 무슨 특별한 뜻이 있는가 싶어, 스님을 찾아 공손히 물었다.

"입측오주가 여자 칸에는 왜 없습니까?"

내 얼굴을 한 동안 유심히 살피던 상대는

"안 붙였으니까 없지요." 내 쏘았다.

이야말로 우문(愚問)에 현답(賢答)이로구나 싶은데, 뒤이어

"아, 거기까지 들어갔습디까?"

따지듯 묻는 것이었다. 절간의 뒷간, 그것도 여자 칸까지 뒤지고 다니는 이 작자는 도대체 누구인가 하는 눈치였다.

"아니요. 그저……"

우물쭈물 꽁무니를 빼는 수밖에 없었다.

개심사처럼 아담하고 깨끗한 절도 드물지만, 뒷간 또한 이만큼 떨어진 한적한 데에 있다. 이곳으로 이르는 길 한 쪽으로 숫키와를 일매지게 엎어놓고 좌우 양쪽에 회양목을 가꾸어서 유리 청정계가 바로 여기로구나 하는 느낌을 준다(사진 264).

뒷간 규모는 전면 3간 측면 1간으로 지붕은 함석지붕이다. 왼쪽 2간이 뒷간이

사진 264 **뒷간으로 이르는 길**
속세에서 벗어나 부처의 세상으로 들어가는 느낌을 준다.

고, 나머지 한 간은 가랑잎 광이다(그림 20 · 사진 265). 뒤를 닦을 가랑잎을 두는 광(사진 267)을 따로 마련한 것은 매우 드문 일이다. 광 전면에 두짝 열개의 판문(105×127센티미터)을 붙이고, 뒷벽에 창(68×67센티미터)을 내었다. 이 곳을 제외한 나머지 공간의 벽은 모두 널벽(높이 180센티미터)이며, 도리와 벽 사이는 50센티미터쯤 터놓았다(사진 266).

반 간을 터놓고 문 대신 쓴다. 현재 남자용인 가운데 칸은 본디 여자용이었고, 남자들은 왼쪽 끝 칸을 썼다. 초기에는 여자가 많았으나, 근래 남성 관광객이 늘어나면서 바꾼 것이다. 처음부터 남자 칸을 너르게 잡은 선암사와 대조적이다. 남성 칸 왼쪽 널벽을 여자 칸으로 들여 친 까닭에, 똥누는 자리가 둘로 줄어든 반면(사진 268 · 사진 269), 남자 칸은 여섯으로 늘었다(사진 270). 남녀 간 사이에도 벽을 치지 않고 널을 나란히 세웠을 뿐이다.

여자쪽 칸막이의 높이는 100센티미터, 남자쪽은 93센티미터이다. 가랑잎 자루를 남자 칸에는 동북쪽에(사진 271), 여자 칸에는 입구 오른쪽에 두었다(사진 268). 바닥 널 구멍은 가운데가 벌어져서 복숭아를 연상시키며(사진 272), 똥 · 오줌은 비탈 아래의 대숲 쪽으로 흘려보낸다(사진 273).

사진 265 **고즈넉한 뒷간**
오른쪽의 가랑잎광을 이제는 헛간으로 쓴다. 더 이상 가랑잎으로 뒤를 닦지 않기 때문이다.

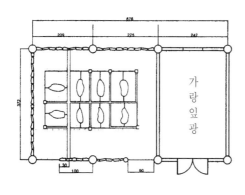

그림 20 뒷간 평면도

사진 266 여자 칸과 남자 칸(오른쪽)

사진 267 가랑잎 광

사진 268 여자 칸

사진 269 여자 칸 안 모습

사진 270 남자 칸 안 모습

사진 271 남자 칸의 가랑잎 자루

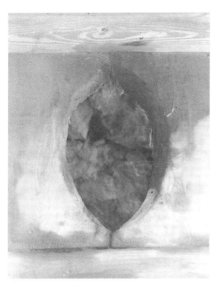

사진 272 바닥 구멍
복숭아 또는 여음(女陰)을 떠올
리게 한다.

사진 273 뒷간 측면
똥·오줌은 조금씩 아래쪽의 대숲
으로 흘러 내려가서 거름이 된다.

(2) 고란사(皐蘭寺)

입측오주는 흔히 한문으로 적지만, 삼천궁녀가 몸을 던졌다는 부여 낙화암 절벽 중간에 위치한 고란사에는 우리말로 풀어놓았다. 더구나 현대식으로 지은 뒷간에 이를 마련한 것은 특이하다. '뒤 볼 때 마음'이라는 제목에 이어, 다음 내용이 적혀 있다. 띄어쓰기와 맞춤법은 본디 대로 따랐다(사진 274).

(入厠偈大小便時當願衆生棄貪瞋癡蠲除罪業)
　변소에 들어서면 외운다.
입칙진언 옴하로다야 사바하(七번)
　다음은 대소변을 볼때마음에 생각 한다.
"내몸에있는 모든병과 근심걱정이 대소변과
함께빠져지이다. 하고마음으로 관하며 내
마음에 탐욕진심어리석음도 모두 대소변
과 함께 빠져버리고 이몸과 이마음이 깨끗
하여지이다. 하고관 한다.
　다음주문을 七번식속으로염한다.
세정진언. 옴. 하나마리제 사바하(洗淨)
세수진언. 옴. 주가라야 사바하(洗手)
거예진언. 옴. 시리예바헤 사바하(去穢)

정신징언. 옴. 바아라뇌가닥 사바하(淨身)

무병수진언 적엽지 환동해상파

차처무병수 청청유리계

옴 정체혜체 사바하

※여타주의. 가래와 침을 함부로뱉지말고

대소변을 바로보되 밑을보지말고 이를

다물고 글쓴 종이는 삼가할것 벽엔 낙서

하지말고 조용히 누고나가되 들어 설

때는 노 - 크하고 나올때는 문을 꼭닫을것

인과경약초팔만세 행경에 가라사되

뒷간소제하는날은 매월一일五일十五일

二十일 二十九일하라. 이날뒷간 소제하는

집은 반듯이 일생에 衣食이 自足

하리라. 하시고 오주를 외우고 실천

하는 사람은 善神이 항상 두호할것이

니 모두 힘써 실천 할지니라.

사진 274 '뒤 볼 때 마음'
입측오주를 친절하게도 우리말
로 풀어썼다. 중생을 위한 정성
이 지극하다. 뒷간 청소를 한 달
에 다섯 번하면 "반드시 일생에
의식이 자족하리라."는 내용은
마음에 와 닿는다.

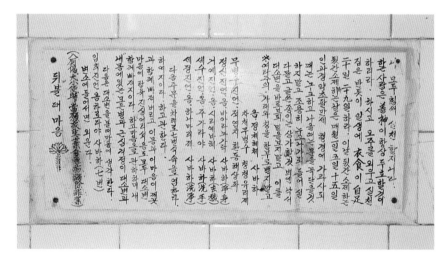

똥 · 오줌이 빠져나가듯이 여러 가지 병과 근심 · 걱정 · 탐욕 · 어리석음이
모두 없어져서 마음이 깨끗해지기를 바라는 탄원은 감동적이다. '여타 주의' 이
후의 내용은 진언과는 무관한 것으로, 절에서 덧붙여 넣은 것이다. 열 아홉째 줄
의 '이를'은 '입을'의 잘못이다. 초등학생에게나 어울릴 듯한 내용도 없지 않지

사진 275 백마강이 내려다보이는 낙화암 절벽에 세운 뒷간
더 바랄 수 없이 그럴 듯한 자리이다.

만, 글쓴 종이를 삼가며, 들어설 때는 '노 - 크' 하고, 한 달에 다섯 번 뒷간 청소를 하면, 의식이 풍족할 것이라는 대목은 눈을 끈다.

절터가 좁아 뒷간을 멀리 떨어진 절벽에 세운 까닭에(사진 276 · 사진 277), 고요히 흐르는 금강이 발치 아래로 보인다. 이보다 더 나은 뒷간 자리는 없을 것이다. 더구나 금강에 띄운 배에서 올려 보면 "명당이로구나." 하는 찬탄이 절로 인다(사진 275).

사진 276 절에서 뒷간으로 이르는 길
절에서 저만큼 떨어져 있는 것이 흠이라면 흠이지만, 오며가며 마음을 다잡는다면 이보다 나은 자리는 없을 것이다.

사진 277 뒷간모습
여자 칸을 드나들기 편한 쪽에 둔 마음씀씀이가 고맙다.

(3) 마곡사(麻谷寺)

충청남도 공주군 마곡사의 뒷간도 선암사나 송광사처럼 다락집으로 꾸몄다. 규모는 전면 3간, 측면 1간이며 맞배지붕에 기와를 얹었다. 벽은 널벽이다(사진 278). 입구 오른쪽 기둥에 흰 바탕에 검은 글씨로 '대변소·WC'라고 쓴 쪽 널을 붙이고, 이어 검은 바탕에 흰 글씨로 '여자용'이라고 적은 판자를 걸었다. 왼쪽 기둥에도 '남자용'이 보인다.

본디 여자 칸 전면 널벽 아래쪽에 좁고 긴 네모꼴 구멍을 내었으나 근래 막았다. 남자 칸 위와 뒤에도 같은 구멍 세 개가 있다(사진 280). 이와 달리 앞쪽 구멍을 여자 칸은 아래쪽에, 남자 칸은 위쪽에 뚫었다. 구멍 높이를 달리하면, 대류현상이 생겨서 냄새가 잘 빠진다. 뒷면의 상인방과 중인방 사이를 터놓은 것도 마찬가지이다.

남녀 칸을 각 6칸씩 나눈 것은 개심사와 같지만(사진 281), 바닥 구멍은 좁고 길다(사진 282). 선종의 뒷간 법식대로 한쪽 끝에 작은 선반을 매고 빗자루와 쓰레받기를 얹어 놓았다(사진 279). 뒷면 아래쪽의 각 칸마다 문을 낸 것도 다른 절과 다른 점이다(사진 284). 아쉽게도 이 뒷간은 헐려 나가서 다시는 볼 수 없다.

사진 278 마곡사 뒷간
다른 데에 현대식을 지으면서 아쉽게도 이 뒷간을 헐어 버렸다. 우리는 어째서 제대로 지은 옛적 뒷간 하나를 간수할 줄 모르는가 하는 아쉬움이 앞선다.

사진 279 쪽 선반

사진 280 네모꼴 창

사진 281 안 모습

사진 282 바닥 구멍

사진 283 뒷모습

사진 284 아래 문

(4) 신원사(新元寺)

다음은 공주군 계룡면의 신원사에서 현각 스님이 동안거(冬安居) 동안에 경험한 뒷간 이야기이다. 미국인인 그는 예일대학에서 철학과 문학을 전공하고 독일 프라이부르크 대학과 하버드 대학원에서 종교철학을 공부하였다. 하버드 대학원 재학 중, 화계사 조실인 숭산(崇山) 대선사의 설법을 듣고 출가해 1992년 한국에 왔다.

처음 경험하는 한국 사찰의 모든 것이 힘들었지만, 재미있는 것도 많았다. 나는 그렇게 먼 화장실은 처음 보았다. 선방에서 한 60여 미터는 떨어져 있었다.

화장실 경험은 나에게 완전히 충격이었다. 볼일(?)을 마치고 일어서면 문짝이 목 부근까지만 닿기 때문에 앞사람의 얼굴이 보인다. 그리고 콘크리트 바닥에 구멍만을 뚫어놓은 것이라 주저앉아서 일을 봐야 했다. 냄새도 냄새였지만, 추운 날씨에 볼일을 봐야 했기 때문에 매번 화장실에 오가는 일이 아주 귀찮았다.

바람이 많이 부는 날이면 엉덩이가 너무 추워서 오래 앉아 있을 수가 없었다. 심지어 어느 날은 볼일을 마치고 버린 휴지가 바람에 밀려 위로 날리기도 했다. 처음 겪는 일이라 좀 당혹스러웠다. 그 일을 겪고 난 뒤부터는 휴지가 바람에 날릴까 봐, 손을 좀 더 구멍에 깊이 넣느라 애를 쓰곤 했다. 화장실에 가는 일이 고역이긴 했지만, 나는 안거(安居) 기간동안 나오는 음식이 너무 맛있어서 매번 과식을 했고 따라서 화장실에 자주 갔고 갈 때마다 좀 오래 앉아 있어야 했다. 그런 화장실을 보면서 한국이 후진국이라는 생각보다는, 이런 문화 때문에 한국 사람들이 아주 강한 의지를 가지게 된 것이라고 생각했다(현각, 1999 ; 228).

한편, 아담스 하트 데이비스(Adams Hart-Davis)는 1997년에 낸 『썬더 풀러쉬 앤드 토마스 크레이퍼(Thunder, Flush And Thomas Crapper)』라는 책에, '한국의 절간(Korean monastery)' 항목을 두고 이렇게 적었다.

옛 승려와 옛 비구는 한국 절간에서는 일정한 양식에 따라 뒷간을 짓는다고 한다. 남성용과 여성용의 내부는 기본적으로 같다. 5칸 정도의 작은 공간이 등을 대고 나란히 나뉘어 있으며 각 칸 사이에 벽을 친다. 칸마다 측벽(側壁)은 있지만, 앞에 문 따위가 없어서 대번에 사람이 있고 없음을 알 수 있다.

변기는 없으며, 바닥 가운데에 널도 깔지 않는다. 똥·오줌을 누는 이는 바닥의 틈 사이에 벌여 앉으며, 배설물은 약 3미터 아래로 떨어진다. 뒤는 물·나뭇잎·종이·한 줌의 재 · 짚 등으로 닦는다.

바닥에 쌓인 오물이 거름으로 바뀌는 과정은 간단하다. 나뭇잎이나 짚의 층이 2~3일마다 바뀌며, 약 석 달 뒤 근처의 농부가 가져다가 밭에 준다. 뒷간의 환기가 잘 되어, 불쾌한 냄새는 나지 않는다.

외벽 상부는 살창인 까닭에, 쭈그려 앉은 채 밖의 아름다운 농촌 풍경을 즐길 수 있다. 벽에는 똥 누는 과정에 따라 읊조리는 글을 붙여 놓았다.

뒷간에 들어오기 위한 말

버려서 없애는 것 그리고 다시 버려서 없애는 것은 더 없는 즐거움. 세 가지 독(탐욕 · 분노 · 어리석음)을 함께 버릴 수 있도록, 그리하여 내 몸을 악행으로부터 지킬 수 있도록 하여지이다.

옴 · 하로다야 · 사바하(세 번)

몸을 씻기 위한 말

비워서 깨끗이 함은 더 없는 기쁨. 꿈이 현실로 되어 간다. 우주 만물이 빠르게 정토에 이르도록 간절히 빈다.

손을 씻기 위한 말

물은 어떤 업화(業火)도 꺼뜨린다. 내 눈이 타고, 귀가 타고, 마음이 타오른다. 부처 가르침의 맑고 찬물이야말로 업화를 끄는 유일한 수단이다.

옴 · 주가라야 · 사바하(세 번)

몸에서 더러움을 버리기 위한 말

이 더러움을 씻어 버리듯이 번뇌를 씻어 버리자. 마음이 깨끗해짐에 따라 정신이 평온해 진다. 내 생애의 소원은 티끌 하나 없는 피안으로 가는 것 뿐.

옴 · 사리야에 · 바히에 · 사바하(세 번)

이러한 글귀를 적어놓은 절이 어디에 있는 무슨 절인지에 대해, 작자가 아무 설명을 붙이지 않아서 궁금증만 더하다. 입측오주의 내용도 앞에서 든 것들과 크게 다르다.

라. 경상남도

(1) 해인사

경상남도 합천군 해인사(海印寺) 뒷간에는 해인총림률원(海印叢林律院)에서 편집한 입측오주를 붙였다. 우리말로 풀어 3·4·5조로 꾸민 까닭에 읊조리기 편하다.

1. 입측진언(입측진언 : 화장실에 들어가 편히 앉아서)

버리고 또버리니 큰기쁨일세
탐진치 어둔마음 이같이버려
한조각 구름마저 없어졌을때
서쪽에 둥근달빛 미소지으리

옴 하로다야 사바하(세 번)

2. 세정진언(洗淨眞言 : 왼손으로 뒷물 하면서)

비워서 청정함은 최상의행복
꿈같은 세상살이 바로보는길
온세상 사랑하는 나의이웃들
청정한 저국토에 어서갑시다

옴 하나마리제 사바하 (세 번)

3. 세수진언(洗手眞言 : 손을 씻으면서)

활활활 타는불길 물로꺼진다
타는눈 타는경계 타는이마음
맑고도 시원스런 부처님감로
화택을 건너뛰는 오직한방편

옴 주가라야 사바하(세 번)

4. 거예진언(거예진언 : 더러움을 몽땅 버리고)

더러움 씻어내듯 번뇌도씻자
이마음 맑아지니 편화로움뿐
한티끌 더러움도 없는세상이
이생을 살아가는 한가지소원

옴 시리예바혜 사바하(세 번)

5. 정신진언(淨身眞言 : 내 몸 이제 청정신이 되었네)

한송이 피어나는 연꽃이런가
해뜨는 푸른바다 숨결을본다
내몸을 씻고씻은 이물마저
유리계 푸른물결 청정수되라

옴 바아라 뇌가닥 사바하(세 번)

　　오주(五呪)를 알기 쉽고, 읊조리기 쉽도록 부드러운 글로 풀어놓고 똥·오줌을 누는 일을 해탈의 차원까지 끌어올렸다. 뒷간이 아닌 다른 데에서도 되새겨볼만한 내용이다. 개심사의 것과 달리, 무병수 진언이 빠진 것은 이 뒷간이 일반 대중용이기 때문이다.

　　세정진언의 "왼손으로 뒷물을 하면서"라는 말에 설명을 붙일 필요가 있다. 불교도 뿐만 아니라 인도·인도네시아·중동·네팔 등지의 모슬렘 세계에서도 좌우의 손을 엄격하게 구분한다. 오른손을 존귀하게, 왼손을 천하게 여겨서, 음식은 반드시 오른손으로 먹고 왼손으로는 뒷간에서 밑을 닦는 등 부정한 일에 쓰는 것이다. 왼쪽보다 오른쪽을 높게 보는 관념은 우리네 일반에도 퍼졌다. 바른 일, 바른 사람, 바른 길 따위의 낱말이 그것이다. 이에 견주어 옳지 않은 정치를 좌도(左道), 좋지 않은 자리로 옮기는 것을 좌천이라 일컫는다.

　　밑을 닦을 때에는 왼손을 쪽박처럼 오므려서 두 다리 사이로 넣은 다음, 오른손의 물그릇을 기울여 물을 따른다. 처음에는 똥구멍을 닦고, 두 번째는 손바닥으로 물이 묻은 엉덩이 부분을 훔쳐내며, 이를 '왼손 뒷물'이라 이른다. 흔히 물그릇이나 깡통을 가지고 들어가지만, 한쪽에 물확을 따로 마련해 두기도 한다.

(2) 불국사(佛國寺)

　우리는 수세식(水洗式) 변기를 서양의 전유물로 알지만, 불국사에서도 썼다. 비로전(毘盧殿) 옆에 모아놓은 네 틀 가운데 하나가 그것이다(사진 285·사진 286). 크고(64×84센티미터) 두툼한(높이 20센티미터) 돌 가운데를, 참외 꼴(길이 46센티미터, 가운데 너비 22센티미터)로 파내고, 바닥 앞쪽에 구멍(지름 5센티미터)을 뚫었다. 일을 본 뒤 물을 부어 구멍으로 흘려보낸 것이다. 간편하기로는 궁중의 매화틀이 으뜸이지만, 만든 공력을 생각하면 불국사 중들이 임금 보다 더 큰 호사를 누린 셈이다. 나머지 세 틀은 모두 양쪽을 따로 다듬어 붙인 재래식이다. 이 가운데 두 틀의 좌우 양쪽에는 두터운 나무를 걸치기 위한 좁은 턱을 붙였다(사진 287·사진 288·사진 289).

　사진 290은 기름한 돌의 한쪽을 조금 너르게 파고, 좁은 홈을 내었다. 여성용 소변기로 보기에는 바닥이 얕고 홈은 지나치게 길다. 앞의 수세식 변기에 딸렸던 홈 돌일지도 모른다. 여러 개 가운데 이것만 남았는지, 본디 하나뿐이었는지 궁금하다.

　사진 291은 재래식의 대형 변기이다. 두터운 테를 두르고 바깥쪽 모서리의 살을 발라내는 등 정성을 기울였다. 크기로 말하면 세계에서 가장 큰 돌 변기임에 틀림없다. 뒷간 자체도 웅장하고 화려하였을 것이다.

사진 285 수세식 변기
수세식 변기를 서양에서만 쓴 것은 아니다. 우리네 불국사에도 이것이 있었다. 똥·오줌을 누고 나서 물을 부으면 앞쪽의 구멍으로 흘러나간다.

사진 286 옆모습
이 구멍에 흙이 가득 차 있어서 바닥이 보이지 않았다. 바다 구조를 알기 위해 손으로 후벼파는 중에, 한 거사가 나타나더니 "문화재를 훼손 말라."며 호통을 쳐 대었다.

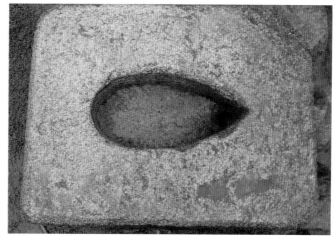

사진 287 변기들

사진 288 옆모습

사진 289 여러 가지 돌 변기들
이들을 깎아 만드는 데에 든 공
력을 생각하면, 이 절 중들은 임
금보다 더한 호사를 누린 셈이
다. 특히 사진 291을 보면 벌어
진 입이 다물어지지 않을 정도이
다. 중국에서도 일본에서도 이
같은 변기는 쓰지 않았다. 변기
가 이러하니 뒷간의 사치는 또
어떠하였을 것인가?

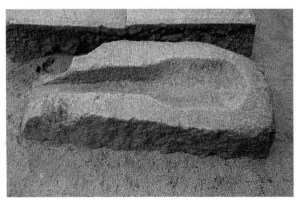

사진 290 변기

사진 291 큰 변기

(3) 쌍계사(雙磎寺)

쌍계사에는 스님 전용 뒷간이 따로 있다(사진 292). 관광객이 늘어난 탓에 별도로 세웠을 것이다. 맞배지붕에 기와를 얹었지만, 뼈대는 시멘트이다. 처음에는 벽에 뒷간이라고 썼다가, 속인들 등쌀에 지워버렸다. 지금은 좌우 양쪽에 '일반인 출입 금지'라는 표지판을 세워놓았다. 이 표지를 보고 오히려 궁금해져서 들어가 보았더니 뒷간이었다.

사진 292 스님 전용 뒷간
쌍계사에서는 절 식구들을 위한 뒷간을 따로 마련하였다. '화장실'이라고 써 놓으면 속인들이 몰려 들 것이어서, '출입금지' 팻말만 세웠다. 그러나 나는 오히려 궁금증이 일어서 일부러 들어가 보았다.

들어서서 오른 쪽으로 오줌 누는 데를 따로 마련하였다. 소변기를 달지 않아서 냄새가 난다. 그러나 안쪽에 붙인 세면기는 다른 절에 없는 것이다. 세면기 아래의 뒷물 그릇도 눈여겨보아야 한다(사진 293). 그리고 벽에 통 대를 이어 만든 횃대에 걸린 두 장의 수건과(사진 294), 안쪽 살창에 고정시킨 작대기에 화장지와 웃옷이 걸린 것도 볼거리이다(사진 295). 이로써 선종을 우리 나라에서 처음 받아들인 절의 뒷간다운 면모가 살아난 셈이다.

문 안쪽에 붙인 입측오주는 개심사 것과 같으나, 뒤에 다음 구절이 이어진다.

사진 293 소변대와 세면대

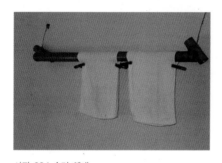

사진 294 수건 횃대

사진 295 옷걸이

입측오주(入厠五呪)

....

....

대소변시 당원중생 기탐진치 견제죄업
(大小便時 當願衆生 棄貪瞋痴 蠲除罪業)

수집양지 당원중생 개득묘법 구경청정
(手執楊枝 當願衆生 皆得妙法 究竟淸淨)

작양지시 당원중생 기심청정 서재번뇌
(嚼楊枝時 當願衆生 其心淸淨 噬在煩瑙)

집에 돌아와 새겨 보았지만, 도무지 통하지 않는 데가 있었다. 첫째 '견제죄업'의 '고치 견(蠲)'과, 둘째 '서재번뇌'의 '점칠 서(噬)', 셋째 번뇌의 '뇌'가 '마노 뇌(瑙)'인 점 등이었다(둘째 줄의 '개(皆)'도 '게'로 적혔다). 이 밖에 뒷간진언(眞言)에 칫솔 운운하는 대목이 들어 있는 점도 의문이었다

쌍계사 종무소에 전화를 걸었다. 이것을 마련한 반산스님(속명은 이기원)이 토굴에서 정진 중이어서 연락이 닿지 않았다. 같은 절의 통광(統光)스님을 찾았다. 결국 이 글이 『화엄경』에 실렸으며, 순서가 바뀌고 몇 글자도 잘못된 사실을 알았다. 다음이 올바른 내용이다.

수집양지(手執楊枝) 당원중생(當願衆生)
개득묘법(皆得妙法) 구경청정(究竟淸淨)
작양지시(嚼楊枝時) 당원중생(當願衆生)
기심조정(其心調淨) 서재번뇌(噬在煩惱)
대소변시(大小便時) 당원중생(當願衆生)
기탐진치(棄貪瞋痴) 견제죄업(蠲除罪業)

'대소변시' 운운하는 부분은 뒷간에 붙이는 것이기에 앞에 내

세웠을 것이다. 그리고 셋째 귀 이후는 양치질에 관한 것으로, 뒷간과는 큰 관련이 없지만, 몸과 마을을 깨끗이 한다는 뜻에서 덧붙였으리라 짐작된다. 한편, 이 글이 인쇄물인 점을 생각하면, 다른 절에도 퍼졌을 가능성이 적지 않다. 잘못된 글이 널리 돌지 않도록 막아야겠다.

다음은 무비(無比)스님이 편찬한『화엄경』2(제 11, 정행품)에 실린 내용이다(무비, 1994 ; 337).

대소변을 보고 세수할 때에 마음 쓰는 법
손으로 양칫대를 잡을 때에는
마땅히 중생이 모두 묘한 법을 얻어서
구경에 청정하기를 원할지어다.

양칫대를 씹을 때에는
마땅히 중생이 그 마음이 고르고 깨끗하여
모든 번뇌 씹기를 원할지어다.

대소변을 볼 때에는
마땅히 중생이 탐진치를 버려서
죄업(罪業)을 깨끗이 없애기를 원할지어다.

앞글에 '중생'이 들어 있어, 이 글을 읊조리는 주체가 승려인가? 아니면 속인인가? 하는 의문이 들었다. 통광스님은 이렇게 대답하였다. "사람은 누구나 우주 만물의 중심이다. 마찬가지로 입측오주를 읊조리는 그 사람이 주인공이다."

'탐진치'는 욕심(貪)·성냄(瞋)·어리석음(痴) 세 가지이다.

마. 강원도

(1) 보덕사(報德寺)

강원도 영월읍 보덕사 뒷간은 옛 모습 그대로이다(그림 21·사진 296).

정면 한 간, 측면 3간 규모의 다락집으로, 1882년에 개축하였다. 다음은 상량문이다.

龍盤光緒八年壬午四月初十日酉時入住上樑伏願上樑之後萬事如意亨通龜跪

"모든 일이 마음먹은 대로 이루어지도록 도와주소서(萬事如意亨通)."라는 대목은 절간의 것이라기보다 살림집 상량문 그대로이다. 목수가 나름대로 적어 넣은 듯 하다.

입구의 층계 옆에 톱밥을 모아 놓았다. 똥·오줌에 버무리기 위한 것이다(사진 297). 뒤쪽 가운데에 두짝 열개의 널문을 달았으며 한쪽에 냄새를 빼기 위한 구멍을 내었다. 들어서서 오른 쪽이 남성 칸이고 뒤쪽이 여성 칸이다. 입구에 각기 문을 달았지만 실용성은 없다. 마곡사처럼 입구 왼쪽에 걸린 선반(사진 298)에 쓰레받기 따위를 올려놓는다. 내부는 12칸으로 나누었으며(사진 299), 바닥은 가운데를 반달꼴로 도려낸 널쪽 두 개를 이어 붙였다(사진 300). 사방의 널벽 가운데에 네모꼴 구멍(사진 306)을, 뒤쪽 중앙부에는 십자꼴 구멍을 팠다(사진 301).

사진 296 뒷간 뒷모습
가운데 널벽에는 십자꼴을, 나머지 벽에는 일자꼴 창을 내었다.

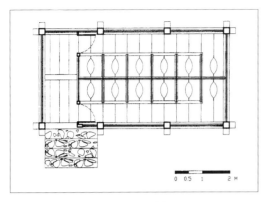

그림 21 뒷간 평면도

사진 297 층계 옆의 톱밥(오른쪽)

사진 298 선반

사진 299 남자 칸 안 모습

사진 300 바닥 구멍

사진 301 십자꼴 창

6. 궁궐의 뒷간

가. 『고려사』의 뒷간

뒷간을 탈출구로 삼았다.

내시(內侍)에 속했던 박심조(朴深造)는 이자겸의 난 때, 궁중의 뒷간(宮溷) 구멍(竇)으로 빠져나가서 의복에 똥물이 흐르는 채, 이자겸의 집으로 달려가 궁중의 사태를 알렸다. 이에 이자겸은 옷을 주면서 위로하였다(제125권 열전 권제38).

(전략) 왕이 권한공(權漢功)을 이문소(理問所)에서 문초하던 중에, 뒷간 구멍(厠竇)으로 빠져나가 도망치다가 잡혀 다시 옥에 갇혔다. (중략) 권한공은 "천하가 넓지만 내 몸 하나 둘 데가 없다"고 하였다. 이에 이진이 "뒷간 구멍이 좋지 않소." 하자 크게 부끄러움을 탔다(제125권 열전 권제38).

김종연이 뒷간 구멍(厠竇)으로 빠져나가 아들 김백균・김맹균・김중균 및 여러 종을 데리고 달아났다. 성안을 사흘 동안 뒤졌으나 잡지 못하자, 경비를 허술히 한 죄를 물어 당직자인 영사(令史)를 참형에 처하고, 진무(鎭撫) 이사영을 순군에 가두었다(제104권 열전 권제17).

나. 『조선왕조실록』의 뒷간

『조선왕조실록』에도 같은 내용이 있다. 연산군이 내쫓길 때, 그보다 먼저 달아난 신하에게 벌을 주어야 한다는 상소이다.

(전략) 신이 들건대 반정하던 날 폐주(廢主)가 맨발로 옷을 붙잡는 데에도 옷 소매를 뿌리치고 나간 자가 있는가 하면, 혹은 수구(水口)로, 혹은 뒷간(厠) 구멍으로 몰래 도망쳐 나갔다니, 이런 유(類)들은 징계하는 법을 보여주어야 합니다(『중종실록』 4년 [1509] 9월 5일).

정사에 싫증을 느낀 임금은 더러 뒷간에 간다는 핑계를 대고 대신을 따돌렸다.

(전략) 중돈(仲暾)이 또 후원(後苑)의 일을 논하러 들자, 왕은 뒷간(厠)에 간다 핑계하고 들어갔다.
얼마 후 "희지를 국문을 하라. 도승지에 대한 일은 전례가 있다. 장악원 제조는 어느 때부터 겸임하게 되었는지 전례를 상고해서 계(啓)하라."는 전교가 내렸다(『연산실록』 3년 [1497] 7월 1일).

오늘의 일은 자못 개탄스럽다. 무릇 (임금에게) 일을 아뢸 때에 혹 미처 식사를 하지 않았거나, 혹 뒷간(厠)에 가면 여러 신하에게 잠시 물러가 있으라고 명하지만, 그 사이는 짧은 시간에 불과하다. 그러나 오늘의 인대(引對)는 일을 아뢴 것이 반도 되지 않아 갑자기 '물러가라' 하고, 사시(巳時)에서 오시(午時)가 지나도록 아무 말이 없었다. 대신들이 전(磚) 돌에 참새처럼 늘어선 가운데, 기운이 떨어지고 몸이 지쳐 거의 예모(禮貌)를 잃은 뒤에야 비로소 들어오라 하였다. 임금이 대신을 예우하지 않음을 이로써 알 수 있으니, 어찌 통탄스러움을 견딜 수 있겠는가?(『숙종실록』 33년 [1707] 1월 25일).

"사시에서 오시"는 오전 아홉 시부터 오후 한 시까지이다. "오시가 지났다."고 하였으므로, 네 시간이 더 된다. 더구나 한 겨울에 이처럼 긴 동안, 밖에 서 있는 것은 매우 힘든 일이다. "참새처럼 늘어선 까닭에 기운이 떨어지고 몸이 지쳤다."는 말은 과장이 아니다. 임금도 이 사정을 몰랐을 리가 없다. 대신들의 진을 빼려고 짐짓 모른 체 하였을 터이지만, 임금다운 처사는 아니다.

앞의 두 기사 가운데 '혹 뒷간에 간다.'는 내용은 눈을 끈다. '뒷간'이 매우틀을 가리키는지, 말 그대로 뒷간인지 분명치 않으나 글 내용으로 미루어 '뒷간'으로 보아도 좋을 것이다. 따라서 임금이 언제나 매우틀을 쓰지는 않은 듯 하다.

성종 때도 고위 관료가 뒷간을 도피처로 삼았다.

(전략) 성종 조에는 김제신(金悌臣)이 형방(刑房) 승지(承旨)였습니다. 이에 대간이 일을 아뢰자, 그는 뒷간(厠)에 가서 오래도록 나오지 않았습니다. 대간이 그의 죄를 묻자, 성종께서 "궐정(闕廷)에서 추문하라." 이르셨지만, 마침내 정상이 없다 하여 그만두었습니다(『중종실록』 8년 [1513] 2월 24일).

사진 302 연경당의 왼쪽 담
문화재청에서 마련한 연경당 배치도(그림 22)에 따르면 왼쪽 끝의 나무 부근이 뒷간 자리가 된다. 밤에 궁녀가 뒷간에 갈 때, 무서움을 덜려고 둘씩, 셋씩 짝을 지었다는 이야기는 이에서 나왔을 것이다.

위험이 닥치면 뒷간으로 달아났다. 조선 태조 7년(1398) 8월 26일, 제1차 왕자의 난으로 정도전·남은·심효생 등이 숙청 당할 때, 뒤에 태종이 된 정안군은 뒷간으로 피해 들어갔다.

(전략) 화(和)·제(濟)·종(悰) 등은 먼저 안으로 들어갔다. 그러나 정안군은 배가 아프다 핑계하고, 서쪽 행랑 문밖으로 나와 뒷간(厠)에 들어가 앉아서 한참 동안 생각하고

있었다. 이 때 익안군과 회안군 등이 달려나오면서 그를 두 번이나 부르자, "여러 형님들은 어찌 큰 소리로 부르는가" 대꾸하였다. (하략)

연산군과 숙종 때에도 닮은 일이 벌어졌다.

승지 윤장(尹璋)·조계형(曺繼衡)·이우(李堣)가 변을 듣고 창황히 들어가 아뢰자, 임금은 놀라 뛰어나와 승지의 손을 잡고 턱을 떨며 말을 못 하였다. 윤장 등은 바깥 동정을 살핀다 핑계하고 모두 흩어져 달아났다. 이 때 더러는 실족하여 뒷간(溷厠)에 빠지기도 하였다(『연산실록』 12년 [1506] 9월 2일).

(전략) 지난 병인년 가을 8월 이과(李顆)·유빈(柳濱)·김준손(金駿孫) 등이 남쪽 사람과 더불어 계책을 내어 성상을 추대할 때입니다. 광주 목사 이줄(李苗)은 무사(武士)인 데다가 외척과 연줄이 닿으므로, 준손이 격서(檄書)를 주며 약속을 재촉 하였습니다. 그러나 그는 오히려 얼굴을 붉히며 준손을 결박하고 위에 알리려 들었습니다. 이에 준손은 겨우 뒷간(厠)으로 빠져나가 화를 면하였습니다. 그가 거듭하여 속인 것은 이루 헤아릴 수 없습니다(『중종실록』 2년 [1507] 5월 13일).

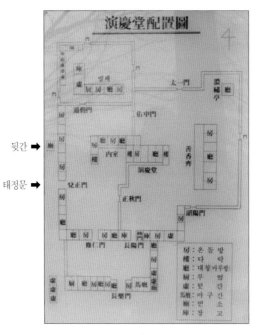

그림 22 연경당 배치도

사진 303 연경당 태정문

조선시대의 궁궐 뒷간은 매우 허술하였다.

세종 때 미친 할멈이 뒷간(厠) 구멍으로 들어와서 사약(司鑰) 한득경(韓得敬)이 파면되는 사건이 일어났다(『세종실록』 4년 [1422] 1월 17일). 자세한 내용은 알 길이 없지만, 담 곁에 세운 뒷간의 구멍으로 들어 왔을 것이다.

성종 때에는 자수궁(慈壽宮)의 뒷간이 흘러 넘치기까지 하였다.

임금이 "선왕의 후궁이 거처하는 자수궁은 지세가 낮고 습기가 차서 비가 조금만 내려도 번번이 넘쳐 뒷간(溷厠)의 물이 뜰 안으로 흘러 모인다. 내 마음이 어찌 편하겠는가? 다시 지으려고 한지 오래 되었으나, 공역(功役)이 큰 까닭에 미루다가 이제 옮겨 짓는다. 내가 토목 역사를 좋아하여, 잔치를 벌이고 노는 데로 삼으려는 것이 아니다."(『성종실록』 24년 [1493] 10월 7일).

자수궁은 광해군이 1616년에, 이른바 인왕산의 왕기설(王氣設)을 누르기 위해 지금의 서울시 옥인동에 지은 궁궐이다. 이때 인경궁(仁慶宮)과 경덕궁(慶德宮)도 부근에 함께 지었고, 경덕궁은 뒤에 경희궁으로 바뀌었다. "공역이 큰 까닭에 미루었다."고 한 것을 보면, 규모가 적지 않았음을 알 수 있다.

조선시대에는 뒷간에서 여러 차례 부정한 일이 벌어졌다.

이순몽(李順蒙)의 얼자(孼子) 이석장(李石杖)은 아비의 첩을 간음하였다. 첩이 아이를 낳다가 발각되자 그를 감옥에 가두었다. 그러나 옥중에 있으면서도 매양 뒷간(厠間)에 가서 간통하였고, 여자가 아이를 밴 것이 드러나 결국 장(杖)에 맞아 죽었다. 뒤에 여자가 옥에서 아이를 낳을 때, 하나는 먼저 나왔으나, 또 하나는 한 쪽 손만 나오다가 어미와 함께 죽었다. 사람들은 "천도(天道)가 무심치 않다."고 하였다(『단종실록』 1년 [1452] 6월 25일).

시원(試院)에서 뒷간(厠)으로 가던 길에 한 남자가, 심성천(沈成川)의 뜻이라면서 작은 종이 쪽지를 주었습니다. 무심코 받아보았더니, 곧 하나의 글머리이기에 드디어 꾸짖고 찢어버렸습니다. 김전의 작은 서찰 가운데 있는 자호(字號)는 청지기가 또한 와서 건네므로, 보는 즉시 전처럼 찢어 버렸습니다. 저의 몸가짐이 단정하지 못하고 벗을 사귐이 바르지 않아, 이런 무리들이 망령되게 요행을 바라고 탐시(探試)하는 행동을 벌였습니다. 안정(顔情)에 얽매여 정죄(定罪)를 못 하고, 지금 엄문(嚴問)을 받은 뒤에야 비로소 바로 진술하였습니다(『숙종실록』 26년 [1700] 10월 17일).

안뒷간 자리(?)

사진 304 연경당 행랑채
가운데의 솟을대문이 이름 그대
로 우뚝 솟았다.

사진 305 안채 행랑
안마당 동남쪽에서 본 행랑채.
오른쪽 끝으로 삐죽 나온 지붕이
안채 처마이다.

뒷간을 으슥한 데에 둔 까닭에 비밀스런 이야기도 이곳에서 나누었다.

의금부에서 탁문아(卓文兒)의 국문을 받았다. (전략) "또 5, 6일에 내가 계집종 막덕(莫德)과 더불어 뒷간(廁)에 가서 '요즈음 너의 주인 행동이 이상하다.'고 말하였습니다. 이에 막덕은 '국상 때 작첩하는 일말이요? 난을 도모하는 일 말이요?' 물었습니다. 저는 나와 너만 알고, 여러 종들에게는 알리지 말고."고 일렀습니다(『예종실록』 1년 [1468] 10월 26일).

『중종실록』의 다음 기사는 이해가 어렵다.

성색(聲色)을 경계하여 폐총(嬖寵)을 멀리 해야 합니다. (중략) 예로부터 임금의 마음을 고혹시킨 아름다운 여자는 비천한 데에서 많이 나왔으며, 거기에 빠져 헤어나지 못한 이가 많습니다. 뒷간에서 한 번 가까이 함에 드디어 사랑을 받게 되었고, 창가(娼家)의 비천한 계집종도 궁액(宮掖)에 올랐습니다(12년 [1517] 7월 24일).

"뒷간에서 한 번 가까이 함."에는 의문이 없을 수 없다. '가까이 함'이라는 말이 성행위를 가리키는 듯 하나, 다른 사람도 아닌 임금이 그런 행위를 하였다고 보기는 어렵기 때문이다.

뒷간은 저주의 장소이기도 하였다.

(전략) 나인 예이(豫伊)의 공초 내용입니다. 저주의 일은 예이의 보모(保姆) 덕복(德福)이 주도하였고, 예환(豫環)과 신옥(信玉)이 따랐습니다. 대전 윤 상궁의 비(婢) 춘금(春

수(守)이가 은전(銀錢)을 뇌물로 받고 내응하여 저주에 필요한 물건을 몰래 받았습니다. 예이가 말(斗)보다 작은 포장을 두 번이나 보았으며, 저주의 방법은 모두 여맹(女盲)에게 배웠습니다. 대개 매화나무 위에 쥐 찢어 걸기, 궐내 서쪽 담장 밑에 흰 수캐 두기, 서쪽 담장 안에 개를 그린 백지 깔기, 보계(補階) 밑에 죽은 쥐 버리기, 남쪽 계단 밑에 죽은 고양이 두기, 오미자(五味子) 떨기 밑에 큰 자라 놓기, 우물 속에 마른 대구어(大口漁) 넣기, 동궁의 남쪽 담장 안에 죽은 까치와 쥐 던지기, 동궁의 담장에 돼지와 허수아비(羽殺人) 그리기, 대전 마루 밑에 자라 묻기, 뒷간(厠) 밑에 두 발과 두 날개를 자른 까마귀 두기 등이었습니다(『광해실록』 7년 [1615] 2월 18일).

(전략) 권진(權縉)은 변덕이 심하고 사독(邪毒)하였다. 유생 시절, 이산해(李山海)와 홍여순(洪汝淳)을 미워하여 산사(山寺)에서 독서하면서 뒷간(厠)에 두 사람의 이름을 써 붙이고, 갈 때마다 이름을 불러 천시하고 미워하였다. 그러나 급제한 뒤 이산해를 따랐고, 뒤에 그를 배반하고 다시 홍여순에게 붙었으므로, 사람들이 모두 침을 뱉었다(『선조실록』 34년 [1601] 8월 13일).

예나 이제나 뒷간은 더러움의 상징이었다.

문소전(文昭殿) 참봉 진종선(秦宗善)은 몸가짐을 삼가지 않고 망령되이 스스로 높은 체하여, 자기 마음대로 뒷간(厠)을 지어 묘정(廟廷)을 더럽혔습니다. 또 대궐 안에서도 버젓이 걸터앉아 기탄 없이 굴었습니다(『명종실록』 13년 [1558] 7월 20일).

수찬 조태채(趙泰采)가 정유악(鄭維岳)을 석방시킨 일에 대해 말하였다. "그는 고(故) 상신(相臣) 김육(金堉)의 사우(祠宇)를, 사람을 가두는 형옥으로 바꾸고 제기 곳간을 더러운 오물을 저장하는 뒷간(溷厠)으로 만들었습니다. 아아, 김육은 전하의 존속 친(親)인데, 어찌 감히 그 사우를 이렇게까지 더럽힐 수 있습니까?"(『숙종실록』 21년 [1695] 5월 5일).
뒷간은 군대의 질서를 재는 잣대가 되기도 하였다.

(동북면을 공격하던 태조의) 군대가 성 서쪽 10리에 머물렀다. 이 날 밤, 군영에 붉은 기운이 불길처럼 강하게 내리비치자, 일관(日官)이 "진영을 옮기는 것이 좋습니다." 하였다. 이에 군사를 들로 보내고, 각기 사졸들의 뒷간(溷厠)과 마구를 세웠다. 이틀 동안 이들의 뒤를 좇은 나하추는 "뒷간과 마구를 지었으니, 군대의 행진이 정제(整齊)할 것이다. 습격하지 말라." 이르고 돌아갔다(『태조실록』 권제1).

다. 창덕궁의 뒷간

(1) 대조전(大造殿)

조선시대 궁궐 뒷간은 임금과 왕비의 침전이었던 창덕궁 대조전(사진 306)과 이 건물 서북쪽으로 이어 붙인 경훈각(景熏閣) 그리고 연경당(演慶堂)에 남아 있다.

경훈각의 뒷간(사진 307)은 2 분합문 아래에 두짝 판문을 달아 놓은 까닭에 밖으로 드러나지 않는다. 바닥 넓이는 94×145센티미터이다. 문을 열고 안을 올려 보았다. 여염집의 구멍처럼 모를 죽인 네모꼴(사진 308)로 뚫고(지금은 쥐가 드나들지 못하도록 널로 막았다), 왼쪽에 함석으로 만든 환기통을 붙였다. 바닥에 끌개(30×61센티미터)가 놓였다(사진 309). 이 위에 똥·오줌을 받는 그릇을 놓았다가 일을 볼 때마다 끌어낸 것이다. 오물 그릇은 쇠테처럼(사진 310) 타원형이었을 것이다. 천장 높이가 70센티미터이므로, 그릇의 키는 50~60센티미터일 듯 하다.

왕과 왕비의 침전인 대조전은 여러 번 불을 만나 본디 모습을 많이 잃었고, 경훈각은 1920년에 경복궁의 만경전(萬慶殿)을 뜯어 옮겨지었다. 따라서 (일본식의) 뒷간·목욕간·끌개 따위는 이때 들어왔을 것이다. 특히 같은 끌개(사진 311)를, 19세기 중반에 일본에서도 쓴 사실을 참고할 필요가 있다. 똥 냄새가 끼치는 것을 막으려고 나팔꽃 모양의 원통(함석)을 달아놓은 것도 마찬가지이다(사진 309의 위 왼쪽).

사진 306 대조전
왕과 왕비의 침전인 대조전은 하늘인 임금과 땅인 왕비가 '세자를 낳는 처소(대조전)'인 까닭에, 지붕에 용마루를 얹지 않았다. 하늘의 정기가 곧바로 땅에 내리기를 바라는 뜻이다.

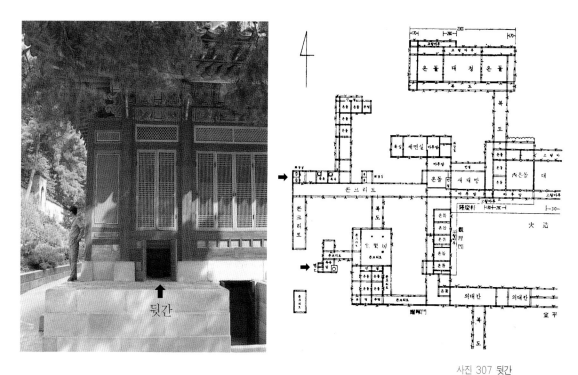

사진 307 뒷간

그림 23 대조전(서쪽) 평면도

대조전 평면도(그림 23)에 나타난 대로, 뒷간과 목욕실은 몸채 서쪽에 딸려 있다. 뒷간에 대한 설명이다.

융경헌(隆慶軒) 뒤로 복도가 있어 서온돌(西溫突)로도 통하고 반대로 서북쪽으로 나 있는 화장실·세면실·목욕실로도 통한다. 이 같은 시설은 물론 1919년 새로 신축했을 때 처음으로 갖춘 문화 시설인 바, 재미있는 것은 대소변을 구별하여 만든 두 칸의 화장실이 변기는 신식이나 수세식이 아니고 매우틀의 형식으로 밑에서 받아내게 되어 있는 사실이다. 고 김명길 상궁이 생전 하던 말씀에 의하면, 왕의 매우틀이 편전(宣政殿)과 안사랑(興福軒)과 침실(동온돌) 세 곳에 있었다고 하니, 이 화장실은 아마도 왕비가 낮에만 사용한 것으로 보인다(김용숙, 1987 ; 175).

"수세식이 아니고 매우틀의 형식으로 밑에서 받아낸다."는 구절은 앞에서 든 경훈각의 내용 그대로이다. 또 왕비도 밤에는 매우틀을 썼던 까닭에 "아마도 왕비가 낮에만 사용한 것으로 보인다."고 하였을 것이다. "소변용과 대변용을 따로 둔 것."은 일본식 그대로이다. 이 밖에 생과방(生果房)을 비롯한 서쪽 부속 건물 서너 곳에도 뒷간이 있다(사진 312·사진 313).

사진 308 바닥 구멍

사진 309 바닥 모습

사진 310 끌개

사진 311 일본의 끌개

사진 312 대조전 뒷간

사진 313 뒷간 구멍

(2) 연경당

순조 때(1827) 지은 연경당 안뒷간의 위치는 분명치 않다. 세 종류의 평면도가 서로 다르기 때문이다. 그림 24의 연경당 평면도에는 안행랑채(평면도 작성자는 중문간 행랑채라 하였다) 서북쪽 끝, 곧 반빗간 앞에 있다. 2간 규모로, 안을 둘로 나누어서 동시에 넷이 들어간다. 그러나 문화재청에서 관람객을 위해 대청 앞에 마련한 '연경당 배치도'에는 뒷간이 담 밖(안행랑채 동쪽 밖)에 있다(그림 22). 이 경우 반빗간 여인네들은 동남쪽의 문으로 드나들고, 안채에서는 태정문(사진 303)을 썼을 것이다.

한편, 1824년에서 1827년 사이에 만든 『동궐도(東闕圖)』에는 그 자리에 '청(廳)'과 '방(房)'이 들어섰으며(그림 25), 담밖에도 뒷간이 없다. 따라서 안채에는 뒷간이 없는 셈이 되고 만다. 다만, 행랑채에 딸린 바깥뒷간을 '청'으로 적었으므로, 앞의 '청'도 뒷간을 나타내었을 가능성이 아주 없지는 않다. 그러나 다른 데에서는 측(廁)으로 적고, 오직 이곳에서만 청으로 적었다고 보기도 어렵다. 그림 24 및 그림 25와 달리, 문화재청의 그림 22는 무엇을 바탕 삼았는지 궁금하다. 안행랑채 뒷간 자리는 방으로 바뀌고, 담 밖의 것도 자취가 없어서(사진 302), 현재로서는 정확한 위치를 가려내기가 쉽지 않다.

사진 314 **바깥뒷간이 있는 행랑채 안쪽**
대문에서 첫 간이 행랑방(또는 청직이방)이고 이어 2간의 마구와 한간의 가마고가 달렸으며 뒷간은 그 한쪽 끝에 있다.

바깥뒷간은 행랑채 대문(長樂門) 옆에 있다(사진 314). 사랑채에서 드나들 때에는 반드시 안대문(長陽門)을 거쳐야 하는 만큼, 거리가 꽤 된다. 아마도 아랫사람들이 썼을 것이다. 한 공간에 바닥 구멍을 두 개 마련하고, 둘 사이에 벽을 치지 않았으며, 앞을 터놓은 점도 그렇다(사진 315). 대조전에는 이러한 뒷간이 없으며, 이 집의 안뒷간도 마찬가지이다. 절간에서조차도 낮은 널벽을 세우는 데 비기면 이만 저만한 파격이 아니다. 더구나 앞을 개방한다는 것은 생각조차 하기 어려운 일이다.

바깥쪽 벽(남벽)의 중인방과 도리 사이에 가로살창을, 대문 쪽 서벽에 세살창을 붙였다(사진 316). 담밖에 똥·오줌을 푸는 구멍이 없는 점으로 미루어, 뒤를 보고 나서 들어낸 듯 하다(사진 317).

홍순민은 『북궐도형(北闕圖形)』과 『동궐도형(東闕圖形)』을 견주고, 경복궁 뒷간은 28군데(모두 51.5간), 창덕궁 뒷간은 21군데(모두 36간)에 있었으며, 대체로 단 간이지만, 큰 것은 7간에 이른다고 하였다(홍순민, 1999 ; 324). 그러나 실제로는 이보다 더 많았을 것이다.

궁궐의 뒷간이 사용 인원에 비해 적었던 것은 분명하다. 중종 때 궁녀들이 세자궁 담밖에 있는 동산의 당향목(唐香木) 아래에서 오줌을 자주 누었다는 기록이 있다.

그림 24 연경당 평면도
이 평면도에는 안뒷간이 화살표 쪽에 있어 문화재청의 연경당 배치도나 동궐도의 위치와 차이를 보인다.

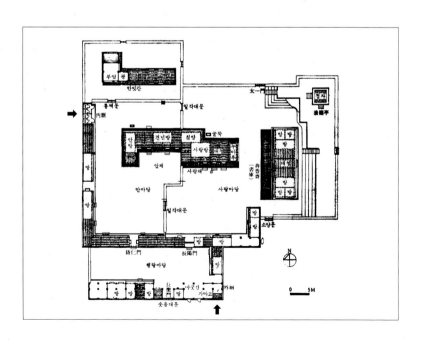

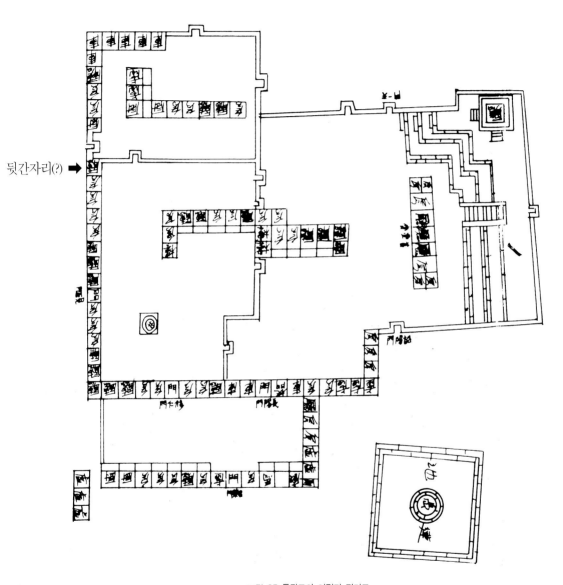

뒷간자리(?) ➡

그림 25 동궐도의 연경당 평면도
앞의 평면도와 달리 이 도면에는 뒷간이 아니라 방이 들어섰으며, 현재의 건물에도 방이 배치되었다.
따라서 안채에는 뒷간이 없는 것으로 되고 만다. 이와 달리 바깥 행랑채의 뒷간을 적어놓은 것을 보면 문화재청의 배치도대로,
안뒷간을 담 밖에 두었을 가능성도 없지 않다.

사진 315 **바깥뒷간**
두 개의 구멍 사이에 벽이 없을뿐더러 문도 달지 않았다.

사진 316 **바깥뒷간 상부**
오른쪽에 격자창을 붙였다.

사진 317 **바깥 모습**
똥·오줌을 퍼내는 구멍이 없는
것으로 미루어, 일을 보고 나면
그 자리에서 따로 처리하였으리
라 짐작된다.

사진 318 연경당 안채

사진 319 연경당 사랑채

7. 밑씻개

가. 밑씻개 재료

1950년대만 하여도 우리네 농촌에서는 볏짚을 비롯해서 나뭇잎·호박잎·머우잎·옥수수 수염 따위로 밑을 닦았다. 볏짚의 경우, 뒷간 한쪽에 잘 추려서 세워둔 짚단에서 서너 개를 뽑아, 두세 번 꺾어 손에 쥐고 닦았다. 사람에 따라 뒷간에 들어갈 때마다 지붕의 짚을 뽑아 들기도 하였다. 짚조차 귀한 집에서는 말뚝에 새끼줄을 걸고, 한 끝을 앞으로 쥔 채 항문에 대고 몇 걸음 걸어서 닦았다. 이밖에 새끼줄을 두 개의 말뚝 사이에 걸어놓고 온 가족이 쓰기도 하였다(그림 26).

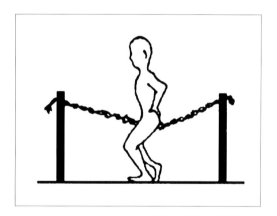

그림 26 새끼줄로 밑닦기
1950년대에도 항문을 새끼줄에 댄 채 앞으로 걸어서 뒤를 닦은 집이 드물지 않았다.

제주도에서는 디딜팡 옆에 쌓아 놓은 보릿대 가운데 대여섯 개를 뽑아 서너 번 꺾어 쥐고 닦았다. 손에 쥐기 알맞은 돌도 썼다. 이밖에 벽에 박힌 작은 돌을 빼어 닦고 나서 다시 끼워두었다. 이것은 뒤에 비에 씻겨서 뒤에 다시 써도 좋았다.

임금이나 귀족들은 천이나 명주를 썼다. 조선의 임금이 뒤지 대신 명주 세 필을 썼다는 이야기는 우스개에 지나지 않는다.

나. 개를 이용한 밑닦기

　농가에서는 개에게 어린아이 밑을 닦였다. '워리, 워리' 불러서 똥을 먹이고, 어린아이를 번쩍 들어 밑을 들이대었던 것이다. 밑을 핥던 개가 아이의 불알 두 쪽까지 떼어먹었다는 이야기는 드물지 않다. 똥개라는 이름이나, "똥 누고 개 불러 대듯 한다."는 속담은 이에서 왔다. 다음은 손진태(孫晉泰, 1900～?)의 보고이다. 한 일본인(中村協平)의 "조선 농촌에서는 개로 하여금 밑을 핥게 해서 닦인다는데, 이 외에 측주(厠籌) 따위의 나무 조각을 쓰는 풍습은 없습니까?" 라는 물음에 대한 대답이다.

　조선의 농촌에서 똥 눈 어린아이의 밑을 개가 핥는 일은 어디서나 볼 수 있습니다. 다만 성장한 아이나 어른은 절대로 그렇게 하지 않습니다. 어머니가 아이를 안고 똥을 뉘인 뒤, 개를 불러서 밑을 핥도록 시킵니다. 그리고 수건 등으로 닦습니다. 근년에는 헌 신문지 등을 씁니다. 개가 밑을 핥을 때, 그네들은 "깨끗이 핥아라."는 뜻의 말을 거듭합니다. 경상도에서는 "죄 죄 사쿠 사쿠(모두 핥아라).", 평안도에서는 "쇼에 쇼에 판판(잘 보고 깨끗하게).", 함경도에서는 "판판 하로라(깨끗이 핥아라)."고 이릅니다. 나무 조각 이야기는 못 들었으나, 노인들은 뒷간 앞에 몽둥이(棒橛)를 세워두고 닦는다고 들었습니다. (중략) 새끼는 일반적으로 헌 것, 예컨대 지난해 지붕에 덮었던 것 등을 가장 많이 씁니다. (중략) 개성 덕물산(德勿山) 부근의 민가에서 뒷간 한쪽에, 길이 10센티미터로 자른 헌 새끼줄을 여러 겹 쌓아 놓은 것을 보았습니다. 그 곳에서는 헌 새끼로 밑을 닦으면 치질에 걸리지 않는다고 합니다. (중략) 이 뒷간은 마을의 한데뒷간으로, 각 집에 뒷간이 있을 것이라 여겼지만 알아보았더니 없는 집이 대부분이었습니다. 비가 내리거나 하는 날에는 불편이 클 것입니다. 덕물산 뿐만 아니라, 연평도(延坪島)에서도 개인 집에 뒷간이 거의 없는 사실에 놀랐습니다. (중략) 내가 황해도 중화군(中和郡)의 농촌에서 본 것은 모래땅에 돌 두 개를 놓고 주위에 옥수수 울을 대강 두른 것이었습니다. 오줌은 바로 땅으로 스며들고 똥은 개가 와서 먹어 버리며, 냄새는 바람이 멀리 쓸어가 버리는 매우 이상한 것이었습니다. (중략) 8, 9년 전에는 장안사의 승려들이 새끼줄을 막대기에 걸쳐 매고 그 위로 걸어서 밑을 닦았습니다. 더러워진 줄은 따로 두었다가 거름으로 썼습니다. 이 밖에 물로도 닦았습니다. 계곡 부근에 뒷간이 있는 경우, 물가에 빈 병이나 빈 깡통 또는 깨진 옹기를 놓아두었습니다. (중략) 그들은 뒷간에 갈 때 먼저 물을 담아 가지고 가서 뒤를 본 뒤, 그 물을 대 꼬챙이(쌀 따위를 검사할 때 찔러 꺼내는)의 위에 붓는 한편, 그 끝을 항문에 대고 돌려서 씻었습니다. (중략) 지금도 이렇게 하는지는 모릅니다.

(중략) 이번 여름 나는 평남 성천(成川)에서 차원술(車元述) 노인의 안내를 받아 10여 일간 조사를 다녔습니다. 그가 한 번도 뒤지를 달라고 하지 않기에 이상해서 문자, 처음에 대답을 않다가 놀랍게도 뒤를 닦지 않는다고 고백하였습니다. 설사를 하면 어떻게 하는가 재차 문자, 어릴 때는 모르겠으나 태어나서 설사를 한 적은 없으며, 보통 2, 3일에 한 번 똥을 누는 까닭에 매우 단단하게 나오므로 종이 따위가 필요하지 않다는 것이었습니다(손진태, 1932 ; 34).

이 글 가운데 '뒷간 앞의 몽둥이'나 금강산 장안사의 '대꼬챙이'는 매우 닮은 것이다. 그리고 '새끼줄'은 앞에서 든 대로 50년대까지도 우리 농촌에서 볼 수 있었다.

다음은 일본 학자의 보고이다.

금강산 유점사에는 뒷간(厠) 한 구석에 길이 1척 5촌(약 45센티미터), 둘레 4~5촌(12~15센티미터)의 방망이가 두 세 개가 있다. 이것은 손잡이 부분을 제외하고, 통나무 배처럼 가운데에 홈을 파 놓았다. 중들은 뒷간에 갈 때 이에 물을 축이거나, 깡통에 물을 담아 함께 가지고 간다. 똥을 눈 뒤 방망이에 물을 뿌려 뒤를 닦는다. 곧 석가모니 시대의, 물을 끼얹고 씻는 행위를 겸한 것으로, 한 번에 마치는 편리한 기구이다.

이것이 조선의 창조품인지, 또는 인도에서 들어온 것인지에 대해서는 크게 연구해 볼 가치가 있다. 지리산 산사(山寺)에는 잎이 달린 작은 가지를 쌓아 놓고 쓰지만, 이 같은 몽둥이는 없다. (중략)

더구나 주목(籌木)은 인도에서 들어왔으며, 중국과 일본에도 전파되었지만, 뒤지를 쓰게 된 이후에도 이 원시적인 방법이 남아 있는 것이다(今村鞆, 1928 ; 451).

장안사와 유점사의 '몽둥이'는 같은 것으로, 이러한 기구를 절간에서 적지 않게 쓴 것으로 생각된다. '주목'은 측주의 일본 말이다.

다음은 예용해(芮庸海, 1929~1995)의 경험담이다.

(전략) 외가집이래야 똥구멍이 찢어지게 가난한 선비 살림이라서 다 쓰러져 가는 초가삼간이었지만, 어린 마음에는 족제비수염을 한 마부가 이따금 신나게 불던 나팔소리가 신기하고 좋아서 외갓집 나들이가 기뻤다. 그 외가집 뜰에서 벌똥을 누고 있는데, 외할머니가 "워리 워어리" 불러서 송아지만한 누렁이를 불러 내 똥을 다 먹게 하더니 나를 번쩍 안고는 그것으로 하여금 내 밑을 핥게 하였다. 짐작컨대 변변한 뒤지도 없고 그렇

다고 억센 볏짚으로 문질기도 안타까와 시골에서 항용 어린것들의 뒤치다꺼리를 하던 그대로 한 것이겠으나, 그것은 나로서는 처음 겪는 변이었던 셈이다.

집으로 돌아와서 할머니에게 이 이야기를 옮겼더니 두 무릎을 치고 놀라며 "내 강생이 고추라도 물렸으면 어찌될 뻔 했노." 하고 노발대발했다. 그때 누렁이에게 핥이던 언저리의 스물스물한 감촉이며 할머니의 대노하던 모습이며가 눈에 선연한데 참으로 노여워서 그랬던 것인지 내 듣기가 좋으라고 응석을 받아서 그러했던 것인지 지금의 나는 그것을 가릴 길이 없게 되었다(예용해, 1979 ; 17).

다. 뒷나무

중국에서는 진대(秦代)부터 대나무주걱(厠籌)이나 긴 나무 조각으로 뒤를 닦았으며, 뒤지를 쓴 것은 13~14세기부터이다. 대나무 주걱은 우리에게도 들어왔다.

백제 유적으로 알려진 일본 규슈(九州)의 홍려관(鴻臚館)의 북쪽 구멍에서 나온 73점(길이 20~25센티미터, 너비 1~2센티미터)이 그 증거이다(사진 319·사진 320). 발굴자는 "백제 사람들은 여러 가지 생활 문화를 가지고 건너 왔으며, 이 가운데에는 배설 방법도 있었을 것."이라 하였다. 고대 문헌에 적히거나 유적에서 나온 일은 없지만, 백제는 물론이고 고구려나 신라에서도 이것을 썼을 것이다.

우리는 이를 '뒷나무'라 불렀다. 측목(厠木)이라는 한자를 미루어 짐작하더라도, '뒷간에서 쓰는 나무'임을 알 수 있다. 첫 용례는 1669년에 나온『어해록(語錄解)』의 것으로, 측주(厠籌)를 '뒷나모'라 새겼다(초간본 24). 이어 1690년의『역어유해』에서는 '개시곤(揩屎棍)'을 '뒷나모'라 하고(상 ; 19), 18세기 후반의『물보(物譜)』에서도 측주(厠籌)와 시궐(矢橛)을 '뒷남우'라고 적었다.

"오줌에 뒷나무"라는 속담이 있다. 당치 않은 사물이라는 뜻이다.

뼈를 밑씻개로 썼다가 해를 입은 이야기이다.

어떤 소금장수가 산길을 걷다가 갑자기 똥이 마려웠다. 언덕 아래에서 일을 보고 나자 닦을 것이 없었다. 하는 수 없이 옆에 있던 뼈다귀를 썼다. 꺼림칙했던 그는 "내 것이 구리냐?" 물었다. 뼈다귀는 "그렇다." 소리치면서 달려들었다. 겁에 질린 그는 냅다 뛰었다. 어느 듯 날이 저물자 멀리 보이는 불빛을 찾아가 주인을 불렀다. 머리가 하얗게 센 할멈이

나와 맞아들이고 밥을 주었다. 그가 허겁지겁 상을 비우자 옛날 이야기를 해 달라고 졸랐다. 하는 수 없이 낮의 일을 털어놓았다. 할멈은 "그게 바로 나다." 소리치면서 달려들어 잡아먹고 말았다. 이로써 뼈를 함부로 다루지 않게 되었다(전완길, 1991 ; 177~178).

이야기가 나온 김에 어떤 일본 학자가 소개한 세계 여러 곳의 보기를 덧붙인다.

사우디아라비아 등지의 사막 서민들은 모래로 똥·오줌을 묻으며, 상류층은 적당한 용기에 담은 사막의 모래를 손가락으로 찍어서 항문에 대고 문지른다. 이 때 묻은 모래는 걷는 사이에 자연히 떨어져 나간다. 손가락은 탈탈 털거나 따로 준비한 물로 씻기도 한다.

이집트의 사막에서 낙타를 먹이는 이들은 작은 돌을 찾아서 언제나 주머니에 넣어서 식혀두었다가 항문에 대고 문지른다. 돌이 워낙 뜨거워서 바로 쓰기 어렵기 때문이다.

옥수수 수염을 쓰는 경우, 먼저 수염으로 씻고 나서, 대로 문질러서 깨끗한 정도를 알아본다. 중국의 황토지대와 아프리카 사바나 지대에서는 밧줄을 쓴다. 중국에서는 천장에서 세 가닥의 줄을 늘어 놓으며 일을 본 뒤, 한 가닥을 잡고 뒤를 닦는다. 공기가 매우 건조한 까닭에 똥은 곧 말라서 부스러져 떨어지므로 뒤를 이어 써도 지장이 없다.

아프리카에서는 물 속 양쪽에 말뚝 박고 물이 흐르는 방향으로 줄을 매며, 일을 볼 때 줄을 잡은 채 상류를 향하면 몸에 묻지 않는다. 똥을 누고 나서 방향을 바꾸어 밧줄을 타고 몇 걸음 걸으면 깨끗해진다. 줄에 묻은 똥은 물고기들이 와서 곧 먹어 치운다(그림 27).

네팔 등지에서는 나무 줄기를 여러 겹으로 엇걸어 쥐고 닦는다.

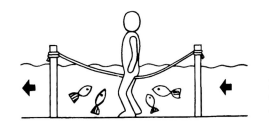

그림 27 아프리카식 밑닦기 줄에 묻은 똥을 물고기들이 달려들어 곧 먹어 치운다.

지중해의 여러 섬과 로마 제국에서 해면(海綿)을 썼다는 기록도 있다. 오늘날의 일본 남성은 하루 평균 3.5미터의 뒤지를, 여성은 12.5미터를 쓴다. 따라서 일본인이 하루에 쓰는 것만으로도 지구의 적도를 열 번 돌 수 있다(西岡秀雄, 1987 ; 33~45).

동물 가운데 인간만 뒤를 닦는다지만, 모든 사람이 그렇게 하는 것은 아니다. 앞에서 든 대로, 우리나 일본의 농민 가운데에 뒤를 닦지 않은 사람이 있었고 일본도 마찬가지였다. 몽골족이나 에스키모들은 토끼 똥처럼 동글동글하게 굳어서 나오므로 닦지 않아도 지장이 없다. 또 뒤지를 쓰는 사람은 세계 전 인구의 3분의 1에 지나지 않는다.

8. 뒷간 지킴이

가. 이름

우리는 뒷간에 깃들인 지킴이를 뒷간귀신·측도부인·측신각시·치귀·정
낭귀신·부출각시 등 여러 가지로 부른다. 이 가운데 '부출 각시'의 '부출'은 발
로 디디고 앉아서 똥을 누도록, 뒷간 바닥 양쪽에 놓는 '부출돌'에서 왔다. 돌 대
신 널빤지를 놓게 되면서 이를
가리키는 말로도 쓴다. 뒷간 지
킴이의 이름이 어째서 사람이 디
고 앉는 돌이나 널빤지와 관계를
맺게 되었을까? 우리가 다 아는
대로, 뒷간에 걸린 널빤지나 바
닥에 놓인 돌이 워낙 허술해서
자칫하면 아래로 빠져 목숨을 잃
거나, 옆으로 미끄러져서 낭패를
당하기 쉬운 까닭일 것이다. 제
주도의 지킴이도 부출돌(사진
321)에 목을 매어 죽는다.

사진 320 **뒷간 제사**
제주도에서 돼지뒷간을 짓기 전
에 토신제를 지내는 장면이다.
뒷간 지킴이의 내력담이 오직 이
섬에만 전하는 것도 깊은 정성
덕일 터이다.

나. 지킴이의 내력

지킴이의 유래담은 제주도 무당노래(문전본풀이)에만 전한다.

남선 고을의 남선비와 여산 고을의 여산부인은 가난한 살림에도 아들을 일곱이나 낳았다. 아내가 남편에게 곡식장사를 권하자, 배 한 척을 마련하여 오동나라로 떠났다. 오동고을의 노일제대귀일의 딸과 내기 장기를 두었던 그는, 가진 것을 모두 털렸다. 그리고 그네의 남편이 되어 눈까지 멀었다.

남편을 찾아 오동나라로 떠났던 여산부인은 움막 옆에서 겨 죽 단지를 끼고 조는 남편을 만났다. 아내가 온 것도 모른 그는, 이밥을 지어 주자, "나도 여산부인과 살 때 이런 밥을 먹었다."며 한탄하였다. 그네는 사실을 털어놓았다.

셋이 함께 지내던 어느 날, 노일제대귀일의 딸이 못 가에서 여산부인의 등을 밀어주는 체하다가 물 속으로 처박아 죽였다. 그네는 남편과 같이 남선 고을로 돌아왔다. 병에 걸린 남편이 점을 보러 가자 샛길로 앞서간 그네는, 점쟁이의 입을 빌어 "일곱 형제의 간을 먹어야 낫는다."고 하였다. "아들은 또 낳으면 그만이지." 생각한 남선비는 칼을 갈았다.

막내아들이 낌새를 채었다. 자신과 형들의 간을 가져오겠다며 산으로 간 그는 잠이 들었다. 꿈에 어머니가 나타나 노루의 간을 가져가라고 일러주었다. 과연 일곱 마리의 노루가 다가오자, 간을 꺼내어 계모에게 주었다. 그네가 먹는 체 하면서 자리 밑에 감추자, 아들들이 뛰어들었다. 달아나던 그네는 디딜팡(부춛돌)에 목을 매었고, 남선비는 정살에 목이 걸려 죽었다. 일곱 형제가 계모의 머리를 바다에 던졌더니 작고 큰 감태(甘苔)가 되고, 모가지는 돝 도구리(돼지 먹이통)로 바뀌었다. 눈은 절구통, 배는 물망태, 배꼽은 보말(바다 우렁이)이 되었다. 똥구멍은 말문주리(말미잘)를, 허벅다리는 디딜팡을, 손은 쇠스랑과 골갱이(갈퀴)를, 손톱과 발톱은 금붓(딱지 조개)을 만들었다. 나머지를 방아에 찧어 바람에 날리자, 각다귀모기가 되어 날아갔다.

한편, 서천꽃밭의 환생 꽃을 얻어서 어머니를 되살린 아들들은 "춘하추동 물 속에서 지내셨으니, 얼마나 추우셨습니까? 조왕 할머니가 되어서 따뜻한 불을 쬐며 하루 세 끼 편히 얻어 자십시오." 하며 조왕 지킴이로 모셨다.

그 뒤 남선비는 정살신, 첫째 아들은 동방청대장군(東方靑大將軍), 둘째는 서방백대장군(西方白大將軍), 셋째는 남방적대장군(南方赤大將軍), 넷째는 북방흑대장군(黑大將軍), 다섯째는 중앙황대장군(中央黃大將軍), 여섯째는 뒷문전, 막내는 일문전(마루방 앞쪽)의 지킴이가 되었다. 그리고 뒷간에서 죽은 계모는 뒷간 지킴이인 측도부인(厠道夫人)을 시켰다.

사진 321 **통돌 부춘돌**
부춘돌은 흔히 두 짝의 돌을 맞추어 놓지만 이것은 통 돌 가운데를 뚫어 만들었다.

　악독한 계모가 부춘돌에 목을 매어 죽는 내용은 비현실적이지만 더럽고 냄새 나는 뒷간, 그것도 사람이 딛고 앉는 데에서 죽는 것으로 꾸민 것이다. 제주도 뒷간에 지붕이 없어 목을 맬 데가 없는 점도 부춘돌을 떠올린 이유의 하나이다. 뒷간 지킴이의 다른 이름인 '부출각시'도 이에서 나왔다.

　여산 부인은 조왕 지킴이로 앉음으로써, 죽어서 큰마누라의 자리를 되찾았다. 부엌은 주부의 권한을 나타내는 공간이기 때문이다. 그것은 그렇거니와, 악의 화신인 노일제대귀일의 딸이 멀리 쫓겨나지 않고 뒷간 지킴이로나마 남게 된 까닭은 무엇인가? 이는 아마도 시앗을 두는 일이 빈번했던 데에서 왔을 것이다. 예컨대 1960년경 제주시 교외의, 70여 호로 이루어진 어떤 마을의 경우, 네 다섯 집에 시앗이 딸렸었다. 오늘날에도 세 아내와 함께 사는 남자가 있다. 첫째가 아이를 낳지 못하자 시앗을 들였으나, 딸만 낳게 되어 셋째를 들였다고 한다. 또 제주도에서 본부인과 시앗이 한 집 살림을 하는 것도 원인으로 들 수 있다. 본 부인은 몸채에서, 시앗은 모커리에 기거하는 것이다. 이러한 생활 관습이 시앗을 뒷간 지킴이로 앉히는 결과를 낳았을 것이다. 측도부인과 조왕은 처첩 사이인 까닭에, 뒷간과 부엌을 마주 세우거나, 부엌의 것을 뒷간으로 가져가지 않는다.

　갈기갈기 찢긴 시앗의 몸이 바다 풀·돼지 먹이통·절구·물망태·바다 우렁이·말미잘·부춘돌·쇠스랑·갈퀴·조개 등, 이로운 물질로 바뀐 점에도 시앗을 긍정적으로 보는 시각이 드러난다. 더구나 이들은 생존을 위한 필수품이다. 따라서 시앗의 죄를 미워할망정, 존재 그 자체를 부인하지는 않는 것이다. 뒷간 지킴이의 유래담이 제주도에만 전하는 까닭도 이와 연관이 있는 듯 하다.

아들 다섯이 각기 동·서·남·북·중앙의 지킴이가 되는 외에, 여섯째가 뒷문, 막내가 상방, 그리고 아버지가 정살 지킴이로 들어앉은 점도 눈을 끈다. 한 가족으로 구성된 지킴이들이 넓게는 이 세상을, 좁게는 한 가정을 돌보는 셈이다. 가족을 생존의 뿌리로 여기는 제주도 사람들의 생활 관념이 반영된 결과라할 것이다.

다. 성격

강원도의 측신각시는 언제나 긴 머리카락을 헤아리고 있다가, 갑자기 사람이 들어오면 놀란 나머지 머리카락으로 목을 조른다. 이때 얻은 병은 무당의 굿 발도 듣지 않아 결국 죽고 만다고 한다. 따라서 뒷간에 가까이 갈 때에는, 반드시 헛기침을 세 번해야 탈이 없다. 귀신이 6일·16일·26일 등 6자가 든 날에만 머문다는 고장도 있다. 그러나 이 두 가지는 앞에서 든 대로, 중국에서 들어왔다.

젊은 색시로 알려진 이 지킴이는 노여움을 잘 타고 성질 또한 모질어서, 사람이 뒷간에서 갑자기 죽는 것은 모두 그네의 장난 탓으로 여긴다.

다음은 서울 무당이 읊조리는 뒷간 축원이다(赤松智城 外, 1937 ; 199).

뒷간의 부출각시, 쉰 대자 머리를 앞으로 쥐고
허씨 양위(兩位) 남녀 자손 오줌 소폐를 하러 가도
어리청계 망녕 그물 놓지 말고
대활례로 놀으소사.

"쉰 대자나 되는 긴 머리를 앞으로 쥐고 있는 부출각시님이여, 허씨 내외는 물론이고 그 자손들이 오줌을 누러 가더라도, 해코지를 하지 말고 크게 보아 주시오." 라는 내용이다. 뒷간 지킴이의 머리가 길다는 관념이 강원도뿐만 아니라, 경기도에도 퍼졌던 것을 알 수 있다.

서울에서는 뒷간 천장에 헝겊 조각을 걸거나 백지에 목왕(木王)이라 써 붙이기도 한다(이재곤, 1996 ; 116). 서울 도봉구 수유리에 있는 화계사의 뒷간에는 널쪽으로 만든 다음의 신위가 있었다(사진 322).

봉청서제부정보결중생청측신지위(奉請誓除不淨普潔衆生圊厠神之位)

성현(成俔, 1439〜1504)이 지은 『용재총화(傭齋叢話)』에 장님들이 한 청년의 장난을 뒷간 지킴이의 벌로 잘못 알고, 소동을 벌이는 내용이 있다.

서울 장안에 명통사(明通寺)가 있다. 맹인들은 이곳에 초하루와 보름에 한 번씩 모여서 독경과 축수(祝壽)를 한다. 이들 가운데 높은 사람은 마루에 올라가고 낮은 사람은 문을 지킨다. 여러 문에 창을 벌여 놓아서 다른 사람은 들어가지 못한다. 한 서생이 몸을 솟구쳐 바로 들어가서 들보 위로 올라갔다. 소경이 조그만 종을 치자 그가 종의 끈을 잡아 들어올렸다. 소경은 북채로 허공을 칠 수 밖에 없었다. 이 뒤에 다시 종을 내려놓았다. 소경이 손으로 더듬었더니 종은 전대로 있었다. 이렇게 서너 번 거듭하였다. 이에 소경은 "마루 안에 있는 작은 종을 무엇이 들어간다."고 하였다. 여러 소경들이 둘러앉아서 점을 쳤다. 한 소경은 "박쥐가 되어 벽에 붙었다."고 하였다. 그곳을 더듬었지만 아무 것도 없었다. 또 다른 이가 "저녁 닭이 되어 들보 위에 앉았다."고 하였다. 여러 소경들이 다투어 기다란 막대기로 들보 위를 두들겼다. 서생은 고통을 견디지 못하여 땅에 떨어졌다. 그들은 서생을 묶어 놓고 다투어 매질을 하였다. 그는 겨우 기어서 돌아왔다. 앙심을 품은 그는 이튿날 삼 노끈 두어 가닥을 가지고 가서 절 뒷간에 숨어들었다. 주장 소경이 똥을 누려고 쭈그려 앉자, 끈으로 소경의 불을 잡아매어 당겼다. 소경은 살려달라며 큰 소리로 부르짖었다. 여러 소경들이 와서 큰 소리로 빌며 "주사(主師)가 뒷간귀신의 앙화를 입었다."고 하였다. 혹은 이웃을 불러 약을 구하고, 혹은 북을 울리며 목숨을 살려달라고 기도하였다(제5권).

불을 줄에 감아 잡아당겼다는 내용은 뒤에 든, 정지상과 김부식의 고사를 연상시킨다.

라. 제례

강원도에서는 뒷간을 지으면, 날을 받아 음식을 차리고 불을 밝힌 뒤 "탈없도록 도와주소서." 빈다. 제주도에서도 돼지 돌림병이 돌 때 이같이 한다. 뒷간을 새로 짓거나 옮길 때에도 날을 잡으며, 부춛돌도 함부로 옮기지 않는다. 흔히 시월 상달 고사 때 떡을 바치지만, 의례는 단순하고 형식적이다.

사람이 똥통에 빠지면 검은 콩밥을 해먹고, 독이 오르면 보리 가시랭이를 태워 연기를 쐰다. 어린아이가 빠지는 것은 '노일저대'가 밑에서 잡아당긴 탓이라고 한다. 이 때에는 쌀가루를 송편처럼 동그랗게 빚은 떡, 백 개를 아이가 들고 "똥떡이요, 똥떡이요." 외치고 다니며 이웃에 돌렸다.

제주도에서는 보리 가루로 떡을 빚었으며, 크기는 두께 2센티미터에 지름 8센티미터쯤이었다. 아이가 뒷간 바닥에 떨어지면 얼이 나갔다고 여겨서 '넋 드리기'도 하였다. 부춛돌 옆에 물 한 바가지를 떠놓고, 아이 머리에 물을 찍어 바르고 두드리면 다시 돌아온다는 것이다. 이 밖에 식구가 아파도 날을 따로 받아 뒷간을 옮겨지었다. 뒷간자리는 서쪽이 으뜸으로, 이 곳의 돌은 다른 데에 쓰지 않는다. 돼지 새끼가 탈이 나서 젖을 먹지 않으면 검은 치마를 입고 품에 안은 채, 집안을 향해 세 번 절을 한다. 사진 은 뒷간을 짓기 전 토신제를 지내는 모습이다. 뒷간 돌은 지역에 따라 차이가 있다. 산간지대에서는 네모돌을, 해안에서는 둥그레한 호박돌을 쓴다.

짚신을 잘못 삼으면 "뒷간에 가서 절하고 오라." 이르며 처음 삼은 것은 뒷간에 걸어둔다. 뒷간에 간 사람이 갑자기 죽었을 때에도 짚신의 뒤축을 잘라 건다. 이는 뒷간 지킴이의 머리카락 헤아리기와 지신을 삼기 위해 날을 고르는 행위가 닮은 데에서 온 듯 하다. "하루거리에 걸린 사람이 부춛돌을 세 번 핥으면 낫는다."는 민속은, 도저히 하기 어려운 행위를 함으로써 병이 나으리라는 의지를 키우는 뜻이 들어 있다. 이밖에 두드러기가 나면, 뒷간지붕의 볏짚을 태워 연기를 쐬면서 소금을 뿌려가며 "중도 고기 먹나?" 외치면 가라앉는다고 한다.

9. 뒷간 이야기

가. 문헌 속의 뒷간

뒷간에 관한 가장 오랜 기록은 『삼국유사』에 있다.

(전략) 또 이 해에 금포현(今浦縣)의 오경(五頃) 가량의 논 속에서 쌀이 모두 이삭으로 달렸다. 7월에 북궁(北宮) 뜰 안에 두 별이 떨어지고 다시 한 별이 떨어진 뒤, 모두 땅 속으로 들어갔다.
이보다 먼저 대궐 북쪽 뒷간(厠圊) 속에서 두 줄기 연(蓮)이 피어났고, 봉성사(奉聖寺) 밭 속에서도 연이 생겼으며, 궁성 안으로 들어 온 범을 잡으려다가 놓쳤다(권2 기이2 혜공왕).

뒷간에서 연꽃이 피는 일은 불가능하므로, 나라가 어지러울 징조임에 틀림없다. 이러한 비유를 한 것은 저자가 불승인 점과 관련이 깊다.
고려시대의 문인인 이규보(李奎報, 1168~1241)의 시화집(詩話集)인 『백운소설(白雲小說)』에도 뒷간에 관한 일화가 보인다.

시중(侍中) 김부식(金富軾, 1075~1151)과 학사(學士) 정지상(鄭知常, ?~1135)은 문장으로 함께 이름을 날린 까닭에, 다투어 시새워하여 사이가 좋지 않았다. 세상에 전하는 말이다. 지상이 "절에 염불 소리 그치고 하늘은 유리처럼 맑다(琳宮梵語罷, 天色淨

琉璃)."라는 글을 짓자, 부식이 자기 시에 붙여 넣고 싶어서 달라고 하였다. 그러나 지상은 끝내 듣지 않았다. 뒤에 부식에게 주살(誅殺)된 그는 음귀(陰鬼)로 변하였다. 어떤 날 부식이 "버들은 천 실로 푸르고, 도화는 만점으로 붉다(柳色千絲綠, 桃花滿點紅)"는 봄 시를 지었다. 이 때 문득 공중에서 내려온 지상의 귀신이 그의 뺨을 치면서 "천실 만점을 누가 헤아리느냐? 왜 버들은 실실이 푸르고 도화는 점점이 붉다(柳色絲絲綠 桃花點點紅)고 하지 않았느냐?" 다그쳤다. 부식은 마음속으로 자못 꺼림칙하였다. 그 뒤 부식이 어떤 절에서 똥을 눌 때, 지상의 귀신이 뒤에서 불(陰囊)을 잡으며 물었다. "술도 안 마셨는데 왜 얼굴이 붉은가?" 부식은 "저 건너 언덕의 단풍이 얼굴에 비친 까닭이다." 대 꾸하였다. 이번에는 귀신이 불을 단단히 잡으며 "이것은 무슨 가죽 주머니인가?" 하자, 그는 "네 아비 불알이다." 내 뱉으며 낯빛이 변치 않았다. 귀신이 불을 더욱 옥죈 탓에, 그는 마침내 뒷간에서 죽었다.

정지상은 이미 다섯 살 때, 강 위에 뜬 해오라기를 보고 "어느 누가 흰 붓으로 강물에 을자를 썼는가(何人將白筆乙字寫江波)"라는 시를 지었다. 『고려사』에 도 "어려서부터 총명하고 영특하여 시를 잘 지었으며, 괴과(魁科)에 뽑힌 뒤 벼 슬이 차례로 올라 기거주(起居注 ; 시종사관)에 이르렀다."고 적혔다(권127 묘청 전). 고려 12시인 중의 하나였으며, 글씨와 그림에도 솜씨가 뛰어났다. 그의 '송 인(送人)'은 오늘날에도 포구(浦口)에서 정인(情人)을 떠나보내는 시로 첫 손에 꼽힌다.

비 갠 긴 언덕에 풀빛 짙어오는 중에(雨歇長堤草色多)
남포에서 그대 보내려니 슬픈 노래 절로 나오네(送君南浦動悲歌).
대동강물이 언제 마르리요(大同江水何時盡).
해마다 이별의 눈물, 푸른 물결에 보태나니(別淚年年添綠波).

그는 정치인이면서 묘청(妙淸)·백수한(白壽翰) 등과 함께 삼성(三聖)으로 불 릴 만큼 음양비술(陰陽秘術)에 관심이 많았다. 특히 서울을 서경으로 옮길 것을 주장하였으며 묘청 등의 난 때, 앞장서서 금 나라를 치고 왕도 황제로 부르자고 나섰다. 이들을 진압하러 나선 김부식은 먼저 지상을 죽였다. 『고려사』에도 "사 람들이 말하되, '부식이 평소에 지상과 글로 이름을 다툰 끝에 불만을 품었다가, 이에 이르러 내용을 핑계삼아 죽였다.'는 말이 떠돌았다."고 적혀 있다(묘청전).

문인들은 오래 전부터 좋은 글귀를 둘러싼 시기와 질투를 벌여왔다. 정지상과 김부식이 다투었다는 앞의 글도 그 가운데 하나이다. 이에 대한 양주동(梁柱東, 1903~1977)의 설명이다.

　　아닌게 아니라, 예로부터 문인 사이의 시기 내지 중상 모략은 진작 조자건(曹子健)이 지적한 대로다. 더구나 가구(佳句)의 쟁탈이 악착한 살육에까지 미친 선례는 중국에도 송(宋), 유(劉)의 유명한 고사(唐 宋之問이 "代少年悲白頭"의 시를 빌려다 뜻대로 되지 않으므로 사위[劉庭芝]를 무살(誣殺)한 일)도 있으니 만큼 '임궁(琳宮) 시의 이야기는 그 뒤 백년 미만의 소전이므로 아마 사실이었을 것이요, 귀신 이야기도 한 '소설'이지만 그의 원사(冤死)를 억울히 여긴 나머지 생겨난 전설임에 틀림없다(양주동 1967 ; 76).

　　앞 글 가운데 "代少年悲白頭"는 "代悲白頭翁(흰머리 슬퍼하는 늙은이를 대신하여)"의 잘못이다. "많이 읽고 기억 잘 한다(博覽强記)."고 스스로 자랑삼던 그의 자만이 낳은 실수이다.
　　앞의 유정지(651?~680?)의 시 가운데, 송지문(?~721)이 탐을 냈던 구절은 "해마다 같은 꽃이 피건만(年年歲歲花相似), 사람은 해마다 같지 않구나(歲歲年年人不同)."라는 명구(名句)이다. 중국 학자 호운익(胡雲翼)의 설명이다.

　　전하는 말에는 송지문이 (중략) 제 것으로 만들려고, 유희이(劉希夷)를 토낭(土囊)으로 눌러 죽였다고 한다(胡雲翼, 1961 ; 311).

　　토낭은 흙돼지이다. 이와 달리 김용제는 "어떤 흉한을 매수하여 유정지를 때려 누이고 흙 가마로 눌러 암살해 버렸다."면서, "송지문은 능히 남의 시를 강도질하기 위해서는 살인도 할만한 간악한 일면이 있는 사람이다."고 덧붙였다(김용제, 1981 ; 30).
　　그러나 임창순은 사실 여부보다 시구가 뛰어난 점을 들어 "작자의 장인인 송지문이 이 구가 너무 마음에 들어 자기에게 줄 것을 요구했다고 한다. 그러나 거절당하자 앙심을 품고 작자를 죽였다는 일화가 전해질 정도로, 흘러가는 시간 속의 덧없는 인간 운명을 표현한 명구로 평가되어 왔다."고 하였다(임창순, 1999 ; 462).
　　최연식도 고려시대의 문학적 상황을 들어 정지상의 고사를 꾸며낸 이야기로 보았다.

사진 323 **최영(1316~1388)**
장군 무신도
경기도 무당들은 '최영'을 '최일'이라 부른다. 두 번째의 가망청 배거리에서 장군을 신당에 모시는 절차를 밟는다. 이때 최 장군은 "내가 누구신지 아느냐? 위엄 있고 공덕 많고 영검하신 최 장군 아니시냐? 너희가 아느냐? 모르느냐? 예 바르고 돔 바른 내 아니시냐?"며 호통을 친다.

(전략) 당시의 문학적 경향과 김부식의 위치를 생각할 때 『백운소설』에 나오는 것처럼 김부식이 정지상의 시구를 빌리려고 했다거나, 그것을 거절당한 분노 때문에 정지상을 죽였다는 일 같은 것은 실제로는 있을 수 없었을 것이다. 기존의 경향을 비판하고 새로운 문학 풍조를 만들어 가는 위치에 있는 사람이, 비판의 대상이라고 할 수 있는 시풍에 미련을 가지고 빌리려 했다는 것은 생각하기 힘들다. 설혹 그렇게 빌려서 시를 지었다고 해도 누가 그 시를 김부식의 시로 받아들이겠는가(최연식, 1997 ; 87~88).

우리는 옛적부터 억울하게 죽은 사람에 대해 각별한 애정을 기울여 왔다. 최영(사진 323)·임경업(사진 324)·남이·단종 등이 그들이다. 최영은 무교(巫敎)의 최고위 지킴이가 되었고, 임경업은 서해의, 남이는 춘천시 일대의, 단종은 영월의 수호신 자리에 올랐다. 사람들은 이들에게 해마다 제례를 올리며 그들의 한을 다독거리는 것이다. 정지상 고사도 옛 분네들의 따뜻한 마음씨가 빚어낸 미담인 셈이다.

사진 324 **임경업(1594~1646)**
장군 사당(연평도)
서해의 어부들은 임경업 장군을 수호신으로 받든다. 조기도 명나라로 달아나던 그가 가시나무 그물로 처음 건져 올렸다고 전한다.

그것은 어떻든, 정지상이 뒷간에서 똥을 누는 김부식의 불을 옥죄어 원한을 갚았다는 내용은 그럴 듯 하다. 천하장사라도 똥을 누는 순간은 무방비 상태인데다가 급소 중의 급소인 불을 낚아 채였으니, 저승의 염라대왕이라도 미처 손을 써볼 도리가 없었을 것이다.

『삼국사기』의 저자로 널리 날려진 김부식은 유학자·역사가·문학가·정치가였다. 앞에서 든 대로, 묘청 등이 난을 일으키자 원수(元帥)로서 직접 중군(中軍)을 거느리고 삼군(三軍)을 이끌었다. 송나라의 서긍이 『고려도경(高麗圖經)』에 "널리 또 깊게 알아서 글을 잘 짓고, 고금에 통달하여 학사의 신복을 받으니, 능히 그보다 위에 설 사람이 없다."고 적었을 만큼 문재(文才)가 뛰어났다.

나. 민담

앞의 선암사 뒷간에서 든 이야기는, 평안북도 안변(安邊)의 석왕사(釋王寺)와 강원도 정선군의 갈래사(葛來寺)에도 전해 온다(임석재, 1989 : 243).

안변에 석왕사라고 하는 절이 있읍니다. 석왕사에 있던 중 하나가 가만히 들어보니까 정선의 갈래사에는 가매(가마)가 크다고 해서 그 가매가 얼메나 큰가 이 가매를 가서 구경하겠다고 갈래사로 갑니다. 떠억 가넌데 가넌 도중에 정선 갈래사에 있던 중이 안변 석왕사의 변소가 하도 짚다(깊다)는 말을 듣고 그 변소를 구경하로 가넌데 그 중을 만났어요. 하나는 올라오고 하나는 내려가고 하다가 만났거던요. 둘이 서로 만나 가주고 중은 서로 만나면 서로 인사를 합니다. "그래 스님은 어데 가십니까?" "예 나넌 안변 석왕사에 있넌데 정선 갈래사에 있넌 가매가 하도 크다고 그래서 그 가매 구경하로 가지 않소". "아 크지요. 작년 동짓달에 동지날이면 팥죽을 쑵니다. 팥죽을 쑤면 이것을 저어야 합니다. 젓지 않으면 죽이 눌어붙어서 못써요. 그래서 그 가매 안에 배를 하나 띠어놓고 한 백명찜 타고 삿대질을 하여 가며 이리저리 돌아다니면서 팥죽을 젔심니다. 젔다가 졸리면 말입니다. 졸면은 풍파가 생겨가주고 그 배가 풍파에 밀려서 어데로 갔넌지 찾지 못하게 됩니다." "아아 그래요. 그 가매 크기는 참 크구만요. 그런데 스님은 워데 있소?." "예 나넌 정선 갈래사에 있읍니다." "워데 가시오?." "안변 석왕사에 변소가 하도 짚(깊)다고 해서 그 변소 구경하로 가잔소." "그래요. 석왕사 변소가 깊기는 깊습니다. 그 변소는 똥을 이래 누면 똥 떠러지넌 소리가 꾸웅 하고 납니다. 헌데 우리 절 주지스님이 삼 년 전에 똥을 누섰넌데 상기(아직) 꾸웅하던 소리가 안 나고 있어요. 시방도 똥이 내려가고 있지요." "아 그 변소 짚기는 짚구만요."

이런 이야기를 들은 일이 있습니다(1975년 11월 10일 명주군 구정면 제비리 최돈구, 64세 남).

절의 뒷간과 솥이 워낙 큰 데에서 닮은 이야기가 퍼졌을 것이다.

다. 뒷간문학

이규보는 『동국이상국집(東國李相國集)』에 시 한 편을 남겼다(후집 제5권 고율 시 89수).

뒷간에 핀 맨드라미를 읊조림(詠厠中雞冠花一首)
닭의 변두 변화되어 꽃이 되었나.
어찌하여 뒷간 속에 자랐느냐.
옛적 습관 아직도 못 버려서
구더기를 아직도 못 잊어서
구더기를 쪼려고 거기 섰느냐.

맨드라미는 계관화(鷄冠花)라고도 하며, 계관(鷄冠) 또는 계두(鷄頭)라고도 불린다. 평평한 꽃줄기의 위가 너른 데다가 주름진 모양이 수탉의 볏을 연상시키는 데에서 온 이름이다. 7~8월 무렵이면 줄기에 홍・황・백색의 잔 꽃이 다닥다닥 피어난다.

이규보가 술을 사람에 비겨서 술과 인간과의 미묘한 관계를 재치 있게 묘사한 『국선생전(麴先生傳)』은 널리 알려졌다. 또 그는 작아서 알기 어려운 것을 미리 살펴 대비하는 데에, 어른도 간혹 실수가 있음을 거북이를 들어 지적한 내용의 『청강사자현부전(淸江使者玄夫傳)』 따위의 소설도 남겼다. 이 시도 단순히 맨드라미의 정취를 읊조린 것이 아니라, 권력을 좇아 헤매는 정치꾼들에 대한 비아냥이 담겨 있다. '뒷간'은 어지러운 정치 판을, "구더기를 쪼으려는 맨드라미"는 정상배들을 상징한 것이다.

현대시에서 뒷간은 나라를 잃은 도읍의 대명사로 등장한다.

이 세월도 헛되이
내 나라의 심장부, 내 나라의 똥수깐,
남녘에서 오는 벗이여!
북쪽에서 오는 벗이여!
(오장환, 1946 ; 143)

사진 325 **똥통 여나르기**
때로 우리 여인네들은 똥·오줌
이 담긴 똥통을 머리에 여 나르
기도 하였다. 그만큼 농사에 대
한 정성이 지극하였던 것이다.

이와 달리 서정주는 뒷간을 더 할 수 없이 평온한 공간으로 읊었다.

소망(똥간)

아무리 집안이 가난하고 또 천덕구러기드래도, 조용하게 호젓이 앉아, 우리 가진 마지막껏—똥하고 오줌을 누어 두는 소망 항아리만은 그래도 서너 개씩은 가져야 지. 상감(上監) 녀석은 궁(宮)의 각장 장판방에서 백자(白磁)의 매화(梅花)틀을 타고 누 지만, 에잇, 이것까지 그게 그 까진 정도어서야 쓰겠나. 집안에서도 가장 하늘의 해와 달 이 별이 잘 비치는 외따른 곳에 큼직하고 단단한 옹기 항아리 서너 개 포근하게 땅에 잘 묻어 놓고, 이 마지막 이거라도 실천 오붓하게 자유로이 누고 지내야지.

이것에다가는 지붕도 휴지도 두지 않는 것이 좋네. 여름 폭주(暴注)하는 햇빛에 일사 병이 몇 천 개 들어 있거나 말거나, 내리는 쏘내기에 벼락이 몇 만 개 들어 있거나 말거 나, 비오면 머리에 삿갓 하나로 웅뎅이 드러내고 앉아 하는, 휴지 대신으로 손에 닿는 곳 의 흥부(興夫) 박잎사귀로나 밑 닦아 간추리는—이 한국 '소망'의 이 마지막 용변(用便) 달갑지 않나?

'하늘에 별과 달은
소망에도 비친답네'

가람 이병기(李秉岐)가 술만 거나하면 가끔 읊조려 찬양해 왔던, 그 별과 달이 늘 두 루 잘 내리 비치는 화장실(化粧室)—그런 데에 우리의 똥오줌을 마지막 잘 누며 지내는 것이 역시 아무래도 좋은 것 아니겠나? 마지막 것일라면야 이게 역시 좋은 것 아니겠나? (서정주, 1994 ; 368~369).

앞에서 이야기한 대로, 우리네 뒷간은 안팎의 것을 막론하고 멀리 떨어져 있 었다. 이 때문에 밤중이면 어린 처녀들이 개를 데리고 가서 일을 보았고 그 사이 에도 개를 향해 "가지 마라, 가면 안 된다."는 노래를 읊조렸다. 남자들도 밤중에 바깥뒷간에 드나들 때 등롱을 든 하인을 앞 세웠다. 어린아이들의 무섬증을 달 래주려고 같은 또래나 어른이 뒷간까지 같이 가 지켜 서서 동무해 주는 일을 '똥 동무'라 일렀다.

10. 뒷간 속담

① 뒷간 개구리(쥐)한테 하문(下門) 물렸다. ➡ 창피스런 일을 당하고 부끄러워 남에게 말을 못한다.

② 뒷간과 사돈집은 멀어야 한다. ➡ 뒷간이 가까우면 냄새가 나고, 사돈집이 가까우면 말썽이 나기 쉽다.

③ 뒷간 기둥이 물방앗간 기둥 더럽다 한다. ➡ 더 큰 흉을 가진 사람이 남의 작은 허물을 나무란다.

④ 아니 구린 통수깐 있나? ➡ 본색은 감추지 못한다. 누구나 잘못을 저지른다.

⑤ 뒷간에 갈 적 마음 다르고 올 적 마음 다르다. ➡ 필요한 때에는 다급하게 굴다가도, 제 일을 마치고 나면 마음이 달라진다.

⑥ 뒷간에 앉아서 개 부르듯 한다. ➡ 필요한 때에만 찾는다.

⑦ 뒷간에 옻칠하고 사나 보자. ➡ 재물을 악착같이 모으는 사람을 탓하는 말이다.

⑧ 뒷간에 기와 올리고 살겠다. ➡ 인색하게 굴어도 큰 부자는 못 된다.

⑨ 안뒷간에서 똥 누고 아가씨더러 밑 씻겨 달라겠다. ➡ 몹시 뻔뻔스럽다.

⑩ 남이야 뒷간에서 낚시를 하건 말건. ➡ 남이 무슨 일을 하든지 상관하지 말라.

⑪ 뒷간 문 열수록 구린내만 난다. ➡ 악한 사람은 건드리지 않는 것이 좋다.

⑫ 뒷간에서 나올 때 서두는 사람 없다. ➡ 긴요할 때는 서둘다가도 욕심을 차리면 아랑곳하지 않는다.

⑬ 개 뒤를 따르면 뒷간으로 간다. ➡ 좋지 못한 사람을 가까이 하면 해를 입는다.

⑭ 뒷간 다른 데 없고 부자 다른 데 없다. ➡ 부자는 누구나 욕심이 많다.

⑮ 굶주린 개 뒷간보고 기뻐한다. ➡ 허기진 사람은 먹을 것을 보기만 하여도 좋아한다.

⑯ 뒷간에 세 번 빠지면 죽는다. ➡ 같은 잘못을 세 번씩이나 저지르면 안 된다.

뒷간에 관한 속담이 모두 부정적인 것은, 우리의 뒷간에 대한 관념이 그러하기 때문이다.
①은 창피스런 장소이고, ②・⑬은 기피하고 싶은 장소이며, ③・④・⑪은 더러운 장소이고, ⑤・⑫는 배신의 장소이며, ⑥・⑦・⑧・⑭는 하찮은 장소이고, ⑨・⑩・⑮는 가당치 않은 장소를 나타낸다. ⑯은 교훈이다.

11. 호자 · 요강 · 매우틀

가. 호자(虎子)

남성용 소변기의 하나인 호자는 중국에서 나왔으며, 그 이름은 형상이 엎드린 범을 닮은 데에서 왔다. 형태는 네모꼴 · 둥근꼴 · 달걀꼴 등 여러 가지이며, 도기(陶器)나 자기(瓷器)로 만든 것이 흔하다. 김원룡은 호자가 나온 시기에 대해 "『주례(周禮)』에 나오는 것을 보아 중국 청동기시대인 주대(周代)부터 이미 있었던 것을 알 수 있다."고 하였다(김원룡, 1962 ; 9). 중국에서는 상류층에서 근래까지도 침상 곁에 두고 썼다(☞ 중국, 호자와 마통).

(1) 백제의 호자

우리 나라의 가장 오랜 호자는 1979년에 충청남도 부여군 군수리(軍守里)에서 나왔다(사진 326 · 사진 327). 높이는 25.2센티미터이다.

뒷발을 약간 굽혀서 앞발에 힘을 모으고 상체를 들어 좌측으로 90도 가까이 머리를 돌린 후 먼 곳을 주시하며 입을 크게 벌리고 하품을 하는 듯한 형상을 취하고 있다. (중략) 또 동체와 머리 사이의 부분은 잘 구분할 수 없으나 두부에 표현한 안면상(顔面像)은 옆으로 치켜 뜬 눈자위에 비하여 눈알은 점을 찍어 조그마하게 표현하고 있다. (중략) 배부(背部)에는 성인의 엄지손가락을 제외한 사지(四指)를 넣어서 거머쥘 수 있는 정도의 단면 말각방형(抹角方形) 손잡이가 부착되어 있다. (중략) 어린 새끼 호랑이의 자용(姿容)임을 엿 볼 수 있다. (중략) 이 같은 기교와 예술성은 백제인의 생활 환경에서 비롯된 소치라고 하겠다(서성훈, 1979 ; 125～126).

사진 326 백제 호자 앞모습
쭈그려 앉은 범꼴 호자로 '호자'
라는 이름도 이에서 왔다. 중국
의 호자는 용맹스런 '호랑이' 모
습이지만, 이것은 장난기 어린
'범'꼴이다. 우리네 심성이 그만
큼 착하기 때문이다.

사진 327 뒷모습
머리와 엉덩이 사이에 손잡이를
붙였다.

널리 알려 지지는 않았으나 부여박물관 수집 유물 가운데 부소산에서 나왔다는 호자(일부)가 있었다. 관계자들도 이것이 무엇인지 몰랐다가 이 군수리 출토품을 보고 호자임을 확인하였다.

뒷발을 굽혀 쪼그리고 앉아 있는 형상으로 쳐 들린 발가락에서 튀어나온 발톱이 아주 예리하여 맹수를 상징한 토기임을 일견하여 알 수 있으나, 형태나 용도에 대 해서는 알 수 가 없었다. 다만 풍만하고 동그란 둔부 상단에는 꼬리가 부착되었던 형적이 남아 있어서 동물을 상징한 특수용기가 아니었을까 하고 추정하여 왔으나, 이번에 발견된 군수리 출토 동물형 토기에 의하여 호자로 밝혀졌다(서성훈, 1979 ; 124～125).

공주대학교 박물관(公州大學校 博物館)에는 항아리꼴 호자가 있다(사진 328).

회갈색(灰褐色) 연질(軟質)의 평저(平底)로 동체(胴體) 최대경(最大徑)이 어깨 아래에 있으나 안정되어 있으면서도 당당하다. (중략) 몸통의 어깨에는 45도 가량의 주구(注口)를 짧게 붙였다. 어깨에는 두 줄의 침선(針線)을 횡(橫)으로 돌리고 그 아래 반원문(半圓文)을 연이어 새겼다. 이러한 반원문(半圓文)은 고구려의 유물인 평양(平壤) 만달산 14호 출토 호(壺)와 파주 주월리 출토 호(壺)에도 보이는 문양으로 주목된다. 이와 유사한 것이 집안(集安) 우산묘구(禹山墓區) M 2321 부근에서 출토되어 고구려 호자로 추정된다. 크기는 높이 21센티미터이다(은화수, 1998 ; 81).

형태나 재질 등으로 미루어 서민들이 쓴 호자로 추정된다. 범 꼴로 빚는 기술
이 모자랐던 사람들이 손쉬운 항아리 꼴로 빚었을 것이다. 중국식의 범꼴 호자
가 한 점 나온 데에 비해, 이것이 3점이나 선보인 것은 그만큼 널리 쓰였기 때문
일 것이다. 은화수도 "출토지 미상의 원체형(圓體形) 호자가 여러 점 알려져 있
어 우리 나라에서는 동물형 호자보다는 원체형(圓體形) 호자를 더 사용한 것으
로 추정된다."고 하였다(은화수, 1998 ; 82~83).

사진 328 항아리꼴 호자
몸 위 한쪽에 짧은 주둥이를, 위 가운데에 깃봉꼴의 손잡이를 붙였다. 손에 들고 오줌을 누거나, 바닥에 놓고 무릎을 꿇은 자세로 누었을 것이다.

사진 329 항아리꼴 호자
앞의 것보다 조붓하고 키가 조금 크다.

　　공주 학봉리(鶴峰里)리에서도 앞의 것을 닮은 것이 나왔다(사진 329).

　　회청색(灰靑色) 경질(硬質)로 (중략) 전체적으로 호(壺)와 닮았으며 평저(平底)이다.
상부는 보주형(寶珠形) 꼭지로 장식되었고 견부(肩部)에는 주구(注口)가 있다. (중략) 끝
부분이 파손되었고 직경은 5.0센티미터이다. 높이 21센티미터, 동최대경(胴最大徑) 16센
티미터이다(은화수, 1998 ; 82).

　　몸통이 조금 홀쭉한 대신 키가 크고, 손잡이를 깃봉 꼴로 붙여서 쥐기 편하다.
앞의 것보다 발전된 형태이다.
　　같은 호자는 부여 인근의 연산(連山)에서도 선보였다(국립중앙박물관 소장).

　　회백색(灰白色) 연질(軟質)의 말각평저(抹角平底)이며 (중략) 상부는 연꽃봉우리 모
양으로 뚜껑의 꼭지를 표현하였으나, 모양만 갖추었고 몸통에는 약 45도 가량의 주구(注
口)를 짧게 붙였다. (중략) 고구려 호자에서 보이는 반원문(半圓文)은 없다. 전체적으로

공주대학교 박물관 소장품이나 집안(集安) 출토품과 닮았지만, 위로 길쭉하여 고구려 호자를 본 따 제작한 백제유물로 추정된다. 높이 25.8센티미터, 바닥 지름 10.0센티미터이다(은화수, 1998 ; 82).

한편, 서성훈은 부여박물관에 소장된 또 하나의 그릇에 대해 "특히 백제의 용변기는 도(圖) 11의 변기와 더불어 밝혀지고 있어서 구조면에서 도 11은 여성용, 도 6·9 호자는 남성용 소변기로 추정된다."고 하였다(서성훈, 1979 ; 127). 이 때문에 학계에는 "군수리에서 남녀용 소변기가 나왔다."고 일러왔다(사진 330).

그러나 이 그릇(높이 19.6센티미터, 너비 26센티미터)이 과연 변기인지 의문이 아닐 수 없다. 우선 생김새를 보더라도 여자가 걸터앉아 오줌을 눈다는 것은 상상하기 어렵다. 뾰죽한 주둥이 쪽이 조금 낮고, 반대쪽의 운두는 이보다 높아서 변기로 쓸 수 없기 때문이다. 앉는 방법에도 문제가 있다. 운두가 높은 쪽을 향한다면, 뒤를 뾰죽하게 뺄 이유가 없으며, 반대로 앉는다면 뒤를 높이지 않아도 좋은 것이다. 손잡이의 위치나 크기도 걸맞지 않다. 더구나 그릇의 벽이 매우 얇아서 그 위에 앉자마자 부서지고 말 것이다.

형태로 보면, 밭에 거름을 줄 때 쓰는 귀때동이(사진 331) 그대로이다. 농가에서는 똥·오줌을 똥장군에 담아 지게에 얹거나, 등에 져서 밭가로 옮긴 다음 이 동이에 붓고 두 손으로 들고 다니며 귀때 쪽으로 조금씩 흘려주었다. 한 쪽에 귀때를 붙인 까닭도 이에 있다. 중국에서 여성용이 나온 예가 없을 뿐더러, 우리 나라에서도 이것 한 점만 나온 것도 생각해 둘 일이다.

사진 330 여성용 소변기로 잘못 알려진 귀때동이
우리는 물론이고, 중국이나 일본에도 이 같은 소변기를 쓴 일이 없다.

사진 331 농가에서 근래까지 쓴 귀때동이
밭가로 날라 온 똥통의 거름을 이에 딸아 붓고 들고 다니며 조금씩 주었다.

(2) 고구려의 호자

공주대학교 박물관 소장품과 공주 학봉리에서 나온 호자와 닮은 것이 고구려 도읍지였던 집안(集安)에서도 나왔다(사진 332).

집안(集安) 우산묘구(禹山墓區) M2331 부근에서 출토된 호자는 황색 점토질(粘土質)의 둥근 몸통에 평저(平底)로 (중략) 상부에는 연꽃봉우리 모양의 꼭지가 붙어있다. 어깨에는 타원형 (橢圓形) 주구(注口)가 45도 가량 위로 향해 붙어있다. 호자는 구경(口徑) 4.9～6.6센티미터, 높이 23.1센티미터, 동체(胴體) 최대경(最大徑) 20.4센티미터, 저경(底徑) 14.5센티미터이다(은화수, 1998 ; 82).

 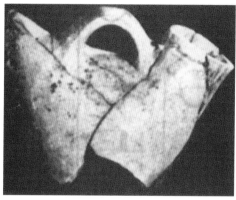

사진 332 고구려 호자
백제 호자를 빼 닮았다.
사진 333 고구려 호자(부분)
배꼽 호자로 아랫도리가 없어졌다.

형태를 보면 공주 학봉리의 것을 더욱 빼 닮았다. 은화수가 공주대학교 소장품을 "고구려 호자로 추정된다." 하고, 학봉리의 것은 "고구려 호자를 본 따 제작한 백제유물로 추정된다."고 이른 것은 이 때문일 것이다. 그러나 형태가 닮았다고 해서 반드시 어느 쪽의 것을 본 떴다고 보는 것은 무리가 아닌가 싶다. 더구나 같은 형태의 호자는 백제 유역에서 3점이 나온 반면, 고구려에서는 한 점이 나왔을 뿐이다. 논리적으로 말하면 고구려에서 백제의 것을 본 떴다고 해야 옳다. 이미 설명한 대로, 백제에서 범을 닮은 호자도 출토되어서 그 수준이 고구려보다 훨씬 앞서는 것이다. 한편, 원통형 호자는 중국에서 초기부터 서민들이 널리 이용하였다. 형태가 우리 것과 다르지 않은 점에서 범꼴 호자와 함께 우리에게 들어온 것으로 보아도 좋을 것이다. 이에 대해서는 '중국의 호자와 마통'에서 다시 다루겠다.

집안에서는 배(船) 꼴 호자도 나왔다(사진 333). 전문가의 설명이다.

집안(集安) 산성하묘구(山城下墓區) M345에서 출토된 호자는 황색 점토질 태토(胎土)로 주형(舟形)이다. 평면은 럭비공 모양의 장타원형(長楕圓形)으로 양끝부분이 들려있다. (중략) 상부에는 띠 모양의 손잡이가 붙어있고 저부(底部)는 결실(缺失) 되었다. 호자는 현재 높이 16.4센티미터, 길이 24.5센티미터, 구경(口徑) 8.1～8.7센티미터이다(은화수, 1998 ; 82).

(3) 개성의 호자

국립중앙박물관에는 경기도 개성에서 나왔다는 범 꼴 호자가 있다(사진 334 · 사진 335 · 사진 336 · 사진 337). 1928년 2월, 일본인(天池茂太郎)에게서 사들였다고 한다.

사진 334 개성 호자
사진 335 옆모습

사진 336 머리 부분
사진 337 입 부분

(중략) 눈두덩은 튀어나왔으며 눈동자는 둥글고 눈 꼬리는 뾰족하여 날카롭다. (중략) 머리에서 등으로 이어지는 곳에는 활 모양의 손잡이를 붙였다. (중략)

전체적인 형태나 재질로 보아 서진(西晉) 말에서 동진(東晉) 초에 제작된 것으로 추정된다. 길이 26.4센티미터, 높이 20.2센티미터, 저경(底徑) 9.2센티미터, 주구(注口) 5.4센티미터이다(은화수, 1998 ; 63~64).

사진 338 일본에 건너간 조선시대의 청자요강
15.5×17센티미터의 크기이다. 층이 진 유약이 구름무늬를 연상시킨다. 일본사람들은 우리네 요강까지도 탐을 내어 거두어 갔다.

앞에서 설명한 대로 우리네 호자에는 범 꼴과 원통꼴의 두 종류가 있다. 제작기법 등으로 미루어 범 꼴은 귀족층에서, 원통꼴은 일반에서 쓴 것으로 생각된다. 그리고 범 꼴 두 개 가운데 부여에서 나온 것은 백제 사람들이 만든 것이고, 개성 출토품은 중국에서 들여온 듯 하다. 원통꼴 호자가 백제 지역에서 집중적으로 나오고, 고구려 땅에서도 선보였으나, 신라에서는 한 점도 출토되지 않았다. 호자는 3세기 이후 중국의 오(吳)나라에서 백제로 들어와 퍼졌다.

나. 요강

요강은 쓰기 편한 데다가 남녀구분이 없어서 집집마다 이용하였다. 우리 것은 적어도 고려시대 이전에 나왔을 것이다. 한자의 음을 빌어 溺缸・溺釭・溺江 등으로 적었고, 『조선왕조실록』에는 익기(溺器)로 올라 있다. 이밖에 설기(褻器) 및 수병(溲瓶) 등의 중국 이름도 함께 썼다. 그러나 일반에서는 흔히 오줌 단지(경북・전남) 또는 야호(夜壺)라 일렀다.

사진 339 일본에 건너간 조선시대의 청자요강
15×8센티미터의 크기이다. 요강이라기보다 양념단지라고 할만큼, 아리따운 맵시를 지녔다.

(1) 『조선왕조실록』의 요강

쇠붙이가 귀했던 조선시대에는 정부에서 백성들의 놋요강까지 거두어 들였고, 더러는 관리가 제 것으로 삼았다. 다음은 국가의 놋요강을 훔친 관리를 파직시키라는 사헌부의 상소이다.

폐조 때 내폐(內嬖)의 여러 원에 시정인(市井人) 등이 바친 유기(鍮器)를 반정(反正) 뒤, 공조에서 본 주인에게 돌려주도록 하였으나, 낭관(郎官) 등이 외람되이 제 것으로 삼은 일이 많았습니다. (중략) 좌랑(佐郎) 남포(南褒)는 개구분(蓋具盆) 한 점과 크고 작은 세수 대야와 요강(溺器) 각 한 개씩을 가져갔습니다. (중략) 남포와 심의도 장오(贓汚)를 저질렀으므로 관직에 있을 수 없으니 파직시키소서(『중종실록』 9년 [1514] 11월 11일).

중국에서 산 요강을 버리고 돌아온 관리를 칭송하는 기사도 있다.

중국에 갔던 제주 목사 조사수(趙士秀)는 심한 습증(濕症) 때문에 걸음 걷기가 어려워 백철(白鐵) 요강(溺器)을 샀다. 먼길을 가는 깊은 밤, 급할 때 쓰기 위해서이다. 그러나 압록강에 이르러 강물에 던져버리고 왔다. 그의 깨끗한 행동은 탐욕스런 자를 청렴케 하고, 나태한 자를 불러 일으켰다. 세상에 어찌 도움됨이 적다고 하겠는가?(『중종실록』 36년 [1541] 1월 3일).

사진 340 제주도의 오지요강
몸통 서너 곳에 테를 두르고 어깨쪽에 번개무늬를 베풀었다. 높이 19, 아가리지름 13, 밑지름 16.5센티미터의 크기로, 투박한 손잡이를 붙였다.

앞의 두 기사를 보면 당시에는 요강이 귀물이었던 것을 알 수 있다. 중국 관리들도 우리네의 요강 만드는 기술이 특별하게 뛰어났던지 몹시 탐내었다. 사신을 따라갔던 박지원은 효종에게 "어응거대(於應巨大)는 바로 그 나라의 권력자인데 사행(使行)에게 재차 요강(溺器)을 요구합니다. 그 밖에 대소관료들도 보기만 하면 달라는 것이 있습니다. 이는 필시 탐오(貪汚)의 풍습이 극에 이른 때문일 것입니다."고 보고하였다(『효종실록』 9년 [1658] 3월 11일).

아첨배들이 요강까지 받쳐들었다는 웃음거리도 보인다. 중종 때의 홍문관 부제학 윤풍형 등이 나라를 다스릴 때 명심해야 할, 열 조목을 상소하는 가운데의 한 구절이다.

볼 것이 없는 무리들이야 말할 것이 없지만, 식견 있는 유명한 사람들도(중략) 어깨를 으쓱거리면서 아첨하거나, 꼬리를 흔들면서 동정을 구합니다. 윗사람의 비위를 맞추려고 수염의 먼지를 털어 주거나 요강(溺器)을 받쳐주며, 종기의 고름을 빨아주거나 치질을 핥아줍니다. 얻지 못하였을 때는 얻으려고 근심하고, 얻고서는 잃어버릴까 근심하는 자들이 전부이므로 깨끗한 덕행을 가진 사람은 없어지고, 더럽고 혼탁한 것이 멋대로 행하여집니다. 이를 보고 도척과 같이 되지 않는 자가 몇이나 되겠습니까?(『중종실록』 32년 [1537] 12월 12일).

문출(門黜) 죄인 조영복(趙榮福)은 본디 부끄럼을 모르는 비루한 자로서, 이웃에 살던 적집(賊集)에게 아첨하여 복종해 섬겼습니다. 그 비굴함을 잊은 채 자신이 그의 시종이 되어 손수 요강(溺器)을 받쳤으므로, 듣는 자가 모두 그 비루 함에 침을 뱉었습니다. (중략) 청컨대 멀리 귀양보내소서(『경종실록』 3년 [1723] 1월 12일).

다음은 놋요강에 관한 기사이다.

중종의 셋째 딸 정순옹주에게 장가 든 여성군(礪城君) 송인(宋寅)은 사람됨이 단정하고 순수하고 겸손하고 건실하여, 호화로운 환경에서도 가난한 사람처럼 살았다. 그는 놋쇠그릇으로 요강(溲器)을 만들지 않았다. 뒷날 망가져 사람들의 음식그릇이 될지도 모른다는 하는 염려에서였다(『선조실록』17년 [1584] 7월 1일).

광해군 때에는 공자묘(孔子廟)의 제기를 들어내다가 요강을 만든 한심한 관료도 있었다.

이성길은 탐욕스러운 행실이 개돼지와 같았다. 일찍이 수령이 되어서는 공자묘의 제기들을 훔쳐 요강(溺器)을 만들었다. 또 상중에 있으면서 귀화한 오랑캐 부녀자와 몰래 간음을 하여 큰 송사를 당하였다가 겨우 빠져 나온 자인데, 아직도 관직의 반열에 있으니 정사의 문란함을 여기서도 점칠 수 있다(『광해실록』1년 [1609] 8월 3일).

수입한 구리로도 요강을 만들었다. 숙종 때 우의정 이이명이 임금에게 올린 글이다.

나라 안에 구리가 바둑처럼 널려 있으나, 캐고 불리는 방법을 모를 뿐입니다. 백성의 풍속이 지리를 알지 못하는 데다가, 낭비를 즐겨서 다른 나라의 구리를 사서 타구와 요강(唾溲之器)을 만듭니다(『숙종실록』42년 [1716] 12월 17일).

사진 341 제주도의 옹기요강
높이 18.5, 아가리지름 16, 밑지름 22센티미터의 크기이다.

대신들을 뒤에 두고 요강에 오줌을 누었던 경종은 싫은 소리를 들었다.

(전략) 간관(諫官)이 전계(前啓)를 거듭 아뢰자, 이홍술(李弘述)을 노적(孥籍)하고 이빈흥(李賓興)을 국문하라 이르고, 다른 것은 듣지 않았다. 이 날 임금이 여러 신하들을 대하여 몸을 조금 돌려 오줌을 누므로, 신하들이 잠시 물러가려고 하자 막았다. 파할 즈음에 이거원이 종종 걸음으로 나아가 엎드려 말하였다. "한 나라 무제는 관을 쓰지 않고 급암(汲黯)을 만난 일이 없습니다. 조금 전 전하께서 소피를 보실 때 하교도 않으셨고, 환시(宦侍) 또한 알리지 않았으니, 이는 신료(臣僚)를 대하는 도리에 부족함이 있는 것입니다."(『경종실록』2년 [1722] 6월 24일).

사진 342 옹기요강

조선 왕조가 500여 년이나 유지되었던 것은 저처럼 목숨을 걸고 바른 말을 하는 관료 덕분이었다. 조선시대에는 무덤에 요강도 넣었다. 영조 임금이 인원왕후(仁元王后)의 인산 때 "광중(壙中)의 잡물(雜物)을 줄이라."고 내린 전교가 그것이다 (『영조실록』 33년 [1757]).

명기(明器)인 복완과 나무 인형인(木奴婢) 공가인(工歌人)은 차이가 있다. 혹은 사치에 가깝고 혹은 희롱에 가까우며, 혹은 긴요하지 않고, 혹은 지금 쓸 데 없는 것도 있다. 사치에 가까운 것은 나전 소함(螺鈿小函) 같은 것이고, 희롱에 가까운 것은 조그마한 그릇 들이다. 긴요하지 않은 것은 토등상(土藤箱), 타구(唾具), 요강(溲器) 같은 것이고, 지금 쓸 데 없는 것은 주준(酒樽), 주잔(酒盞) 같은 것이다(『증보문헌비고』 제68권 예고 15 국휼4 장제).

임금도 잠자리에서는 요강을 썼다.

그 때 대행조(왕이 죽은 뒤 시호를 올리기 전에 높여 이르던 말로, 영조를 가리킨다)께서 병환에 계시어 잠자리에서 대신들을 만났다. 이때 요강(溺器)을 내 던지며 "만일 내가 이 병으로 죽는다면 종사(宗社)와 신민들을 어찌할 것인가? 오늘날에는 위관(衛瓘)이나 손순효(孫舜孝) 같은 사람이 없는가?" 하셨다. 이에 김상로가 짐짓 눈물을 흘리며 "전하께서 어찌하여 지나치게 염려하십니까? 저군(儲君)이 저러하고 신도 또한 요량한 바가 있습니다." 아뢰었다. 이 대답을 들건대 고금의 극역(劇逆)이 아니겠는가? 그 뒤로 그는 계속해서 수상으로 있으면서, 대조(大朝)의 일은 소조(小朝)에 고하고, 소조의 일은 대조에 알리는 등, 이리저리 속이고 가리며 참소와 모함을 끝없이 하였다(『정조실록』 즉위년 [1776] 3월 30일).

오줌의 양으로 병의 정도를 재었다.

도제조 권돈인(權敦仁)이 임금의 건강을 알아보려고 "소변의 양은 어떠하십니까?" 묻자, "간밤에는 한 보시기가 족히 되었다."고 하였다. 또 "낮과 밤을 합하면 몇 차례가 되느냐?"는 질문에, "초경부터 4~5경까지 반 요강(溺缸)이 흡족히 된다."고 일렀다(『헌종실록』 15년 [1849] 5월 14일).

조선시대에는 과거 시험장에서 박으로 만든 과장호자(科場虎子)를 썼다. 시험

도중에 밖으로 나갈 수 없었기 때문이다. 이 호자에 더러 예상 답안을 넣어 가지고 들어가서 급제한 사람도 있었으며, 사람들은 그를 호자당상(虎子堂上)이라 비꼬았다(이규태, 2001 ; 445). 오늘날에도 고시(考試) 장에서 비닐 봉지를 나누어주었다고 하니 한심한 일이다.

(2) 여러 가지 요강

요강은 오지·놋쇠·사기·양은 등으로 만들며, 조선시대에는 청자·백자·목칠(木漆) 요강도 나돌았다. 『세종실록』 오례의(五禮儀)에 실린 장례용 명기(明器) 가운데 "요강(溺器)은 뚜껑까지 나무를 파서 만들며, 옻칠을 한다."는 내용이 보인다. 이 밖에 쇠가죽에 기름을 먹인 것도 있었다. 무당의 '성주풀이'에도 요강이 안방 살림살이의 하나로 손꼽힌다.

서민들은 주로 옹기나 오지요강을 썼으며, 흔히 엄지손가락을 안쪽으로 구부려 넣어서 잡았다. 그러나 손잡이가 달린 것도 있었다. 여인네들이 말이나 가마를 타고 멀리 갈 때는 길 요강을 썼다. 이 안에 짚을 두둑하게 깔아서 일을 보더라도 소리가 들리지 않았다. 사랑채에서 기거하는 남자의 것은 매우 작아서 바지 가랑이에 넣고 누었다. 한편, 요강을 부부가 함께 썼던 까닭에 '요강 깨기'를 '정 떼기'로 알았다.

놋요강에는 거의 반드시 꼭지 달린 뚜껑(요강 깨)이 딸려서, 두 손으로 받쳐들고 옮긴다(사진 345). 사기 요강에 화접문(花蝶紋)이나 모란꽃 따위를 그려 넣었던 까닭에 '꽃요강'이라는 별명도 붙었다(사진 346). 어머니는 딸에게 요강을 물려주었으며, 신혼 부부는 첫날밤에 이 안에 촛불을 켜 두었다. 호남지방에 전하는 꽃요강 유래담이다.

사진 345 놋요강
놋쇠를 두드려서 만든 방짜요강이다.

사진 346 꽃요강
몸통 가득히 활짝 핀 모란을 놓아 꾸몄다.

딸 다섯을 둔 아비가 있었다. 첫째부터 넷째는 시집을 가서 소박을 맞거나 과부가 되거나 일찍 죽었다. 막내 딸의 액운을 면하게 할 방법을 찾던 중에, 옹기장이가 찾아오자 신세한탄을 늘어놓았다. 그는 "음양이 맞지 않은 탓이니, 꽃과 나비의 문양이 든 요강을 주어 보내라."며, 그 날부터 백일 기도를 올린 끝에 스스로 꽃요강을 빚었다. 이로써 막내딸은 아들 딸 잘 낳고 행복하게 살았다.

이밖에 ·상류층에서는 백자요강(사진 347)이나, 청자요강(사진 349)을 썼다.

병자호란 뒤 심양에 볼모로 끌려간 봉림대군은 그를 좇았던 유지만이 얼굴이 비칠 정도로 반들반들하게 옻칠을 한 돼지가죽 요강을 쓰는 것을 보고 탄식하였다고 한다(정연식, 2001 ; 215).

사진 347 백자요강

사진 348 꽃요강

사진 349 청자요강

바가지도 요강이 되었다. 제주도의 어린 잠수(潛嫂)들은 물질할 때 쓴 뜨개박을 시집 갈 때 요강 삼아 가지고 갔다. 바닷물에 찌든 바가지는 나무처럼 단단해서 쓸 만 하였으며, 이것이 깨지면 혼인 생활도 끝난다고 하여 엉거주춤 앉아 오줌을 누었다. 함경도·강원도·경상도·전라도의 산간지대에서도 작은 '고추박'에 어린아이의 오줌을 받았다(이규태, 1983 [2] ; 281).

안팎의 뒷간을 멀리 두고도 큰 불편을 느끼지 않은 것은 요강 덕분이었으며 오줌 뿐 아니라, 때로는 똥도 누었다. 분지(糞池)라는 별명은 이에서 왔다. 큰집에는 요강도 여럿이어서 이를 닦는 일을 도맡는 '요강 담사리'를 따로 두었다. 옛적에는 혼수 가운데 놋요강과 놋대야를 첫손에 꼽았으며 『산림경제』에서도, "살림이 어려우면 대야 대신 요강 둘을 마련해 준다."고 하였다.

사진 350 **구리요강**
오늘날 병원의 응급환자실 등에서 쓰는 변기를 빼 닮았다. 이것도 일상용이 아니라 특별한 경우에 썼을 것이다.

사진 351 **구리요강(옆)**
앞이 뒤보다 조금 더 들린 배(船)꼴이다.

창덕궁에는 구리요강이 있다(사진 350·사진 351). 길이 49.5센티미터, 가운데 너비 20센티미터, 깊이 12센티미터이다. 앞이 뒤보다 조금 더 들렸다. 형태는 오늘날 병원의 환자 변기 그대로이다. 대한 제국 말기에 서양에서 들어 왔을 가능성이 높다. 녹이 잔뜩 낀 데다가, 바닥에도 작은 구멍이 촘촘하게 났다.

산삼을 찾아다닌 심마니들은 휴대용 요강인 수룽박을 언제나 차고 다녔다. 산신의 나라를 더럽히면 산삼은커녕 큰 벌을 받는다고 여긴 까닭이다. 이에 오줌을 받아 큰 수룽박에 모았다가 산 밖에서 버렸다(이규태, 2001 ; 445).

요강은 외국인에게 특별하게 비쳤다. 다음은 과거 급제자의 행렬 가운데 요강 망태기를 메고 따르는 하인에 관한 이야기이다(사진 352).

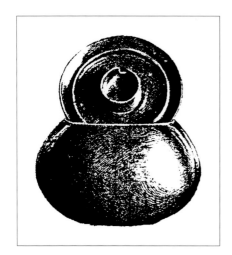

사진 352 요강 뚜껑을 타구나
촛대로도 이용하였다.

뒤에 하인 하나가 새끼로 엮은 망태를 어깨에 멘 체 걸고 있었다. 그 안에 지름 25센티미터에 깊이 12센티미터쯤 되는 둥그스름한 구리 단지가 (중략) 반짝이고 있었다 (중략) 내가 옆 친구에게 "무슨 통조림인가?" 묻자, 껄껄 웃으며 대답했다.

"(전략) 저러한 단지는 대체로 뚜껑은 있으나 손잡이는 없으며, 금속으로 만듭니다 (중략) 각자 자기 것이 있고, 외출할 때나 여행 중에 늘 갖고 다닙니다. 가난한 사람은 스스로 나르지만, 부자는 청소와 운반을 맡는 요강 담사리를 따로 둡니다. 여행 중의 관리도 관인처럼 소중하게 다룹니다."

"어디에 씁니까?"

"밤낮은 물론이고, 혼자 있거나 여럿이 있거나 오줌을 누고 싶을 때 씁니다. 주인이 눈짓을 하면 담사리가 얼른 다가와서 건네줍니다. 그는 슬그머니 긴 바지 속으로 집어넣습니다. 조금 뒤 조심스레 뚜껑을 닫아 깊숙한 바지 속에서 꺼내어 다시 담사리에게 이어갑니다. 단지는 타구(唾具)로도 쓰고, 뚜껑 안에 약간의 장치를 해서 휴대용 촛대로도 이용합니다. (중략) 용도가 이처럼 다양한 만큼 '국민의 단지(vase national)'라 불러도 좋을 것입니다(Charles Varat, 1884 ; 310).

"뚜껑 안에 장치를 해서 촛대로도 쓴다."는 내용은 이색적이다. 그림에 뚜껑 가운데에 초를 세울 둥근 테가 보인다. 그리고 이 테 한쪽에 파놓은 홈은 담뱃대를 걸쳐놓기 위한 것인 듯 하다.

사진 353 제주도의 오줌항
오줌이 가득 찬 항아리에는 빗물
이 들지 않도록 주저리를 덮었다.
높이 72센티미터, 밑지름 33센
티미터이다.

(3) 요강문학

김삿갓으로 더 잘 알려진 조선시대 김병연(金炳淵, 1807~1864)은 요강의 공덕을 기리는 시를 남겼다.

요강 덕분에 밤중에도 귀찮게 드나들지 않으니(賴渠深夜不煩扉)
편히 누운 자리에 가까이 있어 매우 고맙구나(令作團隣臥處圍).
주정꾼도 그 앞에서는 단정하게 무릎을 꿇고(醉客持來端膝跪)
어여쁜 계집이 끼고 앉으면 살이 보일까 조심조심 속옷을 걷는구나(態娥挾坐惜衣收).
뚱뚱하고 단단한 생김새는 유명한 안성맞춤인데(堅剛做休銅山局)
쏴 하고 오줌 누는 소리는 흰 폭포가 나는 듯 하다(灑落傳聲練瀑飛).
가장 공이 많은 것은 비바람 치는 새벽에 편리하고(最是功多風雨曉)
모든 곡식의 거름이 되어 사람을 살찌우는 것이로다(儂閑養性使人肥).

(4) 요강 속담

① 시앗 싸움에 요강장수 　　　　➡ 아무 관계가 없는 사람이 끼어 들어 참견한다.
　　　　　　　　　　　　　　　　두 사람의 싸움에 제 삼자가 덕을 본다.

② 헌 분지 깨고 새 요강 물어준다. ➡ 작은 실수로 큰 손해를 본다.

③ 요강 단지 받들 듯 　　　　　➡ 매우 조심한다.

④ 복 있는 과부는 늘 요강 꼭지에 앉는다. ➡ 운수가 좋은 사람은 좋은 일만 생긴다.

⑤ 사위가 고우면 요강 분지(糞池)를 쓴다. ➡ 사위는 처가에서 극진한 대접을 받는다.

⑥ 요강 뚜껑으로 물 떠먹은 듯 하다. 　➡ 꺼림칙하다.

⑦ 시집 열 두 번 갔더니, 요강 시울에 선 두른다. ➡ 무슨 일을 여러 번 당하면, 좋은 일도 있다.

①~③은 사기 요강의 깨지기 쉬운 점을 경계하는 말이다. ④는 외설담이고, ⑤의 '요강 분지'는 똥·오줌을 함께 누는 요강으로, 사위를 귀히 여기는 나머지 오줌도 똥도 요강에 누인다는 뜻이다. ⑦의 유래는 알 수 없다.

이 밖에 대머리를 '요강 대가리'에 빗대며, 바지의 솜이 아래쪽으로 처져서 통통하게 보이는 사람을 '요강도둑'이라 놀린다.

다. 매우(梅雨)틀

(1) 어원

'매우'는 똥·오줌을 이르는 한자이다. 매(梅)는 큰 것, 우(雨)는 작은 것을 빗댄 향기로운 이름이다. 매우틀은 매화틀로 더 알려졌다. 실상 매우는 매화로 들리기 쉽다. 일반에서도 뒷간을 매화간이라 부른다. 고문헌에는 매우틀이 丫要機·丫要·丫腰·馬腰·馬要·馬要機·每要 등으로 올라 있다.

우리는 이것을 적어도 16세기 이전부터 썼다. 1517년에 나온 『훈몽자회』에서 '(㕧)'를 '매유통 투 俗呼後桶'이라고 새긴 것이 그것이다(초 중 ; 3). 후통은 '뒤 보는 통'의 뜻일 터이나, 다른 용례는 보이지 않는다.

18세기 중엽의 『물보』에서는 '측투(廁牏)를 마유라고 한다(廁牏 東園 마유)'는 내용이 들어있다. '매유'가 '마유'로 바뀐 것이다(『17세기 국어사전』에는 매유나 마유가 올라 있지 않다). 이로써 오늘날의 '매화'는 매유→마유→매우를 거쳐 굳어진 것을 알 수 있다. 매유에서 매우가 나왔을 가능성도 없지 않지만, 우리말 매유에 梅雨라는 한자를 붙인 결과인지도 모른다. 그리고 '매우' 보다 '매화'라 부르는 것이 쉬운 까닭에 '매화'로 굳었을 것이다.

(2) 문헌 속의 매우틀

우리네 임금이 언제부터 매우틀을 썼는지 알 수 없다. 고려 공민왕이 뒷간 출입을 하였다는 기록을 보면 이 보다 늦은 듯 하다.

(전략) 공민왕이 나이 어리고 용모 아름다운 자를 뽑아 자제위(子弟衛)에 두었으며, 이에 딸린 홍윤(洪倫)과 (중략) 등이 모두 음란함으로써 총애를 얻었다. (중략) 왕이 윤 등으로 하여금 여러 비빈(妃嬪)을 사통(私通)시켜 후사가 태어나기를 바랐다. 익비(益妃)가 임신하자 내시 최만생이 일찍이 왕을 따라 뒷간(廁)에 가서 은밀하게 "신이 익비전에 갔더니, 비가 임신한지 5개월이 되었다고 하였습니다."고 알렸다(『고려사』 제131권 열전 권47).

그러나 조선시대 임금도 뒷간에 드나들었으므로 잘라 말하기는 어렵다. 성종 때의 기사이다.

사진 354 조선시대 궁중의 매우틀
귀인이 쓰는 것이라. 나무틀에 우
단을 씌웠다. 앞쪽에 세웠던 가리
개는 없어졌다. 아래 구멍으로
똥·오줌을 받는 그릇을 넣는다.
매우의 매(梅)는 큰 것을, 우(雨)
는 작은 것을 이르는 향기로운 이
름이다. 일반에는 매화틀로 잘못
알려졌다.

사진 355 매우틀 옆모습
앞쪽의 턱은 발을 올려놓기 위한
것이다. 왼쪽 끝에 가리개를 박
았던 구멍 두 개가 있다. 20세기
에 들어와 만든 것으로 보인다.

호자·요강·매우틀 **209**

내게 이질 증세가 있어, 오늘은 조계(朝啓)를 쉰다. 간밤과 오늘 아침에 뒷간(厠)에 여러 번 다녔다(『성종실록』 25년 [1494] 8월 22일).

세자가 주강(晝講)에 있을 때 소환(小宦)이 상약(嘗藥)을 청함으로, 곧 일어나 나갔다. 세자는 소환을 통해 빈객(賓客)인 성현(成俔)에게 "주상께서 지금 자주 측간에 가서서 몹시 피로하십니다. 공자(孔子)도 '행하고 여력이 있으면 학문을 한다.'고 일렀으니, 강을 쉬고 약을 드시도록 하겠습니다."고 알렸다. 성현은 이에 따랐다. 이로써 서연(書筵)·주강(晝講)·석강(夕講)을 걸렀다(『성종실록』 25년 [1494] 11월 20일).

조선시대의 임금과 왕비 그리고 대비는 휴대용 변기인 매우틀을 썼다(사진 354·사진 355). 창덕궁에 남아 있는 것의 크기는 가로 39.5센티미터, 세로 22.5 센티미터, 높이 21센티미터이다. 겉에 우단을 씌웠으며, 뒤는 터지고 앞은 막혔다. 일을 볼 때는 틀 아래쪽 좌우 양쪽에 붙인 턱(7.5×5센티미터)에 발을 올려놓는다. 전면 안쪽에도 긴 네모꼴 구멍이 있고, 바닥에 조각 나무를 대어 홈을 붙였다. 이곳에 낮은 가리개를 세웠을 것이다.

매우틀을 간수하는 복이 나인은 잘게 썬 여물을 그릇에 깔고, 틀 안에 넣어두었다가 일이 끝나는 대로 여물을 다시 뿌려 덮는다. 임금의 매우틀은 침전·편전(便殿)·정사를 보는 곳 등에 두었다. 따라서 매우틀이 놓인 곳이 곧 뒷간이

사진 356 널로 짠 매우틀
구멍 안에 그릇을 넣고 똥을 눈 다음, 들어내었다.

었다. 그가 똥·오줌을 누는 동안 내시나 지밀상궁이 지켜 서 있었다.

이것은 상류층에서도 썼다. 강릉시 선교장(船橋莊)의 것이 좋은 보기이다(사진 356). 창덕궁 것을 닮았으나, 맨 나무이며 앞에 가리개 삼아 쪽널을 붙였다. 바닥이 없는 것으로 미루어, 똥을 눌 때에는 구멍 안에 그릇을 넣어 두었다가 들어내었을 것이 쭈그려 앉기 어려운 노인을 위해 만든 듯 하다.

12. 똥·오줌의 민속

가. 똥의 민속

(1) 어원

똥이라는 말은 1449년에 나온 『월인천강지곡(月印千江之曲)』에 처음 보인다.

똥장군

사진 357 지게에 얹은 똥장군
거름으로 쓸 똥·오줌을 똥장군
에 담아 지게에 얹어 날랐다.

糞은 똥이라.

다음은 용례이다.

똥ㅣ 다외며 오조미 드외오(爲糞爲尿)(『능엄경언해』 8~99).
똥이 둘며 뿌믈 맛보더니(『삼강행실도』 20)
똥 糞(『훈몽자회』 상 15)

한편, 1908년에 나온 『동언교략(東言巧略)』에는 이렇게 적혀
있다.

민간에서는 통(通)이라 한다. 대변을 똥이라 홈은 通이니, 支那語(중
국어)에 馬糞을 馬桶이라 ᄒᆞ고 今人은 溷厠을 通廁ㅣ라 ᄒᆞ니 皆是라.

통(通)은 그 소리 값이 똥에 가까울 뿐, 아무 관련이 없다. 더구나 마분을 마통이라 한다는 대목에는 웃음이 나온다. 근거 없는 엉터리 설이기 때문이다(☞ 중국, 마통).

똥을 누는 행위를 이르는 '뒤보다'는 1670년에 나온 『노걸대언해』에 처음 보인다.

내 물 자바쇼마 네 뒤보라 가라 나는 뒤보기 마다 네 길흘 쯰워 ㅎ고 길 ㅅ 쉬셔 뒤보기 말라(我拿着馬 你淨手去 我不要淨手 你離路兒着 休在路邊淨手)(상 ; 37).

똥 누는 일을 불교 용어(淨手)로 표현한 것이 이채롭다.
대변이라는 말은 15세기에 이미 쓰였다. 1489년에 나온 『구급간이방』의 용례이다.

ㅂ롭마자… 대변이 굳거든(中風… 大腸澁滯)(1 ; 11)
추미 대변으로 나게 ㅎ면 ᄀ장 됴ㅎ니라(就涎自大便出 極妙)(1 ; 96).

'대소변'이라는 말도 17세기 이전부터 썼다. 1617년에 간행된 『동국 신속 삼강 행실도(東國新續三綱行實圖)』의 보기이다.

아비 병ㅎ야 대쇼변을 블통커늘(父淮祖嘗患 便澁不通)(효 ; 2)

똥은 '물'이라고도 일렀다. 『역어유해』에서 피똥(血痢)을 '발근 물(상 ; 61), 물찌똥(水痢)을 '믈근 물'이라 새긴 것이다(상 ; 61). 그리고 똥은 '큰물', 오줌은 '져근물'로도 불렸으며, 이를 누는 일은 '말보다' 또는 '말보기'였다. 1459년에 나온 『월인석보』의 내용이다.

차바 눌 머거도 自然히 스러 물보기룰 아니ㅎ니(1 ; 26)
물 보기룰 ㅎ니 남진 겨지비 나니라(1 ; 43).
머근 後에ᅀ 물보기룰 ㅎ니(1 ; 43)

다음은 비슷한 시기(1467)에 나온 『목우자 수심결(牧牛子修心訣)』의 내용이다.

옷 니브며 밥 머글 쁴 오직 이리로 몰보며 오좀 눌 쁴 오직 이리코(著衣喫飯時예 但
伊麼코 屙屎送尿時예 但伊麼코)(27)

『17세기 국어사전』에는 '말'이 보이지 않으며, 국립국어연구원에서 낸 『표준
국어대사전』도 마찬가지이다. 그러나 오늘날에도 더러 쓴다.

　한편, 몽골에서는 똥을 '모리'라 부른다. '모리 하리이'는 '똥을 누자.', '모리 하
르마르 바인'은 '똥이 마렵다.'는 뜻이다. '모리'에는 말(馬)의 뜻도 있으며, 앞의
보기는 옛적에 말 떼 속에 들어가서 일을 본 데에서 왔다고 한다. 우리 네 '말보
기'도 이와 관련이 있을 듯 하다. 몽골의 정착민들은 뒷간을 '조르동'이라 부른다.

(2) 똥이야기

　똥은 산을, 오줌은 강을 이루는 신성한 물질이다. 제주도의 선문대할망 전설
이다.

사진 358 똥바가지와 똥통
ㄱ자로 굽은 긴 작대기 끝에 바
가지를 잡아매었다. 짚으로 막은
네모꼴 구멍으로 외양간의 지지
랑 물이 흘러나온다.

　선문대할망은 어찌나 키가 큰지 한라산을 베개 삼아 누우면 발이 바다에 잠겼다. 어
떤 날 한쪽 발을 선상면 오조리의 식산봉에 디디고, 다른 쪽은 성산면 성산리의 일출봉
을 디디고 앉아 오줌을 누었다. 오줌 줄기는 산을 무너뜨리고 큰 강
을 이루었다. 이 때 산이 하나 무너져 떠내려간 것이 소섬이다.

　그네는 먹기도 무한정이었다. 너무 먹어대어서 먹을 것이 떨어졌
다. 배가 몹시 고파 수수범벅을 만들어 마음껏 먹었다. 그네의 똥은
농가물의 궁상망 오름이 되었다.

　제주도 탄생 설화이다.

　옛적에 장길손이라는 거인이 있었다. 먹을 것이 모자라 언제나 배
가 고팠다. 돌·흙·나무 따위를 닥치는 대로 먹고 배탈이 나서 설
사를 하였다. 설사가 흘러 내려 태백산맥이 되고, 똥 덩어리는 튀어
서 제주도가 되었다.

　남신의 경우도 그렇지만, 특히 여신의 배설물이 식물이나
보물이 되는 모티브를 지닌 신화는 일본을 비롯하여 세계 각

지에 분포한다. 인도네시아의 셀람도에 사는 웨말레(Wemale)족 신화에는 여신인 하이누웰레가 누는 무한정의 똥이 고가의 보물이 되었고, 그네가 죽은 뒤 몸의 각 부위에서 각종의 씨앗이 나왔다. 또 아메리카 원주민의 하나인 나체즈(Natchez)족 신화에서는 여인이 바구니에 눈 똥이 옥수수와 콩이 되었다. 그리고 이 여인이 죽고 나서 불에 태우자 옥수수·콩·호박 등이 나왔다고 한다.

임금의 호위 병사가 행차 앞에서 똥을 누는 망칙스런 일이 있었다.

어찰(御札)로 병조에 이르기를,
"수가(隨駕)하는 위장이 선전표신(宣傳標信)도 없이 함부로 '선전(宣傳)'이라 일컫고 군사들로 하여금 말에서 내리게 한다. 이미 선전이라고 하였다면, 의당 속히 봉행해야 마땅함에도, 다시 대장에게 품신하고, 또 지각없는 갑사(甲士)가 거가(車駕) 앞에서 오줌·똥을 누는데도, 선전관 등이 막지 않았으니, 아울러 추국(推鞫)하여 아뢰어라."
하였다(『세조실록』 9년 [1459] 3월).

똥은 더럽다. 박지원이 지은 <호질(虎叱)>의 일부이다.

(전략)
어느 고을에 벼슬을 좋아않는 체 하는 북곽 선생(北郭先生)이 있었다. 그는 나이 마흔에 손수 교정한 글이 일만 권이었다. 또 구경(九經)의 뜻을 부연해서 책을 엮은 것이 일만 5천 권이나 되므로, 천자(天子)는 그의 의(義)를 아름답게 여겼고, 제후(諸侯)들은 그의 이름을 사모하였다.

그 곳에 동리자(東里子)라는 예쁜 청춘 과부가 있었다. 천자가 그네의 절조를 갸륵히 여기고, 제후들은 그네의 어짐을 연모하여 그 고을 사방 몇 리의 땅을 봉하여 동리 과부 지려(東里寡婦之閭)라 일렀다. 수절 잘하는 과부였으나, 아들 다섯의 성이 각각이었다. (북곽 선생이 동리자의 방에서 뒹굴다가 아들들에게 들키자 달아난다.) 그는 남들이 행여 제 얼굴을 알아볼까 해서 한 다리를 비틀어서 목덜미에 얹고 도깨비처럼 춤추는 가운데 웃으며, 문 밖을 나서 들로 뛰다가 벌판 구덩이에 빠졌다. 그 속에는 똥이 가득 차 있었다. 간신히 휘어잡고 목을 내밀고 바라본즉, 범이 어홍 하며 길을 가로막았다.

이맛살을 찌푸리고 구역질을 하던 범은, 코를 싸쥐고 머리를 왼편으로 돌리며 "에퀴이, 그 선비 구리구나." 하였다. (놀란 그가 갖은 아첨을 떨자, 범은 엄히 꾸짖고 사라졌다.)
범이 아무런 분부를 내리지 않으므로, 실로 황송하고 적이 두렵기도 하여 손을 맞잡고 머리를 조아리며 쳐다본즉, 동녘이 밝았는데 범은 벌써 어디론지 가버리고 말았다.

마침 아침에 밭 갈러온 농부가 "선생님 무슨 일로 이렇게 일찍이 벌판에서 절을 하십니까?" 묻자, "내 일찍 들으니 '하늘이 비록 높다하되, 머리 어찌 안 굽히며, 땅이 비록 두텁다 한들 어찌 얕 디디지 않을 것인가?" 하면서 말끝을 흐려버렸다.

선비의 몸에서 풍기는 구린내에 못 이겨 범이 가버렸다는 대목은 썩은 선비 정신을 비꼰 것이다. 한편, 들에 구덩이를 파고 똥·오줌을 모아서 썩히는 풍속이 이 때에도 있었던 것은 흥미롭다.

거짓을 저지르면 똥통에 빠진다.

사진 359 **똥통**
강원도 산골에서는 백년 이상 자란 피나무 속을 파내고 똥통을 만들어 썼다. 똥지게도 통나무 네 곳에 구멍을 파고 끈을 달았다.

장가가는 총각에게 짓궂은 훈장이 "혼인 날 생 콩을 갈아 마시면 좋다."고 하였다. 첫날밤에 똥질을 하는 신랑을 이상히 여긴 색시가 물었다. 사실을 안 그네는 작은 단지에 똥을 누게 하고, 얼려서 훈장에게 보냈다. 선물로 안 훈장은 똥물을 뒤집어쓰고 말았다. 이것으로도 모자란다고 생각한 새댁은 깊게 판 구덩이에 똥을 채운 다음, 훈장을 빠뜨렸다. 그가 허우적대자, "거짓말에는 똥이 약이다."고 쏘아대었다(홍태한, 1999 ; 189〜191).

『용재총화』에 생 콩으로 여색을 탐하는 상좌를 골탕 먹인 이야기가 있다.

어떤 중이 과부에게 장가드는 저녁이었다. 상좌가 "양념을 친 생 콩가루를 찬물에 타서 마시면 양기가 크게 솟는답니다." 하였다. 이를 믿은 그는 콩 물을 마셨다. 과부의 집에 이르자 배가 잔뜩 차 올랐다. 겨우 기듯이 들어가 상막을 드리운 뒤, 발끝으로 똥구멍을 받치고 앉았다. 위를 쳐다 볼 수도, 아래를 굽어볼 수도 없었다. 위태로운 자세로 앉아 꼼짝 않는 중을 본 과부는 "어째서 나무로 만든 허수아비 꼴인가?" 하며, 손으로 밀었다. 그는 쓰러지면서 활개똥을 냅다 쌌다. 그네는 중을 몽둥이로 내쫓았다. 밤중에 혼자 걷는 그의 앞에 흰 기운이 어른거렸다. 냇물이로구나 짐작하고 바지를 걷어올리고 들어갔다. 그러나 그것은 메밀밭이었다. 다시 걸었다. 이번에도 흰 기운이 길을 막았다. 그는 "메밀밭이 나를 속이더니, 또 나타났구나." 하며, 걸어 들어갔다. 그러나 그것은 물이어서, 옷이 흠뻑 젖고 말았다. 한 곳의 다리를 건널 때 여인들이 아래에서 쌀을 일고 있었다. 중은 자기 몸에서 나는 냄새가 역하여 "아이구 시구나." 중얼거렸다. 그러나 까닭을 모른 그네들은 뛰어와 길을 막으며 "술빚을 쌀을 이는 마당에 어찌 시다는 말을 뱉는가?" 소리지르며 옷을 찢고 매를 때렸다. 해가 높이 오르도록 밥을 먹지 못한 그는 배가 고파 견딜 수 없었다. 마를 캐서 씹는 가운데, 수령의 행차가 나타났다. 다리 아래에 엎드렸던 그는 "맛 좋은 이 마를 바치면 밥을 얻으리라." 생각하였다. 행차가 다리를 건널 때 뛰어 나가자, 말이 놀라 수령이 떨어졌다. 죽도록 맞은 그는 다리 곁에 누워 있었다. 지나가던 순관(巡官) 둘이 "저 아래에 중이 죽었구나. 매치는 연습하기 딱 좋다."며 다투어 몽둥이로 두들겼다. 겁에 질린 그는 숨도 쉬지 못하였다. 그 중 하나가 "죽은 중의 불알은 좋은 약이 될 터이니, 베어가겠다."며 칼을 들고 다가왔다. 놀란 그는 소리치며 달아났다. 저녁 때 절에 이르렀으나, 문이 잠겨 있었다. 상좌를 찾아 "문 열어라." 소리쳤다. 이에 상좌는 "내 스승님은 과부의 집에 갔거늘, 너는 누구이기에 밤에 찾느냐?" 내다보지도 않았다. 그는 개구멍으로 들어갔다. 상좌는 "어떤 집 개냐? 어제 밤 부처님의 기름을 다 핥아먹더니 또 왔느냐?" 욕을 퍼붓고 몽둥이로 두들겼다.

이로써 낭패를 당하여 어려움을 겪는 사람을 "물 건너는 중(渡水僧)"이라 이르게 되었다(第5卷).

똥은 변신의 상징이다.

(전략) 여러 가지 불경의 소(疏)를 찬술(撰述)하던 원효는 늘 혜공(惠空) 스님에게 가서 묻고 혹은 서로 장난도 쳤다. 어느 날 둘이 시내를 따라 가면서 물고기와 새우를 잡아먹다가 돌 위에 똥을 누었다. 혜공이 이를 가리키며 "그대가 눈 똥은 내가 잡은 물고기요." 하고 말장난을 쳤다. 이로써 절 이름이 오어사(吾漁寺)가 되었다. 앞의 말을 원효대사가 하였다는 설이나, 그 시내를 모모천(芼牟川)이라 부르는 것은 모두 잘못이다(『삼국유사』권4 의해5 이혜동진).

사진 360 플라스틱으로 찍어낸 똥장군과 귀때바가지(오른쪽)

똥을 사람의 그릇을 재는 잣대로 삼았다.

제22대 지철로왕(智哲老王)의 성은 김씨, 이름은 지대로(智大路), 또는 지도로(智度路)이며 시호(諡號)는 지증(智證)이다. 이 때부터 시호를 썼다. 우리말에 왕을 마립간(麻立干)이라 한 것도 마찬가지이다. 그는 영원(永元) 2년 경진(500)에 왕위에 올랐다.

그의 자지는 길이가 한 자 다섯 치나 되어 배필을 얻기 어려웠다. 사자를 삼도에 보내 아내 감을 찾았다.

사자가 모량부(牟梁部) 동노수(冬老樹) 밑에 이르자, 개 두 마리가 북만한 똥 덩어리의
양쪽을 물고 싸우고 있었다. 마을 사람에게 똥 임자를 묻자, 한 소녀가 "여기서 빨래를
하던 모량부 상공(相公)의 딸이 숲 속에 숨어서 눈 것입니다." 하였다. 집으로 찾아가 살
펴보았더니, 여자의 키가 7척 5촌이나 되었다. 임금은 수레를 보내어 궁중으로 맞아들이
고 왕비로 삼았다. 이에 여러 신하들이 하례를 올렸다(『삼국유사』 권1 기이1 지철로왕).

똥 맛으로 병의 정도를 재었다.

김제현(金提縣)의 전 부사정(副司正) 김손지(金遜之)는 어미가 죽자, 몸소 흙과 돌을
져다가 무덤을 만들었고, 비록 날씨가 추위도 망혜(芒鞋)를 신고 따뜻한 옷을 입지 않았
습니다. 또 그 아비가 병으로 고생하자 똥을 맛보면서 소리 내어 울고 자신의 몸으로써
대신하기를 빌었습니다(『단종실록』 3년 [1452] 2월 29일).

『오륜행실도』에도 "똥이 쓰면 곧 낫지만, 달면 더 깊어진다."는 내용이 있다.
이러한 관습은 근래까지 이어졌다.

그것도 내가 장가들어 역시 십 년 만에야 얻었던 아들놈이 내 내림에서였던지, 오랜
똥질로 위급하게 되어 우리 내외가 어린것을 안고 병원 문전을 가로 뛰고 치 뛰며 찾
아다니던 날, 어머니가 그 똥을 손끝으로 꾹 찍어서 맛을 보고 "애들아 아무 탈 없겠
다."하며 그 끝에 지나가는 말처럼 한 얘기다. 그때에 내 나이는 불혹에 가까웠다. 그
나이에서 나는 똥의 사연 때문에 어머님의 사랑의 무게를 조금은 알기에 이르게 되었
다(예용해, 1979 ; 14).

똥으로 병을 고친다.
열이 높거나 조급증이 심하면, 더운물에 똥을 풀
어 먹인다. 악성종기도 똥을 초에 버무려 붙이면
하루만에 근이 빠진다. 목이 터져서 피가 나고 온
몸이 부어오르는 소리꾼은 똥물을 마셨다. 타박상
이 심하면 푹 삭은 똥을 삼베에 걸러서 저녁마다
사흘 동안 마시고 땀을 내었다. 몹시 놀란 사람도
이같이 하였다.
근래에도 똥으로 습진을 다스렸다.

사진 361 **똥장군**
똥을 흘리지 않으려고 짚으로 찐
깔때기를 똥장군 아가리에 박는
다. 왼쪽 아래의 것은 똥장군 마개
이다. 똥장군을 나를 때, 흘러 넘
치지 않으려니와 냄새도 덜하다.

나는 얼굴에 솔이 자주 났다. 솔이라는 말이 표준말인지 또는 사투리인지 모르겠으나, 요즘에는 좀처럼 듣기 어려운 말인데, 입 언저리며 아래턱 같은 데 돋아나는 습진의 한 종류를 그렇게 불렀다. 그 솔 때문에 한동안 애를 태우다못한 할머니는 어느 하루 양밥을 하러 가자고 했다. 그때는 ㄷ 도시에서 살고 있을 무렵이었는데, 툭하면 비손 잘하고 양밥 좋아하던 할머니라 또 무슨 양밥일까 하고 따라나섰더니, 시가지를 빠져나가 시냇물을 건너서 보리가 누릇누릇한 밭머리 두렁에 나를 앉히고는 느닷없이 똥을 누라고 한다. 나오지 않는 똥을 누라니 그것도 딱했으나, 영문도 모르고 바짓말을 까고 한동안을 낑낑대다가 대추씨만한 똥을 누자 보릿대궁이를 주섬주섬 꺾어 묶은 다발에 불을 지펴서, 그것을 까맣게 태운 다음에 느닷없이 내 턱밑 솔에 문질러 바르는 것이었다(예용해, 1979 ; 16).

이 밖에 똥으로 병을 고치는 내용을 담은 조선시대의 의학서는 이루 헤아리기 어려울 정도로 많다.

똥으로 남을 골려준다.

서울에 처음 온 시골뜨기가 먹을 것을 몰라서 풀을 사 먹었다. 놀란 서울 사람이 묻자, "속 나쁜 데에 좋다."며 으쓱거렸다. 이번에는 길에서 똥을 누다가 순경에게 들켰다. 얼른 모자로 덮은 그는 "비둘기를 잡았다."고 둘러대고 달아났다. 기다리던 순경이 모자 안으로 손을 넣었더니 물커덩 똥이 잡혔다(홍태한, 1999 ; 237~239).

똥보다 더러운 것은 줏대를 잃는 일이다. 만해(卍海) 한용운(韓龍雲, 1879~1944)은 한국 불교를 일본에 예속시키려는 일본 총독부의 방침에 따라 열린 31본사 주지 회의에서 이렇게 설파하였다.

세상에서 제일 더러운 것은 무엇인지 아십니까? 제일 더러운 것을 똥이라고 하겠지요. 그런데 똥보다도 더 더러운 것은 무엇일까요? 나의 경험으로는 송장 썩는 것이 똥보다 더 더럽더군요. 왜 그러냐 하면 똥 옆에서는 음식을 먹을 수가 있어도 송장 썩는 옆에서는 역하여 차마 먹을 수가 없기 때문입니다.
송장보다 더 더러운 것이 있으니 그것이 무엇인지 아십니까? 그것은 삼십일(三十一) 본산(本山) 주지 바로 네놈들이다.

어린아이가 밤중에 자주 똥을 누면, 닭에게 파는 절차를 밟았다. 닭은 자면서도 똥을 잘 누기 때문이다.

밤똥이 버릇이 되었을 때는 매양 닭장 앞에 가서 장닭에게 세 번 절하고 "닭아 닭아, 내 밤 똥 사 가거라." 하고 외면서 밤똥을 팔아야 했다(예용해, 1979 ; 29).

장수를 바라는 뜻에서 아이 이름에 일부러 똥자를 붙이는 풍습도 오래 되었다. 1617년에 나온 『동국신속삼강행실도』의 '똥금이'와 '똥비'가 좋은 보기이다.

똥금이는 슌텬부 사롭이니 정병 오계손의 겨집이라(烈女圖 2 ; 62 b).
똥금이는 김뎨군 사롭이니 향니 니당의 겨집이라(烈女圖 2 ; 61 b).
똥비는 셔울 사롭이니 관로 범산의 겨집이라(烈女圖 2 ; 51 b).

조선시대 세조의 원손(元孫)의 휘(諱)는 '똥(糞)'이었으며, 고종의 아명(兒名)은 '개똥이', 황희 정승의 그것은 '도야지(都耶只)'였다. 이밖에 개똥(開東)이 · 쇠똥(召東)이 · 말똥(馬東)이 · 똥개 등도 흔했고, 심지어 뒷간이(厠間)도 있었다.

조선 후기의 실학자인 정약용(丁若鏞, 1762 ~ 1836)은 성벽을 기어오르는 적군을 똥포(糞砲)로 물리치자는 주장을 폈다. 『여유당전서보유(與猶堂全書補遺)』에 실린 국방편 민보의(民堡議)의 내용이다(與猶堂集 卷之181 3책).

똥포는 얼굴에 쏘는 무기이다. 성 안에 항아리 네 개를 두고 위, 아래 사람과 남녀가 따로 뒷간으로 쓰게 한다. 그 안의 똥에 때로 허드레 물을 섞은 다음, 잘 저어서 흙탕처럼 만들어 대나무 통에 담는다. 통 끝의 작은 구멍을 적에 대고 내용물을 쏜다. 통 안에 풀 뭉치는 넣어서 입구를 막으며, 둥근 나무로 만든 밀대를 통 안으로 밀면(풀 뭉치 대신 둥근 나무 끝에 삼 새끼를 동여매어도 좋다) 똥물이 튀어나간다. 힘이 있으면 대 여섯 걸음 밖으로 나가며, 또 얼굴을 맞출 수도 있다(풀 뭉치에는 끈이 달려서 쏘고 난 뒤에 다시 당긴다). 바가지를 쓸 수도 있지만, 허비되는 양이 많을 뿐 더러 적중률도 낮다(糞砲所以汚面也堡中安置四甕上下男女不同圊也瓮中放尿隨添雜水攪勻如泥水乃用竹筒收貯基梢有小孔可以向敵噴去內用苴毹塞口別用圓木爲梁杖蹙之(或不用苴毹但於圓木之頭纏以麻索亦可)則糞汁噴出有力能至五六步之外亦可以中基口鼻(苴毹須有線索可以還拔也)若用瓢子潑棄則費多而中少矣).

똥포는 양철로 만든 모기약 뿜개나, 어린이 장난감인 물딱총과 같은 것이다. 실전에 이용되었을 가능성은 적지만, 매우 기발한 착상임에 틀림없다. 성벽에 개미떼처럼 달라붙어 오르는 적을 물리치는 고전적인 방법은 뜨거운 물이나 끓인 기름을 퍼붓거나 기와장 따위를 날리는 것이었다. 이에 비해 똥포는 효과적인 면에서나, 다루기 간편한 점에서 앞의 방법보다 월등하게 발전된 무기이다. 우선 장비 마련에 돈이 들지 않고, 부녀자들도 손쉽게 쓸 수 있는 데다가, 이것을 얼굴에 맞으면 천하의 용감한 군사도 멈칫거리지 않을 수 없기 때문이다. 임진왜란 때 행주산성에서 왜군을 물리친 행주치마 작전에 비길 것이 아니다. 앞에서 군사가 쏘아 대고 뒤에서 부녀자들이 장전을 해주면 장시간의 전투 또한 가능하다. 발명자의 말대로 바가지로 퍼붓는 것보다 효과가 이만저만 높은 것이 아니다. 일본인들도 성벽의 적에게 똥을 뿌리기는 하였으나, 이 같은 장치는 개발하지 못하였다. 그가 이 신무기(?)를 똥총(糞銃)이라 하지 않고, 똥포라고 이른 것도 성능이 그만큼 월등하다고 믿었기 때문인 듯 하다.

정약용은 실학자라는 이름에 걸맞게 큰 학자였을 뿐 아니라, 뛰어난 과학자였다. 1789년 한강에 배다리(舟橋)를 준공하였고, 1793년에는 수원 화성의 설계를 마쳤으며 거중기(擧重機)도 만들었다.

꿈에 똥을 보면 부자가 된다. 그 빛깔이 금과 같기 때문이다. "길을 걷다가 똥을 밟으면 그 날 운수가 좋다."는 말도 이에서 나왔다. 꿈에 똥을 지고 집으로 들어오거나, 남에게서 똥을 받거나, 똥통에 빠지는 것도 좋다. 그러나 똥·오줌의 벼락을 맞거나, 똥을 잃거나 집밖으로 쓰러내면 집안이 망한다.

"물건을 훔치러 들어간 도둑이 그 집에 똥을 누면 잡히지 않는다."거나, "똥을 오래 누면 장수한다."는 말은, 마음의 여유를 가지면 좋다는 뜻이다.

남이 똥을 눌 때 들여다보거나 말을 걸면 귀가 먹고, 그 옆에 서 있으면 머리카락이 빠진다고 한다. 똥누는 행위를 남에게 보이고 싶지 않기 때문이다. "방갓(方笠)을 쓰고 똥을 누면 벼락을 맞는다."는 말은, 상제가 이를 쓴 채 뒤를 보면 조상에게 불경이 된다는 뜻이다.

(3) 똥 속담

① 가랑잎으로 똥 싸 먹겠다. ➡ 갑자기 가난한 신세가 되었다.

② 똥구멍이 찢어지게 가난하다. ➡ 매우 곤궁하다.

③ 경주인(京主人) 집에 똥 누러 갔다가 잡혀간다. ➡ 애매한 일로 봉변을 당한다.

④ 남이 눈 똥에 주저앉는다. ➡ 남의 탓으로 해를 입는다.

⑤ 곱다고 안아준 아기 바지에 똥 싼다. ➡ 은혜를 베풀고도 오히려 해를 받는다.

⑥ 아이를 예뻐하면 옷에 똥칠한다. ➡ 어리석은 사람을 가까이 하면 봉변 당한다.

⑦ 얼굴에 똥칠한다. ➡ 체면을 잃는다.

⑧ 궤 속에서 녹슨 돈은 똥도 못 산다. ➡ 돈은 쓸 때 써야 값어치가 있다.

⑨ 아끼다가 똥된다. ➡ 물건을 아끼다가 결국 못 쓰게 만든다.

⑩ 똥 넝이 굴리듯 한다. ➡ 아무렇게나 다룬다.

⑪ 똥 때문에 살인 난다. ➡ 하찮은 일로 싸움을 한다.

⑫ 급하다고 갓 쓰고 똥 누랴? ➡ 아무리 급해도 예의는 지켜야 한다.

⑬ 양반은 헌 갓 쓰고 똥 누지 않는다. ➡ 지나치게 고지식하다.

⑭ 헌 갓 쓰고 똥 누기 ➡ 이미 망신을 당하면 아무 짓을 해도 무관하다.

⑮ 이 샘물 안 먹는다고 똥 누고 가더니 다시 와서 먹는다. ➡ 누구에게나 잘 대하는 것이 좋다.

⑯ 다시 긷지 않는다고 우물에 똥 눌까? ➡ 뒷일을 염두에 두고 행동하라.

⑰ 똥 마려운 계집 국거리 썰 듯 ➡ 제 일이 급하면 남의 일에 정성을 기울이기 어렵다.

⑱ 소나기는 오려하고, 똥은 마렵고, 꼴 짐은 넘어지고, 소는 뛰어나갔다. ➡ 서두르면 일의 순서를 잃기 쉽다.

⑲ 급하면 밑 씻고 똥 눈다. ➡ 아무리 급해도 사리에 따라 일을 처리해야 한다.

⑳ 똥은 건드릴수록 구린내만 난다. ➡ 나쁜 사람을 건드리면 불쾌한 일만 생긴다.

㉑ 똥은 칠수록 튀어 오른다. ➡ 성품이 궂은 사람은 바로 일러주어도 소용없다.

㉒ 똥은 말라도 구리다. ➡ 본 바탕이 틀린 사람은 어쩔 도리가 없다.

㉓ 똥이 무서워서 피하나, 더러워서 피하지 ➡ 악한 사람은 아예 피하는 것이 낫다.

㉔ 똥 보고 밟는 사람 없다. ➡ 모르면 해를 입는다.

㉕ 똥 친 막대기 ➡ 더러워서 쓸모가 없다.

㉖ 우는 아이 똥 먹인다. ➡ 어려운 사람을 더 어렵게 만든다.

㉗ 우물 밑에 똥 눈다. ➡ 매우 심술궂다.

㉘ 똥 누는 놈 주저앉힌다. ➡ 힘없는 사람을 구렁텅이에 빠뜨린다.

㉙ 똥 싸고 매화 타령한다. ➡ 제 잘못을 모르고 잘난 체 한다.

㉚ 똥 싸고 성낸다. ➡ 잘못한 사람이 오히려 큰 소리 친다.

㉛ 똥 싸 놓고 제 자리에서 뭉갠다. ➡ 어리석고 못 났다.

㉜ 똥 싼 년이 핑계 없을까? ➡ 무슨 일에나 남의 탓을 잡는다.

㉝ 무섭지는 않아도 똥 쌌다는 격이다. ➡ 구차한 변명을 늘어놓는다.

㉞ 먹은 놈이 똥 싼다. ➡ 죄를 지으면 반드시 벌을 받는다.

㉟ 잘 알면서 새 바지에 똥 싼다. ➡ 능숙한 사람이 엉뚱한 실수를 저지른다.

㊱ 범도 보기 전에 똥 싼다. ➡ 지레 겁을 먹는다.

㊲ 명주바지에 똥싸개이다. ➡ 겉은 훌륭하나 속은 형편없다.

㊳ 살 짬에 똥 싼다. ➡ 곤란한 처지에 또 어려움을 겪는다.

㊴ 새 바지에 똥 싼다. ➡ 염치없는 짓을 한다.

㊵ 한 살 더 먹고 똥 싼다. ➡ 나이를 먹어 가면서 철없는 짓을 더 한다.

㊶ 마음은 걸걸해도 왕골자리에 똥 싼다. ➡ 말로는 잘난 체 하지만, 실제로는 못난 짓만 골라 한다.

㊷ 혼인 날 똥 싼다. ➡ 남에게 잘 보이려 하다가 도리어 망신당한다.

㊸ 똥 누러 가서 밥 달라고 한다. ➡ 일의 순서를 모른다.

㊹ 똥 누러 갈 적 마음 다르고 올 적 마음 다르다. ➡ 급할 때는 애걸하더니, 일이 끝나자 모른 체 한다.

㊺ 똥 누면 분칠해서 말려 두겠다. ➡ 지나치게 인색하다.

㊻ 똥물에 튀 해 죽이려 해도 똥이 아까워 못 죽이겠다. ➡ 아주 쓸모가 없는 사람이다.

㊼ 똥물에 튀길 놈이다. ➡ 미련하고 못났다.

㊽ 똥 싼 놈은 달아나고 방귀 뀐 놈이 잡힌다. ➡ 애매한 사람이 해를 입는다.

㊾ 콩 죽 먹은 놈 따로 있고 똥 싸는 놈 따로 있다. ➡ 큰 죄인은 빠져나가고 잘못이 적은 사람만 벌을 받는다.

㊿ 쇠 먹은 똥은 삭지 않는다. ➡ 뇌물을 주면 반드시 효과가 있다.

(51) 오뉴월에 똥 도둑도 못해 먹겠다. ➡ 무능하기 짝이 없다.

(52) 밥 팔아 똥 사먹겠다. ➡ 미련해서 제 몫도 못 챙긴다.

(53) 뼈 똥 쌀 일이다. ➡ 몹시 기가 막힌다.

(54) 서울 사람을 못 속이면 보름동안 똥을 못 눈다. ➡ 시골 사람이 오히려 서울 사람을 잘 속인다.

(55) 빨리 먹은 밥 똥 눌 때 보자 한다. ➡ 서두르면 탈이 생긴다.
(56) 똥도 못 누고 불알에 똥 칠만 한다. ➡ 목적도 못 이루고 도리어 낭패를 본다.
(57) 제가 눈 똥에 주저앉는다. ➡ 자신이 한 일에 걸려들어 해를 입는다.
(58) 제 똥 구린 줄 모른다. ➡ 자기 잘못을 모른다.
(59) 제 얼굴엔 분 바르고 남의 얼굴엔 똥 바른다. ➡ 잘못된 것은 남의 탓으로 돌리고, 잘 된 것은 자기를 앞세운다.
(60) 채 맞은 똥 덩이 냄새 풍기듯 한다. ➡ 좋지 못한 일의 여파가 크게 번진다.
(61) 촌놈은 똥 배 부른 것만 친다. ➡ 질보다 양이 많은 것을 좋아한다.
(62) 똥 맛도 보겠다. ➡ 지나치게 아부한다.
(63) 과부네 집 똥 넉가래 내세우듯 한다. ➡ 앞 뒤 가리지 않고 호기만 부린다.
(64) 누지 못하는 똥을 누라 한다. ➡ 되지 않을 일을 억지로 시킨다.
(65) 눈썹만 뽑아도 똥 나오겠다. ➡ 작은 괴로움도 견디지 못한다.
(66) 댓진 먹은 뱀 대가리, 똥 찌른 막대기이다. ➡ 운명이 다 하였다.
(67) 꼿꼿하기는 서서 똥 누겠다. ➡ 자기만 옳다고 주장하며 남의 말을 듣지 않는다.
(68) 핫바지에 똥 싸는 비위이다. ➡ 배짱이 두텁다.
(69) 똥구멍으로 호박씨 깐다. ➡ 겉으로는 어리석은 체 하나 속은 의뭉스럽다.
(70) 똥 뀐 년이 바람 마지에 선다. ➡ 미운 사람이 더 미운 짓만 한다.
(71) 똥 누고 밑 씻지 않은 것 같다. ➡ 일을 마치지 못해서 꺼림직 하다.
(72) 똥인지 호박 국인지 모르겠다. ➡ 구별하기 어렵다.
(73) 무릇인지 닭똥인지 모르겠다. ➡ 구별하기 어렵다.
(74) 적게 먹고 가는 똥 누어라. ➡ 욕심 내지 말고 분수에 맞게 살아라.
(75) 처념에 똥 쌓였다. ➡ 할 일이 많다.
(76) 청백리 똥구멍은 송곳 부리 같다. ➡ 청렴한 사람은 가난하다.
(77) 똥자루도 위아래가 있다. ➡ 선후를 잘 가려야 한다.
(78) 신 안에 똥을 담고 다니나, 키도 잘 큰다. ➡ 키가 쑥쑥 자란다.
(79) 똥 떨어진 데 섰다. ➡ 뜻밖에 재수 좋은 일이 생겼다.
(80) 똥을 주물렀나 손속도 좋다. ➡ 노름판에서 운 좋게 잘 딴다.
(81) 똥 싼 누더기바지 치키듯 한다. ➡ 남을 자주 칭찬한다.
(82) 버릴 것은 똥밖에 없다. ➡ 매우 유능하다.
(83) 똥 묻은 속곳을 팔아서라도 하겠다. ➡ 어떤 수단이라도 쓰겠다.
(84) 앉아 똥 누려면 발 허리나 시지. ➡ 앉아서 똥누는 것보다 쉽다.

(85) 의주(義州) 파천(播遷)에도 곱똥은 누고 간다. ➡ 아무리 바빠도 틈을 낼 수 있다.

(86) 의주 파발도 똥 눌 새는 있다. ➡ 아무리 바빠도 틈을 낼 수 있다.

똥은 부정적인 이미지가 강하다.

똥은 가난 ①·②, 봉변 ③·④·⑥, 배은 ⑤, 불명예 ⑦, 하찮음 ⑧·⑨·⑩·⑪, 괴로움 (65)을 나타낸다. 갓과 똥 누기는 예의 ⑫, 지나친 형식 ⑬, 몰염치 ⑭·㊴·㊵를 상징하고, 샘·우물·똥 누기는 친절 ⑮·⑯과 연관이 깊다. 똥은 참기 힘들고 ⑰·⑱·⑲, 더러우며 ⑳·㉑·㉒·㉓·㉔·㉕, 짓궂다 ㉖·㉗·㉘.

똥은 허물 ㉙·㉚, 어리석음 ㉛·㊳·㊶·㊸·㊻·(52)·(58), 핑계 ㉜·㉝, 죄 ㉞·㊽·㊾, 실수 ㉟·(55), 겁 ㊱, 부실 ㊲, 낭패 ㊷·(56), 변심 ㊹, 인색함 ㊺, 쓸모 없음 ㊻, 미련함 ㊼·(52)·(57), 뇌물 ㊿, 무능 (51), 기막힘 (53), 속임수 (54)·(69), 자기 과시 (59), 악영향 (60), 촌스러움 (61), 아부 (62), 오기 (63)·(67)·(68), 억지 (64), 비운 (66), 미움 (70), 미완성 (71), 모호함 (72)·(73) 등을 이른다.

이와 대조적으로, 긍정적인 이미지도 깃들였다.

똥은 분수 (74), 의무 (75), 청렴 (76), 위계질서 (77), 빠른 성장 (78), 행운 (79)· (80), 칭찬 (81), 선함 (82), 수단 (83), 쉬움 (84), 휴식 (85)·(86) 등을 상징한다.

개에 관한 속담

① 개가 똥을 마다할까? ➡ 속과 달리 겉으로는 싫다고 한다.

② 개하고 똥 다투랴? ➡ 나쁜 사람은 상대하지 않는 것이 좋다.

③ 개 눈에는 똥만 보인다. ➡ 어떤 것을 몹시 좋아하면 모두 그렇게 보인다.

④ 똥 누고 개 불러대듯 한다. ➡ 하찮은 일에도 매번 오라고 한다.

⑤ 사냥개 언 똥 들어먹듯 한다. ➡ 다른 사람이 맛보기도 전에 재빨리 먹어치운다.

⑥ 여윈 강아지 똥 탐(貪)한다. ➡ 곤궁하면 음식이 더 먹고 싶다.

⑦ 개도 부지런해야 더운 똥을 얻어먹는다. ➡ 부지런한 사람이 잘 산다.

⑧ 짖는 개 먹으라는 똥은 안 먹는다. ➡ 늘 하던 일도 남이 부탁하면 거절한다.

⑨ 똥 먹던 개는 안 들키고, 겨 먹던 개가 들킨다. ➡ 작은 잘못 때문에 남의 큰 허물을 뒤집어쓴다.

⑩ 똥 강아지 혀 안 대보는 데 없다. ➡ 무슨 일에나 끼어든다.

⑪ 배추밭에 개똥처럼 내던진다. ➡ 매우 하찮게 여긴다.

⑫ 내 것이 아니면, 남의 밭머리의 개똥도 안 줍는다. ➡ 남의 것은 조금도 탐내지 않는다.

⑬ 개똥도 약에 쓰려면 없다. ➡ 흔한 것도 막상 찾으면 보이지 않는다.

⑭ 개똥밭에 굴러도 이승이 좋다. ➡ 아무리 힘들어도 죽는 것보다 사는 것이 더 낫다.

⑮ 개똥밭에도 이슬 내릴 때가 있다. ➡ 행운이 찾아올 때가 있다.

⑯ 개똥밭에 인물 난다. ➡ 천한 집에서 큰 인물이 난다.

⑰ 명주 자루에 개똥이다. ➡ 겉은 그럴 듯 하나 속은 형편없다.

⑱ 비단보에 개똥이다. ➡ 겉은 그럴 듯 하나 속은 형편없다.

⑲ 청보(靑褓)에 싼 개똥은 반드시 냄새가 난다. ➡ 근본은 아무리 감추어도 드러나고 만다.

⑳ 강아지 똥은 똥이 아닌가? ➡ 바탕은 마찬가지이다.

㉑ 똥 먹은 개, 구린 내 풍긴다. ➡ 본색이 드러나고 만다.

㉒ 겨 묻은 묻은 개가 똥 묻은 개 나무란다. ➡ 자기 잘못은 제쳐두고 남의 잘못만 나무란다.

㉓ 똥 묻은 개 쫓듯 한다. ➡ 사람을 급히 몰아낸다.

㉔ 나물 밭에 똥 눈 개는 언제나 저 개 저 개 한다. ➡ 한 번 실수하면 늘 의심을 받는다.

㉕ 삼밭에 한 번 똥 싼 개는 늘 싼 줄 안다. ➡ 한 번 실수하면 늘 의심을 받는다.

㉖ 한 번 똥 눈 개 일생 눈다. ➡ 한 번 실수하면 늘 의심을 받는다.

㉗ 개새끼 밉다니까 우쭐거리며 똥 싼다. ➡ 되지 못한 사람이 오히려 먼저 나선다.

㉘ 개도 뒤 본 자리를 덮는다. ➡ 뒤처리를 잘 해야 모든 일이 매끄럽다.

㉙ 선생의 똥은 개도 안 먹는다. ➡ 스승 노릇은 매우 어렵다.

㉚ 두 계집 둔 놈의 똥은 개도 안 먹는다. ➡ 첩을 두면 마음이 몹시 괴롭다.

개와 관련된 속담이 많은 것은 우리와 그만큼 가까웠기 때문이다. ①~⑩까지는 부정적인 이미지가 강하다. 농가에서는 거의 집집마다 개를 길렀으므로, 개똥은 매우 흔하였다 ⑪~⑬. 따라서 개똥을 거름으로 준 밭도 하찮고 천하였다 ⑭~⑯. 사람의 똥이나 개똥이나 더러운 데다가 냄새도 나서 될수록 멀리하는 것이 좋다고 여겼다 ⑰~㉓.

개는 남새밭을 가리지 않고 아무 데나 함부로 똥을 싸는 귀찮은 존재이다 ㉔~㉖. 이 때문에 개가 똥을 누는 것조차 밉게 보인다 ㉗. 애를 태우면 똥조차도 쓰다 ㉙.

다음은 개와 관련된 속담이 지닌 내용을 살펴본다.

개와 똥은 위선 ①·㉒, 악 ②, 외곬 ③, 천한 대접 ④·㉓, 의심 ㉔·㉕·㉖과 관련을 맺고 있다. 또 굶주림 ⑤·⑥·⑦, 무심함 ⑧, 실수 ⑨, 하찮음 ⑪·⑫·⑬, 천함 ⑭·⑮·⑯·㉙·㉚, 지저분함 ⑰·⑱·⑲·⑳·㉑을 나타낸다.

소에 관한 속담

① 누은 소 똥 누듯 한다.   ➡ 아주 쉬운 일이다.

② 여물 많이 먹은 소, 똥 눌 때 알아본다. ➡ 저지른 죄는 반드시 드러난다.

③ 먹은 소가 똥 눈다.   ➡ 죄를 지으면 꼭 벌을 받는다.

④ 비 온 날 쇠 똥 같다.   ➡ 지저분하다.

⑤ 쇠똥에 미끄러져 개똥에 코 박은 셈이다. ➡ 연거푸 실수를 저지른다.

⑥ 쇠똥이 지짐 떡 같으냐?   ➡ 먹지 못할 것을 먹으려 든다.
                                     가망이 없는 일을 바란다.

⑦ 똥구멍 질린 소 모양이다.   ➡ 어쩔 줄 모르고 쩔쩔 맨다.

우리는 소를 식구처럼 소중하게 여겼다. 똥과 관련된 속담이 적지 않은 것은 당연한 일이다. 소는 똥을 아주 쉽게 ①, 그리고 여물을 먹은 만큼 눈다 ②·③. 그 양이 적지 않아 ⑥, 비라도 내리면 지저분하기 그지없고 ④, 잘못 밟아 미끄러지기 쉽다 ⑤. 항문도 밖으로 드러나 있어 상처를 입기 쉽다 ②.
쇠똥은 죄 ②·③, 지저분함 ④, 실수 ⑤, 희망 없는 미래 ⑥ 등 부정적인 의미를 가지고 있다.

말에 관한 속담

① 어미는 좁쌀만큼 버는데, 자식은 말똥만큼 먹는다. ➡ 부모가 애써 모은 재산을 아들이 헤프게 쓴다.

② 처녀 때는 말똥 굴러가는 것을 보고도 웃는다. ➡ 젊은 여성은 잘 웃는다.

③ 코에서 말똥 냄새가 난다.   ➡ 심신이 피곤하다.

말은 똥을 많이 누는 만큼 ①, 일도 열심히 한다 ③. 말똥은 낭비 ①, 피곤 ③, 하찮음 ②을 상징한다.

오리에 관한 속담

① 똥 본 오리 같다.   ➡ 게걸이 든 것처럼 먹는다.

② 지절거리기는 똥 본 오리라.   ➡ 말이 많다.

③ 오리알에 제 똥 묻은 격이다.   ➡ 자신의 결점은 잘 모른다.

오리는 무엇이나 잘 먹고 ①, 소란스러우며 ②, 알은 지저분하다 ③. 오리와 똥은 굶주림 ①, 소란 ②, 몰염치 ③의 상징이다.

파리에 관한 속담

① 쉬파리 똥 갈기듯 한다.   ➡ 잘못을 잇따라 저지른다.
② 아는 데는 똥파리이다.   ➡ 무슨 일에나 잘 안다고 나선다.
③ 파리똥은 똥이 아니냐?   ➡ 겉은 달라도 속은 같다.
④ 오뉴월 똥파리   ➡ 잠깐 동안에 크게 자란다.

파리는 똥을 잘 싸고 ①, 귀찮게 굴며 ②, 떼를 지어 나른다 ④. 그리고 똥도 더럽다 ③. 파리와 똥은 무책임 ①, 자기 과시 ②, 더러움 ③, 빠른 성장 ④을 상징한다.

염소와 까마귀에 관한 속담

① 염소 물 똥 싸는 것 보았나?   ➡ 있을 수 없는 일이다.
② 주모(酒母)를 보면 염소 똥보고도 설사한다. ➡ 술을 조금도 못 마신다.
③ 까마귀 똥도 약이라니까 물에 깔긴다.   ➡ 흔한 것도 막상 찾으면 귀하다.
④ 까마귀 똥 끼적거리듯 한다.   ➡ 글씨 솜씨가 시원치 않다.

염소 똥은 단단하고 ①, 굳다 ②. 까마귀는 심술궂어서 ③, 먹이도 헤적인다 ④. 염소 똥은 불가능 ①·②을, 까마귀 똥은 하찮고 ③ 재주 없음 ④을 나타낸다.

기타 속담

① 승냥이 똥이다.   ➡ 어지럽고 지저분하다.
② 시기는 산 개미 똥구멍이다.   ➡ 음식이 몹시 시다.
③ 싱겁기는 황새 똥구멍이다.   ➡ 사람이 싱겁다.

④ 똥 먹은 곰의 상이다.   ➡ 못 마땅한 표정이다.

⑤ 똥 중에 고양이 똥이 제일 구리다.   ➡ 간교한 사람이 제일 나쁘다.

⑥ 똥 진 오소리 같다.   ➡ 남이 싫어하는 일을 맡는다.

⑦ 족제비 똥 누듯 한다.   ➡ 눈물을 조금씩 흘린다.

⑧ 병아리 똥은 똥이 아닌가?   ➡ 본질은 같다.

⑨ 소라 똥 누러가자, 거드래기 기어들었다. ➡ 잠시 빈틈을 타서 남의 자리를 차지한다.

승냥이 똥은 혼란 ①을, 개미 똥구멍은 신 맛 ②을, 황새 똥구멍은 싱거움 ③을, 고양이 똥은 간교함 ⑤을, 병아리 똥은 실상 ⑧을 나타낸다. 똥 먹은 곰의 상은 싫어함 ④을, 똥 진 오소리는 성실 ⑥을 상징한다.

(4) 똥에 관한 말

① 똥물   ➡ 몹시 토할 때 마지막에 나오는 누르스름한 물

② 똥배   ➡ 뚱뚱하게 불러서 내민 배

③ 똥배짱   ➡ 터무니없는 엉터리 배짱

④ 똥자루   ➡ 키가 작고 뚱뚱하며 볼품이 없는 사람

⑤ 똥갈보   ➡ 갈보의 낮은 말

⑥ 똥주머니   ➡ 지지리도 못나서 아무 데도 쓸모가 없는 사람

⑦ 똥줄이 당기다. ➡ 어떤 일에 뒤가 켕기어 몹시 겁내다.

⑧ 똥줄 나다.   ➡ 몹시 다급하게 쫓기다.

⑨ 똥줄 메다.   ➡ 다급한 사태에 부닥쳐 어찌할 바를 모르고 쩔쩔매다.

⑩ 똥줄 빠지다.   ➡ 똥을 쌀 지경이라는 뜻에서, 몹시 놀라 급히 달아나는 것을 뜻한다.

⑪ 똥값   ➡ 터무니없이 싼 값

⑫ 똥개   ➡ 똥을 먹는 개라는 뜻으로, 어떤 사람을 멸시하는 말로도 쓴다.

⑬ 똥고집   ➡ 매우 센 고집

⑭ 똥 뀌다   ➡ 방귀 뀌다.

⑮ 똥 끝 타다.   ➡ 애를 몹시 쓰다.

⑯ 똥뫼   ➡ 자손이 돌보지 않아 버려진 무덤

⑰ 똥질   ➡ 설사 이질 따위로 배탈이 나서 똥을 자주 누는 일.

⑱ 똥집   ➡ 바보·몸무게·큰창자의 속된 말.

⑲ 똥 창이 맞는다.   ➡ 생각이 같다. 배짱이 맞는다.

⑳ 똥치   ➡ 갈보의 낮은 말

㉑ 똥탈   ➡ 배탈의 낮은 말

㉒ 똥통쟁이   ➡ 똥을 지고 다니는 사람

㉓ 똥퍼   ➡ 똥을 푸는 직업을 가진 사람

㉔ 똥퍼방   ➡ 똥을 처리하는 곳

㉕ 똥항아리   ➡ 지위만 높고 아무 재능이 없는 사람

                         먹기만 하고 하는 일이 없는 사람

똥을 '뒤'라고도 둘러대었다

① 뒤가 급하다.   ➡ 똥이 곧 나올 듯 하다.

② 뒤가 터지다.   ➡ 사람이 죽게 되어 똥이 함부로 나오다.

③ 뒤가 트이다.   ➡ 똥이 잘 나오다.

④ 뒤가 마렵다.   ➡ 똥을 누고 싶다.

⑤ 뒤가 무겁다.   ➡ 똥이 잘 나오지 않아 답답하다.

⑥ 뒤를 닦다.   ➡ 똥을 누고 나서 밑씻개로 닦다.

⑦ 뒤를 보다.   ➡ 똥을 누다.

⑧ 응가   ➡ 똥을 가리키는 어린이 말

(5) 똥의 변말

다음은 김종훈 등이 1985년에 낸 『은어·비속어·직업어』에서 고른 것이다(집문당). '범죄'는 범죄자들이, '학생'은 학생들이 쓰는 말이다.

① 똥   ➡ 금(범죄)

② 똥 가루 흐르다.   ➡ 앓다(학생)

③ 똥 가리   ➡ 키 작은 사람(학생)

④ 똥 칸   ➡ 교도소(범죄)

⑤ 똥 갈매기   ➡ 강원도 사람(북한)

⑥ 똥 값   ➡ 졸업반 여대생(학생), 혼기를 놓친 25세 이상의 처녀(북한)

⑦ 똥 강아지   ➡ 행동이 추한 사람, 술집 여자(학생), 창녀(학생), 갓 입학한 여대생, 순경(군인)

⑧ 똥 같이 놀다.   ➡ 유치하게 굴다(학생).

⑨ 똥 개   ➡ 행동이 추한 사람(속어), 거만한 사람(학생), 경찰관(범죄·학생), 순경(군인), 창녀(학생), 4학년 여대생(학생)

⑩ 똥 개스   ➡ 방귀(학생)

⑪ 똥 개 집   ➡ 사창가(학생)

⑫ 똥 걸레   ➡ 지조 없는 여학생(학생)

⑬ 똥 구렁이 트위스트다.   ➡ 기가 차다(학생)

⑭ 똥 구리다   ➡ 대담하다(학생)

⑮ 똥 까이   ➡ 매춘부(학생)

⑯ 똥 기계   ➡ 바보(학생)

⑰ 똥 깡   ➡ 허세(학생)

⑱ 똥 꿈   ➡ 좋은 조짐(학생)

⑲ 똥 다구리   ➡ 뭇매(범죄)

⑳ 똥되다.   ➡ 체면이 깎이다(학생)

㉑ 똥 따리 까다.   ➡ 추켜세우다(학생)

㉒ 똥 따리 먹이다.   ➡ 아부하다(범죄)

㉓ 똥딸보   ➡ 속옷(범죄)

㉔ 똥덩이   ➡ 화폐(밀수)

㉕ 똥 마렵다.   ➡ 어색하다(학생)

㉖ 똥 말   ➡ 경주에서 꼴지를 한 말(경마)

㉗ 똥 물이 튀다.   ➡ 엉뚱한 사건으로 연행되다(학생).

㉘ 똥바가지   ➡ 농과 대학생(학생)

㉙ 똥바가지 연애   ➡ 농과 대학생의 연애(학생)

㉚ 똥 바리   ➡ 소(범죄)

㉛ 똥 밟다.   ➡ 실수하다(학생)

㉜ 똥 방위   ➡ 방위병(학생)

㉝ 똥 별   ➡ 장군(군인), 사회 안전부의 위관급 장교(북한)

㉞ 똥 보 ➡ 너(학생)

㉟ 빵 ➡ 뒤 주머니(학생)

㊱ 똥 빼다 ➡ 힘들다(학생), 곤란을 당하다(학생).

㊲ 똥 삶다 ➡ 빈정거리다(학생)

㊳ 똥색이다 ➡ 얼굴빛이 노랗다(학생)

㊴ 똥 싸다 ➡ 힘들다(학생)

㊵ 똥 싼 바지 ➡ 디스코 바지(학생)

㊶ 똥자루 ➡ 키 작은 사람

㊷ 똥쟁이 ➡ 수산물을 속여 파는 사람(수산)

㊸ 똥 줄 ➡ 부정한 배경(범죄)

㊹ 똥 줄기 ➡ 머리(학생)

㊺ 똥 줄 타다 ➡ 초조하다(학생), 1년 구형을 받다(범죄).

㊻ 똥 찡기다 ➡ 부끄럽다(학생)

㊼ 똥차 ➡ 낡은 차(속어), 헌 차(군인), 시집 못 간 처녀(학생)

㊽ 똥차가 밀리다 ➡ 위로 혼인 못한 이가 있어 결혼을 미루다.

㊾ 똥 차 옆에서 방귀 뀌다. ➡ 잘하는 사람 옆에서 잘하는 체 하다(학생).

㊿ 똥 찬 설 ➡ 양반(걸립패, 학생)

(51) 똥창꾼 ➡ 북한과 밀수하는 자(밀수).

(52) 똥치 ➡ 매춘부(범죄), 여러 번 성교한 연인(범죄), 처녀(범죄)

(53) 똥치 갈이 ➡ 창녀와 동침한 밀수꾼(범죄)

(54) 똥치다 ➡ 도둑질하다(학생)

(55) 똥 타이프 ➡ 남학생 타입의 여학생

(56) 똥 탈 ➡ 사고(범죄)

(57) 똥 탕 ➡ 심술(범죄)

(58) 똥 테 ➡ 경찰 간부의 모자(범죄), 해군 장교의 모자 테(군인)

(59) 똥 통 ➡ 낡은 것(속어), 농부(학생), 농과대학생(학생), 너(학생)

(60) 똥파리 ➡ 아무 일에나 간섭하여 이익을 얻는 사람(속어). 형사(학생 · 상인), 순경(학생), 교통 순경(학생), 기동 순찰대(학생), 헌병(학생), 경찰(학생)

(61) 똥 패 ➡ 교도관(범죄)

(62) 똥 패왕 ➡ 교도소장(범죄)

(63) 똥 폼 ➡ 못된 남학생(학생)

64 변기 통	➡ 뒷간(범죄)
65 변 마담	➡ 똥(학생)
66 변 보다	➡ 망 보다(범죄, 걸인)
67 변 사무소	➡ 뒷간(학생)
68 변소	➡ 엉덩이(학생)

사진 362 **길가의 개똥을 줍는 노인**
농사에 열심인 분네들은 아침 일찍 특별하게 만든 개똥삼태를 메고 길가에 널린 개똥을 호미로 긁어 담았다. 이마저 때를 놓치면 남에게 앗기는 까닭에 새벽부터 서둘러 나섰다. "개도 부지런해야 더운 똥을 먹는다."는 속담처럼 사람도 부지런해야 개똥을 차지할 수 있었다.

(6) 똥의 문학

조선시대 후기의 김병연은 인심이 흉한 개성 쪽에 궁둥이를 향하고 시를 읊었다.

남산에서 똥을 눌 때 터지는 첫 방귀 소리여(放糞南山第一聲)
이 향기 개성의 모든 집에 진동하여라(香盡長安億萬家).

이상(1910~1937)은 아이들이 똥 누는 일을 절망적인 장난에 비겼다.

5분 후에 그들은 비키면서 하나씩 둘씩 일어선다. 제각각 대변을 한 무더기씩 누어 놓았다. 아, 이것도 역시 그들의 유희였다. 속수무책의 그들 최후의 창작 유희였다. 그러나 그 중 한 아이가 영 일어나지를 않는다. 그는 대변이 나오지 않는다. 그럼 그는 이번 유희의 못난 낙오자임에 틀림없다. 분명히 다른 아이들의 눈에 조소의 빛이 보인다. 아, 조물주여! 이들을 위하여 풍경과 완구를 주소서(「권태」).

똥은 병든 상태를 나타낸다.

시어머님, 며늘아기 나빠 부엌 바닥을 구르지 마오.
빚에 받은 며느린가, 값에 쳐온 며느린가. 밤나무 썩은 등걸에 휘추리나 같이 앙상하신 시아버님, 볕뵌 쇠똥같이 검게 말라빠진 시어머님, 3년 걸은 망태에 새 송곳 부리같이 뾰족하신 시누이님, 당피 간 밭에 돌피 난 것같이 샛노란 외꽃 같은 피똥 누는 아들 하나 두고,
건밭에 뫼꽃 같은 며느리를 어디를 나빠하시는고.
(지은이 모름)

현대시인들은 똥을 저주나 야유의 재료로 삼는다.

아직도 쭈그리고 앉은 사람이 있다.
누가 쏟아놓은 것인지도 모르는 똥덩어리 위에
또다시 자신의 똥을 내려놓으며
아직도 하나가 된 사람들이 많다는 것을 모를 것이다
세상에서 가장 질기고 지독한 똥 위에
더 질기고 지독한 자신의 똥을 쏟아놓을 때
(최영철, 1987 ; 10)

똥개

똥개가 되고 싶어 봄날에는
콧구멍을 벌름거리며
따뜻한 똥을 찾아
동네방네 쏘다니다가
(중략)
모락모락 김이 나는 혀끝에 침이 도는
똥을 찾아 어슬렁거리다가
물어뜯고 싶어 손이 하얀
가슴에 똥이 가득 찬 어느 놈이
냄새난다고 똥 치운다고 법석떤다면
그놈 손목부터 물어뜯고 싶어
(안도현, 1989 ; 36)

똥

똥보면 베 먹고 싶어
새벽 샘물
샘 뒤 어덩 위
산 죽닢 스쳐오는 바람을 마셔
동트는 분홍 산봉우리 흰 안개구름 마셔
똥만 보면 못견디게 베 먹고 싶어
내 몸이 곧 흙이어설게야
흙이 똥이 마다 안함
오곡이 창자 가득가득히 익어 끝내고
열매 열리게 될 터이어설게야
똥 속에서 배시시
애린이 웃어설게야
꼭 그럴게야
(김지하, 1989 ; 130)

이밖에 김지하는 1974년 '똥바다'라는 시를 발표하였다. 일본의 국군주의가 되살아나고 이에 따라 한국이 경제적으로 종속화 하는 내용을 해학과 풍자로 엮은 것이다. 당시 정부는 배포를 금지시켰으며, 뒤에 임진택이 판소리로 짜서 전국을 돌며 공연하였다.

똥
두 그루의 호두나무-똥을 잡수시고 사는 나무와
똥을 쳐먹고 사는 나무
가 있었다.
두 나무는 똑같이 똥을 흡수하다가
같은 시간에 호도를 열었다.

한 나무는 알맹이만 가득하고
한 나무는 쭉정이만 들어 있었다.

주인은 다가와 알맹이는 거둬가고
쭉정이는 퇴비장에 버렸다.
(……중략……)
무서운 똥을 더러운 똥으로 생각하는 내 큰 골이 사랑스럽고
더러운 똥 냄새를 무서운 똥냄새로 맡을 때도 있는 내 후각이 저주스럽고
무서워질 수밖에 없는 똥을
더러워질 수밖에 없는 운명적인 똥을
무섭고 더러워질 수밖에 없는 유희적인 똥을

눈뜨고 볼 수밖에 없는 낙찰된 나의 視界
(박상우, 1988 ; 37)

전설 옛날의 기근
옛날 옛적에
거짓말이라고 웃어버릴 만큼
흉년이 들었을 때
흙을 땀에 개어 성을 쌓고 있었을 때
먹고 쌀 똥건지도 없었을 때
바다만은 속시원히 웃고 있었을 때
(이생진, 1987 ; 90)

하늘 문을 두드리며

이 똥대가리야. 똥껍질 같은 놈, 내게서 무얼 더 보려하느냐. 나를 보기 전에 너를 보라. 너를 비끄러맨 사슬을 보라. 쓸모 없는 말뚝 하나 허공에 박아 놓고 어찌하여 네 소를 마냥 매두고 있단 말인가.

(이성선, 1987 ; 43)

설사는 고통의 분출을 나타낸다.

설사의 알리바이

설파제를 먹어도 설사가 막히지 않는다.
하루 동안 겨우 막히다가 다시 뒤가 들먹들먹한다.
꾸르륵거리는 배에는 푸른색도 흰색도 적이다.
배가 모조리 설사를 하는 것은 머리가 설사를
시작하기 위해서다. 성도 윤리도 약이
되지 않는 머리가 불을 토한다(김수영, 1966).

나. 오줌의 민속

(1) 어원

오줌은 본디 오좀이라 불렀다. 다음 용례가 그것이다.

오좀누는 짜홀 할ᄒᆞ니(『석보상절』중, 11 ; 25).
쫑이 ᄃᆞ외며 오조미 ᄃᆞ외오(爲糞爲尿ᄒᆞ고) (『능엄경』8 ; 99).
오좀ᄢᅢ 방(肪) 오좀ᄢᅢ 광(胱)(『훈몽자회』상 ; 28).

오좀이 오줌으로 바뀐 것은 17세기 이후로 생각된다. 1613년에 나온 『동의보감』에 오줌이 올라 있다(3 51 ; a).

님질 ᄒᆞ는 사룸 오조매 눈 돌(淋石).

'소변'은 15세기에 이미 썼다. 1489년에 나온 『구급간이방』의 용례이다.

과フ리 주거 네 활기 몯 쓰고 내 쇼변을 빠거든(卒死而四肢不收失便者)(1 ; 43).
쇼변 곳 보면 즉재 됴ᄒ리라(得小便通卽差)(1 ; 99).

『훈몽자회』에도 같은 말이 보인다.

尿 오좀 뇨 俗稱 小便 … 溲 오좀 수 又上聲水調粉麵 便 오좀 편 俗稱小便
又安也 又去聲宜也卽也(초, 상 14~15).

중세와 근세에는 '져근 믈'·'쟈근쇼마'·'져근소마'라고도 하였다.
오줌의 어린이말은 '쉬'이다. '쉬 마렵다.', '쉬 눈다.' 따위가 그것이다. '쉬'는
오줌을 눌 때 나는 소리를 나타낸 말이다.

(2) 오줌 이야기

오줌을 누는 꿈은 귀인이 됨을 상징한다. 신라 태종 무열왕의 비가 된 문희 이
야기이다.

제29대 태종 대왕의 이름은 춘추(春秋), 성은 김씨이다. 용수(龍樹) 각간(角干)으로 추
봉(追封)된 문흥 대왕의 아들이다. 어머니는 진평대왕의 딸 천명(天明) 부인이며, 비는
문명(文明) 황후 문희(文姬)로, 유신(庾信) 공의 끝 누이이다.
문희의 언니 보희(寶姬)가 꿈에 서악(西岳)에 올라가 오줌을 누자, 서라벌 장안에 가
득 찼다. 이튿날 문희에게 꿈 이야기를 들려주었더니, "내가 그 꿈을 사겠어요." 하였다.
"무엇으로 사려느냐"는 물음에, "비단 치마를 주겠다."고 하였다. "어제 밤 꿈을 네게 준
다."는 언니의 말에, 동생은 옷깃을 벌려 받은 다음, 비단 치마로 갚았다. (중략)
정월 오기일(午忌日)에 유신이 춘추공과 함께 집 앞에서 공을 찼다. 유신은 일부러 춘
추공의 옷을 밟아서 끈을 떨어뜨린 다음, (중략) 보희에게 옷을 꿰매라고 일렀다. 그러나
그네는 "어찌 그런 사소한 일로 가벼이 귀공자와 가까이 하라는 말입니까?" 거절하였다.
이를 문희가 맡았다. 유신의 뜻을 안 춘추공은 드디어 문희와 관계하고 이로부터 자주
드나들었다. 유신은 누이가 임신한 것을 알고 꾸짖었다. (중략) 춘추공은 뒤에 혼례를 치
렀다(『삼국유사』권1 기이1 대(태)종 춘추공).

오줌은 위대한 인물의 탄생과 연관이 있다. 고려 태조 왕건의 할아버지인 작제건의 탄생기이다.

(전략) 성품이 자혜(慈惠)한 보육은 출가하여 지리산에서 도를 닦고 평나군(平那郡)의 북갑(北岬)에 돌아와 살다가 마가갑(摩訶岬)으로 옮겼다. 어느 날 곡령(鵠嶺)에 올라 남쪽을 향하여 오줌을 누자, 삼한(三韓) 산천에 넘쳐 흘러 은해(銀海)로 변하는 꿈을 꾸었다. 이튿날 형 이제건(伊帝建)에게 말하자, "그대는 반드시 큰 인물이 될 사람을 낳으리라."며 자신의 딸 덕주(德周)를 아내로 주었다. 거사가 된 그가 마가갑에 나무로 암자를 짓자, 신라의 술사가 "이곳에 살면 반드시 대당(大唐)의 천자(天子)가 와서 사위가 되리라." 일렀다. 뒤에 낳은 두 딸을 가운데, 끝 딸 진의(眞義)는 아름답고 재주가 많았다. 나이 열 다섯(芊)에, 그의 언니가 오관산(五冠山) 꼭대기에 올라 오줌을 누어 천하에 넘치는 꿈을 꾸었다. 깨어나 진의에게 알리자, "비단 치마와 바꾸자." 하였다. 언니가 꿈 이야기를 하는 사이, 그네는 그것을 잡는 시늉을 하며 품에 안기를 세 번하였다. 이윽고 몸이 무엇을 얻은 것처럼 움쭉거리고 마음도 자못 든든하였다. (중략) 당 숙종 황제가 태자 시절 마가갑 양자동에 이르러, 두 딸을 보고 기뻐하며 터진 옷을 꿰매 주기를 청하였다. 중화(中華)의 귀인임을 알아차린 보육은, 속으로 "과연 술사의 말이 맞는다." 생각하고 큰 딸에게 방으로 들어가라고 일렀다. 그러나 그네는 문지방을 넘어가다가 코피를 흘렸다. 이에 진의가 대신 들어갔다. (중략) 진의가 임신한 것을 안 태자는 헤어질 때, 활과 화살을 건네주며 "아들을 낳거든 주라." 하였다. 과연 아들이 태어났고, 그가 작제건(作帝建)이다. 뒤에 보육을 국조(國祖) 원덕대왕(元德大王)에 추존(追尊)하고, 진의를 정화황후(貞和皇后)라 불렀다 (『고려사』 고려 세계).

제주도 무당 노래(당금아기)에도 닮은 내용이 있다.

제석님의 외동딸인 당금아기는 미인으로 소문 났지만, 아홉 골에서 온 아홉 선비들은 9년이 지나도록 그림자도 못 보았다. 그네의 집 열 두 대문은 붕어 자물쇠로 꼭 잠겼고, 담은 까막까치도 날아들지 못할 만큼 높았다. 한 도승이 제석님과 부인 그리고 아홉 아들이 없는 틈을 타서 열쇠를 열고 들어갔다. 하룻밤 재워 달라는 도승의 청을 못 이긴 당금아기는 방을 둘로 나누고 잠들었다. 그네가 구슬 세 개를 안은 꿈을 꾸자, 도사는 아들 삼 형제를 낳으리라 하였다. 자라난 아들 셋이 아버지가 누구냐 물었다. 그네는 "저 건너 대 밭에 가서 오줌을 누었더니, 너희들이 생겼다."고 하였다. 대밭으로 달려가 "아버지가 계시거든 나와 주십시오." 외치자, 대나무 숲은 아니라고 대답하였다. 아들들이 다시 묻자 이번에는 "밤나무 밑에서 오줌을 누었다."고 둘러대었다.

꿈에 오줌을 누면 임금을 낳는다.

(전략) 헌정왕후(獻貞王后) 황보(皇甫)씨도 역시 대종(戴宗)의 딸이다. 경종(景宗)이
죽으매, 왕륜사(王輪寺) 남쪽 사제(私第)로 나갔다. 곡령(鵠嶺)에 올라 오줌을 누자, 나라
안에 흘러 넘쳐 모두 은(銀) 바다가 되는 꿈을 꾸었다. "아들을 낳으면 왕이 되리라."는
점쟁이의 말에, 후는 "과부인 내가 어찌 아들을 낳겠는가?" 하였다. 가까이 살던 안종(安
宗)이 드나들었고 결국 그네는 아이를 배었다. (중략) 성종(成宗) 11년 7월, 그네가 안종
의 집에서 자는 중에 가인(家人)이 뜰에 섶을 쌓고 불을 질렀다. (중략) 안종이 유배당하
자, 그네가 부끄러워 울며 집으로 오다가 겨우 문에 이르러, 버드나무 가지를 부여잡고
아들을 낳고 죽었다. 성종이 보모를 붙여서 기른 이 아이가 뒤에 현종(顯宗)이 되었다
(『고려사』 열전1 후비 경종).

사진 363 **강원도 강릉시 안인진리 해랑당의 해랑신**(왼쪽)
남자의 성기를 깎아 바치기에 염증을 느낀 사람들이 대관령의 남신(오른쪽)과 짝을 채워주었다.

오줌에는 생명력이 깃들여 있다.

병자호란 때 청(淸) 나라의 괴수로 조선을 침략한 홍타시가 태어난 이야기이다. 홍의
아버지인 노라치가 나가 놀다가 무덤 옆에서 한 여자가 오줌을 누는 것을 보았다. 가까
이 가서 살폈더니, 오줌이 묘를 뚫어 깊이가 말 채가 들어갈 만 하였다. 이상히 여긴 그
는, 그네를 데려다가 아들을 낳았다. 그 아이가 홍타시였다 (『산성일기』).

사진 364 해랑신당의 남자 성기
두름
처음에는 한 개씩 마치다가 점점
경쟁이 붙어 두름으로 엮었으며
정성을 기울이는 사람은 치자 물
까지 들였다.

한 곳의 처녀가 아기를 낳자, 아버지가 놀랐다. 남자라고는 자기밖
에 없는 깊은 산골에서 살았기 때문이다. 더구나 아이의 온 몸이 노
란빛이었다. 지나가던 스님이 햇볕이 잘 드는 곳에 눕히라고 하였다.
그대로 따랐더니 점점 녹으면서 오줌으로 바뀌었다. 까닭을 묻는 모
녀에게 중은 "사람이 아니라 오줌이 맺혀서 된 것이라." 하였다(두창
구, 2001 ; 220~221).

오줌은 풍어를 상징한다. 강원도 강릉시 안인진(安仁津) 해
랑당(海娘堂) 전설이다.

처녀 해랑은 배를 타고 가던 청년을 사모한 끝에 죽었다. 그 뒤부
터 고기가 잡히지 않았다. 한 어부의 꿈에 그네가 나타나 "나를 위한
사당을 짓고, 남자의 성기를 나무로 깎아 바치면 고기를 잡도록 도와
주마." 하였다. 과연 고기가 많이 잡혔다.
그러나 성기를 바치지 않고 제사만 지낸 이는 허탕을 쳤다. 화가
난 그는 당으로 가서 오줌을 갈겼다. 그 날 밤 꿈에 나타난 해랑은 "형식적인 제사나 마
시지 못하는 술 대신 성기를 바치되, 그것이 어렵다면 오줌이라도 누라."고 일렀다. 그도
역시 고기를 많이 거두었다.

오줌 줄기는 남녀를 가르는 잣대가 된다. 제주도 무당노래(세경할머니)의 내용
이다.

자식이 없던 김진국 대감님과 자지국 부인님은 쌀 천 석을 시주하면 아들을 얻는다는
말을 듣고 불공을 드리기로 하였다. 쌀을 되어 본 주지는 한 말이 모자라므로, 딸을 낳으
리라 하였고 딸 자청비가 태어났다. 열 다섯이 되어 우물에 갔을 때, 미모에 반한 옥황상
제의 아들 문도령이 짐짓 물을 청하였다. 그네는 그가 글공부 다니는 것을 알고, 남자 동
생과 같이 가 달라고 졸랐다. 부모에게 자기도 공부를 하겠다며 남자로 변장, 문도령과
함께 서당으로 갔다. 그 날부터 둘은 한 솥 밥을 먹고 같은 방에서 잤다. 이상한 낌새를
챈 문도령은 자청비가 남자인지 여자인지 확인하고 싶었다. 활쏘기 내기를 걸자, 자청비
의 살이 더 멀리 나갔다. 이번에는 오줌누기를 하였다. 문도령의 오줌은 아홉 자 반에 그
쳤지만, 대막대기를 잘라서 바짓가랑이에 넣고 힘을 써서 눈 자청비의 그것은 열 두 자
반이나 나갔다. 이에 문도령은 의심을 풀었다.

남자의 오줌은 남아의 출산을 상징한다.

산모의 진통이 시작되면 숫총각이 달려가 산모가 있는 방향에 대고 오줌을 누었다. 이렇게 하면 아들을 낳는다는 것이다. 전라북도 산간지대에서 산모가 잡고 힘을 쓰는 새끼줄을, 외양간의 황소 오줌에 적셨던 것도 마찬가지이다(이규태, 1983 [2] ; 190).

여자의 오줌은 농사의 풍요를 나타낸다.

농가에서 안뒷간의 오줌이 바깥뒷간의 것보다 거름 효과가 높다고 하여, 안 오줌 한 장군을 사랑 오줌 세 장군과 맞바꾸었다. 또 깨·수수·조 따위의 씨는 아이를 가장 많이 낳은 여인이 뿌리고, 그네의 오줌을 따로 모았다가 거름으로 주면 잘 자란다고 믿었다. 여성은 대지와 풍요 그 자체이기 때문이다. 실제로 여성의 난소에서 분비되는 여성 호르몬은 생식기관 뿐만 아니라, 식물의 생장발육도 촉진시키는 작용을 한다는 사실이 밝혀졌다. 여성 호르몬을 포함한 오줌을 비료로 쓰면 쌀의 수확량이 80퍼센트나 증가한다는 보고도 있다. 요강에서 울리는 처녀의 오줌발 소리를 듣고, 아내나 며느리로 삼았다는 이야기도 전한다.

오줌에는 신비한 힘이 깃들여 있다.

전라남도에서는 정월 대보름날 이른 아침, 오줌동이와 절굿공이를 들고 밭으로 간다. 절굿공이로 밭의 네 귀를 찧고, 오줌을 뿌리면서 "두더지 잡자, 굼벵이 잡자." 하면, 해로운 벌레나 동물이 모두 달아난다는 것이다.

제주도에서 집에 불이 났을 때, 오줌에 적신 여자 속옷을 가지고 지붕에 올라가 네 귀퉁이에서 휘두르면 불길을 잡을 수 있다고 하는 것도 마찬가지이다. 음기가 강한 여자의 속옷과 오줌의 신비한 힘이, 양(陽)인 불의 힘을 죽인다고 여긴 데에서 왔다. 또 쥐(子)·말(午)·토끼(卯)·닭(酉) 따위에 해당하는 날에 지붕을 덮으면 불이 난다고 하며, 부득이 이 날 지붕을 덮을 때에는 일꾼이 지붕에서 오줌을 누어서 미리 막았다.

북한의 산간 지대에서는 밤에 여우가 주둥이를 향하고 우는 집에 다음날 나쁜 일어난다 하여, 여우의 울음소리가 들리면 각 집의 노인들이 일어나서 팥을 갈며, 오줌을 누었다. 오줌의 힘과 팥의 붉은 빛이 잡귀를 쫓는다고 믿기 때문이다.

오줌을 물 대신 마셨다.

(전략) 해론(奚論)은 양식이 떨어지고 물조차 없게 되자, 시체를 뜯어먹고 오줌을 받아 마시며 힘껏 싸우기를 게을리 하지 않았다(『삼국사기』 권47 열전7 해론).

신라의 찬덕(讚德)은 가잠성(椵岑城)에서 백제군에게 10여일 동안 포위 당했을 때, 주검을 먹고 오줌을 마시면서 항전, 결국 장렬히 전사하였다(『삼국사기』 권4 신라본기4 진평왕).

조선왕조의 『선조실록』에는 임진왜란 때 군사가 오줌을 물 대신 마셨다는 기록이 두 곳에 있다. 하나는 38년 5월 29일의 "마실 물이 없어 기갈이 심하자, 성우길은 두 번이나 오줌을 마시기까지 하였습니다."는 내용이다. 6월 12일자에도 "사졸들은 하룻밤에 5식이 넘는 거리를 미친 듯 달리며 행군하였습니다. 적의 소굴에 이르기도 전에 기력이 다 떨어지고, 기갈이 극도에 이른 나머지 오줌을 받아 마시는 자가 있는가 하면, 진흙탕이나 말발굽 자국에 물기가 조금이라도 있으면, 혀로 핥기까지 하였습니다."고 적혀 있다.
오줌으로 병마를 막았다.

돌림병이 돌면 오줌이 담긴 병을 문에 거꾸로 걸어놓았으며, 병이 많을수록 효과가 더 높다고 여겼다(이규태, 1983 [1] 64~68).
옛적에는 오줌으로 손과 얼굴을 닦았다.
연해주와 흑룡강 그리고 송화강 유역에 살던 말갈(靺鞨)과 물길(勿吉)족이 그들이다(『삼국지』 위서, 물길전 · 『당서』 흑수, 말갈전). 또 읍루족(挹婁族)은 돼지를 길러 살은 먹고, 가죽으로 옷을 해 입었으며, 겨울에는 돼지기름을 온 몸에서 푼 두께로 발라 추위를 막았다(『삼국지』 위서, 동이전). 따라서 돼지 가죽에서 기름을 제거하고 몸에 칠한 돼지기름을 없애려고 오줌으로 닦은 것이다. 이들은 한국의 고대 국가인 부여와 고구려에 동화되어 우리 겨레의 일부가 되었다. 한편, 농촌에서는 겨울철에 어린 아이 오줌으로 손을 씻어 트는 것을 막았고 오줌으로 목욕도 하였다.
오줌도 약으로 썼다.
조선 현종 때의 이야기이다.

(전략) 만력(萬曆) 무오년 12월 경진에 왕후가 탄생하였다. 태어나면서 단정하고 얌전하여 함부로 장난치며 놀지 않았다. (중략) 왕후의 언니가 얼굴에 난 종기로 고생하는 중에, 더러 어린아이의 오줌이 가장 효험이 있다고 하였다. 김 부인이 일부러 손을 더럽히고 싶지 않다면서 왕후의 뜻을 떠보자, 왕후가 손수 발라 주면서 싫어하지 않았다. 문충공이 매우 기뻐하여 기특히 여겼다(『현종실록』 15년 [1849] 6월 4일).

오줌은 어린 남자아이의 것이 가장 좋다고도 한다. 이 때문에 왕실의 내의원에서 동변군(童便軍)·사분산군(四糞散軍)·동호 수산군(童虎水散軍)이라 하여, 약에 쓸 어린 아이 오줌을 얻을 동군(童軍)을 자주 뽑았다(이규태, 1979 ; 81).

그러나 오줌을 지나치게 오래 동안 마시면 해롭다. 송시열(宋時烈, 1607~1689)이 속병 치료를 위해 허목(許穆)에게서 받은 약방문에 비산(砒酸)이 들어 있었다. 주위에서 말렸지만, "당파가 다르다고 나를 해칠 사람이 아니라."며 듣지 않았다. 허목은 송시열이 어린아이의 오줌을 장복한 것을 알고 오줌 버캐를 없애려고 극약 처방을 한 것이다. 오줌버캐는 오줌을 질그릇단지에 담아둔 채 삼 년쯤 지나면 바닥에 가라앉는 갈색을 띈 하얀 찌꺼기이다(사진 27). 이를 인중백(人中白)이라 하여, 부인병과 장수의 비약(秘藥)으로 썼다.

다음은 오줌을 약으로 쓴 보기이다(村山智順, 1929 ; 441~479).

① 처녀 오줌에 유황을 섞어 하룻밤 재운 다음, 햇볕에 말렸다가 가루를 내어 식후에 먹으면 임질에 좋다(평안북도).

② 산후에 기침이 심하면 두 서너 살 난 아이의 오줌을 마신다(평안북도).

③ 천식 환자는 한 살에서 다섯 살 난 아이 오줌에 생강을 타서 마신다(평안북도).

④ 성홍열에는 남자인 경우 달걀을 황소 오줌에 하루 담갔다가 먹고, 여자는 암소 오줌을 이용한다(경기도).

⑤ 장티푸스에 요강에 달걀을 삶아 먹는다(경기도).

⑥ 위장병에 어린 여자아이의 오줌을 마신다(경기도).

⑦ 폐병환자는 피를 토하면 어린아이의 오줌을 마신다(전라남도).

⑧ 복통에는 관청의 오줌을 훔쳐와서 물에 타 마신다(경상북도).

⑨ 가슴앓이에 흰말의 오줌을 끓여 마신다(전라북도).

⑩ 섣달 그믐날 밤에 눈 오줌에 달걀을 삶아 먹으면, 새해에 돌림병에 걸리지

않는다(경상남도).

⑪ 코피가 멎지 않으면 오줌에 물을 타서 마신다(황해도).

오줌이 약이 된다는 생각은 오늘날에도 마찬가지이다. 2001년 8월 3일자 동아일보에 실린 『오줌을 마시자』라는 책의 광고문이다.

감기에서 당뇨, 암, 에이즈까지 고치고 예방하는 놀라운 오줌 요법의 진실과 실체를 밝힌다. 성균관대 생명공학과 강국희 교수(동경대 박사)와 서울대 보건대학원 석사 김정희 회장(한국오줌요법연구회 회장), 부산시 약사회장을 지낸 부산 약대 출신 김용태 약사가 권하는 기적의 오줌 요법.

존슨 미국 대통령, 후쿠다 일본수상, 키신저 미국 국무장관, 데사이 인도수상 등 세계 명사들의 건강 비법.

아이가 밤에 자다가 오줌을 싸면 이튿날 아침 키를 씌워 이웃집으로 소금을 빌러 보냈다(사진 365).

사진 365 **소금 얻으러 가는 오줌싸개**
옛적부터 어린아이가 오줌을 이부자리에 싸면 키를 씌워서 이웃으로 소금을 얻으러 보냈다. 일본에도 닮은 풍속이 있다.

그런데 말썽은 똥질에만 그치지 않았다. 오줌싸개까지 겸했으니 탈은 탈이었다. 밤중에 높은 언덕마루 같은 데서 시원스럽게 하계로 줄기찬 오줌을 눈 꿈이라도 꾸었던 날 아침이면, 어김없이 키를 둘러쓰고 사발이나 종지를 들고 이웃집에 소금을 얻으러 가야 했다. 여느 때 같으면 자상하고 다정하던 아주머님도 그런 날에는 눈을 부릅뜨며 쇠주걱으로 키를 치면서 "또 오줌 쌌구나." 하며 호령을 하고 나서야 소금을 내어주는 통에 그것이 서럽고 억울하여 울며 돌아서던 일이 어제 일처럼 눈에 선하다(예용해, 1979 ; 15).

오줌싸개에게 키를 씌운 것은 키의 많은 눈(眼)이 감시를 해서 실수를 되풀이하지 않게 해달라는 뜻인 듯 하다. 그리고 소금에는 널리 알려진 대로 악귀를 물리치는 특별한 힘이 깃들여 있다고 여겨 왔다.

시계가 귀했던 시절에는 오줌을 누는 간격으로 시간을 대중하였다. 경상북도 안동 지방의 이야기이다.

시계가 없던 그 옛날에 '오줌 대중'으로 제사를 지내는 사람이 있었어. 이 어른이 지금까지 제사를 지내오면서 터득한 것이 저녁밥 먹고 나서 두 번째 오줌을 누고 나면 대충 자시(子時, 밤 11시~1시) 무렵이 된다는 거였어. 한 번은 며느리가 시아버지에게 "아뱀(아버님)이요. 이제 슬슬 준비할까요?"라고 하니, 이 어른 아직도 두 번째 오줌을 누지 않았는지라 "야야, 아직 안 된다."고 자신 있게 말했거든. 한참을 기다리다가 드디어 오줌이 마려워, 뒷간에 가서 오줌을 누면서 "이제 슬슬 제사 지내야지."하고 나오는데, 아니 건너편에서 사람들이 지게를 지고 들로 나가잖아. 이 어른 그제야 "아이고 오늘 제사, 내 오줌 때문에 망쳤다."하고 가슴을 쳤다 그래. '오줌 대중'만 믿다가 낭패봤지 뭐……(김미영, 2000 ; 156~157).

제사 준비를 하는 며느리에게 시아버지가 아직 이르다고 하자 "제 오줌이 대중합니다." 대답하였다는 같은 지역의 보고도 있다. 친정에서 밤에 첫 번째 오줌을 눌 무렵에 제사를 지냈던 습관이 맞아떨어진 것이다(한양명, 2000 ; 302).

'오줌 짐작'에 관한 속담이 있는 것을 보면, 이 같은 관행이 여러 곳에 퍼졌던 것을 알 수 있다.

오줌으로 골탕을 먹인 이야기이다.

제주도 한라산에 오르면 신선이 장생불사하는 술을 준다는 소문이 퍼졌다. 서울의 한 양반이 제주목사로 부임하게 되어, 그 술을 마실 수 있으리라는 기대에 부풀었다. 그는 도착하자마자 관속들에게 한라산에 올라갈 채비를 하라고 독촉하였다. 사람들은 제 몸보신에 급급한 이 신참 목사를 골려주기로 마음먹었다.

신선으로 꾸민 노인 서넛이 한라산 꼭대기에서 풍악이 울리는 가운데 신선주를 마시는 장면을 연출하였다. 그 술은 실상 말 오줌이었다. 산에 오른 목사는 노인들에게 절을 하고 신선주를 받아 남김없이 마셨다. 목사가 신선주를 마셨다고 좋아하는 사이에, 제주도에는 그것이 말 오줌이라는 소문이 퍼졌다. 부끄러움을 참지 못한 목사는 몰래 제주도에서 도망쳤다.

(3) 오줌 속담

① 꼴에 수캐라고 다리 들고 오줌 눈다.　　➡ 되지 못한 사람이 잘난 체 한다.

② 도감(都監) 포수의 오줌 짐작이라.　　➡ 일을 잘못 대중잡다가 망친다.

③ 불장난하면 오줌 싼다.　　➡ 불장난은 위험하다.

④ 씻은 하문(下門)에 오줌 눈다.　　➡ 일껏 깨끗이 치웠더니 곧 더럽힌다.
　　　　　　　　　　　　　　　　　　　　애써 한 일을 못 쓰게 만든다.

⑤ 언 발에 오줌 누기　　➡ 오히려 나쁘게 된다.

⑥ 오줌 누는 새에 십 리 간다.　　➡ 세월이 빨리 지나간다.
　　　　　　　　　　　　　　　　　　　　잠시라도 쉬면 큰 차이가 난다.

⑦ 오줌에도 데겠다.　　➡ 몹시 허약하다.

⑧ 점잖은 개가 부뚜막에 오줌 싼다.　　➡ 점잖은 체 하더니 엉뚱한 일을 저지른다.

⑨ 제 발 등에 오줌 누기　　➡ 스스로 명예를 떨어뜨리다.

⑩ 개가 장승 무서운 줄 알면 오줌 눌까?　　➡ 미리 알았다면 잘못을 저지르지 않았을 것이다.

⑪ 오줌소리 듣고 외상준다.　　➡ 오줌누는 소리로 건강을 짐작한다.

⑫ 오줌에 씻겨 나온 놈이다.　　➡ 아무 짝에도 도움이 되지 않는 사람이다.

똥처럼, 오줌에 관한 속담의 대부분도 부정적인 뜻을 지녔다.

오줌 금기

① 먹는 물에 오줌을 누면 저승에 가서 자기 머리털로 오줌을 빨아들여 물과 분리해야 하는 벌을 받는다.

② 임산부가 소 머리맡에 오줌을 누면 낳은 아기가 침을 흘린다.

③ 쥐구멍에 오줌을 누면 독기가 뿜어져 나와 자지가 붓는다.

④ 지렁이에 대고 오줌누면 자지가 붓는다.

13. 똥 · 오줌 누는 자세

가. 앉아 누기

1945년에 우리가 독립한 뒤, 이승만 대통령이 여성 임 아무개를 상공장관으로 뽑았다. 이에 조 아무개 박사가 "앉아서 오줌 누는 사람과 어떻게 국사를 다루겠는가?" 불평을 늘어놓았다고 한다. 지금도 아내를 "앉아서 오줌 누는 사람."이라 빗대는 이가 있다. 그러나 남자들도 더러 앉아서 누었다. 나는 어릴 때, 이렇게 오줌을 누는 할아버지 친구를 보았다. 이러한 관행은 널리 퍼져 있었다. 함경남도 함흥의 서당 학동들은 서는 것보다 앉아 누는 것을 점잖은 행동으로 여겨서, "앉는 것은 10전 짜리, 서는 것은 5전 짜리."라 불렀다.

몽골의 남자들도 앉는다. 겉옷이 우리네 두루마기처럼 내리닫이인 데다가, 겨울에는 영하 50도까지 내려가므로, 앉는 쪽이 편하다. 네팔 · 방글라데시 · 인도 등지의 남자들도 마찬가지이다.

남자는 서서 똥 · 오줌을 누지 말라는 불교의 계명도 있다. 『소승률(小乘律)』 가운데 사분율 육십권(四分律 六十卷)의 백중학법(百衆學法)에 생풀이나 남새 위 또는 물 속에서 똥 · 오줌을 누거나 "선 채 똥 · 오줌을 누지 말라."고 한 내용이 그것이다.

중국에도 남자가 앉아서 누는 풍속이 있었다.

부잣집 딸 축영대(祝英臺)는 남장을 하고 남학생들과 공부하였다. 양산백(梁山伯)은 그네와 뜻이 맞아 형제처럼 지냈다. 음식을 함께 먹는 것은 말할 것도 없고, 잠도 같이 잘 정도였다. 축영대가 중국 남부의 여자처럼 마통에 쭈그려 앉아 오줌을 누자, 이상히 여긴 학생들이 "어째서 여자처럼 오줌을 누느냐" 물었다. 그네는 "인간은 쭈그려 앉아 누는 것이 당연하다. 서서 오줌을 누는 것은 짐승이나 하는 짓."이라 하였다. 이를 그럴 듯하게 여긴 학생들은 모두 한 때 쭈그려 앉아 오줌을 누었다(永尾龍造, 1941 ; 849~850).

이란에서는 남자가 앉아서 오줌을 누는 까닭에 아예 남성용 소변기가 없다.

고대 그리스에서도 밤에는 남자가 앉아서 오줌을 누었다. 헤시오도스(Hesiodos, 서기전 8~7세기)가 쓴 『노동과 나날』의 내용이다.

해를 향해 선 채로 오줌을 누어서는 안 된다.
그러나 해가 지고 (잘 기억하라) 다시 뜨기까지, 길 위나 길에서 떨어진 곳에서나 걷는 중에는 오줌을 누지 말라. 또 앞을 벌려서도 안 된다. 밤은 복된 신의 것이기 때문이다. 분별 있는 남자라면 앉아서 누든가, 견고하게 둘러 쌓인 안뜰의 벽 옆까지 가서 눈다.

이집트도 마찬가지였다. 서기전 450년경 이 나라를 여행한 헤로도토스(Herodotos)가 『역사』에 남긴 기록이다(제2권).

이 나라 특유의 풍토 그리고 독특한 하천과 성격을 달리하는 강 때문인지, 거의 모든 습관이 다른 민족과 정반대이다. 예컨대, 여자는 시장에 나가 장사를 함에도, 남자는 집에서 옷감을 짠다. 이 경우 다른 나라에서는 씨실을 아래에서 위로 밀어 올리며 짜지만, 이집트인은 위에서 아래로 밀어 내린다. 또한 짐을 나를 때에도 남자는 머리에 이고 여자는 어깨에 멘다. 오줌도 여자는 선 채 누고, 남자는 쪼그려 앉는다. 그들은 똥·오줌은 집안에서 누고 식사는 집밖의 길에서 한다. 반드시 해야하는 일이라도 보기 흉한 것은 비밀리에 할 필요가 있지만, 그렇지 않은 것은 공개적으로 해야 한다는 것이 그들의 주장이다(헤로도토스, 1987 ; 137).

이집트의 경우, 이슬람교가 퍼진 이후 남자는 모두 뒷간에 들어가 여자처럼 오줌을 누었다. 그리고 9세기경부터 아라비아인이 아시아에 이슬람교를 퍼뜨림에 따라, 동남아시아나 인도네시아의 남자도 반드시 뒷간에 들어가 앉아서 누었다.

나. 서서 누기

여자가 언제나 앉아서 오줌을 눈다는 생각은 잘못이다. 일본의 간사이(関西) 지역을 비롯한 여러 곳에서는 흔히 서서 누었다(그림 28). 한 학자(市川建夫)의 설명이다.

특히 '기모노'나 작업바지인 '몸뻬'를 입었을 때에는 서는 것이 편하다. 몸뻬의 경우, 윗몸을 반 이상 꺾어서 잔뜩 구부리고 다리를 벌린 다음, 손을 허리에 얹고 볼기를 번쩍 들어올린다. 기모노는 윗몸을 앞으로 조금 기울이고 다리를 벌린 뒤, 무릎을 구부리고 나서 옷자락을 쥔 왼손을 허리에 댄다. 오줌은 두 다리 앞쪽으로 뻗쳐 나간다(市川建夫, 1978).

사진 366 길가에서 선 채 오줌 누는 일본 여성
오줌을 따로 모으려는 정성이 이 같은 관습을 낳았다.
그림 28 서서 오줌 누는 일본 여성
왼쪽에 깔대기꼴의 오줌 받이까지 놓았다.

1803년에 다키자와 바킨(瀧澤馬琴)은 교토의 여성이 서서 오줌을 누는 일에 대해 적었다.

교토에서는 상류층의 여성들도 사람들 앞에서 선 채 오줌을 눈다. 나는 거리를 걷다가 선 자세로 양동이를 뒤로한 채 오줌을 누는 것을 목격하였다. 그네는 자기가 하고 있는 일에 대해 전혀 부끄러움을 느끼지 않는 듯 하였으며 비웃는 사람도 없었다.

여성의 입장에서 오줌을 흘리지 않고 선 자세로 누는 것은 고난도의 기술이다. 혹시 교토의 여성들은 다른 문화권에서는 발견하지 못 했던 여성의 신체에 관한 해부학적 비밀을 알고 있었는지도 모른다. 20세기 초반은 현대적 개혁이 시작된 시기였다. 시의회에서는 여학생들이 서서 오줌을 누지 못하도록 하는 문제에 대해 토론을 하였다. 교토 여성들이 재능을 발휘할 수 있는 시절도 얼마 남지 않았다(호란, 1996 ; 228).

어떤 이(曲亭馬琴)는 교토 구경 이야기 끝에 "집집마다 뒷간 앞에 오줌통이 있어 여성도 거기에 오줌을 누며, 부자 집 아낙네도 모두 서서 누었다. 또 두 셋이 나란히 선 채 엉덩이를 통 쪽으로 대고 부끄러운 기색이 없이 오줌을 누었다."(荒 宏, 1990 ; 12)고 하였다. 고치현(高知縣) 일대에서 여성 셋이 나란히 서서 오줌 누는 선물용 인형을 판 것을 보면, 이러한 관행은 널리 퍼져 있었던 것으로 생각된다.

20세기에 들어와서야 이를 고치려는 시도가 있었다. 1909년 7월, 후쿠시마현(福島縣)의 교육 관계자들이 "여학생이 서서 오줌 누는 것을 금지하자."는 논의를 벌인 것이다. 여성이 선 채 오줌을 누는 방식은 팬티를 입지 않았기에 가능하였다.

1971년에도 이같은 관습이 남아 있었다. 사진 366이 그것으로, 처마 아래의 소변소에는 오줌이 튀지 않도록 널벽 쪽에 나무틀을 기대어 놓았을 뿐, 전후좌우를 통틀어 가리개가 없다. 이에 대한 설명이다.

이러한 광경은 근년까지 자주 눈에 띄었다. 옷자락과 허리띠를 위로 감아 올리고 나서 엉덩이를 조금 뒤로 뺀 다음, 다리를 벌리고 오줌을 눈다. 끝나면 엉덩이를 조금 흔들기만 하며 종이는 쓰지 않는다. 어릴 때부터 이렇게 하는 까닭에 구멍에서 오줌이 벗어나는 일은 없다(津山正幹·須藤功, 1994 ; 61).

여성이 서서 오줌을 누는 관습에 대해 야스다 도쿠타로오(安田德太郎)는 이렇게 말한다.

인류는 직립자세를 취하면서 모두 서서 오줌을 누게 되었다. 여자는 해부학적으로 남자와 구조가 달라서 서서 뒤쪽으로 눈다. 세계 어느 나라나 마찬가지이다. 일본 여성도 고대부터 줄곧 서서 뒤로 누었다. 특히 논농사를 짓는 사람들은 똥·오줌을 중요한 거름으로 여겨서, 옛적부터 따로 갈무리하였다. 이 때문에 똥은 앉아서, 오줌은 서서 누기 위해 대변소와 소변소를 두었다. (중략) 농가의 여성은 오줌을 결코 대변소에서 누지 않았고 비가 내린다면 모를까, 오줌독으로 가서 서서 뒤로 누었다. 농민으로서의 일본여성은 2000년 전부터 이렇게 누어왔다.

　실제로 간사이 지방의 여자는 어릴 때 대변소에서 앉아 오줌을 누다가도, 성장하면 소변소에서 서서 뒤로 누는 연습을 하였다. 여자아이가 서서 오줌을 눌 수 있는 것은 어른이 된 징표였기 때문에 부끄럽기는커녕 오히려 큰 자랑이었다. 처녀가 앉아서 오줌을 누면, 아직도 어린아이라고 남자들까지 바보로 여겼다. (중략)

　도쿠가와(德川) 시대에는 에도의 여자도 간사이 지역처럼 서서 오줌을 누었다. 무사는 서서 오줌누는 것을 촌스럽다며 크게 얕보았지만, 똥의 권리는 집주인이, 오줌은 세든 사람이 가졌던 까닭에, 여성은 자기 집의 수익을 위해서 소변소에서 서서 오줌을 누었다. (중략)

　메이지(明治) 시대에 들어와 에도의 서민 여성이 대변소에 앉아서 앞쪽으로 오줌을 누게 된 것은 소변소가 서양식으로 개조되었기 때문이다. 여자는 더 이상 허리를 세우고 서서 뒤쪽으로 오줌을 눌 수 없었던 것이다. 이는 어디까지나 서양 문명의 영향이었다.

　고대의 아일랜드 · 근세의 오스트레일리아 · 뉴질랜드 · 북아메리카의 콜로라도 · 니카라과 · 아프리카의 앙골라 등에서도 남자는 앉아서, 여자는 서서 뒤로 누었다(安田德太郎, 1953 ; 92).

　그는 유럽의 풍속에 대해서도 이렇게 적었다.

　고대 이집트의 오줌누는 방법은 종교와도 관련이 있었다. 이집트에서도 옛적에는 일본인처럼 남녀가 모두 서서 오줌을 누었지만, 종교상 남자가 서서 성기를 내어놓는 것은 신에 대한 불경으로 여긴 까닭에 앉아서 누게 되었다. 그러나 여자가 서서 누어도 신은 언제나 앞쪽에 있고 뒤로는 가지 않으므로, 벌을 받지 않는다고 여긴 것이다. (중략)

　중세 유럽에서도 남녀가 모두 서서 누었다. (중략) 16세기의 독일 귀족 여자들도 마찬가지였다. (중략) 유럽에서 농민여성이 앉아서 누기 시작한 것은 근대 자본주의시대에 들어와서이며, 19세기에 독일 화학자 리비크(Justus von Liebig, 1803～1873)가 화학비료를 발명한 덕분이다. 그러나 동구와 러시아의 농민들은 지금도 서서 눈다. 크로아티아에서는 여자들이 때로 서서 똥을 누는 반면, 세르비아의 여자들은 예외 없이 앉아서 똥을 눈다(安田德太郎, 1953 ; 95).

　그러나 앞에서 든 대로, 남자가 앉아서 오줌을 누는 목적은 성기 노출을 피하기보다, 오줌 방울이 옷이나 몸에 튀는 것을 막으려는 데에 있다.

　여성이 서서 오줌을 누는 관행은 일본 뿐 아니라 세계 여러 곳에 퍼져 있다. 북 아메리카 원주민 가운데 아파치족과 모하브족, 아프리카의 앙골라족 여성들도 서서 오줌을 누었고, 심지어 이탈리아나 프랑스의 여성도 예외가 아니었다.

지금도 태국 북부 산악지대의 라후족과, 베트남과 에치오피아의 여성도 서서 오줌을 눈다. 인도의 여성도 마찬가지였던 듯 하다. 『팔만대장경』 가운데 이를 금하는 내용이 그것이다.

『중학법(衆學法)』에 100가지의 간단한 규정들이 있다. 비구들의 옷차림과 몸가짐에서 부터 뒷간 사용법에 이르기까지 잡다하게 규정하였다. (중략) 심지어 비구가 서서 오줌 누는 것은 당나귀 같은 짓이라 금하였고, 생 풀 위에 오줌을 누는 것도 소 같은 짓이라 금하였다(제9집, 미사색부화혜오분률[彌沙色部和醯五分律], 제1분).

사진 367 **서서 오줌 누는 일본 여성**
오른쪽의 허리를 굽힌 여인이 비를 든 오른쪽 여인과 이야기를 나누며 오줌을 눈다.

14. 똥·오줌 누는 방법

우리가 똥을 누면, 오줌도 자연히 따라 나온다. 똥 누기 직전에 오줌을 누었을지라도, 몇 방울쯤은 떨어지게 마련이다. 방광과 직장은 서로 다른 기관이지만, 거의 동시에 작용하여 배설물을 밖으로 내보내는 것이다. 이 점은 중국인이나 일본인도 마찬가지이다.

그러나 미국인은 다르다. 똥은 똥대로 오줌은 오줌대로 따로 눈다. 우리처럼 똥을 눌 때, 오줌이 따라 나오지 않는 것이다. 우리가 똥만 누고 오줌은 나중에 다시 누는 백인종의 습관을 신기하게 여기듯이, 저들도 우리 쪽을 기이하게 생각한다.

일본인 야스가와 미쓰끼(安川實)의 경험담이다. 그는 1953년 미국 테네시 주립대학 입학허가를 받고 기숙사에 들어갔다. 그 곳에는 변기 20개가 칸막이 없이 나란히 놓여있었다. 당연히 옆 사람과 이야기를 나누며 똥을 누게 마련이었다.

어느 날 한 학생이 물었다.

"어이 미쓰끼, 너는 똥 누기 전에 오줌을 누냐?"

"나는 둘 다 한꺼번에 하니까 편하다."

그러나 주위 학생은 아무도 믿지 않았다. 미쓰끼는 그 기능여부에 대해 내기를 걸었다.

나는 40여명 가까이 모여선 학생들 앞에서 변기에 앉아, 나오는 것이 잘 보이도록 허리를 조절하면서 분명하게 '우쓰 자아, 보단 보단' 소리와 함께 똥·오줌을 함께 떨어뜨린 다음, 밑도 닦지 않은 채 눈앞의 30불을 거머쥐고 변소에서 뛰어 나와 달아났다(礫川全次, 1996 ; 22).

유럽 사람들은 어떠한가? 독일의 한 대학교수에게 묻자, "다른 사람은 알 수 없으나, 나와 아들은 아침에 일을 볼 때, 똥만 누고 오줌은 뒤에 따로 눈다."고 대답하였다. 이번에는 미국 아리조나주 피닉스시 부근에 거주하는 원주민(아파치족)의 관습을 알아보았다. 놀랍게도 우리와 같았다. 멕시코 사람도 마찬가지였다. 이것이 몽골로이드와 코카소이드 사이에 나타나는 인종적 차이에서 오는 것인지 어떤지 궁금하다.

15. 똥장수

가. 거름으로서의 똥

농가에서는 "한 사발의 밥은 주어도, 한 삼태기의 재는 주지 말라."고 일러왔다. 거름의 소중함과 이를 장만하는 데에 드는 노력과 정성이 짐작되는 말이다.

거름에는 두엄을 비롯하여 똥·오줌·재·똥재·풀 등이 있다. 이밖에 깻묵·벽토(壁土)·진흙·구들의 재·물풀(水草)·쌀겨·마른 멸치·동물의 뼈·부드러운 나뭇가지·바다 풀(海藻) 따위도 썼다.

두엄은 외양간·마굿간·돼지우리 바닥에 깔았던 짚이나 풀에, 재와 연한 버드나무와 잣나무 가지를 섞어 만든다. 가을과 겨울에는 주로 짚을, 봄부터 하지 사이에는 버들가지를, 7월에는 백양나무 가지를 잘게 잘라 보탠다. 농가에는 반드시 두엄터가 있었다. 외양간과 뒷간 가까운 곳은 말할 것도 없고, 소나 말을 매는 뒤꼍이나 앞마당의 나무그늘에도 마련하였다. 두엄더미에 오줌이나 개숫물을 붓고, 이따금 뒤집어서 고루 썩혔다. 두엄 아래쪽에 구덩이를 파서 외양간의 오줌과 두엄더미의 지지랑물을 모으고, 쌀겨·볏짚 등을 태운 재도 버무렸다. 두엄은 나온 곳에 따라 외양간의 것은 소두엄, 마굿간은 말두엄, 돼지우리의 것은 돼지두엄이라 일렀다. 들풀로 만든 풀두엄은, 초가을의 농한기에 잡풀을 베어 썩혔다가 이듬해 봄에 썼다.

볏짚을 태운 재는 알칼리성이 강해서 산성 토질을 개량하는 데에 효과가 크다. 18세기 후반기에 나온 『천일록(千一錄)』의 내용이다.

끼니마다 먼저 아궁이의 재를 알뜰히 긁어낸 다음에 불을 지펴야한다. 재위에 불을 때면 묵은 재는 곧 없어지기 때문이다. 옛적에 한 과부는 아궁이의 불을 지필 때마다, 생흙을 파다가 아궁이 안에 넣었다. 아침저녁으로 이같이 하고 불을 땐 다음, 재와 함께 긁어 모아 거름으로 쓴 덕분에 언제나 소출이 배가 넘었다.

옛집의 벽을 헐어낸 흙이나 구들을 받치는 흙, 그리고 도랑·개울·저수지 바닥의 흙도 좋은 거름 감이었다. 이를 모으려고 해마다 모를 낼 무렵에 구들을 뜯기도 하고, 이듬해에 쓰려고 일부러 잔디를 떠다가 구들받침으로도 삼았다. 물 속의 앙금은 밭둑에서 한 번 말렸다가 거름으로 주었다.

오줌도 채소밭에는 없지 못할 거름이었다. 농가에서는 사랑방이나 뒷간 가까운 곳에 오줌독을 따로 묻고 모았다. 농사에 열심인 사람은 남의 사랑에서 놀다가도 오줌이 마려우면, 제 집으로 달려가서 누었다.

『천일록』의 내용이다.

사람의 오줌은 독에 담아 오래 썩일수록 효과가 크다. 그러므로 농가에서는 큰 독 2~3개를 땅에 묻어두며, 또 질그릇 동이 4~5개를 집 안팎 으슥한 곳에 놓아서 오줌을 받아 큰 독에 부어야 한다. 초겨울부터 정월 보름 사이에 모은 것은 가을 보리밭에 주고, 정월부터는 오줌에 재를 섞어 뒤집으면서 햇볕을 쬔 뒤에 덧거름으로 쓴다. 한해 동안 집안 사람들의 오줌을 모으면 100무(百畝)의 논밭에 낼 수 있다.

사진 368 **똥·오줌을 퍼담는 똥바가지**
뒷간 깊이에 따라 알맞은 자루가 달린 것을 쓴다.

똥은 밭가의 웅덩이에 모았다. 옛적에는 큰 독을 묻었으나, 근래에는 시멘트로 넓고 깊게 확을 만들며, 서너 달 썩힌 뒤에 거름으로 쓴다.

영서(嶺西)지방에서는 6～7월에 큰물이 지거나, 겨울철 파도에 밀려오는 해조(海藻)도 거름으로 삼았다. 똥을 조금 섞어 재어 두었다가 모심기 전에 뿌린 것이다. 거름이 워낙 모자라면 바닷물에 똥·오줌을 섞어서 보름쯤 썩힌 뒤에 보리밭에 주고, 똥이 부족한 집에서는 바닷물만 썩혀서 썼다.

마른 멸치도 빻아서 못자리나 아이김을 맬 때 뿌렸다. 200평이면 멸칫가루 두 말이 적당하다. 정어리도 좋은 거름 감이었다. 기름을 짤 때 나오는 '늠치물(정어리를 늠치라고도 한다)'을 감자 심기 전에 밑거름으로 주었다. 40평(감자 씨 한 말을 심는 넓이)에 8말쯤 든다. 채소밭이나 참외밭에는 개똥을 물에 타거나 똥·오줌에 섞어서 주었다. 농가에서는 개똥삼태기를 들고, 아침 일찍 길가로 다니며 모았다.

나. 조선시대의 똥장수

조선시대 중기에는 마을과 거리의 똥을 주워서 거름으로 팔아 생계를 이어간 사람이 있었다. 다음 글은 박지원이 이덕무(李德懋, 1741～1793)에 관해 쓴 글 가운데 일부이다. 이덕무가 엄행수라는 똥장수를 칭찬하며 친교를 맺은 데에 대해, 제자(字牧)가 항의하자 그의 인품을 설명한 대목이다.

선귤자(蟬橘子, 이덕무의 호)에게 예덕 선생(穢德先生)이라는 친구가 있었다. 종본탑(宗本塔) 동편에 사는 그는, 날마다 마을의 똥을 져 나르는 것이 생업이었다. 마을 사람들은 그를 '엄행수(嚴行首)'라 불렀다. '행수'는 막일을 하는 노인에 대한 호칭이고 '엄'은 그의 성씨이다. (중략)

구월에 서리가 내릴 때부터 시월에 엷게 얼음이 얼 무렵이 되면, 남의 뒷간의 똥찌꺼기·마구간의 말똥·홰 밑에 구르는 쇠똥·닭똥·개똥·거위똥 등을 치운다. 또 돼지똥·비둘기똥·토끼똥·참새똥을 주옥처럼 긁어모아도 누구 하나 염치없다 하지 않고, 그 이익을 독점해도 의롭지 못하다 않으며, 아무리 많이 차지하여도 양보할 줄 모른다는 따위의 말을 듣지 않는다. 손바닥에 침을 탁탁 뱉고 가래를 휘둘러 허리를 굽힌 채 일하는 모습은, 마치 날짐승이 먹이를 쪼는 형상이다.

왕십리(枉十里)의 무, 살꽃이 다리의 순무, 석교(石郊)의 가지·오이·수박·호박, 연희궁(延禧宮)의 고추·마늘·부추·파·개나리(連翹), 청파(靑坡)의 미나리, 이태인(利泰仁)의 토란 등은 제일 좋은 밭에 심지만 모두 엄씨의 똥을 써야 토질이 비옥하고 잘 자란다. 그는 매년 6천 전(錢)을 버는 데에도 아침이면 한 대접 밥을 먹고, 힘차게 하루 동안 다니다가 저녁이면 또 한 대접 밥만 먹는다. 누가 고기를 먹으라고 권하자 "목구멍을 넘어가면 채소나 고기나 배부르기는 일반인데 맛을 취할 것이 있겠냐?" 사양한다. 또 누가 좋은 옷을 입으라고 권하자 "소매 넓은 옷을 입으면 몸이 활발치 못하고, 새 옷을 입으면 똥을 지고 다니지 못한다."며 거절한다. 해마다 정월 초하룻날 아침에야 비로소, 벙거지에 띠를 두르고 의복에 신발을 갖춘 뒤 인근에 두루 세배를 다닌다. 그리고는 돌아와서 헌옷으로 갈아입고 다시 바지게를 짊어지고 골목을 누빈다(박지원, 1997 ; 275~279).

실학자의 글답다. 엄행수가 한 해 동안 똥을 긁어모아서 벌어들인 6천 냥의 가치가 얼마나 되는지는 알 수 없다. 그러나 내용으로 미루어 그리 궁색하지 않게 산 듯하다. 수입이 짭짤한 데다가 서울 근교의 남새밭에서 성안의 똥을 거름을 썼다고 하였으니, 똥장수도 한 둘이 아니었을 것이다.

그러나 박제가 남긴 다음 글은, 거름 이용률이 매우 낮았던 사실을 알려준다.

개똥과 말똥이 사람의 발에 항상 밟히게 되니, 이것만으로도 밭을 잘 가꾸지 않음을 알 수 있다.

똥도 이미 남겨두고 재는 모두 길에다 버려서 바람이 조금만 불어도 눈을 뜨지 못한다. 이리저리 날려서 많은 집의 술과 밥을 더럽힌다. (중략)

대저 시골에는 사람이 적은 까닭에 재를 얻으려 해도 많이 못 얻는다.

그러나 지금 성안에는 한 해 동안의 재만 하여도 몇 만 섬이나 되는지 모를 지경이다. 그것을 모두 버리고 이용하지 않으니 이는 몇 십만 섬의 곡식을 버리는 것과 같다. (중략)

지금 모든 벼슬아치들이 이처럼 재를 함부로 버리니 것을 막아야 한다.

농사에 이익이 되고 나라도 깨끗해 질 것이니 한 번 일을 시작하여 두 가지 좋음이 되기 때문이다(『북학의』 外篇 田).

다. 20세기의 똥장수

아궁이에서 나오는 재는 뒷간 한쪽에 모아 두었으며, 이를 모으는 잿간을 따로 세우기도 하였다. 똥을 누고 나서, 고무래로 재를 끌어다가 똥·오줌에 버무려서 밀어두는 것이 똥재이다. 이것은 냄새가 적고 저장이나 운반이 간편한 데다가, 병균의 번식이나 곤충의 접근을 막는다. 그러나 똥·오줌의 질소 성분을 잃기 쉽고, 인산염(燐酸鹽)의 분해를 방해하는 결점도 없지 않다.

똥재는 사고 팔았다. 1910년대에 경기도 수원에서 상등품 한 섬에 30전, 중등품 20전, 하등품은 10전에 거래되었다(三浦菭明, 1914 ; 173). 19세기말에서 20세기초에 걸쳐 활약한 기산(箕山) 김준근(金俊根)의 풍속화에도 지게 진 '똥장사' 그림이 서너 점이나 있다(사진 369).

15세기초에 나온 『농사직설』에도 똥재에 관한 내용이 있다.

올벼 못자리에 똥재를 주되, 다년간 못자리로 쓰던 논에는 다섯 마지기에 석 섬(三石)을, 처음으로 만든 데에는 넉 섬(四石)을 준다.

다음은 우리 나라 논에 쓰는 거름과 양을 지역에 따라 조사한 내용이다.

사진 369 기산 김준근의 똥장수 그림
지게에 바소거리를 얹은 것을 보면, 똥재를 받으러 가는 중인 듯하다.

1단보(300평)당 관(3.75kg)

거름 \ 지역	경기 수원	경남 함안	경북 대구	전북 전주
두엄	100 ~ 150	150 ~ 250	90 ~ 100	50 ~ 100
풀	100 ~ 150	70 ~ 100	50 ~ 100	50 ~ 100
짚	80 ~ 100	50 ~ 100	100 ~ 120	30 ~ 50
똥재 또는 똥오줌	50 ~ 100	100 ~ 150	100 ~ 150	60 ~ 90

(三浦菭明, 1914 ; 173).

이 표에 따르면 두엄은 함안에서, 풀은 수원에서, 짚은 대구에서, 똥재는 함안과 대구에서 가장 많이 썼다. 거름 이용 또한 함안이 으뜸이다.

서울에서는 1908년부터 근대적인 위생사업을 벌인다는 명목으로, 시내의 똥·오줌을 모아서 근교의 농민들에게 팔았다. 이를 위해 1910년에 독립문 밖과 아현동에 임시 분뇨처리장을 설치하였고, 고지대의 아현동 분뇨장에서 마포 강까지 토관을 묻어 흘려 보낸 다음, 배에 실어 강변의 농촌으로 날랐다.

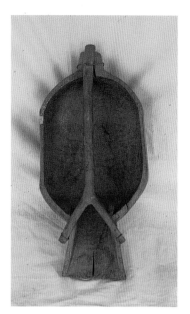

사진 370 나무를 파서 만든 귀
때바가지
끝이 Y자꼴로 갈라진 손잡이를
붙였다.

1913년 5월, 일본인이 세운 남한상회와 서울시(京城府) 사이에 계약을 맺었다. 시에서 하루 500석 이상 공급하고, 회사에서 1섬(石)에 6전2리를 낸다는 내용이다. 연간 판매액은 해마다 늘어나서 1914년에 10,617원이던 것이, 1916년에 19,840원에 이르렀다. 그러나 분뇨처리장 인근의 주민들이 큰 피해를 입게 되어 계약이 깨졌다. 똥·오줌의 배출량이 엄청나게 늘어난 탓이다. 1918년(인구 25만)에 하루 800석이던 것이 1925년에 1,200석으로, 1941년에는 3,044석으로 급증하여, 트럭 10대와 마차 250대 외에 300명의 인부가 동원되었다.

초기에는 분뇨처리장을 동대문 밖·효창동·뚝섬 등 세 곳에 두었으며, 동대문 밖의 것은 뒤에 광희문 밖을 거쳐 용두동으로 옮겼다. 그리고 뚝섬의 것은 효창동에 합쳤다. 교통이 불편하고 겨울이면 강이 얼어서 배로 나를 수 없었기 때문이다. 얼마 뒤 효창동 처리장도 다시 이촌동으로 이전하였다.

이에 따라 1935년 6월부터 서울시는 호별세 부과 때 똥·오줌 처리비용을 따로 받았다. 사정이 완전히 뒤바뀐 것이다. 그러나 일부 지역에서는 오랫동안 똥·오줌이 상품 구실을 하였다. 우리 동네(서대문구 옥천동)에서는 한국전쟁 무렵까지도 돈을 받고 내어 주었다. 지금의 홍은동·불광동·구파발 등지의 농민들이 퍼 가면서 주인에게 얼마씩 돈을 건넨 것이다. 특정한 사람에게만 거름을 주고, 겨우내 땔 섶나무나 솔가리를 받기도 하였다. 그러나 꼭두새벽에 와서 몰래 퍼 가는 얌체도 없지 않았다. 이를 뒤늦게 안 주인이 "우리 똥 도둑맞았다."고 외치는 소리가 이따금 들렸다.

똥·오줌은 바가지·깡통·철모 등에 긴 작대기를 잡아맨 '똥바가지'로 퍼서 똥통에 담았다. 작은 똥통은 똥지게 양쪽에 달린 고리에 걸어 날랐다. 똥·오줌이 통에서 줄줄 흘러내린 까닭에, 이들이 한 번 다녀가면 한 동안 온 동네에 구수한 냄새가 풍겼다. 연탄을 때던 시절에는 연탄재를 덮었다. 똥통은 큰길가에 세워둔 손수레로 날랐으며 수레에는 나무쪽으로 짠 둥근 그릇이 있었다. 수레를 끌고 가서 밭 어귀나 거름 구덩이 아래의 주둥이를 열면 오물이 쏟아져 나왔다.

1960년대에는 이를 서울시 청소국이 맡았다. 길가에 큰 나무 궤를 얹은 똥마차를 세워 놓고, 멜대 양쪽에 거름통을 건 청소원들이 "똥 퍼요."를 외치며 골목을 누볐다. 집주인은 이들에게 한 통에 얼마씩 돈을 내었다. 이들이 똥·오줌을

풀 때에는 곁에 지켜 서 있었다. 흔히 통을 덜 채우거나 나르기 좋게 건더기만
건져 가기 때문이다. 국물이 많이 남으면 똥이 떨어질 때 볼기까지 튀어 올라 낭
패를 보기 십상이므로, 얼마 동안은 앞사람이 눈 자리에 맞추어 떨어뜨렸다.

　겨울에는 청소원의 일이 고되었다. 꽁꽁 얼어붙은 똥을 쇠꼬챙이로 꺼야하기
때문이다. 얼어붙은 똥·오줌이 뒷간 위로 솟아올라도 청소원들이 잘 나타나지
않은 까닭도 이에 있었을 것이다. 아낙네들은 "똥 퍼요." 소리가 들리기 무섭게,
뛰어나가서 그들의 팔을 잡아끌며 사정을 늘어놓았다. 그리고 '귀하신 몸'이 나
타난 사실을 이웃집에도 알렸다.

　똥마차를 대신한 트럭이 등장하였지만, 서울시의 보유량이 1956년 현재 45대
에 지나지 않아 불편이 이만저만이 아니었다. 시에서는 분뇨수거를 1953년 12월
부터 각 경찰서의 보안과에 맡겼다. 이때부터 서울 근교의 농민들이 거두어 가
던 똥·오줌은 대행업자에게 넘어갔다.

사진 371 **똥통 실은 달구지**
10여 개의 똥통을 달구지에 실어
나르는 광경(1960년대 말의 대
구시 근교).

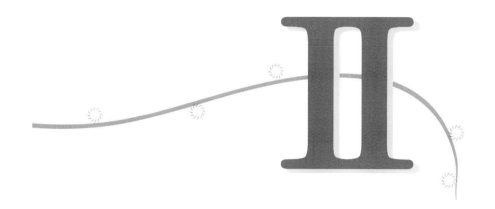

중국의 뒷간

1. 뒷간의 어원

가. 측(厠)

뒷간을 가리키는 '측'은 "몸채 한쪽에 있는 공간"이라는 뜻이다. 뒷간을 집 귀퉁이에 둔 까닭이다. 이러한 점에서 측(厠)은 측(側)과 같은 계열의 낱말이다.

측은 후한(後漢)의 허신(許愼)이 지은 『설문해자(說文解字)』에 처음 보인다. "뒷간을 청(廁 淸也)이라고도 한다."는 내용이다. 비슷한 시기에 유희(劉熙)는 "혹 측(厠)을 혼(溷)이라고 하며, 이는 더럽다는 뜻이다. 또 청(圊)이라고도 하며, 지극히 더러운 곳이므로 언제나 깨끗이 써야 한다는 뜻이다. 또 헌(軒)이라고도 하며, 앞에 전각의 처마를 닮은 복(伏)이 있기 때문이다(或曰溷言溷濁也 或曰圊言至穢之處 宜常修治使潔淸也 或曰軒前有伏 似殿軒也)."고 덧붙였다 (『석명(釋名)』 宮室). 복(伏)은 난간을 가리키는 듯 하다. 한대(漢代)의 화상석 (그림 44) 뒷간에도 이것이 있다.

『석명』의 "측은 잡(雜)이다. 사람들이 섞여서 (뒷간) 위에 있는 자가 하나뿐이 아니다(厠 雜也 言人雜厠在上非一也)."는 내용(宮室)도 눈여겨볼 일이다. 이를 "뒷간에 여러 사람이 뒤섞여서 똥을 눈다."는 뜻으로 새길 수도 있을 것이다. 오늘날에도 칸막이나 문을 달지 않은 한데뒷간에서 여럿이 함께 똥을 누기 때문이다(사진 4).

뒷간은 '혼(溷)'으로도 적었다. 돼지우리에 붙인 뒷간을 이르는 말로, 측(厠)에

사진 372 측소 현판
'공공측소'는 한데뒷간이라는 뜻
이다. 어디서나 '남녀' 표지를 따
로 붙임에도 이곳에서는 몰아놓
았다.

도 같은 뜻이 들어 있다. 『한서(漢書)』의
"뒷간에서 돼지 무리가 뛰어나왔다(廁中豕
羣出)."는 내용에 대해, 사고(師古)는 "뒷간
에서 돼지를 먹였다(廁養豕圂也)."는 주를
달았다. '혼측(圂廁)'은 이에서 나왔다. 집
'가(家)'도 "집(宀)에서 돼지(豕)를 먹인다."
는 뜻이라고도 한다.

뒷간은 모방(茅房)·모사(茅司)·모방(毛
房)·요처(要處) 등 여러가지로 불렸다. 모
(茅)는 '띠', 모(毛)는 '하잘 것 없다.'의 의미로, 모방 (茅房)·모사(茅司)·모방
(毛房)은 모두 '작은 집'을 가리킨다. 이밖에 관처(灌處)·요처(要處)·용처(用
處)·왕래처(往來處)·변처(便處)·변소(便所)·언로(匽路) 따위로 둘러대었
다. 오늘날에는 대체로 측소(廁所)라 이르며(사진 372), 이밖에 위생간(衛生間,
사진 373) 또는 세수간(洗手間, 사진 374)이라고도 한다.

사진 373 위생간 현판
W.C라는 영자를 붙였다.
사진 374 세수간 현판
대만에서도 이렇게 부른다. 일본
이름인 '手洗'와 글자가 뒤바뀐
점에서 눈을 끈다. W.C 대신 토
일레트라고 적었다.

나. 설은(雪隱)과 동사(東司)

'설은'이나 '동사'는 불교의 선종(禪宗)에서는 부르는 이름이다. 뒷간을 동서남
북 네 곳에 세우고, 위치에 따라 동쪽의 것은 동사(東司), 서쪽은 서정(西淨), 남
은 등사(登司), 북은 설은(雪隱)이라 불렀던 것이다(☞ 절간의 뒷간).

2. 고대의 뒷간

주(周) 나라(서기전 1134~서기전 250) 궁궐의 뒷간 설명이다.

궁중에 정언(井圂)을 만들고 똥·오줌을 치우는 궁인(宮人)을 두었다. 정은 누정(漏井)으로 똥·오줌을 받아서 아래로 보내는 관(管)이고, 언은 모아두는 못이다. 이에 물을 부어서 흘려내려 보냈다. (중략) 언(圂)이 한데뒷간이라고도 하는 설을 따른다면, 일찍이 주대(周代)에 한데뒷간이 있었던 셈이다(尙秉和, 1969 ; 105).

수세식 뒷간 운운하는 대목은 흥미롭다. 그러나 다음 글을 보면 널리 퍼지지는 않은 것이 드러난다.

『좌전(左傳)』(成公 10년)에 진후(晉侯)가 뒷간에 빠져 죽었다는 기사가 있다. 궁중의 뒷간에서도 아래에 똥·오줌을 받아두었다. 주나라 뒷간에는 모두 아래에 매우 깊은 독을 묻었으며, 급한 복통을 일으킨 진후가 잘못해서 빠진 것이다. 사람들이 당시에 쓴 '위유(㣔羭)'의 위는 호자(虎子)를, 유는 뒷간 아래에 판 구덩이로, 진후(晉侯)가 빠진 곳이다. 한편, 뒷간에서 돼지 무리가 뛰어나왔다는 이야기도 있지만, 돼지를 먹일 정도라면 우리가 깊을 것이므로 흔치 않다. 현재 산서성 각지의 뒷간은 땅을 6~7척(약 2미터)의 깊이로 파고, 위에 널 쪽 두 개를 걸쳐놓고 똥을 눈다. 위에서 보면 어둡고 머리가 잠길 정도로 깊다. 아마도 진대(晉代)부터 내려온 것으로, 진후는 잘못하여 거꾸로 머리를 박았으리라. 옛적에는 상례(喪禮) 때 죄인을 부려서 뒷간을 치웠다고 하므로, 땅에 구덩이를 판 것이 사실이다(尙秉和, 1969 ; 105).

이로써 궁중에 수세식뿐만 아니라 수거식도 있었던 것을 알 수 있다. 아마도 앞의 수세식은 황제나 그에 버금가는 인물이 썼고, 관료들은 수거식을 이용하였을 것이다. 돼지뒷간은 뒤에 다시 설명한다. 오늘날 산동성의 돼지뒷간도 바닥이 깊다.

다음은 삼국시대의 뒷간 사정이다.

『사기(史記)』에 낭중(郎中)인 만석꾼의 장남 이야기가 있다. 그는 닷새마다 몸을 씻기 위한 휴가(洗沐)를 얻어 고향으로 가서 부모에게 인사를 올린 뒤, 몰래 아버지의 측유(厠牏)를 닦았다는 내용이다. 일반적으로 유는 뒷간에 세워서 몸을 감추는 낮은 널 가리개로 알려졌지만, 이를 닦았다면 우스운 일이다. (중략) 그러나 똥통에 건너지른 널로 본다면 타당하다. 자주 더러워지기 때문이다. 일설에는 유를 두(竇)로 읽어서 뒷간 구멍을 씻었다 하고, 또 위유의 유(瘐)처럼 뒷간의 똥·오줌을 모으는 항아리로서, 삼국시대 위(魏)나라 때 동남지방에서 쓴, 나무를 파서 만든 구유 꼴 변기를 닮은 것이라고도 한다. 그렇다면 그가 씻은 것은 지금의 마통(馬桶)과 같은 그릇이다. 어떻든 측유가 무엇인지 잘 모르지만, 앞의 두 설을 따르면 옛적에는 뒷간에 가리개가 있어서 몸을 가렸고, 지금의 마통과 같은 구유 꼴 나무 그릇을 쓴 것이 된다. 이는 지금과 다르다. (중략) 한(漢)의 여후(呂后)가 척부인(戚夫人)의 수족을 잘라 뒷간에 버렸다던가, 여산(呂産)을 뒷간까지 따라가서 죽였다는 이야기를 보더라도 뒷간에 가리개를 둘러놓아서 일을 볼 때 드러나지 않도록 하였음에 틀림없다. '측중(厠中)'이라는 말도 이에서 나왔을 것이다(尙秉和, 1969 ; 105~106).

"지금과 다르다."는 것은 마통을 오늘날에는 뒷간이 없는 곳에서 변기로 쓰기 때문일 것이다. 그러나 마통을 지금의 요강쯤으로 생각하여, 뒷간에 가지고 가서 똥·오줌을 버렸다고 생각하면 문제가 없다(☞ 마통).

가장 오랜 뒷간 유구는 1956년, 산동성 기남현(沂南縣) 북채촌(北寨村)에서 발굴되었다. 3개의 주실과 측실로 이루어진 후한시대(25~219) 장군총(將軍塚)의 동실(東室) 동북쪽 구석에서 모형이 아닌 실제의 뒷간이 드러난 것이다(그림 29).

후실과 나란히 있는 측실은 길이 3.4미터, 너비 94센티미터이다. 그림에 나타난 대로 그 안쪽에 칸막이를 써서 70×55센티미터의 공간으로 나누었고, 높이 25센티미터의 돌 받침대를 놓았다. 이곳이 뒷간이다. 받침대 위에서 밑으로 통하는 가늘고 긴 구멍이 있으며, 양쪽 받침대에 발을 올려놓는다. 앞에 세운 두 개의 낮은 기둥은 지금의 뒷간에는 없다. 뒷간 구멍은 돌 아래에서 북으로 연결된다고 한다. (중략) 이 무덤의 화상석(畵像石) 가운데 커다란 건물 화상이 있고, 문으로 들어가서 두 개의 안뜰을 통과한 안쪽 건물, 즉 주인의 거실에 해당하는 곳 뒤쪽에 작은 건물이 붙어 있다.

(중략) 이 무덤 후실의 측실 한 모퉁이에 마련한 뒷간 위치는 생전의 집과 같다. 뒷간의 도제(陶制) 모형은 무덤에서 자주 나오지만, 묘실(墓室) 가운데 실물을 본떠 만든 것은 드물다(林巳奈夫, 1996 ; 67~69).

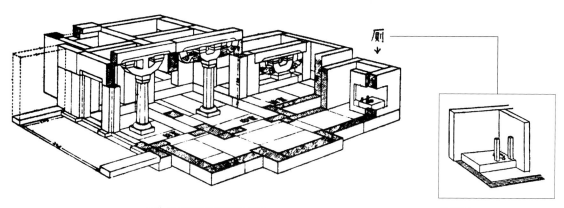

그림 29 후한시대 장군총의 뒷간
모형이 아닌 실물 뒷간이 나온 것은 이것이 처음이다.

뒷간부분
수세식으로 추측된다. 앞에 세운 두 개의 기둥은 가리개를 붙이기 위해 세운 듯 하다.

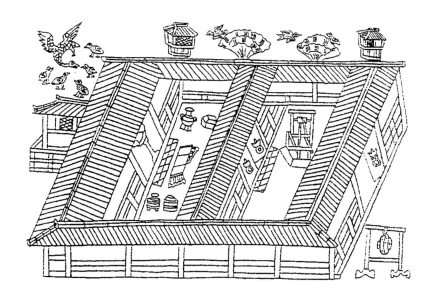

그림 30 화상석에 나타난 상류 가옥의 뒷간
뒷간은 날일자(日字) 평면을 지닌 상류가옥 뒤쪽에 있다(왼쪽 끝). 측(厠)이라는 이름 그대로 몸채 한쪽에 세웠으며, 이곳으로 드나드는 문을 집 뒤에 따로 내었을 것이다. 앞쪽 마당 가운데에 도르래 우물이 보이며, 위의 좌우 양쪽의 건물은 망루이다.

앞에서 든 상병화의 추측이 옳다면, 앞쪽의 기둥 두 개에는 가리개를 세웠을 가능성이 높다.

그림 31 앞 뒷간 모습
바닥에 전을 깔고 주위에 난간을 둘렀다. 왼쪽 아래의 여인은 청소를 하고있다.

그림 30은 앞 글 중의 "커다란 건물 화상…" 운운한 집 모습이다. 날 일자꼴(日字形) 평면을 지닌 상류 가옥으로 뒷간을 담밖에 붙였다. 비슷한 시기의 무덤에서 나온 명기에는 흔히 아래간에 돼지우리가, 위에 뒷간이 있으나 이 그림에는 보이지 않는다(☞ 돼지뒷간). 북쪽 담 밖 좌우 양쪽으로 솟은 건물은 감시용 망루이다. 그림 31(僕人滌器圖)이 뒷간이다. 건물은 다락집으로, 바닥에 전을 깔고 주위에 난간을 둘렀다. 그림의 여인에 대해서는 뒤에 설명한다(☞ 마통).

고대 상류층 뒷간에는 걸터앉는 틀(厠牀)이 있었다. 다음의 두 글이 그 증거이다.

적벽(赤壁) 전쟁 때 살을 맞은 황개(黃蓋)가 물에 떠내려가자, 오 나라 군사가 거두었다. 그를 못 알아본 군사들은 뒷간 틀(厠牀)에 두었다(『삼국지』 오지, 황개전).

사도(師道)는 두 아들과 더불어 뒷간 틀(厠牀) 아래 엎드렸다(『자치통감(資治通鑑)』 당 헌종 원화 14년).

모로하시 데쓰지(諸橋轍次)도 측상을 "뒷간 가운데 앉는 자리(厠中的座床)"로 새겼다(『한화대사전(漢和大辭典)』). 의자 꼴의 이 변기는 오늘날에도 강소성과 절강성 등지에서 쓴다. 따라서 좌변기는 서양의 전유물이 아니다. 입식생활을 한 중국인들도 고대부터 이를 이용하였던 것이다.

3. 여러 곳의 뒷간

다음은 1930년대의 뒷간 설명이다.

중국에는 모방(毛房) 또는 모측(茅厠) 등 뒷간을 가리키는 문자가 있음에도, 실제로 그들의 집에는 뒷간다운 것이 없다. 근래 새로 지은 관청·병영·학교·대집회소 등에 뒷간을 짓지만, 개인 주택에는 거의 없다. 중국인들은 마당이 있는 집에서는 마당에서, 이것이 없거나 아주 좁으면 길가에서 똥·오줌을 눈다. 그리고 번화한 곳에서는 마통(馬桶兒)에 누고 나서, 가두(街頭)에 흘려보낸다. 오줌은 땅 속으로 스며들고 똥은 그것을 유일한 먹이로 삼는 개 떼와 돼지들이 먹어치우며, 나머지는 말똥을 줍는 이가 거두어간다. 중국의 오랜 도회지의 우물물에 대체로 짠기가 많은 것은, 수 백년 전부터 오줌이 땅에 스며든 결과이다. (중략)

근래 중국에서도 도로에 똥·오줌이 뒹구는 것을 막기 위함인 듯, 도시의 이곳 저곳에 엉성한 한데뒷간을 세웠다. 아침이면 이곳에 들어가려는 사람들이, 마치 역에서 표를 사려는 이들처럼 길게 줄을 선다. 여성은 보이지 않으므로, 아직도 길에서 해결하는 사람의 일부만 이용하는 모양이다. 따라서 도시의 작은 길은 똥 냄새가 진동하고, 비라도 내리면 거름통(肥壺) 속을 걷는 것이나 다름없다. 외국 행정 하에 있는 지역에서는 뒷간을 강제로 짓게 하는 까닭에, 중국인들도 도리 없이 따른다. 그러나 반대자도 없지 않다. 어떤 중국인은 "좁고 냄새나는 데보다, 넓은 하늘 아래서 유유히 누는 것을 더 좋아하는 까닭인지도 모른다."고 말한다(井出季和太, 1935 ; 115).

"개인 집에 뒷간이 없다."는 말은 거짓이 아니지만, 그렇다고 어디나 다 그런

사진 375 **천안문 광장 곁의 임시 한데뒷간**
많은 사람이 모이는 집회에 대비하여 만들었다. 보통 때에는 사진에서처럼 보도가 된다. 세 줄로 나란히 설치하였다.

것은 아니다. 또 오늘날의 대도시 가운데에서도 뒷간 대신 마통을 쓰는 데가 더러 있으며, 똥·오줌은 한 곳에 따로 모았다가 처리한다. 마통을 쓰지 않는 도시에서는 한데뒷간을 이용하며, 아침 한 때 사람들이 줄을 서는 것은 오늘날에도 바뀌지 않았다(☞ 마통).

전통적 가옥에서 사는 북경시의 호동(胡同) 주민들도 집에 뒷간이 없어서 한데뒷간을 이용한다. 밤중에 드나들기가 어려워 오줌은 따로 받았다가 아침에 이곳으로 들고 와서 버린다. 1984년 현재, 한데뒷간은 6815개소로, 뒷간이 없는 일 천 만 인구에 견주면 천 명에 한 곳 꼴이 된다. 비슷한 시기에, 하루 십여 만이 몰려드는 왕부정(王府井) 거리에 한데뒷간이 두 곳에 있었다. 국제 도시로 알려진 상해도 북경과 다르지 않아서 1990년 현재(1057개소), 7천 5백여 명이 한 곳을 이용하는 형편이었다(이벤허, 1994 ; 89). 이곳에는 칸막이는 물론이고, 수도 시설도 없다. 여성용 뒷간도 마찬가지이다. 그러나 오늘날에는 현대식의 한데뒷간이 큰 도시 곳곳에 들어서고 있다.

북경 시에서는 천안문 광장에서 대규모의 집회가 열릴 때에 대비하여 간이 한데뒷간을 마련하였다(사진 375·사진 376).

사진 376 **천안문 광장의 임시 한데뒷간**
네모꼴의 철판을 들어내고 앉아 일을 보며, 아래로 물이 흘러서 똥·오줌이 함께 떠내려간다. 가리개가 없는 것이 흠이지만, 대범한 중국인들에게는 문제가 되지 않는다.

20×70센티미터쯤 되는 장방형 구멍 273개를 40센티미터 간격으로 나란히 뚫은 것이다. 깊이는 50센티미터쯤 되며, 아래가 바로 하수구인 까닭에 따로 쳐낼 필요가 없다. 보도에 만든 것이어서 지붕은 물론이고, 벽도 가리개도 없다. 일을 보고 나서 철판을 닫으면 보도가 되므로, 보도와 한데뒷간의 구실을 함께 셈이다(齋藤政喜, 2001 ; 35). 이것은 50만 명의 집회에 대비한 세계 최대, 그리고 최고로 간편한 한데뒷간이다.

가. 길림성

1930년대 길림성 모란강(牧丹江) 일대의 뒷간 사정이다.

중국 여관 뒷간의 더러움은 어제오늘의 일이 아니지만, (중략) 중국인들은 밤에 뒷간에 가는 일이 드물다. 대체로 복도 한쪽이나 처마 밑에 놓은 통(桶)이나 석유초롱 등에 눈다. 더욱 난처한 것은 흙으로 구운 요강(夜壺)을 쓰는 점이다. (중략) 하기는 일본도 산촌이나 농가가 아닌, 도쿄(東京) 시내에도 소변소가 없는 집이 드물지 않다. (중략)

오꾸무라(奧村義信) 씨는 중국에 본디 뒷간이 없다고 하였지만, 산서(山西)·하남(河南)의 촌구석에도 없지는 않았다. 매우 불완전할 뿐이다. 곳에 따라서는 헌 집(廢屋)의 흙담 한쪽을 뒷간으로 정하고 똥·오줌을 눈다. 이러한 곳은 야외나 마찬가지이다. (중략) 한쪽에 바닥을 떼어 낸 독 같은 것을 묻고, 작은 주둥이에 쪼그려 앉기도 한다. 오줌은 땅 바닥으로 흐르고, 똥만 아래로 떨어진다. 성내(城內)의 한데뒷간에는 이러한 것이 가장 많다. 뒷간 근처의 도로는 오수(汚水)가 악취를 풍기며 흘러내린다. 여관이나 상점 등에서는 통이나 석유초롱에 모아 둔 오줌을 틈을 보아, 앞의 하수구에 쏟아 붓는다. 마루야마(丸山昏迷) 씨는 "북경의 뒷간은 옛것이나 이제 것이나를 막론하고 도시가 생긴 이래 오물이 땅 속으로 스며들어가도록 내버려두어서, 대부분의 우물물에 소금기가 돈다."고 하였다. (중략) 퍼내는 구멍이 없는 뒷간이 많아, 다량의 유기물이 땅 속으로 스며들어가는 것은 사실이다. 한편, 성내와 야외로 돌아다니며 사람과 짐승의 똥을 거두어 농가에 넘김으로써, 생계를 잇는 사람도 있다고 한다.

똥·오줌을 전혀 거두지 않는 것은 아니다. 일본처럼 구기(毛杓)로 똥통(糞桶)에 퍼 담는다. 나도 실물을 보았다. 장소는 잊었으나, 천으로 만든 주머니에 긴 장대를 붙인 것으로, 바로 일본 아이들의 매미채를 닮았다. 그리고 바닥에 끈을 단 기묘한 구기였다.

더구나 중국은 문자의 나라인 까닭에 글자가 찍힌 종이를 (뒤지로) 쓰지 않는다. 이 종이는(더럽히지 않으려고) 각 곳의 사관(寺觀) 둥지에서 모아 태워버린다. 따라서 똥을 누고 나서 밑을 닦는 풍습은 없는 듯 하다(染木煦, 1939 ; 136～141).

중국은 과연 넓은 나라인지라, 두 사람의 설명에 차이가 난다. "대체로 복도 한쪽이나 처마 밑에 놓은 통(桶)이나 석유초롱 등에 눈다. 더욱 난처한 것은 흙으로 구운 요강(夜壺)을 쓰는 점이다."고 한 대목은 이해하기 어렵다. 우리는 물론이고 일본에서도 흔히 뒷간까지 가지 않고 처마 밑에 묻어놓은 오줌독에 오줌을 누었기 때문이다. 뒷간이 떨어져 있기도 하려니와, 그 보다 오줌을 거름으로 쓰려고 따로 모았던 것이다. 또 일본에서도 요강을 썼다. 글을 쓴 이가 자기 나라의 사정을 잘 몰랐던 듯도 하지만, 스스로 "도쿄 시내에도 소변소의 설비가 없는 집은 드물지 않다."고 적지 않았던가?

"사람과 짐승의 똥을 거두어 농가에 넘김으로써 생계를 잇는 사람도 있다."는 대목도 마찬가지이다. 우리와 일본에도 똥장수가 등장하였으며, 일본은 우리보다 더 조직적으로 그리고 광범위하게 사고 팔았다. 일본에 뒷간이 생긴 중요한 까닭의 하나도 똥·오줌을 모았다가 팔려는 목적 때문이었다(☞ 일본, 똥장수). 또 "이처럼 불완전한 뒷간임에도 남녀의 구별은 엄격하다. 과연 수 천년 동안 남녀칠세부동석(男女七歲不同席)을 지켜온 나라답다."는 말도 뜻을 알기 어렵다. 남녀가 나란히 앉아 똥을 누는 곳도 적지 않은 것이다. 인쇄된 종이를 쓰지 않는 까닭에 "밑을 닦는 풍습은 없는 듯 하다."는 내용 또한 터무니없는 잘못이다.

그는 동북의 길림성(吉林省) 일대에서 자기가 머물렀던 뒷간 스케치를 남겼다. 이 가운데 몇 가지를 소개한다(染木煦, 1939 ; 136~137).

그림 32 길림성 어떤 여관의 뒷간
왼쪽 아래에 것은 정자(井字)꼴의 바닥 틀이다. 문이 열린 쪽이 여성용이다.

그림 33 길림성 영안(寧安)의 여관 뒷간
왼쪽 아래 그림은 바닥 틀의 모습으로, 오줌 줄기가 밖으로 튀는 것을 막으려고 앞쪽을 내어 파 놓았다.

그림 32는 길림성 협화여관(協和旅館)의 뒷간으로 왼쪽이 남성용(男廁所), 오른쪽이 여성용(女廁所)이다. 내부가 보이지 않지만, 널쪽 네 개를 길이로 짜 맞춘 것을 보면, 땅에 묻은 독 위에 올려놓은 듯 하다. 출입구에는 작은 널문을 달았다. 안에 사람이 있고 없음이 쉽게 드러나는 점에서 편리하다. 그림 33은 영안(寧安)에 있는 중흥여관(中興旅館) 뒷간이다. 두툼한 널쪽 가운데를 달걀 꼴로 파서 구멍을 내고, 앞쪽에도 긴 네모꼴로 좁게 팠다. 오줌 줄기가 밖으로 뻗쳐 나오는 것을 막기 위해서이다. 문을 달지 않고 출입구에 가리개를 세웠을 뿐이다.

다름은 길림성 용정시 부근에 위치한 장재촌과 해란촌에 사는 우리 동포네 뒷간이다. 현지조사는 1995년에 10월에 벌였다(김광언, 1995 ; 235~236).

사진 377은 긴 쪽 널을 벽으로 삼았으며, 위는 조붓하다. 출입문도 지붕도 없다. 땅바닥에서 50센티미터쯤 올라간 데에 널을 걸어서 사람이 앉는다. 사진에는 땅바닥과 틀 사이에 널판을 기대어 놓았지만, 겨울에는 3면을 모두 터서 개나 돼지에게 똥을 먹인다. 겨울철에 돼지를 풀어놓는 까닭도 이에 있다. 돼지가 사람에게 기생충을 옮기는 등의 폐해가 많아, 정부는 1970년대부터 법으로 막고 거름으로만 쓰도록 하였다.

그러나 사진 378에 나타난 대로 뒷간 아랫도리를 터놓는 관습은 바뀌지 않았다. 문을 달지 않은 것도 그렇지만, 내부가 매우 좁은 것도 흠이다. 내가 똥을 누고 나서 뒤 주머니의 뒤지를 꺼내려고 팔을 돌려보았지만, 결코 쉽지 않았다. "이 너른 땅에 살면서 뒷간은 왜 이렇게 좁게 짓느냐?" 여러 사람에게 물었건만, 그럴듯한 대답을 듣지 못하였다. "전부터 그래 왔으며, 아무 불편도 없다."는 것이었다.

사진 379도 앞의 것을 닮았다. 엉성하게나마 지붕을 얹고 서너 개의 버팀목으로 괴어놓았으나, 이제라도 쓰러질 듯 위태롭다. 문 대신 붙인 가리개조차 제 힘으로 서지 못하는 형편이다. 기둥에 가로 댄 쪽 널의 틈새도 크게 벌어졌다.

사진 379 **길림성 우리 겨레네 뒷간**
그토록 넓은 땅에 살면서 뒷간은 어째서 이처럼 좁고 엉성하게 짓고 사는지 궁금한 일이다.

사진 380 **길림성 우리 겨레네 뒷간**
망루처럼 높이 지었으나 정작 뒷간 자체는 팔을 돌리기 어려울 정도로 좁다.

사진 381 **길림성 우리 겨레네 뒷간**
원두막처럼 높이 짓고 아래는 터 놓았다. 역시 겨울철의 돼지나 개에게 똥을 먹이기 위해서이다.

사진 382 **길림성 우리 겨레네 뒷간**
정부의 권고에 따라 아랫도리를 막았다.

사진 380은 바닥이 좁은 것에 견주면, 건물은 망루처럼 높다. 지붕은 격식을 갖춘 맞배 지붕이지만, 뒷면은 쪽 널을 촘촘하게 대어 벽으로 삼았다. 출입문이 없는 것도 마찬가지이다. 입구를 집 뒤쪽에 낸 탓에, 엉성한 울타리 너머로 이웃집이 마주하여 누가 들어가고 나오는지 환히 드러난다. 뒷간 아랫도리는 널을 대어 막았다.

사진 381은 원두막을 연상시킨다. 입구에 가리개를 붙였으며, 기둥 위에 널로 짠 틀을 지붕 삼아 비스듬히 얹었다. 이 같은 비탈 지붕도 이 지역 뒷간이 지닌 특징의 하나이다. 아랫도리와 지붕 틀 밑을 터놓은 것도 눈을 끈다. 뒷간 옆은 큰길이다.

사진 382는 앞 뒷간과 대조적으로 위아래를 모두 막고, 중상부에 환기 구멍만 내었다. 번듯한 출입문과 튼튼한 지붕이 돋보인다. 사진 383은 새로 짓는 가옥의 현대식 뒷간이다. 벽돌로 쌓고 함석 문을 달았다.

사진 383 **길림성 우리 겨레네 뒷간**
네 벽을 벽돌로 쌓고 함석문을 붙인 현대식 뒷간이다. 앞으로는 이렇게 바뀌어갈 것이다.

나. 산동성

산동성 일대에서는 뒷간을 도로에 면한 대문과 마주치는 곳에 두지 않는다. 문이 동쪽을 향하면 뒷간은 반드시 서남쪽에, 이와 반대로 문이 서쪽을 향해 있으면, 뒷간은 동남쪽에 세운다. 문이 없는 뒷간도 적지 않으며, 이 때에는 허리띠로 사람의 있고 없음을 알린다. 여자는 붉은 띠를, 남자는 검은 띠를 입구에 걸어두는 것이다.

1998년에 산동성 성도(省都)인 제남시(濟南市) 역 앞의 한데뒷간에 들어갔던 나는 몹시 당황하였다. 사람들이 통로 좌우 양쪽에 서로 마주 보고 쭈그려 앉은 채 똥을 누고 있었기 때문이다. 문도 가리개도 벽도 없는 탁 터진 세상이었다. 뻑뻑 담배를 열심히 빨거나, 펼쳐든 신문을 읽거나, 심지어 건너편 사람과 잡담을 나누는 이도 있었다. 뒷간이라기보다 식당에서 제 각기 주문한 음식이 나오기를 기다리고 앉은 풍경인 듯 하였다. 그렇지 않으면 누구나 벌거벗는 목욕탕이라고나 할까? 나로서는 뒤를 닦는 일조차 겸연쩍었지만, 그들은 그야말로 '태

사진 384 산동성에 있는 위씨네 장원의 뒷간
사진 384 산동성에 있는 위씨네 장원의 뒷간
위씨네 집 규모나 치장은 궁궐 못지 않음에도 뒷간은 재래식 그대로이다. 좌우 양쪽에 세로로 낸 홈이 소변용이다.

평 천국'의 백성들이었다.

사진 384는 혜민현에 있는 위씨(魏氏) 장원(莊園)의 뒷간 내부이다. 건물은 벽돌로 지었지만, 안의 구조는 엉성하다. 바닥이 낮은 쪽에 궁둥이를 대고 앞을 향하고 앉아 똥·오줌을 눈다. 서서 누는 사람의 오줌 줄기가 뻗치지 않도록 좁고 깊게 판 것은 그렇거니와, 발을 놓는 자리까지 만든 것은 흥미롭다. 둘이 동시에 나란히 앉도록 한 것도 특이하다. 왼쪽에 구멍이 있지만, 바닥이 평평해서 오물이 잘 빠지지 않는다.

다. 절강성

절강성 승주시(嵊州市) 화당촌(華堂村)과 숭인진(崇仁鎭) 일대의 주민들은 길가에 세운 한데뒷간에서 똥·오줌을 눈다. 뒷간을 갖춘 집이 없지는 않지만, 대체로 이곳을 이용하는 것이다. 남녀 칸이 따로 없어, 남녀가 나란히 앉아 일을 보는 것도 특색의 하나이다.

사진 385 밭가의 항아리 뒷간
비바람을 가릴 비닐은 찢겨져 제 구실을 잃은 지 오래다. 앞쪽에 디딤돌이 보인다.

사진 385·사진 386은 집 한 귀퉁이에 마련한 항아리 뒷간이다. 사람은 전 위에 걸터앉아 궁둥이를 안쪽으로 향한 채 똥을 눈다. 주위에 세운 서너 개의 긴 작대기 한 끝을 모아 묶고 비닐을 씌워서 벽과 지붕으로 삼았다. 항아리의 전이 두툼해서 앉는 데에 큰 불편이 없다. 그러나 똥은 항아리 아

사진 386 항아리 변기 모습
전이 두터운 편이어서 앉기에 큰 불편이 없을 듯 하다.

래로 떨어지지만 오줌 줄기는 앞으로 뻗쳐나가므로, 다리를 벌리고 앉아야 한다. 그림 34는 항아리에 똥을 눌 때, 걸터앉는 틀이다. 서양인 모스(E. S. Morse)가 그린 것으로, 어떤 지역의 것인지 알 수 없으나, 널리 썼을 것이다.

그림 34 항아리 뒷간 받침대
오른쪽에 세운 널은 항아리에 똥을 눌 때 깔고 앉는 받침대이다. 항아리를 땅과 평행으로 묻었을 때에는 이것이 반드시 필요하다.

사진 387 마을의 뒷간
문을 달지 않은 오른쪽 두 개의 공간이 뒷간이다. 길가에 있어서 안이 훤히 보인다.

사진 388 앞 뒷간 내부
왼쪽 담에 붙인 확이 소변용이며 대변용에는 나무 턱을 붙여서 걸터앉는 불편을 줄였다.

사진 389 절강성 어떤 마을의 뒷간
똥통 위에 올려놓은 널로 짠 네모꼴의 틀이 좌마(坐馬)이다. 이것은 절강성의 뒷간이 지닌 가장 독특한 것의 하나이다.

사진 387은 길가의 뒷간으로, 앞이 환히 터졌다. 사람이 걸터앉기 알맞은 높이로 시멘트 턱을 붙이고 그 위에 두툼한 나무를 대었다. 왼쪽 앞에 오줌 구멍이 있다(사진 388). 사진 389는 땅에 묻은 항아리(糞缸) 위에 나무로 짠 틀을 놓았다. 이를 좌마(坐馬) 곧, 걸터앉는 말이라 부른다. 항아리 위에 얹은 널쪽 사이로 오줌을 누는 까닭에 주위가 질편하다. 똥·오줌을 쳐낼 때에는 널을 들어낸다. 둘이 동시에 똥을 눌 수 있으며, 앞은 터졌다.

사진은 390은 일인용 뒷간이다. 항아리 위에 가마처럼 짠 좌마를 얹었다. 위아래 네 귀의 막대기는, 들어낼 때 손잡이로 삼는다. 똥·오줌을 눌 때는 앞으로 나온 항아리 전 위에 발을 올려놓는다. 좌마 위에 길이로 걸쳐놓은 두 널쪽에 궁둥이 자리가 뚜렷하게 드러났다. 똥·오줌에 뒤지가 섞이면 거름의 효과가 떨어지기 때문에 주위에 버린 듯 하다.

사진 390 **가마꼴 좌마**
위아래의 각목을 길게 빼어서 똥을 푸기 위해 좌마를 옮길 때 손잡이로 삼는다.

사진 391 **2인용 좌마**
앞의 것과 달리 이것은 두 사람이 나란히 앉아 똥을 눌 수 있다.

사진 391은 항아리 대신 시멘트 확을 묻은 2인용이다. 좌마에 손잡이를 붙인 것은 앞의 것과 같다. 좌마 뒤로 플라스틱 국자가 달린 똥 구기와 똥통이 보인다. 통에 흰 페인트로 '갑통(甲桶)'이라고 썼다. 사진 392의 앉는 부분을 궁둥이 꼴로 깎은 것은 여성용이다. 이 마을에서는 이처럼 남녀가 뒤섞여 앉아 똥을 눈다. 바닥에 시멘트 확을 묻었다. 오른쪽 옆으로 똥통의 일부가 보인다. 사진 393은 여성용으로 둘이 나란히 앉도록 하였다. 이처럼 여성 전용 뒷간을 따로 마련한 것은 드물다.

사진 394의 왼쪽은 항아리 위에 올려놓은 좌마이고, 오른쪽은 그것을 내린 모습이다. 똥·오줌을 쳐낼 때에는 이처럼 좌마를 들어낸다. 시멘트 확에는 2인용이나 3인용 좌마를 놓지만, 항아리에는 1인용밖에 놓을 수 없다.

의자를 닮은 사진 395의 좌마에는 팔걸이는 물론이고 등 받침까지 달렸으며, 그 위에 팔이 편하도록 양끝을

사진 392 3인용 좌마
가운데가 볼록한 중앙의 것이 여성 전용석이다. 이처럼 남녀가 나란히 앉아 똥을 누는 것을 우리로서는 상상도 하기 어렵다.

바깥쪽으로 휘어놓았다. 이보다 더 안락한 변기도 드물 것이다.

사진 396의 오른쪽 낮은 것이 어린이용 좌마이다. 이 때문에 팔걸이 뒤쪽에 가로대를 걸쳐놓았다. 아버지와 아들이 나란히 앉아 똥을 누는 정경은 상상만 해도 그럴 듯 하다.

사진 397은 밭가의 뒷간이다. 대나무 서너 개를 세우고 엉성하게 나마 지붕을 덮었다. 좌마는 시멘트 확 뒤로 물리고 앞쪽에 널을 깔았다. 발 받침을 겸한 뚜껑이다. 따라서 오물을 쳐 낼 때에는 좌마를 들어내지 않아도 좋다. 사진 398을 보면 좌마의 구조를 알 수 있다. 사다리꼴 틀 위에 고정시킨 좌마의 중상부에 등 받침을 마련하고, 들어낼 때의 편의를 위해 손잡이의 좌우 양쪽을 꺾어 올렸다. 용상(龍床)에 버금가는(?) 훌륭한 좌마이다. 벽돌로 쌓은 벽도 눈에 띈다.

사진 393 여성 전용의 2인용 좌마
여성 전용 뒷간을 따로 두는 경우는 매우 드물다.
사진 394 좌마와 똥항아리
왼쪽의 똥항아리 위에 얹은 좌마이고, 오른쪽은 항아리에서 들어낸 좌마이다.

사진 395 의자꼴 좌마
팔걸이와 등 받침 그리고 발 받침대까지 갖추었다.

사진 396 2인용 좌마
왼쪽이 어린이용이다. 아버지와 아들이 나란히 앉아 똥을 누는 모습은 상상만 해도 정겹다.

사진 397 밭가에 세운 뒷간
시멘트 확 위에 의자꼴 좌마를 얹어 놓았다.

사진 398 의자꼴 좌마
좌마를 Π자꼴 틀 위에 얹은 것이 돋보인다.
손잡이도 좌우 양끝을 치켜올려서 들어 옮기기에 쉽도록 히였다.

사진 399는 전형적인 한데뒷간이다. 오른쪽 끝은 2인용으로, 한쪽에 어린이 가 앉았다. 앞이 탁 트였음에도 칸 사이에 엉성하나마 벽을 쳐 놓았다. 가운데의 좌 마는 의자를 연상시킨다. 팔걸이까지 달려서, 서양식 변기보다 편리하다. 사진 400도 마을 길가의 한데뒷간이다. 가운데 칸은 지붕이 무너졌다. 왼쪽 칸의 좌마 둘 가운데, 오른쪽은 어린이용이다.

사진 399 길가에 마련한 마을의 한데뒷간
지붕을 덮고 칸마다 비닐 장막을 치기는 하였지만, 길에 면한 앞은 완전히 터놓았다. 왼쪽에서 세 번째 칸에서 어린이가 똥을 눈다.

사진 400 마을의 한데뒷간
각 칸마다 2인용 좌마를 두었다. 주민들은 모두 이곳에서 똥·오줌을 눈다.

사진 401은 뒷간 옆에 놓아 둔 항아리들이다. 확에 똥·오줌이 어느 정도 차면, 이들에 퍼 담아서 썩혔다가 거름으로 쓴다. 시멘트 확이 퍼지기 전에는 이처럼 항아리를 땅에 묻었다. 사진 402·사진 403·사진 404는 마을의 한데뒷간으로, 함석 조각으로 지붕을 덮었다. "가래침을 함부로 뱉지 말고 똥·오줌을 바로 눕시다."고 써 붙였다. 사진 403의 왼쪽이 어린이용 좌마이고 오른쪽은 어른용이다. 걸터앉는 가로대의 좌우 양쪽을 조금 빼어서 손잡이로 쓴다. 앞에 놓인 널쪽은 발 받침이자 뚜껑이다. "침이나 가래를 함부로 뱉지 맙시다."는 권고문이 있다(사진 404).

사진 401 **밭가의 거름 항아리**
뒷간의 똥·오줌을 퍼담아 두었다가 익는 순서대로 밭에 주려고 3개의 항아리를 마련하였다.

사진 402 **마을의 한데뒷간**
"오줌을 바로 누고 가래침을 뱉지 맙시다."는 글을 써 붙였다.

사진 403 **앞 뒷간의 내부**
왼쪽이 어린이용 좌마이다. 남녀가 함께 쓰려고 어른용도 좌마 바닥을 너르게 짰다.

사진 404 앞 뒷간의 오른쪽
"침이나 가래를 함부로 뱉지 맙시
다."는 내용의 권고문을 붙였다.

사진 405 절강성 어떤 시의 한
데뒷간
왼쪽이 여성 칸(女厠所), 오른쪽
이 남성칸(男厠所)이다. 안쪽 벽
에 여러 가지 병을 고친다는 글
귀를 적어놓았다.

사진 406 한데뒷간
벽돌 담에 기와를 얹은 번듯한
마을의 한데뒷간이다.

사진 407 길에서 내려다 본 앞
뒷간 내부
그러나 칸막이를 세우지 않았다.

사진 405는 절강성 어떤 시의 한데뒷간이다. 왼쪽이 여성 칸, 오른쪽이 남성 칸이다. 여성 칸 왼쪽에 여성의 머리 그림과 '女厠所·WOMEN'이라고 쓴 패를 붙였다. 그리고 오른쪽에 '남자의 머리·男厠所·MAN'이 보인다. "많은 사람이 공동으로 이익을 얻는다.", "공동변소의 위생을 지키자."는 구호 외에, 입구 가운데 벽에 여러 가지 병을 고친다는 광고문도 적었다.

사진 408 현대식 한데뒷간(公厠)
관리인이 있어 요금을 받고 청소를 하므로 내부는 깨끗하다. 이러한 뒷간이 점점 늘어나고 있다.

여성 쪽은 복수(Women)임에도 남성 쪽은 단수로 적었다.

사진 406·사진 407은 절강성의 어떤 작은 도시의 한데뒷간이다. 벽돌로 지은 건물에 기와를 얹고 담에 흰 칠까지 하였다. 남녀 칸을 가리키는 표지가 없는 것을 보면 앞쪽은 대변소이고 뒤쪽은 소변소인 듯 하다. 모두 다섯 사람이 들어가는 대변소에는 칸막이가 없으며 문을 달지도 않았다. 다만 셋째 칸과 넷째 칸 사이에 세운 낮은 벽은 남녀용을 구분하기 위한 것이 아닌가 생각된다.

그러나 이것도 워낙 낮아서 표지물 구실을 할뿐이다. 사진 408은 도시의 이곳저곳에 모습을 나타내기 시작한 현대식 공중화장실(公厠)이다. 관리인이 요금을 받으며 청소 따위를 담당하는 까닭에 내부는 깨끗한 편이다.

사진 409 2인용 뒷간
이처럼 앞뒤로 줄 나란히 앉아 일을 보는 뒷간은 매우 드물다.

라. 운남성·귀주성

사진 409는 두 사람이 앞뒤로 줄 나란히 앉아 일을 보는 2인용이다. 두 서넛이 옆으로 앉는 뒷간은 적지 않지만, 이처럼 앞뒤로 앉는 것은 드물다. 앞은 터졌다(운남성).

사진 410은 귀주성의 뒷간으로, 세 벽을 막돌로 쌓아 올렸을 뿐, 지붕도 출입문도 없다. 사진 411은 돌 벽을 쌓고 돌기와를 얹었다.

문은 달지 않았다. 사진 412는 내부 모습이다. 네모꼴 확 가운데에 좁고 긴 돌을 건너질렀을 뿐이어서, 어린이가 아래로 빠지기 쉽다. 똥통에 빠진 어린이를 구하려는 민속은 이에서 나왔다. 사진 413은 앞의 것들과 달리 문을 달았다(귀주성).

사진 410 마을 뒷간
주위를 돌로 둘렀지만 문도 없다.

사진 411 돌벽 뒷간
지붕을 돌기와로 덮었다.

사진 412 앞 뒷간 내부
깊고 너른 확에 좁은 쪽 돌을 건너질렀을 뿐이다. 어린이나 노인은 자칫하면 바다처럼 넓고 깊은 바닥으로 떨어지고 말 것이다.

사진 413 **번듯한 뒷간**
이만하면 완벽한 뒷간이라 이를
만 하다.

마. 광동성

그림 35는 광동성의 한데뒷간 모습이다. 절강성의 그것처럼 뒤를 제외한 3면은
모두 터졌다. 이와 같은 개방식 뒷간은 절강성과 광동성을 비롯한 여러 지역에
분포한 것으로 생각된다.

그림 35 광동성의 한데뒷간
지붕은 번듯하지만 3면은 모두 터
졌다.

4. 돼지뒷간

앞에서 든 대로, 『한서(漢書)』 연자왕단전(燕剌王旦傳)에 "뒷간에서 돼지들이 나왔다." 적혔고, 사고(師古)는 이에 대해 "측은 돼지를 기르는 뒷간이다."는 주를 달았다. 『석명』에서도 "사람의 뒷간(廁)과 돼지뒷간(溷)은 같은 것."이라 하였다. 모두 돼지뒷간의 역사가 오랜 것을 알리는 내용이다.

『묵자(墨子)』 수성편(守城篇)의 "뒷간이 50보 떨어진 데에 있으며, 그 아래의 돼지 때문에 사람이 놀란다(五十步一廁 與下同溷之廁者不得操)."는 기사로 미루어, 우리네 제주도처럼 익숙하지 않은 사람은 똥을 누기 어려웠던 듯 하다. 『한서』에도 "뒷간의 돼지 여러 마리가 담을 허물고 나와서 대관 집의 부뚜막을 무너뜨렸다(廁中豕群出 壞大官竈)."고 적혀 있다(무오자전(武五子傳)).

돼지뒷간은 춘추전국 시대(서기전 770~서기전 221)에 황하 유역에 처음 나타났다.

이 뒷간은 황하의 중·하류 지역에서, 전국기(戰國期)의 농경 진전에 따른 가축 사양(飼養)과 농경을 양립시키기 위해 집안의 뒷간에서 돼지를 먹이게 되고, 사료의 비용을 줄일 목적으로 생겨난 것으로 생각된다. 한편, 또 하나의 중요한 기능인 퇴비(廏肥)의 생산과 이를 경작지의 거름으로 쓰는 적극적인 움직임은 후한(後漢) 중기 이후에 본격화하였을 가능성이 높은 것으로 추정된다. (중략) 장강(長江) 유역의 논농사 지역에 대한 돼지뒷간(豚便所)의 보급은, 화북적(華北的) 농경의 확대에 따라 농경지에 대한 시비(施肥)가 수전지(水田地)에도 응용된 것이 계기가 되었다. 한편, 광주(廣州)시 지역의 돼지

뒷간은, 화북(華北)의 돼지뒷간 문화를 지닌 사람들의 이주에 따라 강제적으로 이루어졌다(西谷 大, 2001 ; 79).

먹이에 드는 비용 절감과 거름 생산을 위해, 돼지뒷간이 생겼다는 점은 우리네 제주도 사정과 꼭 같아서 흥미롭다.

한나라의 고조가 죽은 뒤, 여후(呂后)가 척부인(戚夫人)의 팔 다리를 자르고 눈을 빼고 귀를 태운 뒤, 뒷간의 돼지에게 주었다는 것은 돼지뒷간이었기에 가능하였을 것이다(☞ 뒷간 지킴이).

사진 414 다락식 돼지뒷간 우리는 함지박을 닮은 둥근꼴이다.
사진 415 앞 뒷간의 정면 오른쪽에 뒷간으로 오르는 비탈을 붙였다.

돼지뒷간은 우리가 둥근꼴(사진 414)과 네모꼴(사진 417)의 두 가지가 있으며, 둥근꼴이 네모꼴보다 먼저 나왔다. 이들은 남녀의 것을 따로 둔 남녀 유별형(그림 36)과 일반형으로 나눌 수 있다. 그리고 뒷간 자체도 우리 위에 세운 다락형(사진 414·그림 37)과 평지형(사진 418)으로 구분된다. 우리네 경상남도에도 두 유형의 뒷간이 있다.

이들 가운데 남녀의 칸을 따로 마련한 '남녀유별'형이 적지 않은 곳은 흥미롭다. 후한의 중·후기 무덤에서 나온 명기를 지역별로 분석한 결과, 남녀유별형은 하북성·하남성·산서성·산동성·강소성 북부 일대에 분포한 것으로 밝혀졌다. 한편, 다락형은 동남쪽인 광동성에 집중적으로 나타났다(西谷 大, 2001 ; 86). 고대에는 남녀가 뒷간을 따로 썼음에도, 앞에서 들었듯이 오늘날 절강성의 농촌지대에서 문도 벽도 없는 길가의 한데뒷간에서 남녀가 함께 앉아 똥·오줌을 누는 것은 기이한 일이다. 아마도 유별형은 일부 귀족 집에만 분포하였을 것이다.

돼지뒷간은 일본, 대만, 필리핀으로 퍼져 나갔다.

그림 36 남녀유별형 돼지뒷간
고대에 남녀가 뒷간을 따로 쓴 것은 놀라운 일이다. 아마도 귀족의 집에 한정되었을 것이다.

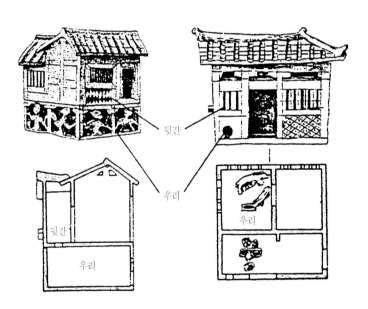

그림 37 다락뒷간
뒷간을 높이 짓고 그 아래를 돼지우리로 삼았다. 우리네 다락뒷간도 이를 본 떴을 것이다.

이 뒷간(猪圈)을 나타낸 명기는 전한시대(서기전 202~서기후 8)를 비롯하여, 그 이후의 무덤에서 나온다.

사진 414·사진 415는 함지박을 닮은 둥근꼴이다. 뒷간은 다락집이며, 우리 밖에서 뒷간 입구 사이에 마련한 비탈이 통로 구실을 한다. 모임 지붕의 기와 골이

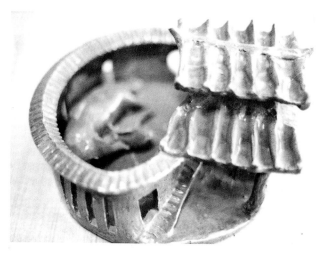

사진 416 다락식 돼지뒷간
반달꼴의 돼지우리 한쪽에 뒷간
을 붙였다.

뚜렷하다. 한 마리의 돼지를 먹이는 서민 가옥의 뒷간이다.

사진 416의 청자 돼지우리도 둥근꼴이다. 담 위에도 용마루를 얹고 양쪽으로 기와를 덮었으며, 측면에 좁고 긴 구멍을 길이로 일매지게 내었다. 처마를 이중으로 꾸미고 한쪽에 공간을 마련하였으며, 뒷간으로 이르는 비탈에 미끄러지지 않도록 촘촘하게 턱을 붙였다. 비탈 길 왼쪽의 네모 구멍은 우리 입구이다. 규모나 구조로 미루어 상류 가옥의 뒷간으로 생각된다. 우리 안의 어미돼지는 새끼에게 젖을 먹이고 있다.

사진 417의 우리는 네모꼴이다. 왼쪽 귀퉁이의 건물이 다락 뒷간으로, 돼지 한 마리가 누워 있다. 뒷간 아래의 구멍을 통해 우리로 드나들며, 바닥에 쌓인 거름도 들어낸다(독일 쾰른박물관 소장품). 사진 418의 오른쪽이 뒷간이고, 왼쪽은 우리이다. 앞의 것들과 달리 왼쪽에 돼지 집을 따로 세운 점을 눈여겨볼 일이다. 우리네 제주도식 그대로이다. 이것은 앞의 것보다 발전된 형태인 것이다. 뒷간과 우리를 같은 평면에 놓은 평지식 뒷간이지만, 똥누는 자리는 한층 높았을 것이다. 지붕에 기와를 얹은 것으로 미루어, 귀족 집의 뒷간인 듯 하다. 네모꼴 우리 안에 서너 마리의 돼지가 있다(대만 역사박물관 소장품).

사진 417 다락식 돼지뒷간
우리는 네모꼴이다. 뒷간으로 오
르는 층계는 오른쪽 뒤에 붙였다.

사진 418 평지식 돼지뒷간
왼쪽에 돼지집을 따로 마련한 것
이 돋보인다.

돼지뒷간은 오늘날에도 적지 않게 남았다. 1999년의 산동성 혜민현(惠民縣) 일대의 사정이다.

사진 420의 돼지우리는 길이 3미터, 너비 2미터, 깊이 2미터이다. 앞에서 든 대로, 진후(晉侯)가 거꾸로 빠져 죽을만한 규모이다. 그러나 뒷간 구조는 엉성하기 짝이 없다. 사람의 뒷간에 돼지우리를 붙인 것이 아니라, 돼지우리에 사람의 뒷간이 딸린 셈이기 때문이

사진 419 **돼지뒷간**(산동성)
오른쪽이 뒷간이고, 왼쪽 바깥이 돼지우리이다.

다. 정작 똥을 누는 데(사진 419)는 벽돌로 대강 쌓은 ㄱ자 꼴의 낮은 담(높이 1미터)을 둘렀을 뿐이다. 그나마 터진 쪽이 길가로 향해서, 똥누는 사람을 가리기 위한 것이라기보다, 뒤로 떨어지는 것을 막는 시설에 지나지 않는다. 따라서 똥·오줌을 누는 모습은 일부러 외면을 하지 않는 한, 누구의 눈에나 띈다. 더구나 지붕도 없다(이 마을의 뒷간에는 모두 지붕 시설을 하지 않았다). 앞에서 든 명기에, 사람이 똥·오줌을 누는 공간에 벽을 치고 지붕을 얹은 것과 대조적이다.

또 바닥에 뚫어놓은 구멍에 쪽 나무 두 개를 건너질렀을 뿐이지만, 돼지를 위해서는 벽돌집을 따로 짓고 튼튼한 지붕까지 얹었다. 아닌게 아니라 우리에 있던 두 마리의 돼지(사진 420)가 안 그늘에서 늘어지게 쉬는 중이다(사진 421). 왼쪽의 양철통은 먹이(쌀 겨)통이다. 왼쪽 벽 위의 구멍으로 먹이를 통에 넣어준다.

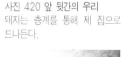

사진 420 **앞 뒷간의 우리**
돼지는 층계를 통해 제 집으로 드나든다.

사진 422는 땅을 좁고 길게 파고 왼쪽에 돼지우리를, 오른쪽에 뒷간을 마련하였다. 출입문은 없지만, 벽돌담은 비교적 높이 쌓았다. 우리 왼쪽의 돼지 집에는 섶나무를 쌓아 두었다. 사진 423은 우리 바닥 모습이다. 바닥과 우리 사이에 놓은 층계를 통해 돼지와 사

사진 421 앞 뒷간의 돼지집
두 마리의 돼지가 늘어지게 쉬는
중이다. 공중에 달린 함석통은
먹이 그릇이다.

람이 오르내린다.

사진 424의 우리는 타원형이다. 오른쪽에 ㄷ자꼴로 벽돌담을 두른 데가 뒷간이다. 지붕이 없기는 앞의 것들과 같다. 왼쪽의 지붕을 덮은 데가 돼지 집이다.

사진 425는 앞의 것과 대조적으로 기름하게 바닥 왼쪽에 우리를, 오른쪽에 뒷간을 배치하였다. 뒷간 담은 낮지만 한번 꺾어서 안이 드러나지 않도록 한 것이 눈을 끈다. 좁고 긴 틈 사이에 걸터앉아 똥을 누면(사진 426), 아래의 돼지가 다가온다. 왼쪽의 돼지 집은 지붕이 무너졌다.

무덤에서 나온 명기에는 다락식이 많지만, 오늘날의 산동성에는 평지식이 대부분인 점도 눈을 끈다. 산동성을 제외한 다른 지역의 사정이 어떤지 궁금하다.

사진 427은 우리에서 들어낸 거름을 길에 펼쳐서 말리는 모습이다. 사진 428에서는 우리에 깔아줄 짚이 비에 젖지 않도록 진흙을 덮어씌워 놓았다. 오늘날에도 거름을 아끼는 정성이 이처럼 지극하다.

그림 38은 중국 황토지대의 다락식 돼지뒷간에서 사람이 천장에서 내린 줄을 잡고 똥을 누는 장면이다. 이 줄이 있어 사람이 아래로 빠지지 않거니와, 한끝으로 밑도 닦았다고 한다(西岡秀雄, 1987 ; 40).

사진 422 돼지뒷간(산동성)
돼지집(왼쪽)과 뒷간(오른쪽) 사이에 좁은 우리를 마련하였다.
사진 423 앞 뒷간의 우리
우리 안쪽에 붙인 층계로 돼지와 사람이 오르내린다.

사진 424 돼지뒷간(산동성)
우리는 타원형으로, 왼쪽이 돼지집이고 오른쪽이 뒷간이다.

사진 425 돼지뒷간(산동성)
앞의 것들과 마찬가지로, 돼지집을 마련하였음에도
사람이 똥 누는데는 지붕이 없고 문도 달지 않았다.

사진 426 앞 뒷간의 똥 누는 자리
벽돌 틈 사이로 똥을 눈다.

사진 427 돼지우리에서 들어 낸 거름
나르는 수고를 덜기 위해 길에 펴 말리는 중이다.

사진 428 흙을 덮은 거름감
우리에 깔 짚이 비에 젖지 않도록 흙 반죽으로 덮었다.

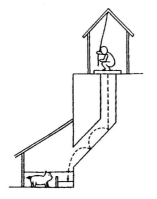

그림 38 다락식 뒷간의 손잡이 줄
아래로 떨어지지 않도록 줄을 잡은 채 똥을 누는 장면이다.

5. 절간의 뒷간

    불교의 선종(禪宗)에서는 똥·오줌을 누는 일도 수행으로 여겨서, 엄한 계율을 정하고 이를 지키려고 애썼다. 선종의 '선'은 "조용히 생각한다."는 뜻으로, 명상이나 좌선을 도를 깨치는 지름길로 여긴 데에서 왔다. 그리고 석가가 영상(靈山) 설법에서 말없이 꽃을 들자, 제자인 가섭(迦葉)이 그 뜻을 알았다는 것처럼, 직관적인 종교 체험을 중요시한다. 이심전심(以心傳心)과 불립문자(不立文字)를 종지(宗旨)로 삼는 것도 이 때문이다. 선종의 설립은 개조(開祖)인 달마(達磨)가 중국에 650년쯤 들어오면서 시작되었다. 당대(唐代)에 널리 퍼졌고, 송대(宋代)에는 신유학(新儒學)이라 불렸던 송학(宋學)의 형성에 큰 영향을 끼쳤다. 우리 나라를 비롯하여 일본과 동남아시아 일대의 불교에도 깊은 뿌리를 내렸다.

    선종에서는 깨끗함을 으뜸으로 삼는 '청규(淸規)'를 첫 손에 꼽았다. 따라서 뒷간 청소는 물론이고, 드나들 때 손이나 몸을 씻는 일에 까다로운 규칙을 정하였다.

    불전이나 법당을 중심 축으로 삼았을 때 동쪽의 건물을 동서(東序), 서쪽의 그것을 서서(西序)라 하였다. 이에 따라 동쪽의 뒷간은 동사(東司), 서쪽의 그것은 서사(西司)라 불렸으며, 뒤에 동사가 뒷간의 대명사로 남았다. 한편, 오산십찰(五山十刹)로 불리는 영은사(靈隱寺)나 만년사(萬年寺)의 가람배치도에는 불전 앞 한쪽 끝에 뒷간이 있다. 따라서 앞의 원칙을 모든 절에서 엄격하게 지키지 않은 듯 하다. 동사는 대변소인 정측(淨厠)과 소변소인 소견(小遣), 그리고 손을 씻는 장소인 정가(淨架) 등으로 구성된다.

선종에서는 뒷간을 설은(雪隱)이라고도 하였다. 이에 대한 유래담 두 가지 이다. 먼저 『공화집(空華集)』의 내용이다.

중국 절강성 영파부(寧波府) 봉화현(奉化縣)에 설두사(雪竇寺)라는 선산(禪山)이 있다. 진대(晉代)에 창건된 이 절은 송대(宋代)에 설두산(雪竇山) 또는 자성사(資聖寺)라 불렸으며 명승(名僧)이 모여들었다. (중략)

이들 중, 설두명각선사(雪竇明覺禪師)는 젊어 절강성 임안부(臨安府)의 설은사(雪隱寺)에 있을 때 뒷간 청소를 맡았다. 종문(宗門)의 조사(祖師)가 승문(僧門)에 처음 들어오는 이에게 시켰던 것이다. 그 선사가 설은사에서 왔던 까닭에 설은사의 소승(小僧), 곧 '뒷간(厠) 화상(和尙)'이라는 말의 은어로 뒷간을 설은이라 부르게 되었다. 이 절에서는 언제나 "깨끗이 눈처럼 희게 닦아라."는 뜻으로 설은(雪隱)이라는 편액을 걸어두었다. 이밖에 설두(雪竇)의 명각(明覺)이 영은사(靈隱寺)의 청소를 맡은 데에서, 설(雪)과 은(隱)을 따서 '설은'이 나왔다는 설도 있다(李家正文, 1988 ; 145~146).

다른 하나는 『사마경(沙摩經)』을 쓴 이가 주(注)에 붙인 내용이다.

옛적에 복주(福州)의 설봉선사(雪峰先師)는 언제나 다른 사람이 싫어하는 뒷간 청소를 도맡았다. 그리고 청소가 끝나면 그 안에 앉아서 수행하는 가운데 홀연 크게 깨달았다. 그가 숨어서 도를 깨친 까닭에 뒷간을 설은이라 부르게 되었다.

그림 39 당나라 금산사 뒷간 평면도
대표적인 선종계 절인 금산사의 뒷간 모습으로 출입구는 오른쪽 가운데에 있으며, 왼쪽 끝으로 물을 데우는 가마가 보인다. 이 평면은 일본 절 뒷간의 표본이 되었다.

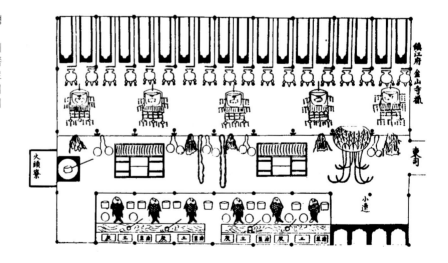

대표적인 선종 사찰로 손꼽히는 당나라 금산사(金山寺)의 뒷간(東司)은 4간 ×9간 규모였다. 그림 39에 나타난 대로, 출입문은 오른쪽에 있으며 가운데가 통로이고 오른편에 똥을 누는 18칸의 정측(淨厠)이 있다. 왼편의 소변소(8개소) 아래쪽에 손을 씻는 후가(後架)를 두었다. 이곳에 놓인 정통(淨桶)과 양쪽에 시설한 물 확도 보인다. 뒷벽에 흙·재·조두(澡豆) 따위가 담긴 상자를 붙였다. 이러한 양식은 일본 뒷간의 규범이 되었다.

당(唐)의 의정(義淨)이 지은 『남해기귀내법전(南海寄歸內法傳)』에 실린 대강의 내용을 보면, 뒷간 출입에 얼마나 큰 관심을 기울였는지 알 수 있다.

아랫도리에 세욕(洗浴)을 위한 치마를 입고 승복은 위로 걷어올린다. 병(觸瓶)에 물을 채우고, 뒷간에 올라가 문을 닫는다. 흙덩이 27개를 뒷간 밖의 돌 위에 두 줄로 나란히 놓은 뒤, 3개를 들고 뒷간으로 들어간다. (똥을 누고 나면) 먼저 왼손을 물로 닦고 뒤에 흙과 함께 씻는다. 주측(籌厠)은 밖으로 던지고 종이는 안에 버린다. 씻고(洗淨) 나서, 오른 손으로 옷을 내리고 그 손으로 병을 들고 나온다. 또는 병을 왼팔에 끼어도 좋으며, 오른손으로 문을 닫는다. 흙덩이가 있는 곳에 웅크려 앉아서 남은 17개의 흙덩이로 왼손을 씻고, 나머지 7개로 두 손을 닦는다. 병·팔·다리를 깨끗이 한 뒤에 간다. 물은 입에 넣지 말라. 방에 들어와 깨끗한 병의 물로 입을 헹군다. 똥·오줌을 눌 때는 대체로 이렇게 하고, 오줌의 경우는 흙 한 덩이로 손과 몸을 씻는다. 청정(淸淨)은 존경의 근본이므로, 소홀히 여기지 말라. 만약 깨끗지 않을 때에는 승방에서 삼보(三寶)에 예배하지 말라. 중은 먼저 반드시 뒷간을 깨끗이 하지 않으면 안 된다(권제2 便利之書).

이만저만 까다롭지가 않다. 손을 물에 씻는 것으로도 모자라서 흙덩이로 문지르라고 한다. 더구나 똥구멍을 씻은 왼손은 흙덩이 20개로 닦고, 나머지 7개로 다시 두 손을 문지르며, 오줌을 누어도 흙덩이 한 개로 국부와 손을 비빈다. 그리고 다시 방에서 물로 입을 헹구라는 것이다. 존경의 근본인 청정을 어기면 예배도 올리지 말라는 대목은 숙연한 느낌을 준다.

한편, 이 글의 흙덩이 수가 맞아떨어지지 않을 뿐 아니라, "주측을 밖으로 던지고 종이는 안에 버린다."는 부분은 이해가 되지 않는다. 절간의 승려들은 종이를 쓰지 않고, 측주(厠籌)로 뒤를 닦았기 때문이다. 그리고 쓰고 난 측주도 가지런히 모아두었다가 깨끗이 씻어서 다시 쓰는 것이 관례였던 것이다.

다음은 『곤니모경(昆尼母經)』의 내용이다.

뒷간에 드나들 때에는 마땅히 먼저 주초(籌草)를 들고 문 앞에 이르러 손가락으로 소리를 세 번 내어서, 안에 사람이 있는지 알아보아야 한다. 만약 측주가 없으면 (중략) 돌로 씻거나 푸른 풀이나 흙덩이로 닦는다. 부드러운 나무 껍질, 부드러운 잎이 달린 가지 등 무엇이나 이용한다. 측주는 쓰기 좋은 나무·대·갈대 등으로 만든다. 가장 긴 것은 손바닥, 짧은 것은 손가락 길이를 법식으로 삼는다. 이미 쓴 것은 잘 흔들어서, 깨끗한 것이 더러워지지 않도록 한다. 깨끗한 측주 가운데 가장 좋은 것을 골라 쓴다.

송의 무량종수선사(無量宗壽禪師)가 1209년에 낸 『입중일용청규(入衆日用淸規)』 가운데, 선승의 뒷간 출입을 설명한 부분이다.

똥·오줌을 누러 갈 때 옛 법식으로는 겉옷을 걸쳐야 한다. 수건을 왼팔에 걸고 허리띠를 풀어 횟대에 올린다. 겉옷과 옷을 벗어 잘 개킨 다음, 수건으로 묶어 한 끝을 일 척(尺)쯤 내려뜨려서 사람이 있음을 알린다. 뒷간에서 이야기를 나누거나 웃으면 안 된다. 밖에 있는 사람은 재촉하지 말라. 씻을 물(洗淨水)을 오른손에 들고 들어가라. 밖에서 신는 짚신과 뒷간의 것을 혼동하지 말라. 세정통(洗淨桶)을 앞에 놓고 손가락을 세 번 울려서 뒷간 아래의 귀신을 쫓아라. 몸을 웅크릴지라도 자세를 바르게 하며, 큰 소리를 질러서는 안 된다. 눈물을 흘리거나 침을 뱉지 말라. 옆 사람과 벽을 사이에 두고 이야기하지 말라. 오랜 청규(淸規)에 "다른 이가 밖에서 뒷간 문을 열 때에는 가볍게 손가락을 울려라. 함부로 소리를 내서는 안 된다. 쓰고 난 측주를 쓰지 않은 것과 함께 두지 말며, 뒷간에서 나올 때 물로 잘 씻는다. 이 때 주변이 젖지 않도록 하라." 일렀다. 물을 뒷간 바닥 구멍 양쪽에 뿌리면 안 된다. 왼손으로 닦으며, 엄지·검지·인지를 쓰지 말라. 측주는 여러 개 쓰지 않아야 한다. 옛 청규에 "목욕간의 물은 조금만 쓰고, 측주를 흔들지 말라."고 하였다. 쓴 측주는 씻어서 옆에 놓아라. 사람이 많을 때에는 뒷간에 오래 앉아 있지 않도록 하라. 정통(淨桶)은 본디 자리에 두어라. 젖지 않은 손으로 옷을 바로 잡아 바지 사이에 넣어라. 마른손으로 문을 열고, 오른손으로 통을 쥐고 나서라. 젖은 손으로 문이나 그 좌우를 만지면 안 된다. 오른손으로 세정(洗淨)하는 재와 흙을 집어라. 젖은 손으로 재를 집으면 안 된다. 침을 뱉어서 흙을 반죽하지 말라. 손을 씻고 나서, 조두로 씻되, 팔꿈치 부근까지 씻어라. 뒷간에 들어갈 때마다 진언(眞言)을 외어라. 물로 손과 입을 씻어라. 계율에는 오줌을 누고도 씻으라 하였다. 이 뒤 당(堂)으로 가서 좌선(坐禪)하라(西村惠信, 1986 ; 84~86).

수건의 한 끝을 내려뜨려서 있고 없음을 알린다는 내용은 산둥성의 관습을 연상시킨다. 우리네 쌍계사에서도 이렇게 하며, 신발을 바꾸어 신는 계율은 송광사에 딸린 불일암에서도 지켰다.

『좌휴(左觿)』에는 뒷간 규격까지 실려 있다.

대체로 뒷간 안의 높이는 6척 2촌, 너비는 3척 6촌, 문의 너비는 2척 4촌, 똥통의 안쪽
길이는 2척 5촌, 너비는 8촌 또는 7촌 5푼, 머리 쪽 깊이는 5촌, 바닥 널은 7∼8촌, 끝 쪽
의 깊이는 2척 5촌이다. 똥통의 왼쪽 땅은 1척, 오른쪽은 1척 8촌으로 한다. 이상의 척수
를 기준으로 삼는다.

냄새를 없애려고 여덟 모로 깎은 몽둥이를 뒷간 횃대에 걸어놓고, 나올 때 두
손을 문지른 곳도 있었다. 이를 향목(香木)이라 불렀다(☞ 밑씻개).

뒷간에는 담당자인 정두(淨頭)가 따로 있어서, 측주를 바꾸어 놓고 청소도 하
며, 물을 데우는 등의 일을 맡았다.

사진 429 **똥통을 메고 밭으로
가는 농부**
작물에 똥을 줄 때에는 오른쪽
통 위에 놓은 귀때 달린 나무 그
릇에 나누어 담는다.

6. 문헌 속의 뒷간

중국 역사상 가장 화려한 뒷간을 쓴 이는 진(晉)의 석숭(石崇, 249~300)이다. 유의경(劉義慶, 403~444)이 쓴 『세설신어(世說新語)』의 내용이다.

석숭의 집 뒷간에는 언제나 10여 명의 시녀가 늘어서서 시중을 들었다. 모두 화려한 옷을 입고 곱게 꾸몄으며, 안에는 갑전분(甲煎粉)과 침향수(沈香水) 등 갖추지 않은 것이 없었다. 또 일을 보고 나면, 새 옷을 주어 갈아입고 나오도록 하였다. 이에 손님의 대부분은(여자 앞에서 옷 벗는 것을) 부끄러워한 나머지 뒷간에 가지 못 하였다. 그러나 왕대장군(王大將軍)은 (뒷간에) 가서 입고 있던 옷을 벗고 새 옷을 입으면서도 기색이 오만하였다. 시녀들은 "이 손님은 반드시 모반을 일으킬 것이라." 소곤거렸다(汰侈 제30).

옛적의 옷은 넓은 데다가 축 늘어져서 벗지 않으면 똥·오줌을 누지 못하였거니와, 냄새가 옷에 배는 것을 막으려고 옷을 벗었다. 이 때문에 뒷간 출입을 "옷 갈아입는다(更衣)."고 둘러대기도 하였다.
이러한 관습은 송대(宋代)까지 이어졌으며, 그 뒤에는 웃옷만 벗었다.
『어림(語林)』에도 닮은 이야기가 있다.

유식(劉寔)이 석숭을 찾았을 때이다. 뒷간에 가자 진홍색의 깁 휘장을 드리운 커다란 침상에 매우 화려한 요가 깔렸고, 그 옆에 시녀 둘이 비단 향주머니를 들고 있었다. 그는 황급히 달려 나와 석숭에게 "조금 아까 당신의 방안으로 잘못 들어갔소이다." 하였다. 이

에 상대는 "그 곳은 뒷간이오." 일러주었다(주머니 안에 뒤를 닦는 측주(厠籌)가 들었다
는 설도 있다).

석숭은 발해(渤海) 남피(南皮, 오늘의 천진) 사람이다. 막내였던 그는 부모에
게서 큰 재산을 물려받지 않았지만, 천성적으로 이재(利財)에 밝아서 물방아(水
碓) 30여 틀에, 창고지기(倉頭) 300여 명을 둔 부자가 되었다. 당시에는 왕족과
귀족이 다투어 물방아를 차지할 만큼 이에서 나오는 소득이 컸다. 곡식 찧는 삯
이 그만큼 비쌌던 것이다.

그는 낙양 북서 금곡(金谷)의 별장에서 잔치를 자주 베풀었으며, 왕개(王愷)
등과 사치 경쟁도 벌였다. 초를 땔감으로 삼아 50리에 걸치는 비단 보장(錦步障)
을 만든 것도 그 가운데 하나이다. 따라서 뒷간에 시녀를 두고 옷을 갈아 입혔다
는 앞의 내용은 터무니없는 과장이 아닌 듯 하다. 그가 뒷간 바닥에 파리 날개를
더미로 깔아서, 똥이 떨어지면 날개들이 제풀에 날아올랐다가 내려앉도록 하였
다는 설도 있다. 파리 가운데에도 날개가 가장 작고 가벼운 놈을 잡기 위해 부린
종만도 수만 명이었다는 것이다. 그러나 이는 누가 지어낸 말일 터이다.

석숭의 이름이 얼마나 널리 퍼졌던지, 우리 나라에도 그에 관한 속담이 전한
다. "상하사불급(上下寺不及)이요, 이름만 석숭(石崇)이 되었다."는 내용이다.
두 절 개가 왔다 갔다 하다가 아무 것도 못 얻어먹듯이, 일을 벌여만 놓고 실속
을 거두지 못하였다는 뜻이다.

뒷간 냄새를 막으려고 코에, 말린 대추를 박는 풍속이 있었다.

동진(東晋)의 왕돈(王敦, 266~324) 장군이 공주에게 장가들었을 때, 뒷간에 말린 대
추를 담은 옻칠한 상자가 있었다. 본디 코를 막는 것이었지만, 그는 뒷간에도 과일을 차
려놓았다고 여기고 다 먹었다. 또 (뒷간에서) 나오자, 시녀가 물이 담긴 황금 대야를 들
고 있었고, 유리 주발에는 조두가 가득하였다. 그는 말린 밥으로 알고 물에 부어 마셨다.
시녀들은 모두 입을 가리고 웃었다(『세설신어』紕漏 제34).

왕의 부마가 된 장군이 뒷간의 대추를 입에 넣은 것을 보면, 이러한 관행은 널
리 퍼지지 않은 듯 하다. 조두는 팥과 녹두 따위를 갈아서 만든 비누의 하나로
우리 여인들은 신라시대부터 얼굴을 닦았다. 특히 조선시대에는 정월 첫 돼지날

에, 조두로 세수를 하면 얼굴이 희어진다고 여겼으며, 부자 집에서는 이 날 한 해 쓸 것을 미리 장만하였다. 여인네들의 애용 품인 조두를, 왕돈이 물에 부어 마신 것을 그의 잘못이라고만 할 수는 없을 것이다.

한편, 서한(西漢)의 무제(武帝)는 대장군 위청(衛靑)을 뒷간으로 불러 만났다. 뒷간을 집무실로도 이용한 것이다. 북송(960~1279)의 구양수(歐陽修)는 『귀전록(歸田錄)』에 "내가 평생 지은 문장은 대체로 삼상(三上)에서 이루어졌다."는 말을 남겼다고 전한다. 삼상은 마상(馬上)·침상 (沈床)·측상(廁上)으로, 뒷간이 창작실의 구실도 한 셈이다.

청의 학의행(郝懿行, 1757~1825)이 지은 『쇄서당필록(曬書堂筆錄)』의 내용이다.

신앙심이 깊은 어떤 부인은 뒷간에서도 그치지 않고 불경을 읊조린 까닭에, 복을 받아 뒷간에서 왕생 극락을 이루었다는 옛 전설이 있다. 이것은 지금 모범적인 교훈 설화가 되었다. 불교 쪽에서 중생을 깨우치려고 꾸며낸 이야기일 것이다. (중략)
『귀전록』에 전사공(錢思公)이 평생 독서를 즐겨서 앉으면 경사(經史)를 읽고, 누우면 소설을 읽고, 뒷간에서는 소사(小詞)를 뒤적거렸다는 내용이 있다. 또 "송공수(宋公垂)는 뒷간에 갈 때, 반드시 책을 끼고 들어갔으며, 낭랑하게 읽는 소리가 원근에 들렸다."고 사희심(謝希深)이 적었다고 한다.
나는 이를 읽고 매우 이상하게 여겼다. 뒷간에 들어가서 바지를 벗은 채, 손에 책을 들었다는 것이 좀체 이해가 되지 않는다. 아무리 학문을 즐긴다고 해도, 그렇게까지 하지 않아도 좋을 것이기 때문이다.
구공(『귀전록』의 저자)은 사희심이 "평생 글 짓는 장소는 대체로 삼상(三床)에 있다. 곧 말 위, 베개 위, 뒷간 위"라고 한 말에 대해, "아마도 이는 사색을 하는 데에 알맞은 장소라는 정도의 의미일 것."이라 하였다. 나는 오히려 이 정도의 말이 마음에 와 닿는다 (松枝茂夫 編, 1969 ; 283).

앞의 부인은 아마도 선종 계통의 절에 드나들었으며, 입측오주(入廁五呪) 따위의 글귀를 읊조렸을 가능성이 있다. "뒷간에서까지 공부를 할 필요가 있겠는가?"하는 저자의 말은 그럴 듯 하다. "삼상 운운"한 부분을, 다른 데에서는 구양수 자신의 말이라 하였으나, 이 책의 저자는 사희심이 적었다고 하여, 혼동을 일으킨다.

옛적의 뒷간은 매우 허술하였다. 황제의 첩이 뒷간에 갔을 때 멧돼지가 덮쳤다는 이야기가 그것이다.

질도는 양(楊) 사람으로 낭이 되어 효문제를 섬겼다. 효경제 때 중랑장이 되어 과감하게 직간하였으며, 조정 대신들을 눈앞에서 꺾어 눌렀다. 그가 효경제를 따라 상림원(上林園)에 갔을 때이다. 가희(賈姬)가 뒷간에 가자, 갑자기 멧돼지가 뛰어들었다. 효경제가 질도에게 구해 주라는 뜻으로 눈짓을 했지만, 그는 꼼짝도 않았다. 황제가 몸소 무기를 들자, 질도는 그 앞에 엎드려 말하였다.

"희 한 명을 잃으면 또 다른 희를 얻으면 됩니다. 천하에 어찌 가희 같은 여자가 없겠습니까? 폐하께서 만일 스스로 가볍게 여기신다면 종묘나 태후는 어찌합니까?"

황제는 몸을 되돌렸고 멧돼지도 달아나 버렸다. 이 소문을 들은 태후는 질도에게 황금백 근을 내렸으며, 황제는 그를 크게 썼다(『사기』, 혹리 열전).

사진 430 **똥통을 메고 가는 노인**
어깨에 멘 괭이 자루 한 끝에 똥통을 걸어놓은 슬기가 놀랍다. 이렇게 하면 괭이와 똥통을 함께 나를 수 있는 것이다. 왼손에 지팡이를 집고 있는 모습도 돋보인다.

7. 밑씻개

　종이가 없었거나 귀했던 옛적에는 뒤를 보고 나서, 측주(厠籌)로 닦았다. 이 것은 길이 20여 센티미터에 너비 5센티미터 그리고 두께 2~3밀리미터쯤 되는 나무 조각이다. 한 손에 쥐고 항문에 바짝 댄 다음, 한쪽으로 밀어서 남은 똥을 떨어내는 것이다 측균(厠箘)·측궐(厠橛)·측간(厠簡)·측간자(厠簡子)·정목 (淨木)·정주(淨籌)·주자(籌子) 등으로 불렀다.

　『철경록(輟耕錄)』에 "『북사(北史)』에, 제나라 문선왕이 술을 좋아하고 음탕 하며 방자한 행동으로 미친 듯이 포악하였다. 비록 양음(楊愔) 같은 선비가 정승 이었지만, 측주를 집어서 받들게 하였다."는 내용이 보인다(측주). 황제도 측주로 뒤를 닦은 것이다.

　송대(宋代)에 고향에 온 어떤 선사(禪師)에게 "무엇으로 법신(法身)을 깨끗이 하오리까?" 묻자, "뒷간의 주자(籌子)이다." 대답하였다는 기록도 있다. "어떤 선 사"는 선종에 딸린 중이었을 것이다.

　이 밖에 송의 담당(湛堂)이 스승이 밤중에 혼자 뒷간에 간 것을 알고 물통을 들고 따라 가자, "내가 옷을 벗은 뒤에 들어 오라."하여 되돌아 나왔다가, 조금 뒤에 주자(籌子)를 건네고 물통을 날랐다고도 한다. 육조(六朝)에서 송까지 똥을 누고 나서 우선 측주로 닦고, 물로 씻은 뒤에 옷을 입었음을 알리는 내용이다.

　측주는 불교와 함께 인도에서 들어왔으며, 절간에서 쓰다가 일반에 퍼졌다. 인도에서 측주가 나온 경위에 대한 설명이다.

수행 중의 행자들이 아무 데에서나 똥·오줌을 누는 까닭에 냄새가 심하였다. 이 사정을 석가모니에게 알리자, 다음 사항을 일러주었다고 한다.

   ◦ 뒷간에 들어가기 전에, 문을 손으로 세 번 두드릴 것. ◦ 땅에 독을 묻고 눌 것.
   ◦ 냄새가 새지 않도록 뚜껑을 덮을 것. ◦ 벽이나 널에 (똥·오줌을) 문질러 바르지 말 것.
   ◦ 돌·흙덩이·나뭇잎으로 닦지 말고 반드시 주목(籌木)을 쓸 것.
   ◦ 주목을 흔들어 털지 말며, 쓴 것과 쓰지 않은 것을 함께 두지 말 것.
   ◦ 물은 가까이 있는 작은 병의 것을 쓰며, 자기 물병이 있는 사람은 그것을 가지고 갈 것. ◦ 스님의 큰 병 물을 함부로 쓰지 말 것(今村鞆, 1928 ; 450).

이 가운데 "돌·흙덩이" 운운한 부분에 대해 설명할 필요가 있다.
일반에서는 측주 외에 이로써 밑을 닦기도 하였던 것이다. 『갑을잉언(甲乙剩言)』의 기록이 그것이다.

한 손님이 내게 "안평(安平)의 집에 갔더니, 종이를 쓰지 않고 남녀가 모두 기와장이나 조약돌로 밑을 닦는 것을 알고 구역질이 나고 더러워서 참기 어려웠다." 하였다. (중략) 그는 이어 "대가의 규수는 일반 속인과 달라야 하지 않겠는가?" 물었다. 나는 두 가지 이야기를 들려주었다. (첫째) 북제의 문선주가 뒷간에 가서 양음에게 측주를 가져오게 하였다. 이는 황제께서 쓰시는 것으로, 종이로 닦지 않았다. (둘째) 삼장률부선률사(三藏律部宣律師)도 뒷간에서 측주를 썼다. 이는 비구들이 뒤를 닦는 것으로서, 종이를 쓰지 않았다. 따라서 측주나 와력(瓦礫)도 마찬가지이다. (후략)

종이를 쓸 형편이 되는 부자 집에서 여인네들까지 흙이나 돌로 밑을 닦았다는 내용이다. 앞에서 든 대로, 흙과 돌을 이용한 승려들의 관습이 속인들에게 퍼지고, 이것이 오래 지속된 사실을 알리는 내용이다.
일반이 뒤지를 쓴 것은 원(元)나라 때부터이다. 유종제(裕宗帝)의 황후는 태후(太后)를 존경한 나머지, 뒤지도 뺨에 비벼서 부드럽게 한 다음 건넸다고 한다(『元史』 裕宗徽仁裕聖皇后傳).
중국 황제는 비단으로 밑을 닦았다. 사천(四川)에서 진상한 야생 누에고치로 짠 비단을 쓴 것이다. 명나라 효종(孝宗, 1488~1505)때 어떤 궁녀가 이를 아깝게 여긴 나머지, 주워 모아서 카텐을 만들었다. 이를 들은 황제는 진상을 중지시키고 다시 종이로 닦았다는 것이다(『五雜組』 권9 物部1).

8. 뒷간 지킴이

가. 이름

　뒷간 지킴이를 흔히 자고(紫姑)라 이르지만(그림 40), 곳에 따라 그리고 시대에 따라 여러 가지로 불렸다. '자고'는 6세기 중반에 양종름(梁宗懍)이 지금의 호북성과 호남성의 풍속을 적은 『형초세시기(荊楚歲時記)』에 처음 보인다. 이 밖에 귀리고고(鬼籬姑姑)·측고신(厠姑神)·표고낭신(瓢姑娘神)·칠고낭(七姑娘)·선고(仙姑)·여원(如願)·삼고금두부인(三姑金斗夫人)이라 한다. 또 대바구니를 신체로 받드는 고장에서는 청남고(請藍姑), 키를 받드는 양자강 하구 지역에서는 기고(箕姑)라 이른다. 강소성의 이름이 문각고랑(門角姑娘)인 것은, 그네를 문 앞에서 맞이하기 때문이다. 삼고금두부인은 똥의 빛깔이 금과 같은 데에서(그림 41), 갱삼고랑(坑三姑娘)은 똥통을 분갱(糞坑) 또는 마통이라 부른 데에서 왔다.

　당대(唐代)에 나온 『자고현이록(紫姑顯異錄)』은 자고를 실제 인물로 다루었다.

그림 40 자고신상
옥황상제가 뒷간 지킴이로 삼은 자고의 모습이다.

그림 41 삼고금두부인상
삼고금두부인이 금말(金斗)과 함께 등장한 것은 금과 똥이 같은 빛깔인 데에서 왔을 것이다.

자고는 내양인(萊陽人, 산동성)으로, 성은 하(河), 이름은 미(媚), 자는 여경(麗卿)이다. 수양현(壽陽縣, 산서성)의 이경납(李景納)이 시앗으로 삼았다. 본 부인이 정월 대보름날 질투 끝에 측간에서 죽이자, 이를 불상이 여긴 천제(天帝)가 뒷간 지킴이로 삼았다. 그네의 형상을 만들어 측간에서 제사를 지내고 점도 친다. 정성껏 받들면 누에가 잘 자란다고 하며, 그 모양으로 길흉도 알아낸다. 역대로 이어져 내려온 이 풍속은 당대(唐代)에 널리 퍼졌다.

한편, 그네의 영혼이 뒷간에 머물면서, 남편이 들어올 때마다 슬피 울며 칼과 병기로 위협을 하였고, 이를 안 측천무후(則天武后, 624~705)가 칙령으로 뒷간 지킴이로 봉한 뒤, 하늘에 고하자 옥황상제(그림 42)도 승낙하였다는 이야기도 있다(진기환, 1996 ; 313). 그러나 이것은 뒤에 붙인 이야기일 것이다. 이와 달리 송의 이방(李昉, 925~996)은 이름이 의의(依倚)라고 하였다.

뒷간의 정령은 의의로, 푸른 옷에 흰 지팡이를 들었다. 그네가 나타났을 때 이름을 부르면 사라지지만, 모르면 죽는다(『태평어람』 권 886).

그림 42 옥황대제의 상

18세기에 나온 『고금도서집성(古今圖書集成)』에는 척고(戚姑) 또는 칠고(七姑)로 등장한다.

당나라 민속에 정월 대보름날 척고신(戚姑神)을 맞는다. 한(漢)의 척 부인이 뒷간에서 죽었던 까닭에, 대체로 이 곳에서 맞이한다. 오늘날의 '칠고'는 소리 값이 척에 가까운 데에서 왔다(권26 歲功典 上元部彙考).

척 부인에 관한 유래담은 사마천(司馬遷, 서기전 135?~93?)의 『사기』에 있다.

서기 전 195년에 고조(高祖)가 죽고 영이 즉위하여 혜제(惠帝)가 되자, 여후(呂后)는 고조의 여러 왕자를 차례로 죽였다.

고조는 생전에 사랑했던 척 부인의 아들 조왕(趙王) 여의(如意)를 영과 바꾸어 황태자로 삼으려 하였다. 이에 여후는 먼저 여의를 독살하고, 척 부인의 손발을 자르고 눈알을 빼고 벙어리를 만들어 뒷간에 던진 뒤 인측(人廁)이라 불렀다(여태후 본기).

갱삼고랑(坑三姑娘)은 신선의 섬(仙島)에서 사는 운소(雲霄)·경소(瓊霄)·벽소(碧霄)의 세 자매이다. 상(商) 나라를 돕다가 전사한 오라비는 재물의 신인 조공명(趙公明)이다. 그의 원수를 갚기 위해 나섰던 셋은 혼원금두(混元金頭)와 금교전(金蛟剪) 따위의 무기를 써서 연승을 거두었지만, 원시천존과 노자가 법보(法寶)를 거두자 모두 죽어 봉신대(封神臺)로 올라갔다. 앞에서 든 혼원금두는 똥통을 가리키는 말로, 사람은 물론이고 천자나 성현도 이를 써야하는 만큼 갱삼고랑의 권한 또한 막강하다는 것이다(진기환, 1996 ; 314). 한편, 세 자매가 복수를 위한 전쟁에서 쓴 마법의 무기는 금으로 만든 한 말 들이 바가지(金斗)와 금으로 만든 가위였으며, 싸움에 지고 난 뒤 강자아(姜子牙)가 뒷간 지킴이로 삼았다는 설도 있다(G. 푸르너, 1984 ; 78).

나. 민속

『형초세시기』에 실린 자고를 받드는 절차이다.

육조(六朝) 송(宋)의 유경숙(劉敬叔)은 『이원(異苑)』에 이르기를 "자고는 본디 시앗으로, 본부인의 질투를 받아 정월 대보름 날 뒷간에 못 이겨 죽었다. 사람들은 이 날 그네의 형상을 만들어 맞으면서 "자서(子胥, 남편)도 없고 조(曹)부인(본 부인)도 떠났으니, 소고(小姑, 자고를 이름)는 어서 나오시오." 읊조린다. 뒷간이나 돼지우리 옆에서 맞을 때, 인형이 무겁게 느껴지면 그네가 온 것이다. "평원(平原)의 맹(孟)씨는 믿지 않았지만, 일찍이 이 날 맞으려하자 마침내 지붕을 뚫고 날아가 버렸다. 대체로 이 때부터 짓다가 실패한 옷을 뒷간에 매달아 두었다."고 하였다. 또 "제곡(帝嚳)의 딸이 죽음에 앞서 나는 생전에 음악을 좋아하였으니, 정월 보름에 옷을 가지고 맞아 달라는 유언을 남겼다."는 『통람(洞覽)』의 내용도 이를 가리킨다.

『잡오행서(雜五行書)』에는 측신의 이름이 후제(後帝)로 올라 있다. 『이원』에도 "도간(陶侃)이 측간에서 홑옷 차림에 평상책(平上幘)을 쓰고 스스로 후제라 일컫는 사람을 만났으며, 3년 동안 입을 다물면 부귀를 누리리라 하였다."는 구절이 보인다. 후제의 영으로 자고를 빙자한 것일까? 민간에서는 "뒷간을 반드시 깨끗이 한 뒤에 자고신을 맞이하라."고 이른다.

앞 책에 "대보름날 자고를 맞아 농사를 점쳤고, 정월의 양날(未日) 밤, 갈대 횃불로 우물과 뒷간을 밝히면 백가지 귀신이 달아난다."는 대목도 보인다.

북송(北宋)의 심괄(沈括, 1031~1095)이 쓴 『몽계필담(夢溪筆談)』의 '자고신' 내용이다.

옛적부터 정월 보름날 밤 자고라는 뒷간 지킴이를 맞는 습속이 있지만, 정월뿐 아니라 언제라도 좋다. 나는 젊었을 때 아이들이 장난 삼아, 신맞이 놀이를 하는 것을 보았다. 전부터 친척들이 자고를 모셨으나, 아무리 해도 돌아가지 않으려 하여 이 뒤부터 끊었다.

경우(景祐) 연간(1034~1037)에 태상박사(太常博士) 왕륜(王綸)의 집에서 자고를 맞았다가 신이 그 딸에게 내렸다. 그네는 스스로 상제(上帝)의 후궁이라 일컬으며, 훌륭한 문장도 지었다. 지금 세간에 유포되는 『여선집(女仙集)』이 그것이다. (중략) 왕륜은 나의 부친과도 오랜 교분이 있었고, 나 자신도 그의 자제들과 놀았던 까닭에 그네의 필적을 직접 보았다.

왕륜의 집에는 때때로 자고가 모습을 드러내었다. 상반신은 아름다운 여성의 자태였으나, 하반신은 언제나 구름에 가려 있었다. 쟁(箏)을 타는 솜씨가 뛰어나서 듣는 이에게 큰 감동을 주었다.

자고가 그 집 딸에게 "구름을 타고 나와 함께 놀자."더니, 마당에서 구름이 뭉게뭉게 피어올랐다. 딸이 발을 내어 딛었지만 구름을 탈 수 없었다. 자고는 "너의 신발 바닥에 더러운 흙이 묻었기 때문이다. 신을 벗어라." 하였다. 그네가 버선발로 오르자 몸이 비단을 밟은 듯이 가볍게 지붕 위로 올라갔다. 그러나 곧 떨어지고 말았다. 자고는 "너는 아직 멀었다. 뒤에 다시 오마."는 말을 남기고 사라졌다. 뒤에 그네가 시집을 간 뒤 다시 나타나지 않았고 집안은 태평을 누렸다. 이 일에 대한 상세한 기록이 있지만, 나는 목격자인 까닭에 여기에 대강을 적어 두는 것이다.

근년에 자고신이 내렸다는 사람이 많다. 대체로 문장이 좋고 시가도 잘 하며, 아주 뛰어난 사람도 있다. 나도 때때로 보았지만, 대부분 봉래적선(蓬萊謫仙)이라 자칭하며 병을 고치고 점도 잘 친다. 바둑 또한, 명인도 감당하기 어려울 정도이다. 그러나 영이(靈異)의 뚜렷함은 왕륜 집만 못 하였다(권2, 異事1 제36조).

목격자였던 심괄은 11세기의 자고 풍속을 손에 잡힐 듯이 그려내었다. 아이들이 장난 삼아 자고를 맞았고, 신이 내렸다는 사람들이 직업 삼아 병을 고치고 점을 치는 등의 주술행위를 하였다는 것이다. 이것이 부계(扶乩)로, 명·청 대에 널리 퍼졌으며 점쟁이는 계선이라 불렀다. 이들은 뚱통으로 가서 자고를 부른 다음, 신단을 쌓고 점을 쳤다. 명의 유동(劉侗)이 쓴『제경경물략(帝京景物略)』의 내용이다.

정월 대보름날 밤 자고라 하여, 짚 인형에 종이를 붙여서 흰 얼굴과 머리를 꾸미고 종이 옷을 입힌다. 이를 들고 서 있는 두 여자 앞에 말똥을 바치고, 큰북을 치면서 말똥 노래(馬糞香歌)를 부른다. 그리고 절을 세 번 올리면서 높이 뛴다. 인형이 옆으로 쓰러져서 일어나지 못하면 벌이 내린 것이다. 말똥은 뒷간 지킴이에게 바치는 선물이다(권2).

청의 저인확(褚人穫)은『견호비집(堅瓠秘集)』에 지킴이를 잘 받들어서 복을 받았다고 적었다.

절강성 천태현(天台縣)의 왕(王) 아무개는 뒷간 지킴이를 정성껏 받들었다. 어느 날 뒷간에 가자, 누런 옷차림의 여자가 나타나 "내가 지킴이입니다. 땅강아지와 개미가 말하는 것이 들립니까?" 물었다. 들리지 않는다고 하자, 입술 연지 같은 고약을 꺼내 그의 오른쪽 귀 아래에 발라주면서 "개미 떼를 보면 잘 들으십시오. 반드시 좋은 것을 손에 넣을 것입니다." 하였다. 이튿날 아침 주추 밑에 개미가 우글거리는 것을 보고 귀를 기울이자 "집안의 보물이 위험하므로 다른 곳으로 옮겨야 한다." 외침이 들렸다. 개미가 떠나기를 기다렸다가 그 곳을 팠더니, 백금 열 닢이 나왔다(권1).

그림 43 자고신맞이
한 여성이 문 앞에서 자고신을 맞이하는 장면이다.

자고의 이름만큼이나, 그네를 받드는 풍속도 곳에 따라 다르다(그림 43).

동북지방에서는 섣달 그믐날 밤(또는 정월 대보름날 밤), Y자 꼴의 작대기에 잡아맨 국자에 종이를 발라 인형으로 꾸민 귀리고고(鬼籬姑姑)를 받든다. 소녀 둘이 들고 뒷간·마구·돼지우리로 돌아다니는 가운데, 앞에서 향을 들고 가는 다른 아이가 이렇게 노래한다.

나귀 똥은 향기롭고 말똥은 구리다.
귀리고고여 축하합니다. 어서 오십시오.

집안으로 들어와 향을 사르며, 탁자에 말똥과 나귀 똥을 한 접시씩 놓는다. 지킴이가 내리면, 노인이 "올 농사가 잘 되겠습니까?" 물으며 노래를 부른다.

불마(不馬)의 똥은 향기롭고 말똥은 구리다.
귀리고고씨, 당신의 주인이 우물에
몸을 던졌습니다.
얼른 돌아가시오.

이 밖에 아들을 낳을 것인가 묻기도 하며, 인형이 흔들리면 소원이 이루어진 것으로 여긴다(永尾龍造, 1941 ; 524~526).

강소성에서는 깊은 밤, 쌀 바구니에 젓가락 한 쌍을 꽂고 여자의 모자·꽃·귀고리 등으로 꾸민 뒤, 큰 주발에 담긴 초에 불을 밝힌다. 이들을 두 남자 어린이가 각기 들고 문으로 가서 문답을 나눈다.

"큰아가씨는 집에 있습니까?"

"없습니다."

"둘째는요?"

"없습니다."

"셋째는요?"

"있습니다."

"그러면 가마를 타고 꽃등(花燈) 구경 갑시다."

"못 갑니다."

"왜요?"

"모자가 없어서요."

"내 것을 빌려 드리지요."

"꾸밀 옥이 없습니다."

"내가 빌려 드리지요."

"둥근 비녀가 없습니다."

"내 것을 빌려 드리지요."

"꽃 비녀도 없습니다."

"그것도 빌려 드리지요."

조금 뒤

"셋째 따님이여, 가마에 오르시지요."

"알았습니다."

그네를 맞으러 오면 문각고랑을 쌀을 뿌린 탁자 위에 놓는다. 양쪽에서 받드는 가운데 절을 올리며 한 해의 길흉화복을 묻고, 촛불이 다하면 되 돌려보낸다(永尾龍造, 1941 ; 529~531).

같은 성 송강(松江) 일대에서는 광주리(또는 키)에 여자용 모자를 씌우고, 가운데에 뼈로 만든 비녀나 젓가락을 꽂아 가마(轎)로 꾸민다. 이를 들고 뒷간으로 가서 향을 피우며 주문을 읊조린다. 선고가 오르면, 두 여자가 방으로 들고 들어가, 사탕이나 흑설탕을 깔아놓은 상에 내려놓는다. 이 때 젊은 여성은 남편 감이나 태어날 아이를 점친다. 호남성(湖南省) 일대에서는 표주박에 대 젓가락을 잡아맨 표고랑신(瓢姑娘神)을 받들며, 그네가 스스로 움직여 글씨를 쓴다고 여긴다.

근래에도 전국각지에서 해마다 정월 대보름날 밤, 술과 과일을 차리고 자고맞이(迎紫姑) 행사를 벌였다. 호남성 설봉(雪峰)의 산간 지역에서는 면사를 꼬아 만든 타래 위에 반 되 짜리 쌀통을 올려놓고, 옷을 입힌 칠고랑(七姑娘)을 세운다. 이를 뒷간에 놓고 제례를 올리며, 그네가 쌀 체에 앉기를 청한 다음, 어린 소녀 둘이 들고 나온다. 부녀자들은 소원을 읊조리며, 쌀통이 흔들리는 숫자로 응답을 점친다. 하남성 진주(陳州) 지방에서는 정월 초하루 날 밤중에 몰래 버드나무 가지를 땅에 묻었다가 대보름에 꺼낸 뒤, 국자를 잡아매어 칠고랑의 몸체로 삼는다. 이에 종이를 붙인 다음 입 코 따위를 그려 넣고, 문에 붙였던 문신 상을 옷 삼아 감아둔다. 사람이 비는 소원의 성취여부는, 국자가 흔들리는 숫자에 따라 판단한다(永尾龍造, 1941 ; 527). 운남성 석병(石屛)지방의 뒷간 지킴이는 칠고랑(七姑娘)이다. 머리는 표주박으로, 몸체는 복숭아나무나 버드나무로 꾸민다. 그네를 맞을 때 은종이를 사른다. 한편, 같은 성의 검천(劍川) 지역에서는 지킴이가 바보로 등장한다.

어느 날 지킴이가 안경 쓴 노인 앞에서 과자를 먹었다. 안경에 가려서 보지 못할 줄 알았던 것이다. 그러나 상대가 안경을 벗어 두고 나간 사이에 써 보았더니 뜻밖에 더 잘 보였다. 부끄러움을 못 이긴 그네는 마침내 퇴비 더미에 몸을 던져 죽었다. 정월 대보름 날 향을 사르고 노래를 부르는 가운데, 풀로 꾸민 인형을 들고 강가로 가서 물에 떠내려 보내는 것은 이 때문이다(李家正文, 1983 ; 149).

같은 성 미륵현(彌勒縣) 일대에서는 지킴이를 모시는 행사를 '모측과년(茅厠過年)'이라 부른다. 서른 살이 되기 전에 아이 셋을 낳으면 복이 많다고 여기는 주민들은, 애가 어려서 죽는 것을 지극히 두려워한다. 이 때문에 섣달 그믐 날 제일 비천한 뒷간 지킴이에게 세 아들의 장수를 비는 것이다. 부부가 술·고기·밥·반찬 등을 차린 상을 들고 뒷간에 들어가 꿇어앉아서 제주를 올리고, 고기와 밥을 각각 한 입씩 먹는 것으로 제례를 마친다(巫瑞書, 1972 ; 28~35). 이밖에 남편에게 꾸지람을 들은 여원(如願)이라는 여자가 분에 못 이겨 뒷간에 빠져 죽자, 사람들이 그네를 위해 정월 초 엿 세에 새끼로 인형을 만들어 똥통에 넣게 되었다는 민담도 전한다.

귀주성의 동족(侗族)은 정월 초하루부터 보름 사이에 남녀노소가 당(堂)에 모여 '칠조(七姐)' 노래를 부르며 지킴이를 모신다. 칠조로 분장한 사람은 양의 뿔을 잡아맨 머리띠를 두르고, 몸에 금속 장식을 주렁주렁 매단다. 상위에 놓인 넉 잔에 술을 붓고 종이돈을 태우면서 지킴이가 내려오기를 청한다. 한 사람이 노래를 먹이고 나머지가 받는다. 노래는 '일곱 선녀' 이야기에서 왔다. 인간과 결혼한 선녀가 하늘로 올라간 뒤 그네의 아이가 보름 동안 울자, 사람들이 하루 빨리 모자가 상봉하기를 바란다는 내용이다.

이 밖에 삼고금두부인(三姑金斗夫人)을 받드는 고장도 있다(그림 41).

한편, 장영(張英) 등이 1710년에 낸 『연감류함(淵鑑類函)』에 "뒷간 지킴이는 큰 돼지만 하다(厠神狀如大猪)."는 내용이 있다. 이는 단순히 모양이나 크기를 견준 것이 아니라, 돼지를 지킴이로 받들었을 가능성을 알리는 대목으로 생각된다. 돼지 자체를 지킴이로 여기는 일본 오키나와의 풍속은 이와 연관이 일을 듯 하다.

사람이 뒷간에서 넘어지거나 똥통에 빠지면 백 집에서 쌀을 얻어다가 떡을 해 먹는다. 이렇게 하면 지킴이가 다시 해코지를 못 한다는 것이다. 문화혁명 때 사상 개혁이 필요한 이른바 '오류분자(五流分子)'는 뒷간 청소를 시켜서 생각을 고치도록 하였다.

9. 뒷간 이야기

어린아이가 뒷간에 빠지는 것은 귀신의 장난 탓이다.

　우부풍(右扶風) 출신의 장중영(藏仲英)이 시어사(侍御史)가 되었다. 하인들이 식탁에 음식을 차릴 때 흙먼지가 일더니, 음식을 익히는 가마가 사라지고, 무기와 쇠뇌가 저절로 움직이는 일이 벌어졌다. 그리고 옷을 넣은 대나무 상자에 불이 붙어서 옷이 탔건만, 상자는 말끔했다. 어느 날 아침에는 아내와 딸과 계집종들의 거울이 한꺼번에 사라졌다. 며칠 뒤 거울이 집안에서 날아와 마당에 떨어지면서, "너희들에게 거울을 돌려주노라."는 소리가 들렸다. 또 그의 어린 손녀딸이 종적을 감추더니, 이삼일 뒤 뒷간 똥통에서 울고 있었다. 이 같은 변고는 한 두 가지가 아니었다.
　그가 여남현(汝南縣)의 허계산(許季山)에게 점을 치자, "푸른색 늙은 개와 내당(內堂) 하인 익희(益喜)가 벌인 일입니다. 개를 죽이고 하인은 고향으로 돌려보내십시오." 하였다.
　말을 따르자, 마침내 괴이한 일이 일어나지 않았다. 그 뒤 그는 태위장사(太尉長史)로 옮겼다가, 노나라 재상으로 승진하였다(간보, 1999 [1] ; 138～139).

뒷간에서 사람이 죽기도 한다.

　회계 사람 사봉(謝奉)은 영가태수(永嘉太守) 곽백유(郭伯猷)와 가까웠다. 어느 날 절강(浙江) 가에서 저포(樗蒲) 노름을 하던 곽백유가 상대와 다툰 끝에 수신(水神)의 노여움을 사서 강에 빠져 죽고, 자신이 그의 장례를 치르는 꿈을 꾸었다. 잠에서 깨자마자 곽백유의 집으로 가서 바둑을 두었다. 한 참 뒤, 그가 "내가 여기 온 뜻을 아는가?" 묻고 나서, 꿈 이야기를 들려주었다. 곽백유는 매우 슬픈 표정을 지으면서 말하였다.

"어제 밤 어떤 사람과 돈 문제로 다투었더니, 자네 꿈과 그렇게 맞아떨어질 줄은 몰랐네."

조금 뒤, 곽백유는 뒷간에 갔다가 쓸어져 숨졌다. 사봉은 이미 장례 준비를 해 가지고 왔던 까닭에, 꿈에서처럼 호상 노릇을 하였다(간보, 1999 [1] ; 504).

뒷간에 귀신이 깃들여 있다.

언릉(鄢陵)의 유량(庾亮)이 형주(荊州)에 군대를 주둔시켰을 때이다. 뒷간에 앉았노라니 갑자기 이상한 것이 꿈틀거렸다. 두 눈이 붉고 몸에 광채가 나는 방상씨처럼 생긴 괴물이 조금씩 똥 밖으로 몸을 드러내고 있었다. 그가 소매를 걷어붙이고 주먹을 휘두르자, 다시 똥통 속으로 들어가 버렸다. 그는 갑자기 병이 들어, 방술사인 대양에게 점을 쳤다.

"옛적에 소준(蘇峻)을 위해 백석사(白石祀)에 기도를 올리면서, 일이 잘 풀리면 소 한 바리를 바치겠다고 하였다가 지키지 않으셨군요. 귀신의 벌이 내려, 구해드릴 방법이 없습니다."

마침내 그는 이듬해 죽었다(간보, 1999 [1] ; 480).

남에게 까닭 없이 똥물을 끼얹었으면 벌을 받는다.

한(漢)의 음생(陰生)은 장안 위교(渭橋) 아래에 살았다. 시장에서 구걸하던 그에게, 어느 날 한 장사꾼이 똥물을 퍼부어 쫓았다. 그러나 얼마 뒤에 나타난 그의 옷에는 똥물 자국이 없었다. 한 관리가 감옥에 가두었지만, 감쪽같이 빠져 나와 시장으로 돌아다녔다. 다시 잡아죽이려 들자, 자취를 감추어 버렸다. 바로 그날, 아무 이유 없이 똥물을 끼얹은 상인의 가족 10여 명이 한꺼번에 목숨을 잃었다. 이 때문에 장안에 다음 노래가 나돌았다.

거지를 보거든
맛 좋은 술을 대접하게나.
집이 망하는 재앙을 면하려거든……(간보, 1999 [1] ; 51).

뒷간을 은신처로 삼는다.

오(吳)가 망한 뒤, 낙양으로 간 제갈정은 부친 제갈탄(諸葛誕)이 태조(太祖, 司馬 昭)에게 죽임을 당한 까닭에, 세조(世祖, 司馬 炎)를 만나지 않겠다고 맹세하였다. 세조의 숙모이자 낭야왕(司馬 胄)의 비는 그의 누이였다. 뒤에 세조가 제갈정이 그네의 집에 있는 것을 알고 만나러 갔으나, 뒷간으로 도망쳐 버렸다. 이로써 그는 지극한 효자로 널리 알려졌다(『세설신어』 방정 제5).

『자치통감』에도 닮은 내용이 있다.

돌연 난이 일어나 반란군이 조정에 몰려들자, 병(騈)은 측간에 숨었다(唐 僖宗 乾符 二年).

사진 431 똥을 귀때통에 담아 나르는 모습	사진 432 귀때통에 담긴 똥	사진 433 똥구기와 귀때통
이러한 귀때통은 적은 양의 똥을 나르기 편할 뿐 아니라 작물에 줄 때에도 다른 그릇에 딸아 부어야하는 따위의 수고를 덜 수 있어 편리하다. 손잡이 모습도 특이하다.	귀때통을 대 삼태기 위에 얹어 나르는 것이 눈을 끈다.	똥을 딸아 붓기 쉽도록 한쪽에 귀때를 붙였다.

10. 뒷간 속담

① 저승과 뒷간은 대신 못 간다.　　➡ 죽음과 똥누는 일은 남이 해 줄 수 없다.
② 뒷간 차지하고 똥누지 않는다.　　➡ 일부러 자리를 차지하고 내주지 않는다.
③ 뒷간에서 잠자다.　　　　　　　➡ 죽을 날이 가깝다.
④ 부춛돌에서 뒹굴다.　　　　　　➡ 스스로 죽음의 길을 찾아가다.
⑤ 뒷간의 돌은 구리고도 단단하다.　➡ 모질고 고집이 세다.
⑥ 머리를 뒷간에 틀어박다.　　　　➡ 큰 실수를 저지르다.
⑦ 뒷간을 지나면서도 마른 똥 한 줌을 줍는다. ➡ 욕심이 지나치다.
⑧ 똥 안 나온다고 뒷간만 원망한다.　➡ 안 되면 조상 탓한다.

③·④가 죽음과 연관된 것은 뒷간에서 사고가 자주 일어나는 데에서 왔을 것이다. ①은 불가피함을, ②는 심술을, ⑤는 굳셈을, ⑥은 잘못을, ⑦은 지나치게 인색함을, ⑧은 책임을 남에게 떠넘김을 이른다.

뒷간에 관한 말

① 측신(厠身) 교육계에 몸을 담다.　➡ 중간에 끼여들다.
② 측족(厠足)　　　　　　　　　　➡ 앞과 같은 뜻으로 쓴다.
③ 측소문학(厠所文學)　　　　　　➡ 뒷간의 낙서
④ 측소열(厠所熱)　　　　　　　　➡ 뒷간 짓기 붐

11. 호자 · 요강 · 마통

가. 호자(虎子)

(1) 어원

호자라는 이름은 오줌 그릇의 형태가 입을 벌린 범을 닮은 데에서 왔다. 주(周)나라 때에는 이를 위(위)라고 불렀다. 그러나 시대와 곳에 따라 혼동이 생긴 탓에 화저(花瀦) · 수자(獸子) · 요호(尿壺) · 익기(溺器) · 청기(淸器) · 설기(褻器) · 마통(馬桶) · 정(井, 통을 닮은 것) · 뇨호(尿壺) · 야호(夜壺) 등 여러 가지로 불렀다. 이 밖에 강소성과 절강성 일대에서는 입이 위에 달렸다고 하여 앙천뇨호(仰天尿壺)라고도 한다. 한편, 청나라 말기의 손이양(孫詒讓)은 『주례정의(周禮正義)』에 "한나라 때는 요강을 호자라 불렀다(盛溺器 漢時俗語)."고 적었다.

(2) 고대의 호자

전한(前漢)의 유운(劉韻)이 찬(撰)하고, 진(晉)의 갈홍(葛洪)이 편(編)한 『서경잡기(西京雜記)』에 "명산 북쪽에서 함께 사냥을 하던 이광 형제가 누워 있는 범을 보고 살 한 대를 쏘아 죽였다. 그 머리를 잘라 베개로 삼아 용맹을 보이고, 그 형태를 구리로 떠서 수기를 만들어 염욕을 나타내었다(李廣與兄弟共獵於冥山之北見臥虎焉射之一矢卽斃斷其髑髏以爲枕示服猛也鑄銅象其形爲溲器示厭辱之也)."는 내용이 있다(五).

송의 방원영(龐元英)이 쓴 『문창잡록(文昌雜錄)』과 『후청록(候鯖錄)』에도
닮은 내용이 보인다.

한의 이광이 범을 잡아서 해골을 베개로 삼고, 구리로 몸통을 떠서 오줌 그릇으로 쓴
데에서 왔다. 지금은 이를 호자 또는 호침(虎枕)이라 한다(謂李廣射臥虎 斷其頭爲枕
鑄銅象其形爲溲器 至今溲器謂之虎子或謂虎枕).

이로써, 한대에는 호자를 수기(溲器)라고도 하였음을 알 수 있다. '호침'은 베
개 삼아 베고 잔 데에서 왔다. 당시에는 대·소변기를 모두 호자라고 불렀으며,
소변기만을 호자라 부르는 것은 잘못이라는 주장도 있다.

『주례(周禮)』에 옥부(玉部)의 관원이 왕의 설기(褻器)를 들고 따라다녔다고 하였거니
와, 이는 청기(淸器, 소변기)나 호자(虎子) 따위일 것이다. '위유(楲竇)'의 '위'는 호자를
가리킨다. 옛적에는 대·소변 용기를 모두 호자라 일컬었다. 『설문(說文)』에서도 오늘
날의 마통이나 소변기를 모두 호자라 하였으며, 뒤에 소변기만을 호자라 부르게 된 것은
잘못이다. 옛적에는 소변기를 청기(淸器)라 불렀던 까닭에 뒷간을 행청(行淸), 설기를 청
기라 일렀다. 이 때의 청은 모두 오줌으로, 뒷간에서 누었던 것이다. 예컨대, 범초(范雎)
가 위제(魏齊)를 위하여 싸리발에 몸을 말고 뒷간에 숨었을 때, 들어오는 취객마다 오줌
을 누었다는 내용은 이를 가리킨다. 한(漢)의 장중영(臧仲英)의 집에 괴상한 일이 자주
일어났거니와, 세 살 짜리 손녀가 없어진 이삼일 뒤 청중(淸中)의 오줌 가운데에서 울고
있더라 하였고, (중략) 청은 용변을 위한 것이다(尙秉和, 1969 ; 106~107).

『예총사지(藝蔥私志)』에 "호자라는 이름은 산신(山神)인 인왕(麟王)이 범의
입을 벌리게 하고 오줌을 눈 데에서 왔다."고 하였으나, 이는 뒤에 꾸며낸 이야
기일 것이다.
한편, 앞의 『서경잡기』에 "한대에는 옥으로 만든 호자를 변기로 썼으며, 임금
의 궁궐 밖 거둥 때 시중이 들고 따라 갔다(漢朝以玉爲虎子以爲便器 使侍中
執之行幸以從)."는 대목도 있다. 시중이 된 소측(蘇則)에게 고향 친구인 길무
(吉茂)가 "호자를 들고 다니는 관리가 되었구나." 놀렸다는 이야기 그대로이다.
당시에는 시중을 '집호자(執虎子)'라고도 불렀다.
사람의 해골로도 호자를 만들었다.

춘추전국시대 말기에 한비(韓非, ?～234 서기전)가 쓴 『한비자(韓非子)』의 내용이다.

한(韓)・위(魏)・조(趙) 세 나라를 삼키려던 지백(智伯)은 한과 위의 군대를 합쳐서 할양(割讓)을 거절한 조나라 도읍을 에워 쌓았다. 그러나 속으로 원한을 품고 있던 한과 위는 조나라를 도와, 오히려 지백을 공격하여 사로잡았다. 지극히 미워한 조의 양자(襄子)는 그의 해골에 옻칠을 하여 호자로 썼다.

한편, 지백의 신하 여양(予讓)은 주인의 해골이 호자가 되었다는 소문을 듣고 탄식하였다. "남자는 자기를 알아주는 사람을 위해 죽고, 여자는 자신을 사랑하는 이를 위해 죽는다고 하지 않는가? 어떻게 하면 지백의 원수를 갚을 수 있을까?"

변장을 한 그는 조나라 양자에게 가까이 가서, 일부러 죄를 지은 뒤 노역형(勞役刑)을 받았다. 궁전의 뒷간 청소를 맡은 그는, 몰래 들어가 상대를 기다렸다. 그러나 원수를 갚지 못하고 잡히고 말았다. 이를 안 양자는 감탄하여 "참된 의사(義士)이자, 천하의 현인(賢人)"이라며 풀어주었다. 여양은 신분을 감추고 거리에서 비럭질을 하며 지내다가 자살하고 말았다.

한나라 초기의 유적으로 보이는 강소성 양주(揚州) 초가산(肖家山)의 무덤에서 칠을 입힌 호자(漆虎子)가 나온 것으로 미루어, 앞의 이야기는 사실인 듯하다. 특히 10세기 중엽, 오대십국(五代十國)의 각 나라 제후들은 금이나 은은 말할 것도 없고 산호・마노・호박 등으로 호화롭게 꾸몄다. 이 가운데에도 후촉(後蜀)의 왕 맹창(孟昶)이 가장 심하였다. 그를 사로잡은 송(宋) 태조가 칠보로 장식한 호자를 집어 던져 산산조각을 내면서 "너는 이것을 도대체 어디에 썼느냐? 쌀이라도 담아 두었다면 몰라도, 호자로는 사치스럽기 그지없구나." 호통을 쳤다고 한다. 같은 내용이 『조선왕조실록』에 전하는 것은 흥미롭다.

시도관(試讀官) 김치운(金致雲)이 아뢰었다. "사치는 바로 말세의 폐단인데, 신이 여염 사이의 천인들을 보니, 금실로 신을 만들고 있습니다. 옛날 송 태조는 한주(漢主)가 칠보로 호자(溺器)를 꾸민 것을 보고, 호자도 이와 같을진대, 어떤 물건으로 밥그릇을 만들었단 말인가? 하였습니다."(『중종실록』 25년 [1530] 2월 24일)

앞에서 든 대로, 산동성 기남에서 나온 화상석(그림 44)에도 호자가 들어 있다.

(뒷간) 바로 앞으로 남자용과 여자용 변기 두 개가 보이고, 한 소녀가 몸을 구부린 채, 비질을 하고 있다. 뒤쪽의 큰 용기에는 물을 길어두지 않았을까? 아침에 주인의 변기를 씻은 소녀가 주위를 청소하는 광경인 듯하다(林巳奈夫, 1996 ; 67~69).

그가 말하는 "남자용과 여자용 변기 두 개"는 어떤 것을 가리키는지 궁금하다. "왼쪽에 보이는 것은 대변용 변기인 청기(淸器)로 생각된다."고 하였다가(1976, ; 166), 물통이라고 뒤집었기 때문이다. '청기'는 뒤에 설명하는 마통(馬桶)의 한 가지이다. 그의 말대로 물통이 사실이라면 '변기 두 개'는 하인의 앞에 놓인 것일 수밖에 없다. 그러나 호자 앞의 것이 과연 변기인가, 그것도 여성용인가 하는 점에는 의심이 앞선다. 아무리 뜯어보아도 변기는 아니다. 더구나 이 같은 여성용 변기는 지금까지 나타난 예가 없다. '두 개의 변기'가 타당성을 얻으려면, 처음 소견대로 '물통'이 아니라 마통으로 보아야 할 것이다. 나머지 한 개의 용도가 무엇인지는 알 수 없다.

다른 의견도 있다.

그림 44 화상석에 보이는 호자 오른쪽의 목이 긴 그릇이 호자로, 한 여성이 허리를 굽힌 채 쓰레질을 하고 있다. 왼손에 쥔 것은 쓰레받기인 듯 하다.

뒷간 주변에 난간을 두르고 바깥쪽에 전을 깔아서 길을 만들었다. (중략) 뒷간 바깥에 큰항아리가 있고 소변기인 호자와 똥을 담는 행청(行淸)이 있다. 맹강(孟康)은 『사기(史記)』 만석군 열전(萬石君 列傳)의 집해(集解)를 인용하여 "유(窬)는 가운데에 똥을 받는 그릇이다. 동남지방에서 나무 가운데를 구유처럼 판 것을 이렇게 부른다." 하였고, 색은(索隱)은 "투(隃)는 행청 가운데의 똥을 받는 그릇(函)이다."라고 적었다. 그 옆에서 한 부인이 비를 들고 청소를 한다(손궤, 1991 ; 212).

"똥을 담는 행청"이란 오늘날의 요강을 닮은 그릇을 가리키는 듯 하다. 그러나 모로하시 데쓰지(諸橋轍次)는 『대한화사전(大漢和辭典)』에서 행청을 "뒷간"이라 새기고, 『병아(駢雅)』의 "행청은 똥 누는 데(行淸糞廁)"라는 내용(釋宮)을 덧붙였다.

또 다른 견해이다.

두건(頭巾)을 쓰고 허리띠를 착용한 사람이 서서 오른손은 뻗어 비를 들고 왼손은 손잡이가 있는 둥근 쓰레받기를 잡고 청소하고 있으며 그 앞에는 호자가 한 점 놓여 있다. 이 화상석 내용은 하인이 내실을 청소하는 정경으로 호자가 내실에 있는 점으로 보아 남성 묘 주인의 변기를 그린 것으로 추측된다(은화수, 1998 ; 62).

"호자 한 점"이라고 못 박은 것은 그럴 듯 하지만, 나머지가 무엇인지에 대해서는 설명을 달지 않았다. 청소를 '서서' 한다는 대목은 잘못이다. 주인공은 허리를 구부린 자세이다.

이제까지 알려진 가장 오래된 호자는 춘추전국시대의 것으로, 강소성 진강(鎭江) 간벽(諫壁) 왕가산(王家山)의 토광묘에서 나왔다.

기형(器形)은 앞쪽이 좁고 뒤가 넓은 타원형이며 구리로 만들었다. (중략) 앞으로 꿇어 엎드린 네 다리와 목에서 꼬리로 이어지는 호형(弧形) 손잡이는 따로 만들어 붙였다. (중략) 이 호자형 토기는 수기(水器)로 사용되었을 가능성이 많다. 현재까지 알려진 최고(最古)의 것으로 동주(東周)시대에 해당되며 길이 26.8센티미터, 너비 16.5센티미터이다(은화수, 1998 ; 65).

주둥이가 몸체에 수평으로 달린 점을 들어 "물그릇(水器)일 가능성이 많다."고 하였지만, 호자의 초기 형태로 보는 것이 좋다. 오줌을 눌 수 있을 뿐더러, 이와 같은 형태의 물그릇은 출토된 예가 거의 없기 때문이다.

호자는 한나라를 거쳐 서진(西晉)과 남북조시대에 강남지역에 널리 퍼졌다. 한대에 이미 칠(漆)·구리·도기·회유(灰釉)·녹유(綠釉)·흑자(黑磁) 따위로 만든 것이 나왔고, 오 나라 때는 청자 호자도 나돌았다. 이 가운데 대표적인 것이 '적오(赤烏) 운운' 하는 각명(刻銘)을 새긴 강소성 강녕(江寧) 조사강(趙士岡)의 소형 전실묘(塼室墓) 출토품이다(사진 434 · 사진 435).

(전략) 일반적인 호자와 다른 자세를 취하고 있다. (중략) 몸통에는 "적오십사년회계상우사원의작(赤烏十四年會稽 上虞師袁宜作)"과 또 다른 면에는 제의(制宜)라는 글자가 새겨져 있다. 적오 십사년(赤烏十四年)에 절강성(浙江省) 북부 상우(上虞)에 살던 도공(陶工) 원의(袁宜)가 만들었다는 내용이다. 길이 20.9센티미터, 높이 15.7센티미터, 구경(口徑) 4.8센티미터, 저경(底徑) 8.3센티미터이다(은화수, 1998 ; 69).

적오 14년은 서기 251년이다. 이 호자는 북경 역사박물관에 있다.

사진 434 3세기 중반의 호자
강소성의 원의가 251년에 빚었
다는 글이 새겨져 있다.

사진 435 앞 호자의 손잡이와
입모습

사진 434·사진 435는 이제까지 알려진 가장 우수한 청자 호자의 하나로, 입 좌우 양쪽에 날카로운 어금니를 박고, 잘록한 허리에 날개까지 붙였다. 통통한 넓적다리에 구름무늬를 깊이 새긴 것을 보면, 하늘을 나는 중인 듯 하다. 부릅뜬 눈과 벌름거리는 코, 입 주위에 난 수염 등 어느 한 구석도 소홀한 데가 없다(북경 역사박물관 소장품).

사진 436 청자 호자
입을 크게 벌린 채 이제라도 펄쩍
뛰어오를 듯한 생동감이 넘친다.

사진 437 앞 호자의 입모습

(3) 여러 가지 호자

사진 438 청자 호자
단단하게 뭉쳐있는 다리 근육과
몸통에 새긴 점선과 빗금이 알맞
은 조화를 보인다.
사진 439 앞 호자의 입모습
몸체에 비해서 너른 편이다.

사진 436·사진 437은 절강성 소흥(紹興)의 봉황산에서 나왔다. 몸은 통통하고 입은 크게 벌렸다. 눈·코·수염 따위가 뚜렷하며, 이마와 등 사이에 굽은 손잡이를 달았다. 날개가 달린 데다가, 네 다리의 근육이 단단하게 뭉쳐서 꿇어 엎드렸음에도, 이제라도 펄쩍 뛰어 오를 듯 하다. 몸통의 점선과 실선 그리고 뒷다리 쪽에 비스듬히 새긴 빗금 또한 생동감을 더해 준다. 길이 26.6센티미터, 높이 20.9센티미터로, 상해박물관 소장품이다. 앞의 것을 빼 닮은 사진 438과 사진 439는 더 사실적이다.

사진 440은 전형적인 원통형 호자이다. 표면에 아무 장식도 베풀지 않고, 입 주위에 두 줄의 선을 둘렀을 뿐이다. 주둥이와 몸체 사이에 반달 꼴 손잡이를 걸었다. 손잡이를 제외한 나머지 부분은 앞에서 든, 우리네 백제 및 고구려의 호자를 빼 닮았다(절강성 온주박물관 소장품).

이 같이 둥근 호자는 주로 4∼5세기의 동진(東晋)시대에 나왔다. 남조(南朝)대에 이르면 바닥이 조금 더 넓어지는 대신 키가 낮아진다. 그리고 주둥이의 각도는 70∼80도로 바짝 치켜든 모습으로 바뀐다(中國硅酸鹽學會, 1995 ; 296∼297의 도면).

사진 440 원통꼴 호자
우리네 삼국시대 호자를 빼 닮았다.

사진 441 **흑유 호자**
범의 형상이 약화된 근래의 호자
이다.

사진 442 **호자**
얼굴을 옆으로 돌린 모습으로 얼
굴에 장난기가 넘친다.

사진 441은 중국동북부(만주)에서 쓴 흑유 도제 호자이다. 앞의 것보다 바닥이 넓고 위는 좁으며 키가 낮아서 우리네 요강을 연상시킨다. 주둥이는 큰 편이다. ㄷ자 꼴 손잡이 뒤로 고리가 보인다.

사진 442는 옆으로 돌린 머리 쪽에 구멍을 내었다. 큰 귀를 축 내린 채 입을 크게 벌리고 눈을 부릅떴으나, 장난기가 넘친다. 목에서 꼬리까지 이어지는 넓적한 손잡이도 인상적이다. 몸통 아래로 여러 쌍의 곡선을 내리 그어서 얼룩덜룩한 무늬를 나타내었고, 귀와 수염도 빗금으로 표현하였다(절강성 온주 남계강 망형정 소장품). 이를 닮은 호자는 강소성 신기(新沂)의 동한묘(東漢墓)에서도 나왔다. 같은 유형의 호자에 대한 설명이다.

절강(浙江) 등지에서 나오는 동한(東漢) 시기의 유도(釉陶) 호자는 이가 드러난 범의 머리가 항상 왼쪽으로 90도 꺾여 있다. 등에는 평평한 손잡이가 달렸으며, 아래에 네 다리가 보이고 복부에 약간의 범 무늬(虎紋)를 베풀었다. 전체적인 모양은 위무(威武)와 흉맹(凶猛)이 넘친다(중국규산염학회, 1995 ; 299).

사진 443은 227년(天紀 元年)의 오(吳)나라 묘에서 나온 청자 호자이다. 무릎을 꿇은 네 발을 제외한 나머지 부분은 대담하게 생략하였다. 나팔을 연상시키는 주둥이를 길게 빼고, 끝에 두 줄의 선을 돌렸다. 손잡이에도 같은 간격으로 홈을 파서 쥐기 편하다.

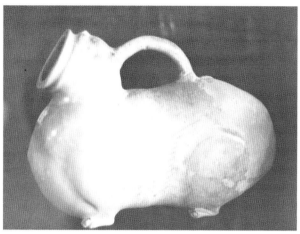

사진 444는 앙어깨와 넓적다리를 불룩하게 빚어서 힘이 솟아 넘친다. 항주의
절강성박물관 소장품이다. 사진 445 · 사진 446은 얼굴이 생략되고 입만 크게 벌
인 형태이다.

한 사람이 빚은 것처럼 빼 닮았다.

사진 443 청자 호자
3세기 중엽 오나라 무덤에서 나
왔다.

사진 444 호자
범의 형태 묘사가 뚜렷하지 않다.

사진 447 · 사진 448의 흑유 호자는 산동성 혜민현 위씨 장원 소장품이다. 고
개를 꺾어서 옆을 보는 어린 범의 귀 부위에 오줌 구멍을 낸, 매우 독특한 모습
이다. 형태뿐만 아니라 구실 또한 특별하다. 오줌을 누는 외에 호침(虎枕)이라는

사진 445 호자
얼굴을 생략한 대신 입을 강조하
였다.

사진 446 호자
앞의 호자를 빼 닮았다.

이름 그대로 베개로도 삼았기 때문이다. 머리가 닿는 부분을 평평하고, 조금 우묵하게 빚은 것도 이를 위해서이다. 오줌을 누는 그릇을 베고 자는 정서는 중국인 특유의 것이다. 뿐만 아니라, 명(明)의 재상이었던 엄분선(嚴分宜)은 금과 은으로 만든 팔등신의 여성 인형을 껴안은 채, 입에 자신의 성기를 넣고 오줌을 누었다고 한다.

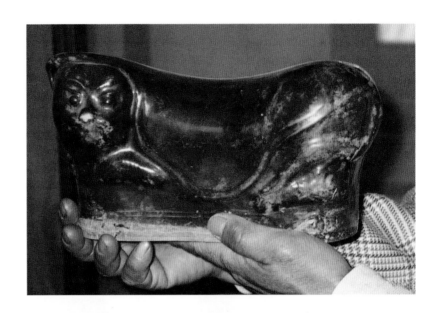

사진 447 **베개 겸용 호자**
새끼 범의 형태이다. 머리를 얹기 위해서 등의 가운데를 잘록하게 빚었다.

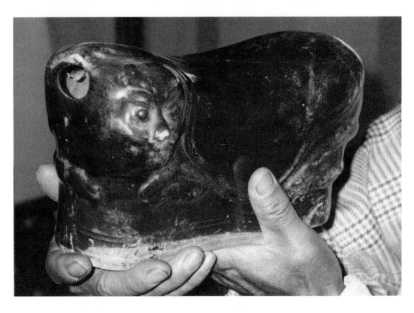

사진 448 **앞의 호자**
범의 귀에 해당하는 부분에 뚫린 구멍에 대고 오줌을 누었다.

사진 449는 절강성 소흥에 있는, 대표적인 현대 문학가의 한 사람인 노신(魯迅, 1881~1936)의 집 침실이다. 호화로운 침대의 오른쪽 아래에 호자가, 왼쪽 귀퉁이에 흔들의자의 일부가 보인다. 사진 450·사진 451은 앞의 청화호자 모습이다. 종래의 범 꼴에서 벗어나 육면체의 그릇으로 바뀌었다. 형태 위주에서 기능 위주로 탈바꿈한 것이다. 몸체 위 한쪽에 직각으로 붙인 네모꼴 주둥이는 아래로 내려가면서 좁아진다. 측면에 큼직한 꽃잎을 놓고 주위에 구름무늬를 둘러 꾸몄다.

사진 449 **침실의 호자**
호화로운 침실 아래에 호자가 놓였다(오른쪽).

사진 450 **호자의 옆모습**
근대식 소변기이다. 깔때기꼴의 주둥이가 인상적이다.

사진 451 앞 호자의 윗모습

나. 요강

(1) 여러 가지 요강

중국의 서민들도 우리네 요강을 닮은 오지 그릇을 썼다. 요호(尿壺)라는 이름대로, 주로 오줌을 누었지만 큰일도 보았을 것이다.

사진 452는 산동성 서하현(栖霞縣) 후채촌(后寨村)의 요강이다. 무엇보다 키가 높아서 무릎을 구부리지 않고 앉을 수 있다. 입 주위에 두툼한 입술을 붙여서 앉는 데에 불편이 없다. 좌우 양쪽의 귀는 손잡이 구실을 한다. 바닥을 볼록하게 빚어서 앉은 채 앞으로 숙일 수도 있다. 남녀 공용이다.

사진 453은 절강성 승주의 요강이다. 오지가 아닌 법랑 제품으로, 우리네 요강 그대로이다. 목이 잘록하고 입은 나팔 꽃잎처럼 퍼졌으며 아래에 굽이 달렸다. 더구나 몸통 가운데에 우리 꽃요강처럼 '희(囍)'자와 모란 꽃잎을 놓아 꾸몄다.

사진 454도 굽이 없는 것을 제외하면 앞의 것 그대로이다. 어린이용인 듯하다.

사진 455는 근래에 나온 플라스틱 제품이다. 몸통(붉은 색)과 뚜껑(연초록)의 빛깔을 달리한 것이 눈을 끈다. 값은 25원(元)이다(1999년).

사진 452 요강
두툼한 전을 마련하고 좌우 양쪽에 귀를 붙였다.

사진 453 요강
법랑 제품으로 쌍희(囍)자와 꽃무늬를 넣어 꾸몄다.

사진 454 요강

사진 455 플라스틱 요강

(2) 요강 속담

① 과부가 요강 보고 운다. ➡ 요강만도 못한 신세를 한탄하다.

② 당황하여 허둥대면 요강 깬다. ➡ 당황할수록 일을 그르치기 쉽다.

③ 같은 요강에 오줌 눌 수 없다. ➡ 의견이 맞지 않는다.

④ 요강 손잡이가 떨어졌다. ➡ 먹을 것이 없어 입에 거미줄을 치고 지낸다.

⑤ 요강이 삿갓을 썼다. ➡ 좋은 사람인척 한다.

⑥ 요강이 비행선을 탔다. ➡ 벼락 출세를 하였다.

요강은 냄새나고 하찮은 물건인 까닭에, 대부분 부정적인 뜻을 담고 있다. ③은 한 요강을 쓰는 부부에 빗댄 것이고, ①·④는 외롭거나 가난한 이의 신세한탄이고, ⑤는 속임수를, ⑥은 가장치 않음을 나타낸다.

(3) 요강 민속

요강에 귀신이 깃들인다.

예언사(倪彦思)는 오 나라 가흥(嘉興)사람이다. 어느 날 귀매가 집에 나타나 사람들과 이야기를 나누고 음식도 먹었다. 그러나 형체는 보이지 않았다. 어떤 노비가 몰래 예언사의 욕을 하자, 귀매가 일러바쳐서 큰 벌을 받았다.

귀매가 젊은 첩을 노리는 것을 안 예언사가 도사를 불러 쫓으려 하자, 음식에 뒷간의 생 똥을 뿌렸다. 도사가 맹렬히 북을 두드리며 여러 신을 불렀다. 이번에는 요강(伏虎)을 들고 피리를 불며 난동을 부렸다. 얼마 뒤, 등줄기가 싸늘해 진 도사가 벌떡 일어나 옷을 벗자 바로 요강이었다. 도사는 그대로 가버렸다(간보, 1999 [1], 339).

요강을 사람이 가까이 두고 쓴 데에서 나온 이야기일 터이다.

상전이 오줌을 눌 때, 요강을 들어대어 아부를 한 사람이 있다. 당(唐)의 장역지(張易之, 675~705)가 즉천무후(則天武后)의 총애를 받자, 송지문·염조은·심전기 등이 그의 요강을 받들었다는 기록(『당서』 宋之門傳)이 그것이다.

다. 마통

(1) 어원

마통은 똥·오줌을 누는 그릇이다. 마통이라는 이름은 이 위에 앉아 일을 보는 모습이 말을 탄 것을 닮은 데에서 왔다. 주로 나무로 만들지만 질그릇이나 함석 제품도 나돈다. 호자가 바뀌어 마통이 되었다는 설도 있다. 『항언녹쥬(恒言錄注)』에 "짐승 꼴의 오줌 그릇으로, 혹 구리를 말처럼(馬形) 빚어서 말 위에서 오줌을 눈 까닭에 마자(馬子)라고도 한다."는 내용이 있으나, 설득력이 적다. 요호(尿壺)·요항(尿缸)이라고도 하듯이, 본디 오줌 그릇이지만 때로 똥도 누었다.

송나라 태종의 여덟 째 아들인 조원엄(趙元儼)은 마통을 좋아하였다. 학의행(郝懿行)은 『귀전록(歸田錄)』의 내용을 그의 『쇄서당필록(曬書堂筆錄)』에 이렇게 옮겼다.

연왕(燕王)은 나무 마자(木馬子)에 앉는 것을 무엇보다 좋아해서, 한번 오르면 결코 내려오려 들지 않았다. 음식도 그 위에서 먹고 마셨다. 끝내 흥이 나면 앞에서 풍악을 울리게 하며, 종일 이렇게 지냈다고 한다.

이는 참으로 이상한 이야기이다. 변기 위에 앉은 채 마시고 먹고 음악을 들으며 즐겼다는 것은, 마치 원중(阮仲)의 손님들이 돼지 떼와 술판을 벌였다는 것에 못지 않다. 이는 인간의 도리를 버렸다고 할밖에 없는 것이다.

또 연왕의 아들은 태어날 때부터 낮에는 잠을 자고, 밤에야 일어나 움직였다고 한다. 참으로 이상한 인물도 있기는 있는 것이다(松枝茂夫 編, 1969 ; 283~284).

태종의 특별한 사랑을 받은 조원엄은 인종 때 태사(太師)가 되었다. 위엄이 있고 의연하여 아무도 범접치 못하였고, 천하의 사람들이 모두 우러러보았다. 그의 이름은 변방의 오랑캐에게도 알려졌으며, 어머니에 대한 효성 또한 지극하였다. 문장과 글씨가 함께 뛰어났다. 그의 아들은 화원군왕(華原郡王) 조윤량(趙允良)으로, 중서령(中書令)을 지냈다. 학의해의 말대로, 조원엄과 같은 인물이 과연 마통에 앉아서 저처럼 광적인 행동을 벌였을까? 하는 의문이 들기도 한다.

한편, 리노이에 마사후미(李家正文)는 주인공이 연(燕)나라의 한광(韓廣)이라고 하였다(1988 ; 133~134). 그가 전거(典據)로 『귀전록』을 든 것을 보면, 호자와 관련된 한광을 혼동하였음에 틀림없다.

(2) 여러 가지 마통

마통은 양자강 하류의 델타 지역인 강소성 남부와 절강성 북부 지역의 이른바 수향(水鄉)에서 주로 쓴다. 이 일대는 장강으로 흘러드는 많은 물줄기들이 거미줄처럼 얽혀서 예부터 상업이 발전하였다. 인구 증가에 따라 집이 많이 늘어난 탓에, 물줄기(運河)에 면한 상가에서는 아래층을 점포로, 이층을 주거용으로 썼다. 이처럼 대지가 워낙 좁아 뒷간을 세울 여지가 없어 마통이 등장한 것이다. "강남의 주거문화는 마통 문화"라는 말도 이에서 나왔다. 『몽량록(夢粱錄)』의 저자도 "항주성(杭州城)의 호구가 많지만, 대부분의 살림집에 뒷간이 없어서 마통을 쓴다. 이것을 아침마다 들고 나와서 청소부에게 건넨다."고 하였다.

마통은 중요한 혼수품의 하나였다. 흔히 바깥쪽에 붉은 색을 칠하고 복자(福字)를 쓴 종이를 붙인다. 색시는 혼인 때 땅콩·사탕·홍포(紅布)를 비롯하여 붉은 물을 들인 달걀을 담아 온다. 이를 신랑 쪽의 여성이 먹으면 일찍 시집을 간다고 하여 다투어 탐을 낸다. 처음 만든 마통에 어린아이의 오줌을 받으면 아들을 낳는다는 속설도 있다.

마통의 재료는 가볍고 뒤틀리지 않으며 파기도 쉬운 삼(杉)나무가 으뜸이다. 흔히 부부가 함께 쓰지만, 절강성 금화현(金華縣) 일대에서는 남녀용을 따로 마련한다. 이곳의 마통은 앞쪽이 넓어서 앉는 자리가 일정하나, 같은 성 온주(溫州)의 것은 테두리가 똑 같은(너비 4센티미터) 까닭에, 어느 쪽으로도 앉을 수 있다. 또 금화에서는 마통을 우리네 요강처럼 알몸 그대로 쓰지만, 온주에서는 반드시 의자 꼴 틀에 넣는다. 따라서 똥·오줌을 누기가 훨씬 편하다. 새벽이 되면 여자들이 마통을 들고 문 앞에 나가서 방울을 흔들고 다니는 청소부를 기다린다. 멜대 양쪽에 통을 건 청소부들은 마통의 똥·오줌을 받아서 작은 수레로 옮긴다.

마통처럼 둥근 나무통을 만드는 사람을 원목노사(圓木老司), 가구와 같이 평평한 것을 만드는 사람을 방목노사(方木老司)라 부른다.

사진 456·사진 457은 강소성 오강시(吳江市) 동리(同里)의 마통이다. 중상부를 불룩하게 깎은 쪽나무를 둥글게 세우고 쇠테를 둘러 고정시켰다. 입 주위가 안쪽으로 우긋하게 휘었지만, 두께가 워낙 얇아서 오래 앉기 어렵다. 아래쪽에 '평평한 통(平桶)'이라고 적었다. 겉에 칠한 붉은 색은 부부의 행복을 상징한다. 지름과 높이는 모두 29센티미터이다. 무게 2킬로그램에, 값은 250원(元)이다.

사진 456 마통
위를 안으로 우긋하게 휘어놓았으며 몸에 平桶이라고 적었다.

사진 457 앞 마통의 안 벽과 바닥
벽이 얇아서 앉기 불편하다.

사진 458도 같은 곳의 마통이다. 배가 조금 부른 원통형으로 입 주위에 쇠테를 두르고 둥근 쇠 손잡이까지 달았다. 약간 좁은 바닥에도 쇠테가 보인다. 옆에 꼭

지가 달린 뚜껑이 있다. 사진 459는 아침에 마통을 비우고 나서 씻은 뒤, 길가에 세워 놓고 말리는 모습이다. 사진 460의 통 안에 비스듬히 세운 것은 마통 청소용 비이다. 잘게 쪼갠 대오리 두어 줌을, 위는 모으고 아래는 펼쳐서 묶은 것으로 박박 문질러 닦는다. 사진 461도 같은 곳에서, 청소한 함석 마통을 엎어놓고 말리는 모습이다. 함석 마통은 가볍지만, 앉기는 불편하다.

사진 458 **마통**
대 비(왼쪽)로 말끔히 씻은 마통을 문밖에서 말리는 중이다.

사진 459 **마통의 바닥모습**
아침나절이면 어느 집에서나 이렇게 마통을 말린다.

사진 460 **마통과 비**
굵은 대오리의 한쪽을 모아서 묶고 다른 쪽은 퍼지게 만들었다.

사진 461 **함석마통**
함석마통은 가벼워서 다루기 쉽지만, 걸터앉기는 불편하다.

사진 462 **오물 탱크**
일정 구역의 주민들은 아침마다 마
통의 똥·오줌을 이곳에 버린다.

근래에는 마통의 똥·오줌을 청소부들이 나르는 대신, 주부들이 거리에 마련
한 탱크에 가져다가 붓는다. 사진 462가 오강 시의 탱크이다. 이를 냇가에 둔 것
은 마통 청소의 편의를 위해서이다. 탱크에 오물을 버린 뒤, 사진 463의 물가로
내려와 마통을 씻는다. 난간 위에 씻어 말리는 마통이 보인다(사진 464). 이곳에
서 빨래나 설거지를 하고, 배추 따위의 남새도 씻는다.

사진 463 **마통 청소**
한 부인이 오물을 탱크에 버린
뒤 마통을 씻고 있다.

사진 464 **씻어 말리는 마통**
난간에 올려놓고 말리는 중이다.

사진 465는 절강성 승주(嵊州)의 마통이다. 형태는 사진 458을 닮았지만, 이를
네모꼴 틀 위에 올려놓고 쓰고, 나무로 짠 뚜껑으로 덮는 점이 다르다. 이에 걸
터앉은 사람은 두 다리를 좌우 양쪽의 턱에 올려놓으며, 뚜껑 가운데 달린 꼭지

는 손잡이 구실을 한다.

더러 마통의 똥·오줌을 남의 집 벽 등에 몰래 쏟아버리기도 하는 까닭에 "대소변을 엄금한다(嚴禁大小便)."거나, "마통의 오물을 버리지 말라(禁止倒馬桶)."는 경고문을 써 놓는다(사진 466). 마통 쪽에 번뜩이는 감시의 눈까지 그렸다(사진 467).

사진 465 마통
사람이 마통에 앉을 때에는 발을 틀 위에 올려놓는다.

사진 468·사진 469·사진 470은 강소성 소흥(紹興)에 있는 노신(魯迅, 1881~1936)의 집 침실이다. 그는 중국의 대표적인 문학가의 한 사람으로 널리 알려졌다. 침대 오른쪽에 놓인 것이 마통을 넣는 궤이다. 가구처럼 짠 까닭에 뚜껑을 덮으면 우리네 머리장 그대로이다. 서민층은 알 마통 그대로 썼으나, 상류층에서는 이처럼 궤에 담아두었다.

사진 471·사진 472·사진 473도 같은 시에 있는 주은래(周恩來, 1896~1976) 고가의 침실이다. 그는 혁명가이자 정치가로 수상을 지내기도 하였다. 왼쪽으로 마통을 넣는 궤가 보인다. 등 받침은 물론, 팔 걸이까지 달린 고급품이다. 앉는 바닥에 대 오리를 걸어 놓은 것을 보면 평소에는 의자로도 쓴 듯 하다.

마통은 장강 유역뿐만 아니라, 뒷간이 없는 대도시의 아파트에서도 이용한다. 상해시(上海市) 일반 가정이 대표적이다. 시내 3400개의 공동 저장소(共同屎尿貯留所)에 똥·오줌을 모았다가 남새를 재배하는 근교의 농촌에 팔아 넘긴다. 1981년 현재 1톤에 1.82전이었다. 그러나 소주(蘇州)나 가흥(嘉興) 같은 데에서는 운반비가 먹히는 까닭에 1톤에 5.8원(元)을 받았다. 농촌에서 이 값을 치르기는 벅차므로, 정부에서 보조금을 낸다.

매일 아침 각 집을 돌며 마통의 똥·오줌을 모아서 손수레에 담아 나르는 전문 업자도 있다. 상해에서는 마통 한 통 당, 한 달에 14원(元)을 받으며, 50집에서 나오는 월수는 약 700원쯤 된다(齋藤政喜, 2001 ; 27). 이는 우리 돈 약 만원으로, 중국의 평균 월수인 1000원이 채 못 된다. 마통의 오물을 버리는 장소(倒糞處)에 "용변을 보지 말라."고 써 놓은 데도 있다(사진 474). 한편, 일반 도시의 시민들 가운데 마통 대신 한데뒷간을 이용하는 사람도 적지 않다.

사진 468 침실의 마통
우리네 머리장(오른쪽)을 닮은 나무 상자에 마통을 넣어둔다.

사진 469 마통 궤
겉모양은 침실의 가구를 닮았다.

사진 470 뚜껑을 열어놓은 모습
오른쪽이 마통 자리이다.
왼쪽에 작은 서랍을 붙였다.

사진 471 침실 내부
왼쪽의 의자처럼 보이는 것이 마통 궤이다.

사진 472 바닥에 대를 깔았다.

사진 473 깔개를 들어올린 모습

사진 466 경고문
"용변을 보지 말라"는 경고문으로
사람이 살지 않는 헌 집인 까닭에
더러 실례를 하는 모양이다.

사진 467 경고문
"마통의 똥·오줌을 버리지 말라."
고 적은 것으로도 모자라서, 감시
의 눈동자를 그려놓았다.

사진 474 마통의 오물을 버리는 곳
오늘날에도 대도시의 좁은 아파
트에서 사는 주민들은 화장실이
없어서 밤에는 요강이나 마통에
똥·오줌을 누고 아침에 이곳에
와서 버린다.

(3) 민속

마통은 임신을 촉진시키는 소도구로도 쓴다.

양자강 유역 및 남부 지역의 민속이다. 혼인 뒤 3년이 지나도 아이가 없으면 8월 보름에, 황금 빛 종이로 만든 마통을 든 남자와 어린 아이 옷을 입힌 뒤웅박을 든 여장 남자가 풍물패 앞세우고 그 집으로 가서 주인에게 건넨다. 부부가 마통과 뒤웅박을 가운데 놓고 잠을 자면 아이를 밴다는 것이다. 또 부서진 마통 한 조각을 빈방에 두고, 3년 동안 아침저녁으로 절을 올리면 어린이를 닮은 도깨비가 되어 공중으로 날아다닌다고도 한다.

마통이 임신과 연관된 것은 내외가 같이 쓰기 때문이다. 성행위를 나타내기도 하며, 뒤웅박에는 자손 번창과 장수 따위의 의미도 들어 있다.

어린아이의 머리털이 길게 자라면, 마통 뚜껑을 닮았다고 하여, 마자개(馬子 蓋)라 부른다(永尾龍造, 1942 ; 118・792). 이는 아이에게 천한 이름을 붙이면 장수한다는 민속에서 나왔다. "낡은 마통 주둥이 미끈거리고 속에서 냄새 난다 (古老馬桶口滑 臭)."는 속담은 나쁜 생각을 품고 있으면서 입에 발린 소리를 함을 빗대는 말이다.

12. 똥·오줌의 민속

가. 똥의 민속

(1) 어원

똥을 가리키는 분(糞)의 본디 글자는 卄·華·釆로 구성되었다. 이는 두 손(卄)으로 키 따위의 기구(華)를 들고 더러운 것(釆)을 밀어 없앤다는 뜻이다. 곧, 청소를 가리키는 말이다. 쓰레받기를 이르는 분기(糞箕)도 이에서 나왔다. 이 밖에 "두 손으로(卄) 밭에 흩뿌린다(推)."는 뜻으로 보기도 한다.

이에 대해 박지원은 『순자(荀子)』 경국편(經國篇)의 "집안을 청소하지 않으면 거름이 적어서 농사가 잘 되지 않는다."는 설명을 든 다음, "청소와 거름은 서로 관련된 것으로서 옛적에는 똥, 오줌(便, 尿)이라는 글자를 쓰지 않았으나, 후세에 와서 똥·오줌이 청소와 거름에 가장 긴요한 일이라 하여 분(糞)자를 똥·오줌의 대명사로 부르게 되었다."고 적었다(『과농소초』 糞壤).

(2) 똥 이야기

옛적에도 똥은 천한 사람이 치웠다.

사진 475 **개똥 삼태기**
대로 짠 바탕에 긴 손잡이를 엇걸어 붙여서 허리를 깊이 구부리지 않고도 개똥을 주워 담을 수 있다.

서진(西晉)의 왕평자(王平子)가 열 네댓 살 때이다. 형 왕이보(王夷甫)의 아내 곽씨는 욕심이 지나쳐서 하녀에게 큰길로 똥통을 메고 가도록 하였다. 왕평자가 이를 말리자, 크게 화를 내면서 "옛날 어머님께서 임종하실 때, 작은 서방님을 저에게 부탁하셨지, 저를 작은 서방님에게 부탁하신 것은 아니었소" 하면서 갑자기 그의 옷깃을 잡고 막대기로 때리려 들었다. 그는 겨우 벗어나 창문으로 도망쳤다(『세설신어』).

똥 누는 회수로 건강을 가늠하였다.

양(梁)의 임금은 오래 머문 염파(廉頗)에게 벼슬을 주지 않았다. 진(秦)의 공격을 받아 위기에 빠진 조(趙)의 임금은, 다시 그를 불러 쓰려고 사신에게 잘 있는지 보고 오라 하였다. 염파의 원수였던 양의 곽개(郭開)는 사신에게 여러 가지 험담을 퍼부었다. "원기가 좋고 식사도 잘 한다. 그러나 대좌(對坐)하는 동안 똥을 세 번이나 누는 것을 보면 늙었음에 틀림없다. 아무 쓸모가 없을 것이다." 이 때문에 그는 조나라로 돌아가지 못하였다 (『사기』 염파·인상여 열전).

똥으로 건강을 알아보았다.

춘추 전국시대에 월(越) 왕 구천(句踐)이 오(吳)의 인질이 되었다. 고국으로 돌아가고 싶은 그는 모든 굴욕을 참으면서 굽실거렸다. 오의 임금이 병에 걸리자 의사는 "똥 맛이 쓰면 낫고, 달면 낫지 않는다." 하였다. 범촉은 구천에게 "왕은 단지 감기에 걸렸을 뿐입니다. 당신이 그의 똥을 맛보겠다고 하면 신임을 얻을 것입니다." 일렀다. 그는 거짓으로 맛을 보는 척 하면서 "맛이 쓰므로 곧 나을 것입니다." 둘러대었다. 과연 그의 말대로 병이 낫자, 구천을 돌려보냈다.

한편, 이 소문을 들은 월 백성들은 명예를 잃었다며 크게 울었다. 문종 대부는 곰팡이 냄새 나는 음식을 먹음으로써, 나라의 치욕을 잊지 말자고 부추겼다. 크게 감동한 구천은 이후 이십 년 동안, 힘을 쌓은 끝에 오를 멸망시켰다. 곰팡이 냄새나는 음식을 즐기는 소흥(紹興)의 특이한 풍속은 이에서 나왔다(김인옥, 1996 ; 158~159).

제(濟)나라 유검루(庾黔婁)의 아버지가 이질에 걸렸을 때, 의원은 "똥 맛이 달면 병이 더하고 쓰면 차도가 있으리라." 하였다. 유검루가 맛을 보았더니 달았다. 그는 매일 밤 뜰에 나와 북두칠성을 향해 "아버지 대신 죽게 해 주십시오." 빌었다. 하늘로부터 "네 효성이 지극하여 수명이 다한 네 아비를 이 달 그믐까지 살려주마."는 소리가 들렸다.

똥은 해산과 연관이 있다.

신강성에 "소 옆에서는 아이를 낳기 어렵지만, 말 옆에서는 순산한다(傍牛難産 傍馬易産)."는 말이 있다. 이 때문에 1미터쯤 쌓은 말똥 위에 풀을 깔고 아이를 낳는다(永尾龍造, 1942 ; 246~247).

똥은 더러움의 상징이다.

동곽순자(東郭順子)가 장자(莊子)에게 물었다.

"이른바, 도(道)라는 것은 어디 있습니까?"

"어디고 존재하지 않는 곳이 없소."

그가 다시 물었다.

"한 곳이라도 지적해 보시오."

"개미에게 있소."

"어째서 그렇게 천한 것에 있소?"

"기장이나 피에도 있소."

"어째서 더 천한 것으로 내려가오?"

"기와나 벽돌에도 있소."

"어째서 점점 더 심해지오?"

"똥이나 오줌에도 있소."

이에 그는 아무 말도 못하였다(『장자』 지북편).

사람이 집짐승의 똥을 먹는다.

장산현(長山縣)의 금세성(金世成)은 방종하였다. 갑자기 중이 되어 미치광이처럼 행동하고, 더러운 것을 맛있다고 먹으며, 개나 양이 앞에서 똥을 누면 배를 땅바닥에 붙이고 먹어치웠다.

그가 스스로 부처님이라고 일컫자, 수천 수만 명의 아낙네가 제자가 되어 절을 올렸다. 그가 꾸짖으며 똥을 먹으라고 하여도 거절하는 이가 없었다. 큰 궁전을 지을 때에도, 제자들이 다투어 돈을 바쳤다.

그를 수상히 여긴 현령(南公)이 잡아서 매를 친 뒤, 궁성 안의 학교를 고치라고 명하였다. 이에 제자들이 "부처님이 난을 겪는다."고 나서자, 사람들이 돈을 모아 다 고쳤다. 돈 모으기가 무자비한 관리가 세금을 독촉하여 거두는 것보다 빨랐다(蒲松齡, 1966 ; 651~652).

똥을 약으로 썼다.

『위지(魏志)』의 주(注)에 똥물을 병자에게 마시게 함으로써 해독을 시켰다는 내용이 보인다. 명(明)의 이시진(李時珍)도 『본초강목(本草綱目)』에 "똥물인 황룡탕(黃龍湯)이 염병(瘟病)에 잘 듣는다."고 하였다. 이밖에 여러 의학서에 똥을 약으로 쓰는 처방이 있다.

개똥도 약이 된다.

순(舜)을 죽이려는 계모와 이복 동생들은 거짓으로 술자리를 마련하고 그를 불렀다. 그의 아내는 시집 올 때 가져온 약 상자에서 한 봉지를 꺼내 주면서 "이것을 개똥에 섞어 목욕을 하면 술을 아무리 많이 마셔도 탈이 없습니다." 하였다. 과연 상대가 권하는 대로 마셨지만, 취하지 않아 목숨을 건졌다(원가, 1992 [1] ; 421).

귀한 자손일수록 '똥 자식(糞土息)'이라 낮추어 불렀다. 『광동신어(廣東新語)』에 "똥으로 여자아이의 젖 이름(乳名)을 삼으면, 귀히 되리라 한다. 남아는 똥가(屎哥), 여아는 똥소녀(屎妹)라 부른다."고 하였다. 산동성에는 '작은 오줌(小溺子)'이라는 이름도 있다. 광동성 일대에서는 어린아이를 목욕시키고 옷을 입히기 전, 자물통을 아이의 허리에 채우는 시늉을 하면, 똥·오줌을 잘 누게 된다고 여긴다(永尾龍造, 1942 ; 409).

사진 476 똥구기
맨발의 농부가 똥구기를 들고 밭에 똥을 주려고 걸어가고 있다.

(3) 똥 속담

① 똥 덩이는 겉이 반들거린다.　　　　➡ 겉치레가 지나치다.

② 똥 무지에서는 영지가 나오지 않는다.　➡ 나쁜 환경에서는 큰 인물이 안 나온다.

③ 똥무지에서 영지가 난다.　　　　　　➡ 사람이 반드시 환경에 좌우되는 것은 아니다.

④ 똥더미에서도, 고기 속에서도 구더기가　➡ 환경이 나빠도 타락하고, 환경이 좋아도 타락 할 수
　　나올 수 있다.　　　　　　　　　　　　 있다.

⑤ 똥통을 물통으로 바꾸어도 냄새는 여전하다. ➡ 결점을 고치기 어렵다.

⑥ 똥통에도 귀가 둘 있다.　　　　　　➡ 세상일에 어둡다.

⑦ 썩은 흙으로 쌓은 담은 흙이 부슬부슬　➡ 뜻이 흐리멍덩하고 성품이 게으른 사람은 가르쳐도
　　하여 새벽질을 할 수 없다.　　　　　　 소용이 없다.

⑧ 개가 똥을 먹는다.　　　　　　　　➡ 지나치게 아첨한다.

⑨ 개가 똥을 물었다.　　　　　　　　➡ 남의 호의를 무시하다.

⑩ 개가 싸우는 것은 똥 때문이다.　　➡ 도둑은 훔친 물건 때문에 다툰다.

⑪ 개는 똥 먹는 버릇을 고칠 수 없다.　➡ 나쁜 본성은 바꾸지 못한다.

⑫ 개가 똥 더미를 파헤친다.　　　　　➡ 욕심이 지나치다.

⑬ 개똥도 밭을 거름지게 할 수 있다.　➡ 아무리 모자라는 사람일지라도 쓸모가 있다.

⑭ 말똥이 주인의 세력을 믿고 남을 깔본다. ➡ 심부름꾼도 주인의 힘을 믿고 날뛴다.

똥이나 이에 관련된 속담은 부정적인 것이 대부분이다. 겉치레 (①), 나쁜 환경(②·③·④), 결점
(⑤), 무관심(⑥), 게으름(⑦), 아첨(⑧), 무시(⑨), 하찮음(⑩·⑬·⑭), 나쁜 버릇(⑪), 탐욕(⑫) 등이다.

(4) 똥에 관한 말

분기(糞棋)　　　　　➡ 서투른 장기.

분불두(糞佛頭)　　　➡ 훌륭한 책에 엉터리 서문을 붙이는 일.

분상영(糞上英)　　　➡ 오랑캐 땅에 피는 꽃.

분소의(糞掃衣)　　　➡ 선승(禪僧)이 입는 해진 옷.

분토(糞土)　　　　　➡ 하찮은 것. 쓸모 없는 인간.

분토언(糞土言)　　　➡ 도리에 닿지 않은 비천한 말.

분토신(糞土臣)　　　➡ 절조 없는 부하.

분제(糞除)　　　　　➡ 스스로 몸을 닦아 깨끗함.

상분(嘗糞)　　　　　➡ 똥을 맛본다는 뜻으로, 남을 욕하거나 지나치게 아부하는 행위.

나. 오줌의 민속

(1) 어원

오줌을 이르는 요(尿)는 꼬리(尾)와 물(水)이 합쳐진 말이다. 꼬리는 몸의 아랫 도리인 까닭에, 이로써 오줌을 일컫게 되었으며, 뒤에 '모(毛)'가 떨어져 나가 요 (尿)가 되었다. 엉덩이(尸)에 물(水)이 합쳐져서 오줌을 가리키게 되었다는 설도 있다.

(2) 오줌 이야기

오줌은 해산과 연관이 있다. 문왕의 탄생 신화이다.

신이 듣건대 옛적에 태임(太任)이 아이를 배었음에도 변화가 없어 돼지뒷간(豕牢)에 서 오줌을 뉘었더니, 문왕(文王)이 태어났다고 하였습니다(『國語』 晉語 4).

이것은 오줌 누는 행위와 아이 낳는 일을 같은 것으로 본 데에서 나왔다. 오줌에는 신비한 기운이 있다.

호주(豪州) 백성 왕종간(王從簡)의 어머니가 방에 있을 때, 비가 내리면서 사방이 감 감해지더니 별안간 우레가 망치를 들고 날개를 떨치면서 들어왔다. 깜짝 놀란 그네는 요 강의 오줌을 끼얹었다. 우레는 마치 도끼에 베인 것처럼 몸을 되돌려 한사코 도망을 치 려 하였다. 그러나 결국 마당 한쪽에 나자빠진 채, 소처럼 울부짖었다.
이 때 하늘의 구름이 아래로 내려와서 처마와 같은 높이가 되며, 그 속에서 말이 슬프 게 울었다. 그리고 곧 비가 줄기차게 쏟아져서 우레가 뒤집어썼던 오줌이 씻겨졌다. 이 에 우레는 큰 소리를 내면서 가버렸다(蒲松齡, 1966 ; 665).

연(燕)의 이계(李季)는 자주 먼 여행을 떠난 탓에, 아내가 다른 남자와 붙었다. 언제인 가 그가 갑자기 돌아왔을 때 남자는 침상에 있었다. 당황한 여자가 어찌할 바를 모르고 쩔쩔매자, 하녀가 말하였다. "벌거벗은 채 머리털을 산산이 풀어헤치고, 문으로 뛰쳐나 가게 하십시오. 저희들은 못 본 것으로 하겠습니다."
남자는 급히 문밖으로 사라졌다. 이계가
"누구인가?"

문자, 집 안 사람들은 모두

"아무 것도 못 보았는데요."

잡아떼었다.

"내게 잡귀가 들어 붙었나? 어떻게 하면 좋지?"

여자가 말하였다.

"소·양·돼지·개·닭의 오줌을 머리에 뒤집어쓰면 달아날 것입니다."

이계는 오줌을 뒤집어썼다(後藤基已, 1968 ; 208).

개가 우물에 오줌을 눈다.

강을(江乙)이 소해휼(昭奚恤)을 비방하여 초왕(楚王)에게 말하였다.

"밤에 집을 잘 지키는 개를 사랑한 사람이 있었습니다. 어느 때, 그 개가 우물에 오줌을 누는 것을 근처 사람이 보았습니다. 개가 문 부근에서 그를 물려고 덤벼들자, 겁을 먹은 나머지 사실을 덮어두고 말았습니다. 위(魏)가 조(趙) 나라의 도읍인 감단(邯鄲)을 공격하였을 때, 만약 초의 군대가 나섰더라면 위의 도읍 대량(大梁)이 떨어졌을 터인데, 소해휼은 위의 보기(寶器)에게 뇌물을 주어 입을 다물게 하였습니다. 제가 위 나라에 있어 이 사실을 아는 까닭에, 소해휼은 언제나 제가 당신을 만나는 것을 꺼려합니다."(後藤基已, 1968 ; 144~145).

개가 우물에 오줌을 눈 것은 주위에 전을 두르지 않았기 때문이다. 중국에는 이러한 우물이 적지 않다.

강남 태호(太湖)의 어민들은 배의 고물에서 오줌을 누지 않는다. 호수의 주인이 노하여 고기를 쫓고 벌을 내린다는 것이다(김인옥, 1996 ; 242).

오줌을 약으로 썼다.

『신농식경(神農食經)』에 "오줌은 영천(靈泉)이다."는 내용이 있다. 진 나라의 시황제도 어린아이의 오줌을 불로장생의 약으로 썼다. 여러 의학서에도 겁이 많고 마음이 약한 병(怯懦病)을 비롯하여, 타박상·하루걸이·인사불성 등에 오줌을 먹이면 낫는다는 처방이 있다. 『본초강목(本草綱目)』의 저자는 사람의 오줌이 심한 두통, 목이 아픈 열병, 뼛속이 쑤시는 열병, 타박상, 뱀이나 개에게 물린데 잘 듣는다고 하였다. 이 밖에 아이의 오줌을 석회에 버무려서 바싹 말린 것을 원기를 돋우는 데에 썼다.

맥(貘)이라는 짐승은 쇠와 구리를 먹고산다. 따라서 잘못해서 쇠나 구리를 삼킨 사람이 그의 오줌을 마시면, 뱃속의 구리가 녹아 없어져서 탈이 나지 않는다는 이야기도 전한다.

어린아이에게 산모의 죽을 먹이면 오줌을 자주 누고 싶어져서, 손 쥔 것을 잘 떨어뜨린다. 또 어린이가 대낮에 불장난을 하면 오줌싸개가 된다고 겁을 준다(永尾龍造, 1942 ; 728).

(3) 오줌 속담

① 오줌을 누는 것도 달력을 보아야 한다. ➡ 지나치게 조심한다.
② 오줌을 누고 자신의 모습을 비추어 보라. ➡ 자신의 꼴을 살펴보아라.
③ 오줌을 눌 틈도 없다. ➡ 몹시 바쁘다.
④ 오줌 거품은 커도 무게가 안 나가고, ➡ 작은 사람도 큰 일을 한다.
　저울추는 작아도 천 근의 무게를 누른다.
⑤ 오줌도 자기 밭에 눈다. ➡ 지나치게 인색하다.
⑥ 오줌에 적신다. ➡ 울상을 짓는다.
⑦ 오줌꾸러미 ➡ 바보 같다.
⑧ 오줌 같다. ➡ 바보처럼 군다.
⑨ 개가 꽃에 오줌을 누며 좋아한다. ➡ 우쭐거리며 뽐낸다.

오줌에 관한 속담도 똥처럼 모두 부정적인 뜻을 지녔다.
소심함(①), 반성(2), 분주함(3), 과장됨(4), 인색함(5), 절망(6), 바보(7), 모욕(8), 거만(9) 등을 나타낸다.

13. 똥장수

중국에서는 일찍부터 똥·오줌을 거름으로 썼다. 『주례(周禮)』에 "동물의 뼈를 고아서 그 국물에 곡물의 씨를 담갔다가 거친 땅에 뿌리는 일을 분종(糞種)이라 이른다." 하였다(地官 草人). 이처럼 씨앗에 힘을 붙이는 일을 똥에 견준 것은, 당시에 이미 똥을 거름으로 쓴 사실을 가리킨다. 『한비자』에 "땅의 힘을 북돋우려면 반드시 똥을 주어야 한다(糞灌)."는 내용이 있으며(解老), 『예기(禮記)』 월령에 "똥은 모의 뿌리를 튼튼히 한다."고 적혔다. 『순자(荀子)』에도 "많은 똥이 땅을 거름지게 한다."는 구절이 보이고, 『한서(漢書)』에서는 똥을 주어 땅을 기름지게 하는 것을 분치(糞治)라 일렀다(서역전 상). 『정자통(正字通)』의 저자는 "오늘날 농부들은 똥이 (농사에) 근본이라고 여긴다. 이것은 능히 벼의 생육을 북돋운다."고 하였다.

박지원은 중국에서 거름으로 쓰려고 모은 말똥을 갈무리하는 광경을 이렇게 적었다.

우리 나라 인사들은 북경에서 돌아온 사람들을 처음 만나면 반드시, 이번 걸음에 구경한 제일 장관이 무엇이냐? 묻는다. 그리고 제일 장관을 차례대로 뽑아서 말해 보라 한다. 사람들은 제각기 자신이 본 것을 되는대로 지껄인다. (중략)

나는 본디 삼류 선비이다. 내가 본 장관을 말하리라. 깨어진 기와 조각이 장관이요, 냄새 나는 똥거름이 장관이더라. (중략)

똥오줌이란 세상에서 가장 더러운 물건이다. 그러나 이것이 밭에 거름으로 쓰일 때는 금싸라기같이 아까워한다. 길에는 버린 재가 없고 말똥을 줍는 자는 오쟁이를 둘레 메고 말꼬리를 따라다닌다. 이렇게 모은 똥을 거름 칸에다 쌓아두는데 혹은 네모 반듯하게, 혹은 여덟 모로, 혹은 여섯 모로, 혹은 누각 모양으로 만든다. 똥거름을 쌓아 올린 맵시를 보아 천하의 문물제도는 벌써 여기에 서 있음을 안다. 나는 말한다. 기와조각과 조약돌이 장관이라고. 똥거름이 장관이라고. 도대체 어찌 성곽과 연못, 궁실과 누각, 점포와 사찰, 목축과 광막한 벌판, 수림(樹林)의 기묘하고 환상적인 풍광만을 장관이라고 할 것이라(박지원, 1997 ; 132~136).

그의 실학자다운 면모가 여실하게 드러났다. "똥을 혹은 네모 반듯하게, 혹은 여덟 모로, 혹은 여섯 모로, 혹은 누각 모양으로 쌓는다."는 내용은 사람의 똥이 아니라, 마소를 비롯한 집짐승의 똥을 이른다. 오늘날에도 내몽골 지역에서는 땔감용을 이렇게 갈무리한다(사진 477 · 사진 478).

사진 477 모아놓은 땔감
내몽골자치구를 비롯한 유목민들은 말똥을 땔감으로 쓰기 위해 이처럼 한 곳에 갈무리한다.

사진 478 땔감 모습
대로 울을 두르고 쌓아 놓았다.

박제가도 닮은 글을 남겼다.

중국에서는 거름을 금 같이 아껴서 재를 길에 버리는 법이 없다.
말이 지나가면, 삼태기를 들고 따라 가면서 똥을 줍는다. 심지어 나귀나 말의 오줌이 스며든 흙까지 파간다.
도로 가에 사는 백성은 날마다 광주리와 가래를 가지고 모래밭에서 말똥을 가린다.
원체 많은 사람들이 주우니까 장정이 하루 종일 주워도 두 말이 못 된다.
(중략)
그로써 오는 해에, 곡식이 한 말 더 나온다는 것을 알았다. 그러니 날마다 한 말 곡식을 얻는다면 많은 양이 아닌가?

이 밖에 밭농사를 짓는 집은 수수깡과 잡초를 문 앞에 많이 펴놓아서 우마(牛馬)에 밟히고 수레에 굴려서 눈과 비에 젖게 하였다가 쌓아서 썩힌다.

이것이 시커멓게 되면 자주 뒤집어서 거름을 만드는데, 쌓아놓은 것이 모두 네모 반듯하다.

혹 세모로 혹 육모로 된 것이 큰 부도(浮屠) 같다. 또 그 밑을 파고 항아리를 묻어서 거름을 모은다.

그래서 큰 독에 거름 물을 담고 똥을 탄 다음, 막대기로 휘저어서 덩어리를 풀어 묽은 죽 같이 만들었다가 여름 낮에 긴 자루가 달린 바가지로 퍼서 모래밭에 덮어 뿌린다.

뜨거운 모래에 곧 말라서 동글납작한 것이, 잇(黃) 빛 떡 같으며, 저울로 달아도 별 차이가 없을 듯 하다.

이것을 부수어 가루로 만들었다가 채소밭에 쓰는 것이다(『진북학의』똥).

앞의 두 사람은 우리 농군들의 거름 모으기를 장려하려는 뜻에서 이 글을 쓴 것이다.

다음은 1868년 11월 1일 항주만(杭州灣) 영파(寧波)에 상륙한 리히트 호펜(Richt Hofen)이 남긴 기록이다.

농가 앞으로 가면 어디든지 거름통이 나란히 있다. 농민들은 매우 값진 똥·오줌을 썩히려고 통이나 항아리 안에 모아 둔다고 한다. 길가에 나란히 있는 작은 집들의 창은 도두 열려 있다. 지나가는 사람들은 주인들로부터 "선생님! 근처 밭에 줄 오줌을 한번 누어 주시오" 하는 소리를 듣게 마련이다. 어떤 경우에는 잡아끌기도 한다. 일본 보다 더 지독한 모습이다. (중략) 이는 분명히 중국인이 고상한 품성을 잃은 증거이고, 더러움을 느끼는 귀중한 성품을 망가뜨린 증거이다.

17세기초 『오잡조』의 저자도 "양자강 이북에서는 겨우내 모아 두었던 똥을 햇볕에 말리는 까닭에 더럽기가 그지없다. 이를 똥에 섞어서 거름으로 내기 위해서이다. 또 양자강 이남의 각 도시 가정에 뒷간이 들어선 것은 똥·오줌을 근교의 농촌에서 농작물과 바꾸기 위해서였다."고 하였다. 똥을 말리는 작업은 개인뿐만 아니라 사업 삼아 벌였으며, 그러한 사람이나 장소를 '분폐자(糞弊子)'라 일렀다. 이를 오늘날의 말로 바꾸면 '거름 도매 업자'가 된다. 똥·오줌이 상품으로 바뀐 것이다.

업자들은 대도시의 똥·오줌을 배에 실어 농촌으로 날랐다. 모스(E. S. Morse)의 설명이다.

상해시 교외의 농촌에서는 긴 막대기 양끝에 뚜껑이 없는 통을 하나씩 매달고 어깨에 짊어지고 다니는 사람들이 눈에 띤다. 이들 뒷간 청소부들은 매일 일정한 곳으로 돌아다닌 뒤, 운하의 둑으로 가서 거룻배나 이를 닮은 배에 똥·오줌을 쏟아 붓는다.
배는 시골의 논밭으로 간다. 아무렇게나 담은 탓에 가끔 오물이 배에서 흘러 넘치기도 한다. 운하는 물의 흐름이 없거나, 있다고 하여도 물살이 세지 않은 까닭에 흘러 넘친 똥이 두껍게 쌓여서 항상 녹색과 노란 색을 띤다. 그런데도 사람들은 이 배 옆에서 운하의 물을 퍼가다 식수로 쓰고 요리도 한다(모스, 1893 ; 171).

송 나라 때에는 똥·오줌을 치는 사람을 경각두(傾脚頭)라 불렀다. 이들은 일정한 구역 안에서만 거두었으며, 침범을 당한 경우 소송을 걸기도 하였다. 배설물은 곧 돈이었기 때문이다(이재정, 1999 ; 279).

사진 479 **똥통과 구기**
무게를 줄이려고 손잡이를 대를 구부려 달았다.
사진 480 **똥통을 나르는 모습**
오늘날에도 똥·오줌은 좋은 거름으로 쓰인다.

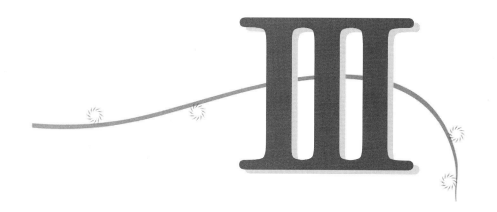

일본의 뒷간

1. 뒷간의 어원

가. 가와야(河屋)

8세기에는 뒷간을 '가와야'라 불렀다. "물(河) 위의 집(屋)"이라는 뜻이다. 이는 뒷간을 도랑(川) 위에 짓고, 똥·오줌을 물에 흘려보낸 데에서 왔다(그림 45). 712년에 나온 『고사기(古事記)』에도 이러한 뒷간 이야기가 있다.

천황(天皇)이 아내 감을 찾고 있을 때, 오오쿠메노미코토(大久米命)가 나섰다. "신의 딸이라는 훌륭한 처녀가 있습니다. 미시마(三嶋)의 미조쿠이(湄咋)의 딸 세야다타라히메(勢夜陀多良比賣)의 용모에 반한 미와(美和)의 오호모노누시노 카미(大物主神)는 그네가 똥을 눌 때, 붉은 화살(丹塗矢)이 되어 개울을 따라 흘러 들어가 음부를 찔렀습니다. (중략) 그네가 화살을 침상 곁에 두었더니, 곧 미남자로 바뀌었습니다. 이들 사이에 태어난 딸이 호토타타라이스스키히메미코토 (富登多多良伊須須岐比賣命)입니다. (중략) 이로써 그네를 신의 딸이라 합니다."(중, 神武天皇).

그림 45 가와야 상상도
흐르는 물 위에 나무 틀을 세우고 그 위에 앉아서 똥을 누었다. 오물은 흘러 내려가는 도중에 자연히 정화되었다.

한 여인이 내에서 똥을 누다가 남자와 눈이 맞았고, 둘 사이에 태어난 딸이 천황의 아내가 되었다는 것이다. 흐르는 물을 거슬러 올라가 여인의 음부를 찌른다는 착상은 기발하고 충격적이다. 우리네 젊은 남녀가 방앗간을 밀회의 장소로 삼았듯이, 일본에서는 들의 뒷간에서 사랑을 맺은 셈이다.

같은 책에 "아침에 형이 가와야 (厠)에 갔을 때, 기다렸다가 팔다리를 잡아 비틀어 거적에 싸서 던졌습니다(朝署入厠之時 待捕掖批而 引闕其枝 裏薦投棄)."는 대목(중, 景行天皇)도 있다. 물위의 뒷간에서 똥을 누고 있었던 까닭에, 제대로 대항을 못 한 것이다.

　10세기 중반에 나온 『왜명유취초(倭名類聚抄)』에서도 측(厠)을 '가와야(波加夜)'로 새겼다. 한편, 12세기초의 『금석물어집(今昔物語集)』에 "가와야는 비예산(比叡山)에서 수도하는 중이 드나드는 뒷간의 똥"이라는 내용이 보인다. 이것은 일본에 와서 이 산에 머문 천축(天竺)의 뎅구(天狗) 고사와 관련이 있다. 횡하(橫河)의 물이 스스로 제행무상(諸行無常)을 읊조리는 것을 본 그가 "이 물이 비예산의 뒷간으로 흐르는 까닭에 뒷간의 똥까지도 법문을 안다."며 놀란 데에서 나왔다는 것이다. 아닌게 아니라, 뒷간 출입을 "관음(觀音)에 간다." 또는 "고야(高野)에 간다."고 둘러대기도 한다.

　이 뒷간은 1945년 이전까지 진언종(眞言宗)의 총본산(總本山)인 와카야먀현(和歌山縣) 고야산(高野山) 금강봉사(金剛峰寺)의 숙방(宿坊)에 있었다(그림 46). 계곡의 물을 대나무 통으로 끌어서 뒷간 밑으로 흘러나가게 한 것이다. 똥·오줌은 물과 함께 유전천(有田川)으로 흘러 내려갔다.

그림 46 **고야산의 뒷간**
우물물을 끌어서 부엌의 물통에 가두었다가 똥을 눈 뒤, 흘려보내는 구조이다. 똥은 내(川)로 나가도록 하였다.

부엌　뒷간

물이 흐르는 방향

물통

우물

대통

내

뒷간 내부

물이 흐르는 방향

이 밖에 가와야에 대한 몇 가지 설이 있다.

첫째, 몸채 곁에 세운 건물(側屋)의 뜻이다(『和訓栞』·『大言海』).

둘째, 번갈아 드나드는 집(交屋)의 뜻이다(『萬葉代匠記』·『萬葉考』).

셋째, '가와'는 똥이라는 말이다(『海錄』).

넷째, '냄새나는 집(臭屋)'이라는 말이다(『三樹考』).

이 가운데 가와야가 몸채 옆 건물이라는 주장을 편 『대언해』의 저자는 "내가 없는 데에서는 똥을 어떻게 누었을까?" 덧붙였다. 설득력 있는 주장이다.

한편, 중국 남부 및 타이와 인도네시아 등지의 동남아시아 주민들이 내나 물 위에서 똥을 누는 것을 들어, 가와야는 논농사를 짓는 남방에서 들어왔다고도 한다(北見俊夫, 1994 ; 20). 말레이시아에서는 "뒷간에 간다."는 말을 "내에 간다."고 이른다.

뒷간은 이 밖에 세친(雪隱)·도오스(東司)·고우까(後架)·데아라이바(手水場)·오데아라이(御手洗)·고후죠(御不淨)·칸죠(閑所)·하바까리(憚り)·벤죠(便所)로도 불렸으며, 오늘날에는 주로 도이레(トイレ)라고 한다.

이들의 유래는 다음과 같다.

나. 세친(雪隱)

세친은 중국의 선종 사찰에서 나왔으며, 일본에는 중세 이후에 퍼졌다(☞ 중국, 뒷간의 어원). 그러나 본디 일본 이름으로, 한자의 음을 빌려 적은 것에 지나지 않는다는 주장도 있다.

(전략) 아하(阿波 ; 德島縣)의 산간 마을에서는 집밖에 있는 어른용 뒷간을 '센야'라 부르며 한자로 '背戶'라 쓴다. 이는 '집 뒤(屋後)'라는 뜻이다. 이와테현(岩手縣)의 어떤 곳(紫波郡)에서는 변소를 '셋케'라 이르고, 이바라키현(茨城縣)에서도 옛적에 '세이쇼'라 하였다. '집 뒤(背後)'를 이르는 오키나와현(沖繩縣) 슈리(首里)의 '니시(西)' 또는 '우라(裏)'도 같은 용법이다.

세친(雪隱)이라는 어마어마한 한자가 널리 퍼진 것은 오산(五山) 문화(14세기 중반부터 16세기 중반에 걸쳐 카마쿠라(鎌倉) 오산(五山)과 교토(京都) 오산(五山)을 중심으로 한 선승들이 퍼뜨린 문화. 지은이)의 영향임에 틀림없다. 그 전에는 예부터 민간에서 '센아(背屋)' 계통의 낱말을 매우 널리 썼으며, 바로 그 점으로 보아 세친이라고 하는 한자어가 널리 그리고 오랫동안 자리 잡게 되었다고 보는 것이 당연한 어휘 탐색일뿐더러 민족 문화 구명의 방향이 아닌가 생각한다(北見俊夫, 1994 ; 25).

뒷간을 가리키는 시즈오카현(靜岡縣)의 키타노카따(キタノカタ)도 '집 뒤', 또는 '북쪽'이라는 뜻이다. 영어권에도 Back‑house라는 이름이 있다. 우리처럼 집을 남향으로 앉히고, 뒷간을 뒤쪽에 둔 데에서 왔을 것이다.

근세의 차실건축(茶室建築)에서도 나무 그늘에 따로 지은 뒷간을 세친(雪隱)이라 불렀다.

다. 도오스(東司)·기타

사진 481 동복사의 동사 현판
'동사'라는 이름은 중국의 선종 사찰에서 들어왔다. 옛 문헌에 더러 보일 뿐, 우리나라 절간에서는 쓰지 않았다.

도오스도 세친처럼 중국 절간의 이름이 일본에 들어와 퍼진 것이다. 선종 사찰에서 동쪽에 위치한 동서(東序)쪽 사람들이 드나든 뒷간을 이렇게 불렀으며, 뒤에 뒷간의 대명사가 되었다. 1236년에 창건된 교토시(京都市) 동복사(東福寺)의 도오스가 대표적이다(사진 481).

세면소(洗面所)인 고우까(後架)는 선사(禪寺)의 법당 뒤에 가로 설치한 틀이다.『선림상기전(禪林象器箋)』에서도 "법당 뒤의 고우까에서 대중들이 얼굴을 씻는다(照堂之後有後架 大衆洗面之處)." 하였다. 이것은 14세기말에서 16세기 후반(室町時代)에 퍼졌다. 고우까 근처에 뒷간이 있었기 때문이다. 여성은 이를 뒷간을 둘러대는 말로도 썼다.

오데아라이바(손 씻는 데)와 오데아라이(손 씻기)도 본디 신불(神佛)에 기도할 때 손 씻는 것을 이르는 말이었다(사진 482·사진 483). 이것이 뒷간 이름으로 등장한 것은 똥을 누고 나서 손을 씻은 데에서 왔다. '오(御)'는 존칭이다.

고후죠(御不淨)의 '후죠'는 깨끗지 않은 것, 마음과 몸의 더러움이나 그러한 상태를 뜻한다. 여성의 달거리나 똥·오줌도 이렇게 불렀다. 뒷간을 더럽게 여긴 데에서 나왔을 것이다. '고(御)'라는 존칭을 붙인 데에 묘미가 있다.

칸죠(閑所)는 13세기 이후부터 써 왔다. 말 그대로, "사람이 없는 곳" 또는 "조용한 장소"로, 남의 눈에 띄지 않는 뒷간에서 한가롭게 똥을 눈 데에서 왔다. 전국시대의 무장(武將)인 다께다 신겐(武田信玄, 1521~1573)은 이른바 경간육첩(京間六帖) 크기의 방을 뒷간으로 썼으며, 이를 '고칸죠(御閑所)'라 불렀다. 다음은 칸죠의 유래담이다.

뒷간을 이렇게 부르는 곳은 의외로 많다. 동북에서는 옛 센다이령(仙台領) 전체, 북국(北國)에서는 에치고(越後)에서 이시카와현(石川縣)까지, 산잉(山陰)은 이시미(石見)의 해안, 태평양 쪽으로는 죠리쿠(常陸), 도오또우미(遠江)의 하마마쓰(浜松)에서 미노(美濃)의 끝, 고슈(甲州)의 가와우치(河內) 영(領)과 하치죠지마(八丈島)에서도 칸죠라 하였다. 혹은 '계산(칸죠 ; 勘定)'의 뜻으로 풀어서 장난의 말로 아는 사람도 있다. 그러나 노보리또오(能登)에서는 '칸죠바'라 하여, 똥·오줌 누는 것을 '칸죠'라 이른다(柳田國男, 1939).

이에 대해 키타미 도시오는 "閑所라는 한자는 분명히 오산문화(五山文化) 융성기 때, 오산의 학승(學僧)들이 붙인 것이다. 일본말을 한자로 적음에 따라, 옛적에 더 다양한 뜻을 지녔던 말들이 몇 가지 의미가 없어지거나 왜곡되는 사례가 많다."며, '계산'이 본디 말이라는 주장을 폈다(北見俊夫, 1994 ; 23).

하바까리(憚り)는 "두려워서 삼간다."는 뜻으로, "사람의 눈을 피하는 장소"의 뜻이다. 나이 많은 여성이 뒷간을 이렇게 둘러대었으며, '하바까리죠(憚所)'라고도 한다.

1020년에 후지와라노 긴또우(藤原公任)가 낸 『북산초(北山抄)』에 '소변소(小

사진 484 법륭사의 '便所' 표지
2001년 12월에 다시 찾았을 때는 사진 481과 함께 사라지고 없었다. 이들도 법륭사의 분위기를 돋구는 독특한 표지물이었거늘, 지금까지도 아쉬움이 남는다.

便所)'라는 말이 처음 보인다. 따라서 '변소' 또는 '대변(大便)'도 썼을 것이다. '변소'는 15세기 후반의 문명본(文明本)인 『절용집(節用集)』에 나오며(사진 484), 1970년대까지 널리 불렸다. 그 뒤 '화장실'이 주류를 이루다가 현재는 '도이레'에 자리를 넘겨주었다.

도이레(사진 485)는 영어인 '토일렛(toilet)'의 일본식 줄임 말로, 토일레트라고도 한다(사진 486·사진 487). 오늘날에는 도이레를 쓰는 이가 85퍼센트에 이르고, 변소는 10퍼센트에 지나지 않는다는 보고도 있다.

사진 485 도이레(トイレ) 표지
규슈 다자이후(大帝府)의 뒷간 표지로, 지금은 일본 어디에서나 눈에 띈다.

사진 486 토일렛 표지
'도이레'에 견주면 매우 드문 편이다.

사진 487 토일렛 표지
온천으로 유명한 규슈 벳부(別府)시의 공중화장실 표지이다.

이밖에 측(厠)도 썼다. 모토오리 노리나가(本居宣長, 1730～1801)가 『고사기전(古事記傳)』에 "측은 예부터 써온 우리말(國語)이다." 하였다(20권). 그러나 일부 문헌에 적혔을 뿐 널리 퍼지지 않았다. 후쿠시마현(福島縣)의 일부지역(會津)에서 뒷간을 '돈 부우리'라 하고, 아오모리현(靑森縣)의 어떤 곳(下北半島)에서는 '도'라고 한다. 이 때의 '돈'이나 '도'는 '밖'이라는 뜻이다.

2. 뒷간의 변천

가. 고대의 뒷간

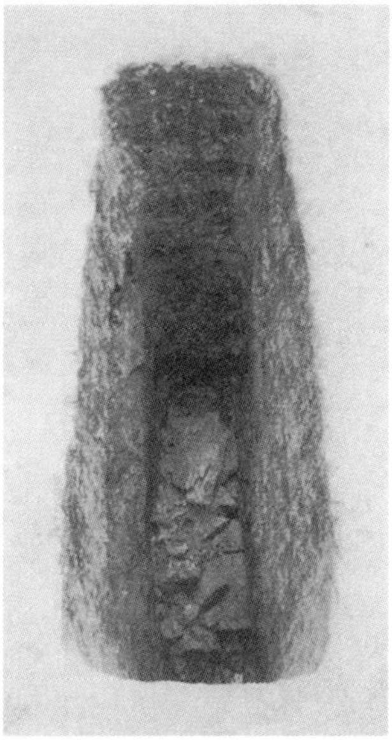

8세기초(720~730)의 뒷간 모습은, 1990년에 발굴된 규수(九州) 후쿠오카(福岡)시의 홍려관(鴻臚館) 유적(사진 488)을 통해 알 수 있다. 이곳은 국립 영빈관에 해당하는 축자관(筑紫館) 자리로, 신라와 백제를 비롯한 외국의 사신들이 묵었고, 당이나 신라로 떠나는 사신들이 숙소로도 이용하였다. 894년에 견당사(遣唐使)가 폐지되고 935년에 신라가 망한 뒤, 당이나 송의 상인들이 숙소로 썼으며 이름도 홍려관으로 바뀌었다(佐原眞, 1996 ; 206~207).

3개의 뒷간 구덩이는 일직선상에 남북으로 나란히 있으며, 간격은 1.8미터이고, 본디 깊이는 4미터이다. 남쪽의 것은 남북으로 긴 장방형(2.6×0.6미터)으로, 네 귀는 둥그스름하게 발라내었다. 가운데 것(1.35×1.25미터) 또한 같은 꼴로 깎았으며, 정방형에 가까운 북쪽의 것(1.3×1.4미터)도 네 귀가 둥그스름하다(그림 47).

사진 488 홍려관 뒷간 유구
일본에서 가장 오랜(8세기 초) 후쿠오까시 홍려관의 뒷간. 백제 사람들과 관련이 깊은 것으로 밝혀져 우리의 관심을 끈다.

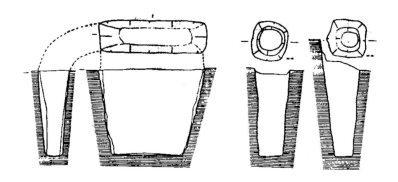

그림 47 앞 홍려관 뒷간의 구덩이
왼쪽의 것은 길이 2.6미터에 너비
는 0.6미터이다. 본디 깊이는 4미
터 쯤으로 추정된다.

북쪽 구덩이에서 73점의 측주(厠籌)가 나왔다(사진 489). 이들의 크기는 길이 20~25센티미터, 너비 1~2센티미터이다. 발굴자는 "백제 사람들은 여러 가지 생활 문화를 가져 왔으며, 이 가운데에는 배설 방법도 있었을 것이다."하여, 이 뒷간이 백제 관계 유적인 사실을 간접적으로 털어놓았다.

1992년 1월에는 694년부터 710년까지 천황이 머물렀던 나라현(奈良縣) 등원궁(藤原宮) 자리에서 한데뒷간유적이 나타났다(사진 490). 다음은 발굴보고서의 일부이다.

(전략) 길이 1.6미터, 너비 0.5미터의 장타원(長楕圓)의 평면형으로 파낸 구덩이(土坑)로, 장축(長軸)을 정남북향으로 두었다. 깊이는 (중략) 본디 1미터쯤으로 생각된다. (중략) 구덩이 안에는 동서 30센티미터, 남북 85센티미터의 간격으로 네 개의 기둥을 박았다. 이들은 지름 3센티미터의 작은 나무 가지로, 끝을 날카롭게 다듬었을 뿐, 다른 가공은 하지 않았다(사진 491). (중략) 지붕이나 가리개는 없었던 듯 하며 (중략) '아귀초지(餓鬼草紙)'의 한 장면처럼 차폐물이 없는 곳에서 죽 늘어앉아 똥을 눈 듯 하다. 구덩이의 동서 너비는 50센티미터나 되며 (중략) 너비 25센티미터쯤 되는 널쪽을 놓았을 것이다. 구덩이와 직교(直交) 또는, 평행 방향으로 놓거나, 이를 절충해서 귀틀식(井衍狀)으로 놓았을 가능성이 있다(그림 48). (중략)

연대는 등원궁 시기로 보인다. 관청의 내부에 세운 공동변소의 구체적인 보기임에 틀림없다.

사진 489 앞 뒷간에서 나온 측주
길이 2~2.5센티미터에 너비 1~
2센티미터로, 모두 73점이 나왔
다. 발굴자는 이를 백제에서 들어
온 것으로 보았다.

구덩이에서는 주목(籌木·사진 492)과 목간(木簡)을 비롯하여, 토기 파편, 오이 등의
식물 씨, 파리·번데기 따위의 곤충 유존체(昆蟲遺存體), 어골(魚骨) 등의 식물 찌꺼기
(殘渣), 기생충 알 등이 나왔다. (중략)

모두 41점의 목간 가운데, 변소에서 나온 것이 30점이다. (중략) 이들 중 본디 모습 그
대로여서, 해독이 가능하고 또 내용적으로도 주목할만한 2점에 대해 설명한다. 하나는
오른쪽 아래가 떨어져 나갔지만, 다른 손실은 없다(사진 493). 글자는 한 면에만 적혔다.
이것은 문서 목간으로, 지량목인모리(志良木人毛利)를 소환하라는 소문(召文)이다. 지
량목은 '신라(新羅)'를 뜻하는 것으로, 신라를 성의 일부로 쓴 씨(氏)로서는 신라(新
羅)·신라인(新羅人)·신량목사성(新良木舍姓) 등이 있다. 지량목인모리는 성이 '신라'
이고 이름이 '인모리'인 경우와, '신라인' 성에 '모리'라는 이름이 붙은 경우로 생각할 수
있으나, 어느 쪽이라고 단정 짓기 어렵다. (중략)

다른 하나(사진 494)는 길이로 쪼개지고 오른쪽 끝이 없어진 점을 빼면, 처음의 조정
면(調整面)이 그대로 남아 있다. 글자는 양면에 썼으나, (중략) 뒷면 처음에 보이는 '백제
수인(百濟受人)'은 백제수부(百濟手部)를 가리킨다. 백제수부는 율령제하(律令制下)에
서 대장성(大藏省) 내장료(內藏寮)에 딸려서, 임금과 일반에게 지급되는 각종 피혁 제품
의 생산을 맡았다. 이들은 소속 관사(官司)의 공방에 교대로 근무하였고, 신분은 잡호(雜
戶)였으며, 역(役)이 면제되었다(奈良國立文化財硏究所, 1992; 2~4).

 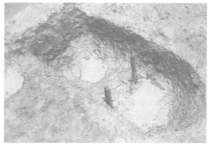

사진 490 등원궁 뒷간 자리
가운데 좌우 양쪽에 박힌 기둥 일
부와 그 앞으로 측주가 보인다.

사진 491 앞 뒷간
길이 1.6미터. 너비 0.5미터. 깊
이 1미터 규모이다. 구덩이 안에
동서 30센티미터, 남북 85센티
미터의 간격으로 네 개의 기둥을
박았다.

그림 48 앞 뒷간 바닥틀 상상도
널쪽 두 개를 가로나 세로 또는,
정자(井)꼴로 놓았을 것이다. 주
위에 벽을 세우거나 문을 달지
않은 채 여럿이 줄 나란히 앉아
똥을 누었다.

사진 492 **앞 뒷간의 측주**
본디 인도의 승들이 쓴 측주는 중국으로 들어왔으며 우리나라를 거쳐 일본에 건너갔다. 이것을 앞으로넣어 항문에 바짝대고 밀어서 남은 똥을 떨어내었다.

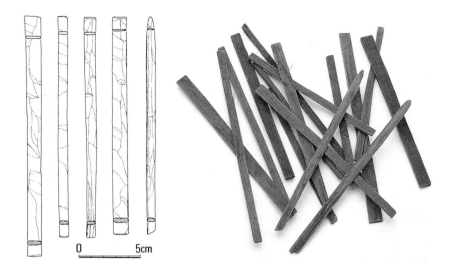

사진 493 **앞 뒷간에서 나온 목간**
신라 사람 모리를 빨리 소환하라는 내용이다. 일본 관청에서 일한 신라 사람들이 적지 않았음을 알수 있다.

사진 494 **앞 뒷간에서 나온 목간**
'백제수인'은 각종 피혁제품을 생산한 '백제관청'을 가리킨다. 백제 사람들은 가죽 제품 생산에도 깊이 간여한 것이다.

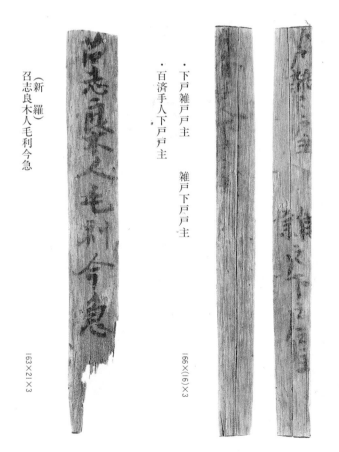

（新 羅）
召志良木人毛利今急

163×21×3

・下戸雜戸戸主
・百済手人下戸戸主 雜戸下戸戸主

166×(16)×3

이곳에서 신라와 백제 사람의 이름이 적힌 목간이 나온 것은 이상한 일이 아닙니다. 그 때 일본은 우리와 관계가 깊었고 특히 뛰어난 기술을 지닌 백제와 신라의 장인들이 건너가서 큰 공로를 끼친 사실은 잘 알려져 있다. 이들 목간도 그 증거의 하나인 셈이다. 주인공들이 궁궐 건축 공사에 참여했던 기술자들인지, 그곳에 머물던 관리였는지는 알 수 없다. 이미 설명한 대로, 규슈 홍려관의 뒷간 유적은 백제와 관련된 것임이 밝혀졌으며, 일본의 학자들도 뒷간 문화가 한반도에서 건너간 것을 인정한다. 따라서 앞의 뒷간도 우리 기술자들이 세웠을 가능성이 높다. 실상 뒷간뿐만 아니라 변기도 우리에게서 건너갔다(☞ 일본, 요강).

일본 학자의 설명이다.

이것은 도래계(渡來系) 사람들의 관청이나 그에 딸린 뒷간이 아니었던가 추측됩니다. 먼저 소개한 후쿠오카시의 홍려관도 중국이나 조선반도의 손님을 접대한 장소였던 점에서 고대의 퍼내는 식의 뒷간은 도래계 사람들과 관계가 있다고 생각됩니다(松井章, 1994 ; 135).

'도래계 사람'은 3세기 이후 일본으로 건너간 한국인들을 가리킨다.

뒷간 주위에 가리개를 세우지 않고, 완전히 개방해 놓은 점으로 미루어, 우리네 상류층의 뒷간도 이를 닮았으리라 짐작된다. 노송나무(檜)를 깎아 만든 측주는 길이 18센티미터에 너비 1센티미터이며 두께 약 4밀리미터이다.

그림 49 8세기의 귀족집 뒷간(桶殿) 복원도
담 밖의 도랑을 집안으로 끌어들이고 그 위에 앉아서 똥을 눈 수세식이다. 오물은 오른쪽 끝에 묻은 나무통에 모았다.

그림 50 앞 뒷간에서 똥을 누는 모습(상상도)
도랑의 길이가 긴 편이므로, 동시에 여럿이 일을 보았을 것이다.

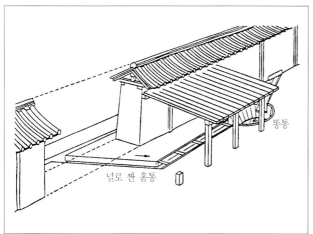

그림 49는 8세기의 도읍지(710~784)였던 평성경(平城京) 부근의 귀족 저택 뒷간(樋殿) 복원도이다. 길옆으로 흐르는 도랑물을 집안으로 끌어들이고, 나무로 짠 관을 통해 다시 흘러나가도록 하였다. 사람은 물 양쪽에 다리를 딛고 앉아 똥을 누며(그림 50), 한 끝에 오물을 모으는 통을 묻었다.

다음의 내각정령(內閣政令)이 815년에 발표된 것을 보면, 이러한 뒷간으로 인해 거리가 매우 어지러웠던 것을 알 수 있다.

그림 51 반달꼴 도랑 뒷간 상상도
담 밖의 도랑을 집안으로 끌어들이고 똥을 눈다. 오물은 도랑을 타고 다시 밖으로 나간다.

도읍 안(京中)의 관청이나 귀족 집에서 담 바닥에 구멍을 뚫고 도랑물을 집 안으로 끌어들이거나, 도랑으로 흐르는 물을 막아서 길을 침수시키는 일이 적지 않다. 관할 관청에서 바로 잡도록 하라. 흐르는 물을 집안으로 끄는 것은 문제가 없지만, 오물을 담 밖으로 흘려보내서는 안 된다.

이보다 앞서 706년에 천황은 "궁궐 내외에 더러운 악취가 풍기고 있으니 곧 조처하라."는 명령을 내렸다. 그림 51에 나타난 어떤 상류가옥 뒷간 그림을 보면 이 명령의 배경을 알 수 있다. 담을 뚫고 거리의 도랑(너비 1미터) 물을 집안으로 끌어들여서 반달꼴(지름 4미터)로 돌아나가게 하고 그 위에서 똥을 누었던 것이다. 적지 않은 집에서 이러한 뒷간을 썼다면 거리의 냄새를 참기 어려웠을 것이다. 물이 도는 부분의 너비는 30센티미터, 깊이는 10센티미터이다.

그림 52 평성경 부근에 있던 관청의 한데뒷간 복원도
길이 13.5미터, 너비 5미터 규모로, 20여 명이 들어간다. 문은 없으며 칸 벽도 세우지 않은 것으로 보인다.

그림 52는 평성경 부근에 있던 관청의 한데뒷간이다. 궁전과 관청 사이로 흐르는 도랑 위에 세운 두 채의 건물로, 길이 13.5미터에 너비 5미터이다. 문은 달지 않았으며, 칸마다 벽을 세웠는지는 알 수 없다. 20여 명이 동시에 들어가는 규모로, 아래로 물이 흘러서 똥·오줌이 자동 처

리되는 수세식이다. 이것은 『서대사 자재유기장(西大寺資材留記帳)』의 "나라
시대(奈良時代) 도읍지인 평성경 서대사(西大寺)에 기와를 덮은, 길이 20미터에
너비 3.6미터의 뒷간이 있다."는 대목을 떠 올려준다.

뒷간에 대한 기록은 9세기에 나온 『영해집(令解集)』과 10세기 전반기에 나온
『연희식(延喜式)』에 들어 있다. 『영해집』은 8세기(奈良時代)의 관제(官制)와
민법에 해당하는 법전(養老令)에 주석을 붙인 책이다. 724년 6월 4일에 내각에
서 결정한 사항으로 "비가 내린 이튿날 아침, 죄수들을 인솔하여 궁성 및 정부
관청의 오물과 동서(東西)의 똥·오줌을 치우게 한다."는 내용도 있다(권 4). '동
서'는 궁궐의 동서 양쪽에 한데뒷간이 있었다는 뜻이다.

『연희식』은 양노령(養老令)과 형법에 해당하는 양노율(養老律)의 시행세칙
을 집대성한 법전으로, 다음 내용이 보인다.

무릇 노동의 형을 받은 자는 도로나 다리를 세우는 일을 맡는다. 또 관청에서는 엿새
마다 죄인들에게 궁정 밖 주위의 청소를 시키며, 비가 갠 아침에는 궁 안의 오물과 뒷간
의 도랑을 치우게 한다(권 29).

앞의 두 책에서 모두 "비가 내린 이튿날 아침에 청소를 시키라." 한 것은, 물
이 불어나서 똥·오줌을 흘려보내기가 쉬웠기 때문이다.

그림 53은 아끼다현(秋田縣)에서 발굴된 8세기 전반기의 뒷간 유구 복원도
이다. 조금 높은 데에 지은 뒷간에서 똥을 누고 나서 준비해둔 물을 쏟아 붓거
나, 우물의 물을 흘려서 아래쪽의 도랑으로
떠내려가도록 하였다. 모두 3칸으로, 오물이
내려가는 데의 깊이는 80센티미터이다. 수로
(水路)는 길이 5.5~6.5미터, 지름 45센티미
터의 나무 홈대를 깔아 마련하였다(西岡秀
雄, 1996 ; 31~33).

이밖에 12세기의 히라이즈미 유적(平泉遺
跡, 岩手縣)과 12세기 후반의 야타테하이지
(矢立廢寺址, 秋田縣) 등지에서도 고대 변소
의 유구(遺構)를 찾았다.

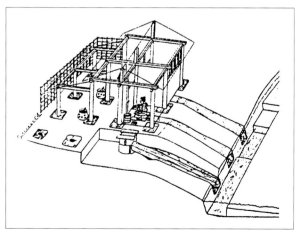

그림 53 8세기 전반기의 뒷간
복원도
조금 높은 데에 지은 3칸 규모의
뒷간이다. 물과 함께 아래로 흘
러내린 똥은 다시 내를 만나 떠
내려 간다.

한편, 『만엽집(萬葉集)』에 "머리를 빗으며 똥을 누는(野糞) 아낙네여, 거기는 헛간을 세울 자리가 아닙니다. 좀더 멀리 가서 누시오."라는 내용이 있다. 8세기 무렵에는 여성들도 아무 데서나 똥·오줌을 눈 것이다.

궁궐 뒷간에 대한 첫 기록은 다자이노 곤노소쩨(大宰權帥)와 미나모토노 쓰네노부(源經信)가 남긴 『수기(帥記)』에 보인다. "북도전(北渡殿)에 목욕간(御湯殿)과 뒷간(御桶殿)을 세웠다."는 내용이다(1080년 5월 11일조). 『병범기(兵範記)』에도 "세전(細殿) (중략) 북쪽 한 간을 뒷간으로 삼아 발을 느리고 다다미 한 장(御一座)를 깔았다."는 기사가 있다(1157년 7월 5일). 궁궐의 뒷간은 지금처럼 특정한 공간에 벽을 치고 문을 달지 않고, 자유롭게 장소를 바꾸어 가며 시설하였던 것이다(谷直樹·遠州敦子, 1986 ; 6).

한편, 천황이 직접 대상제(大嘗際)를 지내는 대상궁(大嘗宮)의 주요 건물인 유기원(悠紀院)의 동남쪽과 주기원(主基院)의 남서쪽에도 뒷간을 세웠다. 길이 한 발(一丈), 너비 8척, 높이 7척 규모로, 칸을 막고 문을 달았다(그림 54).

그림 54 궁궐이 뒷간
주기원의 뒷간(御厠殿)은 서남쪽에, 유기원의 그것은 동남쪽에 세웠다. 길이 한 발, 너비 2.6미터, 높이 2.3미터 규모이다.

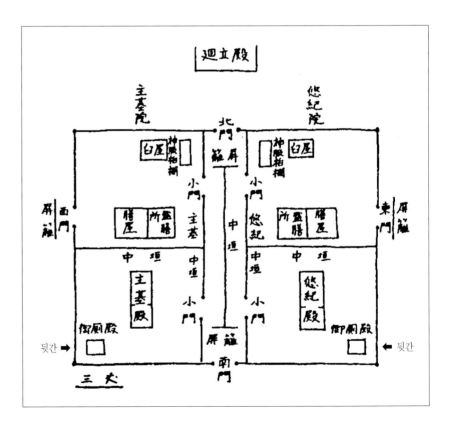

그러나 궁궐을 제외한 귀족의 집에는 뒷간이 따로 없었다. 모래를 깐 나무 상자에 일을 보고 개천에 버렸다. 똥의 별명인 '상자(하꼬)'는 이에서 나왔다. 당시에는 뒷간을 일정한 장소에 두지 않았으며, 14세기에 이르러 비로소 뒷간을 세운 것도, 내가 없는 곳에서는 똥·오줌을 버리기가 어려웠기 때문이라는 설도 있다. 이 시기의 침전조(寢殿造) 가옥에는 뒷간인 통전(樋殿)을 헛간이나 목욕간 옆에 붙이고, 대변용 청거(淸筥, 樋筥라고도 한다. 그림 55)와 남성용 오줌통(尿筒) 및 여성의 오줌 항아리(大壺)를 두었다. 이를 호자(虎子)라고도 불렀으며, 밤에는 침실에 두고 썼다. 그리고 주인이 외출하는 경우, 하인이 상자에 넣고 따라다녔다.

통거의 크기는 높이 약 25센티미터에 너비 약 30센티미터로, 주칠이나 흑칠을 입히고, 나전을 박았으며 그림(蒔繪)으로 꾸몄다. 똥·오줌을 눌 때에는 발을 치거나 장지로 한쪽을 가렸고, 오물은 담당 여인(御厠人 또는 桶洗)이 밖에 내다 버렸다. 이 밖에 상자꼴(樋箱)도 있었다(사진 495). 좁고 긴 네모꼴 상자 아래에 서랍을 붙인 것이다. 안에 석탄이나 회를 담아서 냄새가 나지 않도록 하였으며, 똥을 누고 나면 빼어서 내다 버렸다. 뚜껑이 달렸으며 뒤쪽에 손잡이가 달린 널쪽을 세웠다. 이것은 가리개 구실도 한다.

12세기에는 대도시의 여기 저기에 똥 무더기가 쌓였다. 뒷간이 없는 서민들이 길에서 똥을 눈 까닭이다(그림 56·그림 57). 이 때문에 교토 중심부인 시죠(四條) 일대를 똥거리라 불렀다. 이에 대한 설화이다.

10세기 중반쯤 대식가로 이름난 쇼도쿠(淸德)라는 도사가 있었다. 우대신(右大臣) 후지와라노 모로스케(藤原帥輔)가 자기 집으로 불러 열 섬의 이밥을 지어 내놓았다. 쇼도쿠 뒤에 붙어 있던 아귀(餓鬼)·범·승냥이·새·짐승 따위가 달려들어 다 먹어 치웠다. 그러나 그 모습이 사람에게는 보이지 않은 까닭

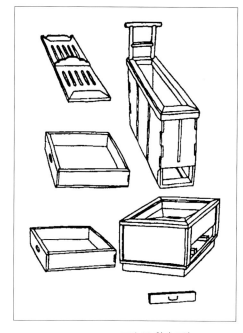

그림 55 청거 그림
에도시대(17~19세기)에 쓴 여러 가지 청거로, 아래의 네모 상자는 오줌용으로 보인다.

사진 495 대변용 청거(淸筥)
등받침을 뒤에 끼운 뒤 뚜껑을 들어내고 똥을 누며, 오물은 서랍을 빼어서 밖으로 내다 버린다. 소나무로 짰으며 날 감의 떫은 즙을 질해서 습기를 막았다. 이 안에는 회나 석탄을 담아서 냄새가 덜 나도록 하였다.

그림 56 **오줌누는 여자**
나막신을 신은 왼쪽의 여자가 길에 쭈그려 앉아 오줌을 누고 있다.

에 누구나 그가 혼자 먹은 것으로 알았다. 돌아가는 길에 시조 북쪽의 좁은 길에 이르자, 아귀들이 갑자기 똥을 누어서 온 거리를 덮어버렸다. 이로써 사람들은 이곳을 '똥거리(糞小路)'라 불렀다. 천황은 너무나 더럽다고 여긴 나머지, 이름을 '비단거리(錦小路)'로 바꾸라는 명을 내렸다(『宇治拾遺物語』卷2의1).

그의 명령은 1054년에 실행되었다.

12세기말의 『병초지(病草紙)』나 13세기초의 『아귀초지(餓鬼草紙)』에 굽 높은 나막신을 신은 남녀노소(男女老少)가 거리에 나앉아 똥을 누는 장면 (그림 57)이 있다. 이로써 앞의 이야기가 사실임을 알 수 있다. 그림 58에는 사람의 눈에 보이지 않는 아귀들이 무리를 지어 나타나 똥을 먹을 기회를 엿보는 모습도 보인다. 땅바닥에 종이와 함께 나무나 대(竹)가지 따위가 널려 있는 것도 눈에 띈다. 당시에 뒤지와 측주를 함께 쓴 것이다. 오줌이 튀거나, 늘어진 옷자락에 묻는 것을 막아주는 나막신은 값이 비싸서 일을 볼 때에만 신었다. 이 장면에 대한 설명이다.

그림 57 **13세기 초의 풍속화**
굽 높은 나막신을 신은 남녀노소가 모두 길에 나앉아서 똥을 누는 모습이다. 이 때문에 교토 중심부를 '똥거리'라 불렀다.

후지와라(藤原) 말기(11세기 말) 무렵의 서민들 사회에는 뒷간의 설비는 없고, 빈터가 있으면, 어디든지 똥·오줌을 눈 듯 하다. 무너진 담벼락 옆에서, 여자도 노인도 어린이도, 나막신을 신고, 쪼그려 앉거나, 사타구니를 벌리고 누었다. (중략) 벌거벗은 소년은 손에 측주를 들고 똥을 눈다(宮本常一, 1981 ; 45~46).

앞에서 든, 다께다 신겐의 뒷간(厠所)은 '다다미' 6장 크기이다. 불의의 습격을 받았을 때 장검(長劍)을 휘두르기 위해 넓게 잡았다고 한다. 똥을 눌 때 침향(沈香)을 피웠으며, 이곳에서 서장(書狀)도 읽었다. 집무실로도 이용한 셈이다. 옆의 목욕간에서 물을 끌어대는 수세식이었던 듯 하다.

14세기에 선종의 영향으로 무가(武家)나, 절에 뒷간이 들어서기 시작하였다. 1351년 무렵에 나온 『모귀회사(慕歸繪詞)』에 집 한 귀퉁이에 판 구덩이 위에 널을 정자(井字)꼴로 걸쳐놓은 뒷간 모습이 보인다(그림 59). 한편, 무가에서는 가장의 권위를 높이려고 목욕간은 물론이고, 뒷간도 상뒷간과 하뒷간(사진 496)으로 나누었

다. 따라서 한 가족 중에도 상뒷간은 남성들이, 하뒷간은 여성이 썼다. 또 긴끼
(近畿) 지역의 목수들 사이에는 '상류하팔(上六下八)'이라는 말이 돌았다. 뒷간
의 바닥 구멍 너비를 상류층은 5촌(15센티미터), 하류층은 8촌(24센티미터)을 기
준으로 삼는다는 뜻이다. 하류층이 더 너른 것은, 그만큼 실수를 잘 저질렀기 때
문이다(谷直樹・遠州敦子, 1986 ; 44).

15세기 후반(戰國時代)의 것으로 추정되는 무가(武家)의 뒷간 유적(福井縣
朝倉)이 발견되었다. 몸채 옆에 따로 짓고 땅에 똥통을 묻었으며, 앞쪽에 나무로
만든 '불알가리개(金隱し)'를 세웠다. 이로써 적어도 15세기 전부터 이를 쓴 사
실을 알 수 있다.

16세기 중반(1561년)에 권력의 정점에 오른 미요시 나가요시(三好長慶)가 쓴
뒷간(西淨)에 관한 기록도 있다(『三好筑前守義長朝臣亭江御成之記』). 자신
은 선반에 최고급 뒤지(奈良紙)를 놓고 이것이 날리지 않도록 눌러두는 돌까지
좋은 종이(杉原紙)로 썼으며, 손씻는 물을 담은 통과 물 뜨는 국자에도 흑칠(黑
漆)을 입히고 그림을 베풀었다는 것이다(谷直樹・遠州敦子, 1986 ; 16).

사진 497 희로성(姬路城) 대천
수(大天守)
일본에서 가장 아름다운 성곽의
하나로 손꼽힌다. 우리는 도읍을
비롯한 각 지방 주위에 성을 두
르고 임금이나 지방장관이 함께
지냈으나, 일본은 권력자와 그
주위 인물의 안전만을 위한 성곽
을 쌓았을 뿐이다.

17세기초의 뒷간으로 일본 성곽 가운데 가장 아름다운 건축물(1609년 완공)로
손꼽히는 희로성 천수(姬路城 天守, 사진 497)의 것을 들 수 있다(사진 498). 세
곳에 지은 뒷간으로, 각기 세 사람이 들어간다. 벽은 모두 널벽이며, 외여닫이의
널문을 달았고 바닥에 항아리를 묻었다. 나무로 만든 불알가리개도 볼거리의 하

나이거니와, 앞을 벽쪽으로 삼은 점에 대해서도 유의할 필요가 있다. 한편, 임진왜란 때 일본군 장수로 우리 나라에 쳐들어 온 가또 기요마사(加藤淸正)는 뒷간에서 높이 30센티미터의 나막신을 신었다고 한다.

일반 가정에서 뒷간을 세운 것은 14세기(鎌倉時代) 이후부터이다. 오키나와도 예외가 아니었다. 조선 성종 때 이곳에 표류했던 제주도 사람 김비의(金非衣) 등이 "윤이시마(閏伊是摩)에는 뒷간(溷厠)이 없어 들에서 그냥 눕니다." 한 것이다 (『성종실록』 10년 [1474] 6월 10일』). 또 1907년경까지도 오키나와의 팔중산도(八重山島)의 해촌(海村)에 뒷간이 전혀 없었으며, 해변의 모래를 파고 눈 다음 덮었다. 뒤에 바닷물이 깨끗이 쓸어가므로 문제가 없었다(金城朝永, 1930 ; 273).

16세기 후반기의 차실(茶室) 뒷간은 일반 가정의 것과 달랐다(사진 499·사진 500). 흙바닥을 우묵하게 파고 부춛돌·앞돌·작은돌·뒤집는 돌 등을 네모꼴로 놓고 가운데에 모래를 깔고 똥·오줌을 누었다. 모래뒷간(砂雪隱)이라는 이름은, 똥을 누고 나서 모래와 함께 떠낸 데에서 왔다(그림 60).

사진 498 앞 천수각의 뒷간
우리와 달리 벽을 향해 앉도록 되었다. 앞쪽에 '불알가리개'를 세웠다.

사진 499 불심암(不審庵)의 모래뒷간(砂雪隱)
오른쪽이 뒷간 건물이다.

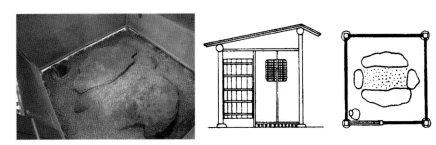

사진 500 차실 뒷간 내부
좌우 양쪽에 부출돌을, 앞뒤 두
곳에 작은 돌을 놓았다. 가운데
에는 모래를 깔아서 똥과 함께
들어 내었다.

그림 60 차실 뒷간 입면도와 평
면도

임진왜란을 일으킨 도요토미 히데요시(豊臣秀吉, 1536～1598)와 그의 아내는
별장(西本願寺의 飛雲閣) 뒷간의 똥항아리에 쌀겨를 두텁게 깔아두었다. 이에
대해 한 일본 학자는 "똥오줌이 튀지 않고, 상스러운 소리도 들리지 않는다. 쌀
겨를 쓰는 방법은 오랜 시일이 걸려서 이룩된 뒷간 문화의 세련미이다." 하였다
(市川建夫, 1978). 우리네 상류계층에서도 쌀겨로 덮었던 점은 앞에서 들었다.

19세기(明治時代) 이후 양변기가 들어오기는 하였지만, 1920년대 후반까지 열
차에 설비한 것과 같은 쪼그려 앉는 대・소변 겸용 변기가 대부분이었다. 변기
가 차지하는 공간을 될수록 줄이려 들었기 때문이다. 양변기는 1958년 오사카(大
阪)에 300호의 단지를 지을 때 설치한 것이 계기가 되어 급속도로 퍼졌다.

나. 뒷간의 보급

뒷간이 나온 것은 무엇보다 똥・오줌을 거름으로 쓰려는 목적 때문이다. 이에
대한 두 가지 설이다.

뒷간이 생긴 것은 더럽다거나 불결하다는 위생관이나, 사람들에게 보이는 것이 부끄
럽다는 수치심 때문이 아니라, 사람의 똥・오줌이 좋은 비료가 된다는 사실의 발견과
어떻게 하면 좋은 거름을 많이 손에 넣을 수 있을까 하는, 극히 실리적인 타산이 원동력
이 되었다(谷直樹・遠州敦子, 1998 ; 12).

첫째 뒷간이 없는 집이 근래까지 많았다. 혹은 밭가에서 혹은 산이나 들에서, 혹은 바
닷가 모래에서 누었다. 뒷간을 세우기 시작한 것은 농가에서 똥・오줌을 거름으로 쓰게
되면서, 거름의 필요성이 생겨나 뒷간을 몸채 근처에 작게(小屋) 짓기에 이른 것이다. 지

금처럼 가축 우리 옆이나 목욕탕에 잇대어 지은 것들이다. 목욕탕에서 흘러나오는 물은 흔히 뒷간 확에 모은다. 먼 산촌에 가면 뒷간이라고 하기보다, 거름 구덩이를 뒷간으로 쓴다고 해야할 정도이다. '다타미' 넉 장 반(四疊半)에서 여섯 장(六疊) 크기의 뒷간이 있으며, 대체로 동굴이 나무나 널쪽 두 개를 걸쳐놓았을 뿐이다. 위에 잡아 맨 새끼줄을 붙들고 똥을 누는 곳도 있다. 이 때문에 아이들이 잘못해서 똥통으로 빠지기도 한다. 보통 뒷간에서도 아이가 빠지며, 이 때에는 이름을 바꾸는 풍습이 있다(大勝時彦, 1941 ; 212).

앞에서 든 대로, 중국에서도 뒷간에 빠지지 않도록 천장에서 늘인 새끼줄을 잡고 누었다.

18세기(元祿時代) 무렵에 나온 『백성전기(百姓傳記)』에서도 똥·오줌의 유용성을 강조하였다.

뒷간은 몸채 뿐만 아니라 집구석이나, 논밭 주위에도 세워서 조금이라도 똥·오줌을 소홀히 하는 일이 없도록 해야 한다. 이를 잘 썩히려면 동남쪽의 햇볕이 잘 드는 데에 세우고 비가 스미지 않도록 하라.

이 무렵부터 사람의 똥·오줌을 가리키는 '고야시(ごやし)'를 거름을 뜻하는 말로도 썼다.

그림 61 청거에 똥을 누는 귀족 여인
옷을 겹겹이 입은 여인은 하녀의 도움을 받아 청거에 걸터앉았으며, 뒤를 본 뒤에도 하녀가 닦아 주었다.

17세기(에도시대)의 영주들도 중국의 황제처럼 옷을 벗고 똥을 누었다. 그리고 매 번 새 옷으로 갈아입고, 버선이나 허리띠 등도 새 것으로 바꾸었다. 더구나 열두 겹의 옷을 입은 귀족 여성의 불편은 이만저만이 아니었다(그림 61). 이에 대한 설명이다.

공주는 시녀들을 데리고 뒷간(樋殿)으로 간다. '다타미' 위에 놓인 청거(淸筥)에 걸터 앉으려면 옷 때문에 몸을 마음대로 움직이지 못하므로, 시녀들이 도와야 한다. 그네들은 먼저 하반신을 발가벗기고 긴소매를 걷는다. 그리고 긴 머리카락을 앞으로 돌려서 허리춤에 끼운다. 청거 뒤로 T자형이 되도록 널판을 끼운 뒤, 공주는 긴 옷자락을 드리워서 엉덩이를 가리고 일을 본다. 일이 끝나면 시녀들이 물로 닦아준다(平川宗隆, 2000 ; 28).

1930년대에도 도쿄시 일반 가정의 어린이들이 옷을 벗고 뒷간에 드나든 것도 이러한 관습의 끝머리인 셈이다.

1579년에 오다 노부나가(織田信長)가 지은 천수각(天守閣)에서는 성안의 똥·오줌을 해자(垓字) 쪽으로 판 구멍으로 흘려 보냈다. 다른 성들도 마찬가지였으므로, 적을 막기 위한 해자에는 실제로 똥이 가득 차 있었다. 19세기에 에도성 주변의 새들이 사라진 것도 이곳에서 뿜어 나오는 악취 때문이라고 한다 (Planning OM, 1994 ; 42~43).

그림 62 도쿄시의 한데뒷간
빈쪽 문을 달아놓아서 안에 사람이 있고 없음이 한눈에 드러난다.

그림 62는 에도시대에 도쿄(東京)시 우에노(上野)에 있던 한데뒷간 모습이다. 2간 건물의 지붕에 너와를 얹고 칸 사이에 벽을 쳤다. 각 칸에 달아 놓은 문이 반쪽인 까닭에, 안에 사람이 있고 없음을 바로 알 수 있다. 그러나 교토 부근에 있던 한데뒷간은 이와 달리 오늘날처럼 온 문을 달아서 내부가 보이지 않았다.

3. 여러 곳의 뒷간

사진 501은 이와테현 어떤 농가(九戶郡)의 뒷간이다. 엉성하게 세운 기둥에 의지하여 세모꼴의 지붕을 얹은 옛적 그대로의 뒷간이다. 벽과 지붕도 섶나무로 얽었을 뿐, 문도 달지 않았다. 근래까지 있었던 우리네 농가의 것을 닮았다.

사진 502는 도쿠시마현(德島縣)의 뒷간이다. 지붕을 새(茅)로 잇고 벽도 새로 둘렀으며, 문을 따로 달지 않고 반쪽을 틔워 놓았다. 안에 똥통을 묻고 널쪽을 건너질

사진 501 농가의 뒷간
섶나무로 벽과 지붕을 삼은 옛적 뒷간으로, 우리 것을 닮았다.

렀다. 우리네 서해안 뒷간 그대로이다. 나무 똥통(사진 503) 가운데 큰 것은 지름 1.8～2.4미터, 깊이 1.5미터, 두께 3센티미터에 이른다. 바닥이 없는 통은 돌을 깔고 그 위에 진흙을 두드려 덮은 뒤에 묻었다(鶴藤鹿忠, 1968 ; 180).

사진 504는 몸채 뒤에 세운 뒷간으로, 처마를 길게 늘여서 지붕으로 삼았다. 농가에서는 오줌과 똥을 가려 쓰기 위해, 흔히 소변소와 대변소를 따로 두었다(사진 505). 소변소에는 나무로 짠 깔대기 꼴의 오줌받이를 붙였다(사진 506). 이에 삼나무 가지 묶음을 박아서 오줌 줄기가 밖으로 튀는 것을 막는 한편, 오줌 소리를 낮추기도 하였다.

사진 502 **농가의 뒷간**
벽과 지붕 꼴이 뚜렷한 것을 제외하면 앞의 뒷간과 같다.

사진 503 **소변소**
농가에서는 집의 출입구 옆에 나무통을 묻고 오줌을 따로 모았다.

사진 504 **농가의 뒷간**
뒷간 지붕을 몸채 지붕에 잇대어 꾸몄다. 눈이나 비를 그을 수 있어 편리하다.

사진 505 **앞 뒷간의 내부**
내부는 대변소(오른쪽)와 소변소로 구성되었다.

사진 506 **앞 뒷간의 소변소**
널로 짠 깔대기꼴의 오줌받이를 붙였다.

사진 507 **퇴 끝에 붙인 뒷간**
입구에 문을 달지 않고 터놓았다.

사진 508 **앞 뒷간의 내부**
널 바닥에 좁고 긴 구멍을 내었을
뿐이다. 불알가리개를 붙이지 않
은 것을 보면 여성전용인 듯 하다.

사진 509 **앞 뒷간의 똥통**
냄새를 날리기 위해 아랫도리를
터 놓았다.

사진 507·사진 508은 복도 끝에 붙인 뒷간이다. 벽을 제외한 두 면에 널벽을
세웠지만, 출입구에 문을 달지 않았다. 여성전용인 듯 하다. 상류에 속하는 농가
로는 매우 이례적인 일이다. 아래에 나무통을 묻었다(사진 509).

사진 510은 기후현(岐阜縣) 대야군(大野郡) 백천촌(白川村)의 살림집이다.
1827년쯤 세웠으며, 중요문화재로 지정되었다. 산간이라고는 하여도 집의 규모
는 어떤 상류가옥에도 뒤지지 않는다. 누에치기가 성행되면서 공간확보를 위해
층수를 높였다. 사진 511은 이 집 뒷간이다. 1920년 현재 거주 인원이 31명에 이
른 만큼 뒷간도 너르다. 바닥에 두께 4센티미터쯤의 널을 20센티미터의 너비로
깔았으며, 그 아래에 지름 2.1미터, 깊이 1.5미터의 통을 묻고 주위를 진흙으로
메웠다. 가운데에 놓인 목판에 측주를 두었다(사진 512). 동시에 8명쯤이 쓸만한
규모임에도, 칸막이는 없다. 우리와 달리 뒷간을 집 앞에 둔 것도 눈을 끈다. 남
녀 칸의 크기와 시설은 같다.

사진 513의 뒷간도 복도에 세웠다. '오데아라이(御手洗)' 외에 '고도오스(小東
司)'라는 팻말을 달았다. 오른쪽 기둥에 따로 '다이도오스(大東司)'라고 붙였다
(사진 514). '오데아라이'는 뒷간을, '고도오스'는 소변소를, 그리고 '다이도오스'
는 대변소를 가리킨다. '오데아라이'의 팻말을 복도 쪽 기둥에 붙인 까닭도 이에
있을 것이다.

사진 515는 몸채 한쪽에 붙여 지은 뒷간이다. 가운데에 두 개의 구멍을 뚫은
쪽이 대변소(사진 516)이고, 한 개 쪽이 소변소이다(사진 517). 대변소 바닥에 뚜껑
을 덮었으며, 소변기는 나무로 짰다. 소변기 앞에 대쪽을 깔아 놓은 것이 돋보인
다. 변기는 나무쪽으로 깔때기 꼴로 짰으며, 바닥에 독을 묻고 널쪽으로 덮었다.

← 뒷간

사진 510 부농가(富農家)의 뒷간
집 앞의 오른쪽으로 달아낸 데가 뒷간이다. 이처럼 뒷간을 몸채 앞에 두는 경우는 매우 드물다.
일본에서는 누에치기가 성행되면서 산간에서도 이처럼 층 수를 늘려지었다.

사진 511 앞 집의 뒷간
출입구를 좌우 양쪽에 내었다.
뒷간을 이처럼 집 앞에 붙인 경
우는 매우 드물다.

사진 512 앞 집 뒷간 내부
가운데 가로 놓인 목판에 측주를
두었다. 줄 나란히 앉도록 한 것
도 특징의 하나이다.

사진 513 몸채 한쪽의 뒷간
뒷간을 복도 한 끝에 붙여지었다.

사진 514 뒷간 표지
(왼쪽부터) 御手洗·小東司·大
東司라고 쓴 패를 걸었다. 소변소
를 小東司, 대변소를 大東司라고
쓴 데는 이 집뿐이다.

사진 515 몸채 곁의 뒷간
왼쪽이 소변소, 오른쪽이 대변소
이다. 집안에서는 복도를 통해서
드나든다.

사진 516 대변소 내부
불알가리개를 붙이고 뚜껑을 덮
었다.

사진 517 소변소 내부
깔때기꼴의 오줌받이를 붙이는
외에 앞쪽에 대쪽을 나란히 깔아,
바닥으로 삼는 슬기를 부렸다.

사진 518은 좌우 양쪽에서 오줌을 누는 소변소이다. 가운데를 널로 막고 양쪽에 이 보다 낮은 가리개를 붙였다. 가족과 일꾼이 많은 집에서 쓰기 편하다. 사진 519도 입구 옆의 소변소이다. 나무로 짠 변기를 벽에 붙였다. 널 바닥 아래에 지름 66센티미터 깊이 50센티미터의 독을 묻었다.

사진 520은 몸채 곁에 붙인 바깥변소이다(福井縣 三方郡). 특이하게도 바깥쪽으로 낮은 가리개를 세웠을 뿐, 앞과 뒤는 터놓았다. 아마도 여성이 서서 오줌을 누도록 하려고 이렇게 꾸몄을 것이다. 바닥 널의 형태를 보면, 오줌뿐만 아니라 똥도 누었으리라 짐작된다.

사진 521은 농가의 똥통 모습이다. 땅을 판 다음 쪽 나무를 둥글게 세우고 주위를 진흙으로 메웠다. 지름은 2미터의 통 양쪽에 두 장의 널을 건너질렀다.

다음은 야마나시현(山梨縣)의 뒷간 설명이지만, 일반 농가의 뒷간도 이와 크게 다르지 않다.

상류 가옥에는 안뒷간과 바깥뒷간이 있다. 일반적으로 몸채에서 떨어진 곳에 따로 짓거나, 헛간과 함께 쓰거나, 몸채 정면 입구 근처에 세운다. 좌향은 해가 잘 들어서 똥·오줌이 잘 썩는 데를 으뜸으로 친다. 흔히 1.5×1.8미터 규모이며, 대변기 2개를 두고, 소변기는 뒷간 바깥쪽에 붙인다.

바깥 뒷간이 몸채에서 떨어진 데에 있는 경우, 밤에 오줌을 누려면 불편한 탓에 안뒷간을 따로 세우며, 몸채 처마 한쪽에 작은 오줌통을 묻기도 한다(坂本高雄, 1975 ; 200~201).

사진 522 산간지방의 뒷간과 목욕간
건물 왼쪽이 뒷간이고 오른쪽이 목욕간이며, 건물 밖에 붙인 데가 소변소이다.

뒷간을 집 안팎에 두는 것은 우리네처럼 내외를 하기 위해서가 아니라, 밤에 드나드는 편의 때문이다. 사진 522는 나가노현(長野縣) 어떤 농가의 바깥뒷간이다(1955년). 안에는 똥통 위에 건너지른 널쪽 두 개가 있을 뿐이며, 문을 닫으면 너무 어두워서 반쯤 열고 일을 보았다. 뒷간 오른쪽은 목욕간이다. ⑥은 목욕통, ⑫는 아궁이 ⑤는 물을 퍼 쓰는 함지이다. 그 오른쪽은 소변소이다. 땅에 묻은 독 위에 얹어 나무 깔대기(⑪)를 얹어서 오줌이 밖으로 튀는 것을 막는다. ⑨는 똥통이고, ⑩은 가리개이다.

뒷간을 집 안팎에 두는 까닭을 설명한 글이다.

집안에 안변소, 집밖에 바깥변소가 있었다. 지금은 집안에 있는 것이 보통이지만, 바깥변소도 없어진 것은 아닌 만큼, 둘이 공존한다고 해도 좋을 것이다. 또 몸채 입구 근처에 소변소를 둔 집도 있다. 이것을 남성 전용으로 보는 것은 잘못으로, 밖에서 일하는 여자가 서서 오줌을 누기 위한 것이기도 하다. 그 어느 쪽이든 똥통이 가득 차면 퍼서 거름으로 썼다. (중략)

벽 하나 사이에 욕실이 있는 경우, 냄새를 맡아가며 몸을 씻었다. 농촌 등지에는 마구와 변소가 붙어 있어서 냄새가 심한 집도 있었다. 화학 비료가 보급되기까지 변소는 단순히 몸 안의 찌꺼기를 배설하는 장소가 아니라, 오히려 작물에 줄 거름을 생산하는 곳이라는 생각이 강했다. 변소를 목욕실 곁에 둔 것은, 때가 섞인 물을 이용하기 위해서이고, 마구 옆에 붙인 것은 말똥 등과 버무리기 쉬운 까닭이다(須藤功, 1994 ; 60).

사진 523은 소변기를 따로 붙이지 않고, 바닥 구멍 주위를 진흙과 석회로 다져서 오물이 땅 속으로 스며들지 않도록 하였다. 이 글에 나타난 대로 여성이 서서 누기 위해 이렇게 만들었을 것이다.

나가노현에서는 "뒷간은 건(乾 · 서북) 방향에(乾雪隱), 창고는 손(巽 · 동남) 방향에 지어야 좋다."고 한다. 또 나라현에는 "진사(辰巳 · 동남) 쪽에 뒷간, 술해(戌亥 · 서북) 쪽에 창고"라는 말이 있다. 곧 북서와 동남을 축으로 삼는 것이다.

다음은 1902년에 나온 『가상극비전(家相極秘傳)』 가운데, 뒷간 방향(雪隱之傳)의 관한 내용이다.

사진 523 농가의 소변소
오줌받이를 두지 않고 진흙과 석회를 다져서 오줌독을 빚었다. 이곳에서 여성이 서서 오줌을 누었을 것이다.

동남은 주인의 위세가 떨어지고
동북은 아이에게 해롭고 집안에 병자가 끊이지 않으며, 특히 허리 아래에 병이 생기고
동은 남자에게 해롭고 또 모든 일에 좋지 않다.
남은 집안에 불화가 생기고 특히 눈병이 난다.
서남은 집안에 병이 잦으며, 특히 노부(老婦)에 해롭고 이목구비에 병이 생긴다.
서는 재운이 없고 병과 재난에 대한 구설이 끊이지 않는다.
서북은 남자에게 해롭고 재산이 줄어든다.
북은 집안이 불화하고 부인에게 해로우며 재난이 잇따른다.

결국, 뒷간은 동북동이나 북북서 방향에 세워야 좋다는 것이다.
오키나와에서는 뒷간을 '후루' 또는 '후우루'라고 한다. 이에 대한 설명이다.

일부 학자는 구조와 음운이 닮은 점을 들어, 일본의 후로(風呂, 목욕탕)가 와전된 것이라는 주장을 편다.
그러나 류큐(琉球)의 옛 뒷간(厠)은 지금과 달랐다. 덴포(天保) 연간(1830~1843)에 나온 『남도잡화(南島雜話)』의 그림을 보면, 꽤 너른 장소에 두른 울에 큰 통나무를 걸어놓고 그 위에 앉아서 똥을 누고 있다(그림 63). 이것이 류큐의 본디 뒷간으로 생각된다. (중략) 후루와 후우루는 어딘가 돼지와 관련이 있는 외래어로서, 류큐의 말이 아닌 듯 하

다. 또 돼지를 뒷간에서 먹이는 풍속도 결코 류큐 본래의 것이 아니라 아마도 중국에서 들어 왔을 것이다(平川宗隆, 2000 ; 52~53).

사진 524 아이누족의 뒷간
여성용으로 출입구에 가리개를 세웠다. 부부싸움 끝에 여자가 이 뒷간으로 들어가면, 남편은 강제로 끌어내지 못하였다. 뒷간 지킴이의 벌을 받는 것이 두려웠기 때문이다.

이에 대해서는 '돼지뒷간'에서 따로 설명한다.

북해도의 아이누족은 뒷간을 '아신루'라 부르며, 옛적에는 남녀용을 따로 세웠다. 여성용은 원뿔 꼴의 틀을 세우고 새를 덮은 반면(사진 524), 남성용은 네 벽을 세우고 맞배 지붕을 얹었다(사진 525). 남성용은 몸채 서쪽에, 여성용은 그 서쪽에 세우는 것이 원칙이다(萱野茂, 1976). 남쪽으로 머리를 두고 자는 경우, 궁둥이 쪽 방향이기 때문이다. 소변용은 땅을 파고 나무통이나 항아리를 묻으며, 오물이 차면 흙으로 덮고 다른 곳에 새로 세운다. '새 것'이라는 뜻의 '아신루'라는 이름도 이에서 왔다.

사진 526은 아이누의 뒷간을 짓는 장면으로, 앞의 것과 달리 지붕을 반만 덮고 전면은 개방하였다. 시멘트 확 위에 설치한 틀 위에 앉아 일을 본다.

뒷간의 내부가 허술한 점에서는 한국이나 중국과 다를 것이 없었다. 똥통 위에 걸쳐놓은 널쪽 두 개가 시설의 전부였다. 이 때문에 어린이나 노인들은 똥통에 빠지지 않도록 들보에서 늘인 줄을 잡고 똥을 누었다. 이 줄을 '분별줄(分別繩)' 등 여러 가지로 불렀다. 다음은 이에 대한 보고이다.

어떤 농가에서 이야기를 나누던 중에 "뒷간은?" 하고 상대에게 물었다. 그의 뒤를 따라 갔더니, 놀랍게도 똥통의 크기가 남북 2간에 너비가 5간으로, '다타미' 스무 장에 해당하는, 그야말로 누런 똥 바다 그대로였다. 안으로 들어가자 가득찬 똥 무더기 위로 널쪽 두 개를 건너질러 놓았을 뿐이었다. 익숙하지 않은 나그네인 나는, 이 널을 헛디디면 세상이 끝장이라는 생각이 들어 겁이 났다. 널 다리를 건너자, 뜻밖에 보꾹에서 늘인 새끼줄이 이마에 닿았다. 무슨 일로 이 줄을 매었는가 싶어서 자세히 살폈다. 줄 한 끝에 매듭을 지은 것을 보고 "아, 이것을 쥐고 똥을 누라."는 '조심줄(用心繩)'임을 깨달았다. 마을에서는 '버팀줄' 또는 '힘줄(力繩)'이라고 한다. 곧, 황금의 바다에 떨어지는 것을 막는 생명 줄인 것이다. 그러나 이 줄이 있어도 때로 황금 바다에 목숨을 잃는 일이 일어난다(金城朝永, 1931 ; 172).

일본 정부는 동복사 뒷간 외에, 다음의 4개소를 중요문화재로 지정하였다.

輪王寺 大猷院 靈廟 西淨(토치木縣日光市山內) <1653년 건립>
酬恩庵 東司(京都市 綴喜郡 田辺町 大字薪) <17세기 중엽>
中村家 住宅ふる(沖繩縣 中頭郡 北中城村)
舊笹川家 住宅 外便所(新潟縣 西浦原郡 味方村)

사진 525 아이누족의 뒷간
남성용 뒷간으로 문을 달았다.

사진 526 아이누족의 뒷간 세우기
지붕은 반쪽만 덮으며 똥·오줌이
차면 다른 곳에 새로 짓는다.

4. 돼지뒷간

오키나와의 돼지는 1392년, 중국 복건성에서 건너온 사람이 들여왔으므로 돼지뒷간의 역사는 700여 년이 된다. 당시 오키나와는 류큐(琉球)라 불린 독립국으로서, 일본 본토보다 중국과의 교류가 더 깊었다. 이것이 산동성에서 들어왔다는 구전도 있다(金城朝永, 1931 ; 149).

이곳에서는 돼지뒷간을 '북쪽'이라는 뜻의 '니시'라고도 한다. 이밖에 '야―누쿠시―'도 '집 뒤'의 뜻이다. 남향집에서는 뒷간을 거의 모두 북쪽이나 서북쪽에 둔 데에서 왔다. 돼지뒷간(후루)에서 나오는 거름이 농사에 큰 도움이 되었던 것은 우리네 사정과 같다.

그림 63 **초기의 돼지뒷간**
돼지우리 위에 건너지른 널 위에 앉아서 똥을 누었다.

사진 527 오키나와의 돼지뒷간
왼쪽 바닥의 돌그릇이 먹이통이
며, 사람은 오른쪽의 턱 위에서
똥을 누었다(현재 바닥구멍은 보
이지 않는다).

그림 64 돼지뒷간 모서리에서
똥을 누는 모습
제주도와 달리 돼지집마다 벽을
쳐서 나누었다.

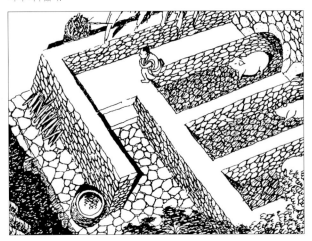

그림 63에 나타난 대로, 초기에는 뒷간을 따로 짓지
않고, 돼지우리 위에 건너지른 널 위에서 똥을 누었다.
사진 527은 돌로 반듯하게 지은 돼지 뒷간이다. 돼지
는 칸마다 한 마리씩 키운다. 바닥이 앞쪽으로 비탈져서
오물을 쳐내기 쉽다. 가운데에 먹이통이 보인다. 사람은
왼쪽 위의 구멍(지금은 메웠다)에 앉아서 똥을 누지만,
그림 64처럼 모서리에 쭈그려 앉기도 하였다. 사람을 위
한 지붕이 없음에도, 돼지가 쉴 공간을 마련한 것은 제
주도와 같다.

이곳에서는 지붕 시설이 있는 본토의 뒷간을 '야—
뿌—루'라고 따로 불렀다. '야'는 '지붕(屋)'의 뜻이다.
농가에서는 돼지가 즐겨 먹는 토란 껍질을 따로 모아두
었다가 팔아서 장학금으로 썼다(金城朝永, 1930 ; 271).

명절에는 돼지뒷간에 향을 피우고 지킴이에게 "돼지
가 탈없이 잘 자라도록 도와주소서." 빌며, 아침저녁으
로 불을 밝혀 두기도 한다. 또 밤중에 밖에서 귀신을 만나면 뒷간으로 가서, 자
는 돼지를 발로 차서 깨운 다음 집안으로 들어간다. 돼지 울음소리가 잡귀를 쫓
아준다고 여기기 때문이다. 문상을 다녀온 뒤에도 이 같이 한다. 우리처럼 돼지
를 영물(靈物)로 여기는 것이다. 터주에게 소원을 빌 때에는 반드시 문과 뒷간
지킴이 그리고 집 터 네 귀에 음식을 차린다
(平川宗隆, 2000 ; 74).

한편, 『왜옥편(倭玉篇)』 등에서 혼(溷)을
가와야라 새기기는 하였지만, 일본에서는
돼지를 본격적으로 키우지 않았다. 불교의
영향으로 국가에서 8세기부터 19세기에 이
르기까지 육식을 금한 것도 큰 원인의 하나
이다. 옛적에는 뒷간 옆에 '유나'라 불리는
잎이 너른 나무를 심어서 그 잎으로 밑을
닦았다.

5. 절간의 뒷간

절간의 중요한 건물을 흔히 칠당가람(七堂伽藍)이라 일컫지만, 종파에 따라 그 내용이 조금 다르다. 남도육종(南都六宗)에서는 탑·금당·강당·종루·경장(經藏)·승방·식당을 꼽는 데에 비해, 선종에서는 불전·법당·승당·산문(山門)·요사(寮舍)·뒷간·욕실을 헤아리는 것이다. 선종에서 뒷간과 욕실에 관심을 두는 것은 똥을 누고 몸을 씻는 일도 수행의 과정으로 삼기 때문이다.

절간의 가장 오랜 뒷간은 선종 사찰의 대표적인 건축물로 손꼽히는 동복사에 딸린 것(東司)이다. (동복사(東福寺)라는 이름은 동대사(東大寺)와 흥복사(興福寺)의 글자를 하나씩 따 붙인 데에서 왔다.)

1236년에 세운 이 절간의 뒷간은 정면 4간(약 10미터), 측면 7간(약 27미터) 규모이다(사진 529·사진 530). 출입문은 건물 옆에 붙였으며, 통로 좌우 양쪽 3간에 18개의 독을 묻었다(사진 531·사진 532). 오른쪽(서쪽) 3간의 9개는 대변용이고, 왼쪽(동쪽) 3간의 9개는 소변용이다. 그리고 오른쪽 안쪽의 3간(6개)과 왼쪽의 2간(2개)에서 손을 씻으며, 더 안쪽 한 간에 물을 데우는 솥과 부뚜막이 있다(사진 533). 똥 누는 자리의 옆은 물론이고 앞뒤도 모두 터졌다(그림 65). 뒤를 보는 것도 수행의 과정으로 여기

사진 528 동복사의 뒷간(東司) 표지
맨 위의 도깨비기와와 서까래 그리고 그 밑의 현어(縣魚)와 보를 비롯한 가구(架構)의 형식미가 돋보인다.

사진 529 **동복사 뒷간 입구**
중국 선종 사찰의 본을 따서 건
물 측면에 출입구를 내었다.

사진 530 **뒷간 건물**
정면 4간에 측면이 7간에 이르
는 큰 규모이다.

는 선원(禪院)에서는, 무념무상(無念無想)의 경
지에 들면 사람이 있거나 없거나 마찬가지로 느
껴지는 모양이다.

　남북조시대(南北朝時代, 1336~1392)에 생존
했던 법연(法然)의 일대기를 그린 『홍원본법연
상인회전(弘願本法然上人繪傳)』의 '뒷간 염불'
에도 뒷간이 보인다(그림 66). 마루 바닥에 문고
리를 달았으며, 처마 아래의 횃대에 똥 누는 중
의 옷이 걸렸다. 선종계열의 중들이 뒷간에 들어
가기에 앞서 옷을 벗는 관행 그대로이다. 아래에 똥통을 묻었다.

　이보다 나의 관심을 끄는 것은 변기이다. 주인공의 앉은 자세로 미루어, 우리
네 매우틀을 닮은 것으로 짐작되기 때문이다. 한국에서 들어간 변기를 상류층뿐
만 아니라, 절간에서도 널리 썼을 가능성을 생각할 수 있다.

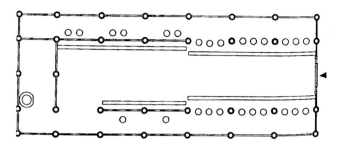

그림　65 뒷간 내부 평면도
입구 좌우 양쪽으로 모두 18개의 똥항아리를(오른쪽) 더 안쪽에 오줌항아리를 묻었다. 똥 누는 데는 가리개도 벽도 없다.

사진 531 입구 쪽에서 본 내부 모습
각 간마다 3개씩 묻은 똥항아리가 보인다.

사진 532 내부 모습
똥을 눌 때는 살창을 향해 앉으므로, 건너편 사람의 모습은 보이지 않는다.

사진 533 부뚜막과 솥
뒷물을 하거나 손을 씻을 물을 데우는 시설이다.

그림 66 14세기의 절간 뒷간
우리네 매회틀을 닮은 틀을 타고 앉아 똥을 누는 듯 하다.

사진 534 동조궁(東照宮)의 뒷
간(西淨)
널벽 상부에 살창을 베풀어서 환
기와 채광이 잘 이루어지도록 하
였다.

사진 535 앞 뒷간 내부
칸마다 벽을 세웠으나 문은 달지
않았다.

덕천막부(德川幕府) 시대를 연 도쿠가와 이에야스(德川家康)가 1643년부터 일년 반에 걸쳐 세운 동조궁(東照宮) 뒷간(西淨) 건물(사진 534·사진 535)은 좁고 길며, 내부를 9칸으로 나누었다(그림 67). 바닥 양쪽에 돌을 쌓고 대곡천(大谷川)의 물을 끌어서 똥·오줌과 함께 흘러나가도록 하였다. 당시 뒷간 건축비용을 1986년의 일본 물가로 환산하면, 1억 6천 만 엔에 이르며(谷直樹·遠州敦子, 1986 ; 28), 우리 돈(2002년 봄 현재)으로는 10억 6천만 원에 해당한다.

동조궁 옆에 위치한 윤왕사(輪王寺) 대유원(大猷院) 영묘(靈廟)는 덕천막부의 3대 장군인 도쿠가와 이에미쓰(德川家光)의 혼령을 모신 곳이다. 이곳에 1653년에 세운 뒷간(西淨)은 정면 5칸(약 9미터), 측면 2칸(약 3.6미터) 규모이다. 전면에 주칠(朱漆)을 해서 매우 화려하며, 내부를 5칸으로 나누었다. 중요문화재이다.

그림 67 앞 뒷간 평면도
모두 9개의 똥칸을 한 줄로 나란
히 배치하였다.

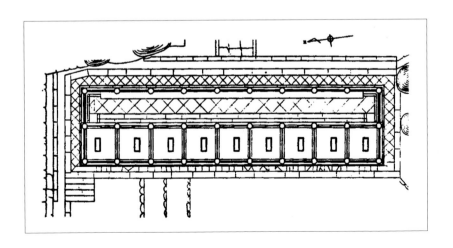

교토시 외곽(京都府 雙喜郡 田邊町)에 있는 수은암(酬恩庵)은 임제종(臨濟宗)의 중이었던 이큐(一休, 1394~1481, 사진 536)의 묘소로, 흔히 이큐사(一休寺)라 불린다. 뒷간은 1650년에서 1654년 사이에 건립되었으며, 규모는 동서 4미터, 남북 3미터이고, 지붕은 맞배지붕이다(사진 537). 앞이 소변소이고(사진 539), 2칸의 대변소는 뒤에 있다(사진 538). 대변소 상부에 세운 살창의 살을 흐르는 물줄기처럼 휘어놓는 재치를 부렸다(사진 538·사진 542). 기다리는 사람을 위해(?) 짧은 퇴를 붙인 것도 눈을 끈다.

사진 536 승 이큐(一休)의 입상
15세기 후반기 임제종(臨濟宗)의 승려로, 전설적인 기행의 소유자이기도 하다.

사진 537 수은암 뒷간
뒷간 바깥 벽에 퇴를 붙인 것이 눈에 띈다.

일본의 선종 계통의 절에서도 중국처럼 뒷간에 드나들 때 엄격한 계율을 지켰다. 다음은 12세기(鎌倉時代)에 조동종(曹洞宗)을 일으킨 도겐(道元) 선사가 그의 『정법안장(正法眼藏)』에 적은 대체적인 내용이다.

사진 538 앞 뒷간 내부
일반 관행과 달리 변기를 앞(문)
을 향해 놓았다.

사진 539 앞 뒷간의 소변기
대변소(왼쪽) 건너편 벽에 오줌
받이용 도기를 세워 놓았다.

사진 540 앞 뒷간의 널벽
똥통이 드러나지 않도록 널판을
세워서 가렸다.

사진 541 똥항아리 모습

뒷간에 갈 때에는 수건을 들고 가서 횃대에 건다. 만약 긴 가사를 입었으면, 이 또한 나란히 걸어 둔다. 다음에 9할 정도의 물을 담은 통을 오른손에 든다. 입구에서 신을 갈아 신고 왼손으로 문을 잠근다. 통의 물을 조금씩 흘려서 변기를 닦은 뒤 통을 앞에 놓는다. 두 다리를 틀에 올려놓고 쭈그려 앉아 똥을 눈다. 이 때 주위를 더럽히지 말아야 한다. 웃거나 소리를 내어서 읊조리지 말라. 침을 뱉거나, 낙서를 해서도 안 된다. 똥을 누고 나서 뒤지나 측주로 (밑을) 닦는다. 오른손에 통을 들고 왼손에 물을 받아 변기를 잘 닦는다. 이를 마치면 뒷간에서 나와서 손을 씻는다. 먼저 재로 세 번, 흙덩이(土團子)로 세 번, 쥐엄나무(皂莢)로 한 번 모두 일곱 번에 걸쳐서 씻은 다음, 다시 물로 닦는다.

사진 542 굽은 살창
뒷간 상부에 붙인 살은 흐르는 물을 연상시킨다.

다음은 동대사 승려들의 관습이다.

『동대사요록(東大寺要錄)』의 자자작법(自恣作法) 가운데 유나(維那, 절에서 중들의 규율을 맡은 책임자)가 측주를 씻는 노래(頌)가 있다. 향수로 측주를 씻고 나서 손을 닦는데, 이것이야말로 불교와 함께 들어온 대나무로 만든 똥주걱(糞篦)이다. 귀중한 까닭에 몇 번이고 씻어서 썼으며, 절대로 소홀하게 다루지 않았다. 이것을 받을 때에는 두 손으로 받고 노래를 읊조렸다. 주걱으로 똥을 떨어내었다.

6. 변기의 방향

일본에서는 뒷간의 변기를 (문에서 보았을 때) 세로로 놓는 경우, 대체로 안쪽을 앞으로 삼는다. 따라서 앉는 이의 얼굴은 문이 아니라, 벽과 마주하게 마련이다. 이러한 관습은 오늘날에도 남아 있다. 사진 543이 그것이다. 2001년 12월에 찍은 나라시 법륭사(法隆寺) 부근의 어떤 식당 뒷간으로, 변기를 벽 쪽으로 놓았다.

그러나 우리는 이와 달리 반드시 문 쪽을 앞으로 삼는다(사진 544). 일본 사람은 이러한 한국의 뒷간에서 당혹한다. 한 일본 사람의 경험담이다.

사진 543 법륭사 부근의 식당 뒷간
우리와 달리 변기를 벽쪽으로 앉혔다.

양식(洋式) 변소는 제쳐두고라도, 재래식 변소에서 일을 보려면 기이하게 느껴지는 것이 변기의 방향이다. 늘 하던 대로 안쪽으로 앉으려하다가도, 방향을 바꾸어 문 쪽을 향해 앉게 된다. 변기를 입구 쪽으로 놓았기 때문이다. 형편상 옆으로 놓은 경우도 있지만, 안쪽으로 향한 것은 일단 없다고 해도 좋으리라. 나는 한 번 보았으므로 전혀 없다고는 못 한다. 일본에서는 안쪽을 기본으로 삼는다고 잘라 말할 자신은 없지만, 적어도 입구 쪽으로 놓인 것은 보지 못 하였다(新納豊, 1994 ; 55~56).

일본에서 변기를 벽 쪽으로 앉히는 이유 중에 하나는, 문이 갑자기 열렸을 때 일을 보는 이의 성기가 드러나지 않게 하려는 데에 있다. 변기 앞에 세우는 낮은

사진 544 **한국의 뒷간**
일본과 달리 변기를 문쪽으로 놓았다.

가리개(사진 545)인 '긴가쿠시(金隱し)'의 '긴'은 바로 '불알'이다. 따라서 우리말로는 '불알 가리개'가 된다. 나무로 만든 긴가쿠시가 15세기 후반기의 후쿠이현(福井縣) 유적에서 나온 것으로 미루어(佐原眞, 1996 ; 196), 그 역사가 매우 오랜 것을 알 수 있다. 이것을 처음 만든 사람도 일본인으로, 성기보다 궁둥이가 노출되는 것이 덜 부끄럽다고 생각하기 때문이다. 19세기 말엽부터 도기 변기가 생산되면서 불알가리개가 달려나옴에 따라, 이것이 변기 이름으로 쓰이게도 되었다.

그러나 더 근본적인 목적은 앉은 쪽이나 문을 연 쪽이나 서로 모르게 하려는 데에 있다. 눈이 마주치지 않으면 그만큼 덜 면구스럽다는 것이다. "문을 열기 전에 노크를 하는 것이 상식이 아닌가?" 하겠지만, 만에 하나 일어날 경우에 대한 대비책인 셈이다. 어떤 이는 이러한 관습이 옛적에 뒷간 문을 달지 않은 데에서 왔다고 한다. 그러나 우리는 이해하기 어렵다. 앞쪽에 낮은 가리개가 있을 뿐더러, 문을 연 쪽은 서 있고, 일을 보는 이는 앉은 자세이므로 좀체 국부가 눈에 들어오지 않기 때문이다. 오히려 뒤로 앉았다가, 알 궁둥이가 남김 없이 드러나는 것이 더 부끄러울 듯 하다.

앞 글 가운데 "적어도 입구 쪽으로 놓인 것은 보지 못하였다."는 부분은 정확하지 않다. 1990년에 나온 『일본 뒷간 박물지(日本トイレ博物誌)』의 뒷간을 하나 하나 살펴보았다(양변기 제외). 구조상 변기를 가로로 설치한 (문에서 보았을 때) 17개소를 빼면, 궁둥이를 뒤로하고 앉는 것이 10개소이고 입구쪽으로 앉는 것은 4개소였다. 따라서 "입구 쪽의 것이 더 많다."고 해야 옳은 것이다.

사진 545 **일본의 발명품인 불알 가리개**
국부를 가리기 위해 변기 앞에 세웠다.

통로 좌우 양쪽에 묻어놓은 18개의 독 위에 쭈그리고 앉아 똥을 누는 동복사 뒷간에서도 각기 벽을 향해 앉도록 하였고, 통로 쪽으로 낮은 이랑까지 쌓아 놓았다. 따라서 뒤로 앉는 관행의 역사는 매우 오랜 듯 하다. 이와 대조적으로 가운데에 놓인 뒤지 통을 향해 넷이 마주 앉도록 한 농가의 뒷간도 있지만, 이는 예외이다.

앞의 일본인은 한국 친구 10명에게 "그렇다면 오줌은 어떻게 누는가?" 물었다. 아홉 명은 가리개를 무시하고 누며, 한 사람만 문 쪽으로 돌아선다고 하였다. 그 까닭은 "방위본능이다.", "불안하니까.", "노크하기 쉬우니까.", "닫힌 세계를 향하기 보다 열린 쪽으로 향하는 것이 자연스러우니까." 등 여러 가지이다. 아닌게 아니라 벽으로 향해 앉는다면, 오히려 불안하고 답답해서 견디기 어려울 듯 하다. 또 변기를 벽 쪽으로 놓는 나라는 전 세계에서 일본뿐이라는 사실도 기억해 둘 일이다.

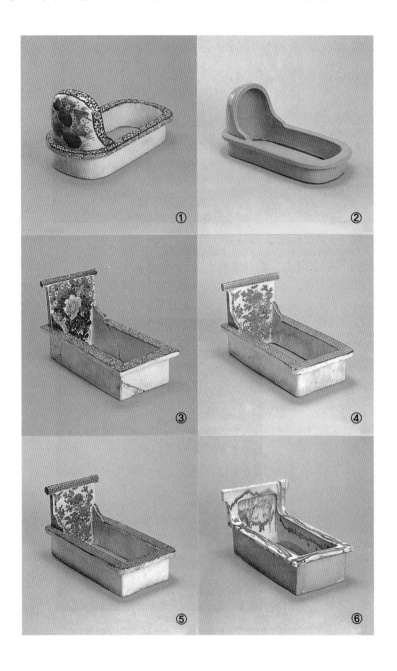

사진 546 불알가리개가 달린 변기
①꽃 무늬를 놓은 도장꼴 대변기
(19세기 후반)
27×53×28센티미터
②청색 도장꼴 대변기
27×57×27센티미터
③꽃 무늬를 놓은 네모꼴 대변기
(19세기 후반)
27×51×31센티미터
④꽃과 새 무늬를 넣은 네모꼴 대
변기(19세기 후반)
27×51×29센티미터
⑤꽃과 새 무늬를 넣은 네모꼴 대
변기
27×50×28센티미터
⑥네모꼴 대변기(19세기 후반)
25×47×25센티미터

7. 밑씻개

    뒤를 보고 나서 측주(厠籌)로 밑을 씻은 것은 일본도 중국이나 우리와 같다. 앞에서 든 대로, 홍려관과 등원궁의 뒷간 자리에서 이것이 나왔다(사진 489・사진 492).

    구덩이에서 적어도 150점에 이르는 주걱꼴・판상(板狀)의 목제품(木製品)이 나왔다. 이들은 용변 후 뒤를 닦는 데 쓴 주목(籌木)이라 불리는 목편(木片)이다. 길이 18센티미터 전후, 너비 약 1센티미터, 두께 4밀리미터쯤 되는 얇으면서도 좁고 긴 노송(檜)나무쪽이 태반이다. 표면과 끝을 정성껏 깎아서 다듬은 것이 많지만, 주걱 꼴로 뾰족하게 만든 것도 있다. 적기는 하지만, 이와 대조적으로 쪼갠 채 그대로의 거친 단면을 남긴 몽둥이 꼴(棒狀)의 조각도 있다(奈良國立文化財研究所, 1992 ; 5).

    일본에서는 중국과 달리 측주를 주로 삼(杉)나무로 만들었으며(사진 547), 근래까지 아오모리현에서부터 시코쿠(四國)의 도사(土佐) 그리고 중부의 산간지대에서 썼다. 닦고 난 것은 소쿠리나 상자(사진 548)에 담아 두었다가 대숲이나 집 밖의 일정한 장소에 버렸다. 이것은 1935년 무렵부터 짚이나 신문지를 쓰게 되면서 점점 사라졌다. 20세기초 중부 산간지대의 현황이다.

    산간에서는 짚으로 닦거나, 츄우기(籌木)라는 나무쪽을 썼다. 이 때문에 '닦는다.' 하지 않고 '떨어낸다.'고 일렀다. 나는 메이지(明治) 38년(1905)년에 히다(飛彈)의 시라가와(白川) 마을에서 보았다. 그 곳 경찰관에게 "똥이 남지 않느냐?" 묻자, "피(稗)를 먹는 까닭에 끈기가 없어 단 번에 깨끗이 닦인다."고 대답하였다(今村鞆, 1928 ; 449).

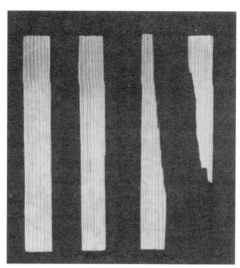

사진 547 **측주**
이것을 똥구멍에 바짝대고 밀어
서 남은 똥을 떨어내었다.

사진 548 **측주 상자**
쓰고 난 것과 쓰지 않은 것을 위,
아래 상자에 따로 보관하였다.

곳에 따라서는 1950년대에도 썼다. 1993년 2월 23일에 벌인 이와테현의 어떤 시(盛岡市)에 대한 조사 보고이다.

1953년경 전까지는 온 가족이 썼으나 그 뒤로는 할아버지만 이용하였다.
재료는 삼나무의 어린줄기이다. 지름 20센티미터쯤 되는 둥근 나무를 산에서 베어 말린다. 나무는 가능한 대로 길게(20~30센티미터) 자르며, 처음 판판하게 쪼갠 다음, 두께 5밀리미터, 너비 1센티미터로 마른다. (중략) 이틀날 쓸 것을 전날 장만해서 뒷간 상자에 담아 둔다. 쓰고 난 것을 모으는 상자를 따로 마련, 논이나 밭에서 태운다.
이를 (손에 들고) 앞쪽에서 뒤로 넣으며, 옆을 세운 채 깨끗이 닦는다. 한 번에 되지 않아 여러 개를 썼다고 한다(佐久山史子, 1993).

시코쿠 지방의 경우이다.

여러 가지 식물의 잎 외에 쪼갠 나무(割木), 쪼갠 대(割竹)를 썼고 식물 중에는 잎이 매우 너른 머우가 가장 좋다. 잎을 따서 그늘에서 말린 다음, 가마니에 담아 몸채 선반에 놓고 일년 내내 썼다. 새끼로 묶어서 걸어두기도 하였다. 이 밖에 옥수수 껍질 가운데 부드러운 쪽을 골라 닦았으며, 이를 헤프게 쓴 며느리가 쫓겨나기도 하였다. 심지어 자귀밥이나 대쪽도 이용하였다. 대쪽의 길이는 18 센티미터쯤이었다. 쓰고 난 자귀 밥과 대쪽은 낙수 물이 떨어지는 데에 놓아서 깨끗이 하였다. 1930년대까지도 종이가 귀했던 것이다(鶴藤鹿忠, 1968 ; 181).

이러한 사연으로, 뒤지를 널리 쓰게된 이후에도 이를 '츄우기'라고 불렀다. 뒤지는 17세기말(元祿時代)에 나왔고, 18세기에 이르러 이른바, '아사쿠가 종이(淺草紙)'가 생산되면서 무사와 상인들도 썼다. 폐 휴지를 재생한 이 뒤지는 100장에 백 냥이나 나갔다. 당시 구멍 가게의 월 임대료가 5~6백 냥이었고, 인부의 하루 삯이 450냥이었으므로 매우 비싼 물품이었다. 경제 관념이 강한 오사카 사람들은 한 번 쓴 것을 바구니에 모아두었다가 되팔았다(Planning OM, 1994 ; 59~60).

한편, 농가에서는 우리처럼 허리 높이에 박아놓은 막대기 사이에 잡아맨 새끼줄을 똥구멍에 끼고 걸어서 닦기도 하였다. 이 때 똥이 한쪽으로만 묻어서 굳으면 털어 내고 다시 썼다(宮武省三, 1927 ; 98). 뒤지는 19세기 이후(明治時代) 값싼 신문지 보급에 따라 널리 쓰게 되었다.

일본에서는 기분이 좋은 것을 "개울에서 밑 씻은 듯 하다."고 빗댄다. 똥 누고 나서 물로 닦은 것처럼 개운하다는 뜻이다. 고대 사람들도 가와야에서 이 같이 하였을 것이다. 또 "농사꾼은 지붕도 궁둥이도 짚으로 잇는다."는 말은 그들이 짚으로 뒤를 닦은 데에서 왔다.

농촌에서는 흔히 뒷간 옆에 나무를 심으며, 특히 동북 지방에서는 감나무를 많이 가꾸었다. 잎을 밑씻개로 삼기 위해서이다.

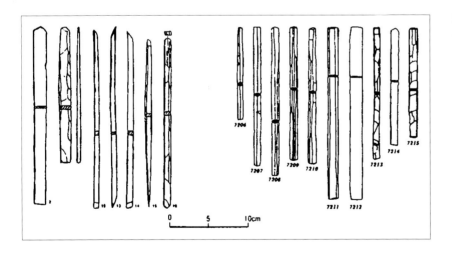

그림 68 등원궁(왼쪽)과 평성경의 뒷간 자리에서 나온 측주들

8. 뒷간 지킴이

뒷간 지킴이는 측신(厠神)·세친신(雪隱神)·간죠신(閑所神)·호우키신(帚神) 등 여러 가지로 불린다. 이들을 받드는 제례에 관한 기록은 912년에 나온 『연희식』에 보인다.

대전(大殿)의 제례 때 중신(中臣)인 기부(忌部)의 무당(御巫)들이 목욕탕(湯殿)과 뒷간(厠殿) 네 귀퉁이에 옥(玉)을 걸고 축사(祝詞)를 읊조린다(四時祭 上).

오늘날 기후현에서 뒷간 네 구석에 제사를 지내며 꽃을 바치는 것은 이의 내림이다. 11세기 중반에 나온 『유취잡요초』의 저자는 1063년에 한 귀족이 이사를 하고 나서 지킴이를 받드는 모습을 이렇게 적었다(2).

강평(康平) 6년 7월 3일 임인(壬寅). 내대신(內大臣) 시시스(師實)가 화산원(花山院)으로 옮겼다. 제사를 지내는 법은 이러하다.
맨 앞에 물을 들고 촛불을 든 어린 소녀 둘, 두 번째 황소를 끄는 이, 세 번째 상을 든 사람 둘, 네 번째 솥을 든 사람 둘, 다섯 번째 가장(家長), 여섯 번째 안장을 든 이, 일곱 번째 남자 자손, 여덟 번째 상을 든 이 둘, 아홉 번째 시루를 든 이, 열 번째로 가슴으로 거울을 받쳐든 주부가 따른다.
이들은 두 줄로 나란히 서서 차례대로 안으로 들어온다. 가장과 주부는 남쪽으로 앉아 과일(五果)와 술을 마신다. 집안에서 시루 안의 오곡으로 여러 지킴이에게 제사를 올린다(지킴이는 대문·문·우물·조왕·터·마당·뒷간 등이다). 사흘 뒤에도 이 같이 한다. 이 때에는 어린 소녀가 불을 피우고 솥의 곡식으로 밥을 지어 바친다.

이사 뒤 사흘 안에 살생을 하거나, 노래를 부르거나, 뒷간에 가지 않으며, 나쁜 말도 삼간다. 크게 기뻐하거나 남에게 벌을 주거나, 높은 데에 오르거나, 깊은 데에 가지 않는다. 불효자를 만나지 않으며 집안에 중을 들이지 않는다.

사진 549 **뒷간 지킴이**
뒷간 지킴이는 대체로 여성이지만, 부부인형을 지킴이로 받드는 고장도 있다.

거의 전국에서 받드는 뒷간 지킴이는 대체로 여성이지만, 부부도 있다(사진 549). 구체적인 신체를 모시는 곳은 드물고, 용모나 성품도 곳에 따라 다르다. 미인으로 깨끗한 것을 좋아한다는 곳이 있는가 하면, 외눈박이나 장님을 비롯하여 한 손이 없는 신체 장애자로도 등장한다. 『곤니모경(昆尼母經)』에 "뒷간신(厠神)은 장님으로, 들어가기 전에 기침을 두 세 번하면 달아난다."는 내용이 있다(李家正文, 1983 ; 146). 이에 대해 한 학자는 "뒷간 지킴이가 장님이라는 생각은 인도에서 조선을 거쳐 일본에까지 퍼졌다."고 하였다(西岡秀雄, 1987 ; 50). 눈이 나쁜 뒷간 지킴이는 사람의 눈에 띄는 것을 싫어하므로, 뒷간에 불을 밝히지 않으며, 들어갈 때 반드시 기침을 한다(和歌山縣). 뒷간에 침을 뱉으면 이가 아프고(群馬縣), 벌거벗고 들어가면 지킴이가 얼굴을 할퀴며 종기가 난다(關東地域, 三橋健, 1997 ; 166).

뒷간 지킴이와 조왕 그리고 뒷간 지킴이와 우물 지킴이는 부부이고, 또 뒷간 지킴이와 황금의 신은 형제라고 한다. 이는 우물은 집안에, 뒷간은 집밖에 있고, 똥 빛깔이 황금색인 데에서 왔다.

뒷간 지킴이는 매 달 5일(長野縣)·16일(岐阜縣)·10일 및 29일(愛重縣)에 받든다. 이 밖에 19일과 31일에 뒷간의 비를 산신(産神)으로 모시는 곳도 있다(埼玉縣). 나라시 일대에서는 종이 인형을 비롯하여, 옥수수 껍질이나 수염으로 만든 남녀 한 쌍을 지킴이로 삼아, 매월 음력 30일 밤에 불을 밝히고 절을 올린다(鶴藤鹿忠, 1966 ; 303~309). 그러나 특정한 날이 아니라, 아무 때에나 받드는 곳이 더 많다.

중부의 히다에서는 기둥에 꽃을 바치고 동북의 미야기현(宮城縣)에서는 선반에 인형을 놓는다. 남녀 한 쌍의 흙 인형(宮城縣)이나, 어린아이를 업은 흙 인형, 짚 묶음에 여자 옷을 입힌 인형, 부부의 종이 인형(富山縣), 두 여자 인형 등 여러 가지이다. 이들은 집을 새로 지을 때, 목수가 요강과 함께 똥통을 묻을 구멍에 넣는다. 부부 인형을 마주하여 봉서지(奉書紙)로 싼 다음, 홍백의 끈으로 묶어서 모란떡(牡丹餅) 두 개와 함께 묻는 곳도 있다(富山縣). 인형이 뒷간 지킴이 자체인지 신에게 바치는 제물인지 서너 개를 놓는 까닭이 무엇인지는 알 수 없으나, 뒷간을 지키는 존재임에는 틀림없다(出口米吉, 1914 ; 30).

사진 550 **뒷간 지킴이**
미야기현의 '오훈도사마'이다. 종이로 마른 인형을 신체로 받들며, 해마다 정월 16일에 새 것으로 바꾼다.

사진 551 **뒷간 지킴이**
미야기현에서는 종이로 오려 만든 남녀 인물상을 뒷간 기둥에 붙이고 지킴이로 받든다.

사진 552 **뒷간 지킴이**
끝을 구부린 나무칼이 신체이다.

사진 553 **뒷간 지킴이**
여러 개의 종이 인형을 뒷간 벽에 붙이고 지킴이로 받든다.

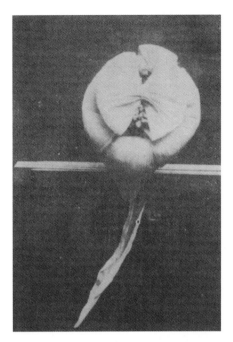

사진 554 **뒷간 지킴이**
옥수수 잎으로 만든 지킴이다.

사진 555 **뒷간 순례**
어린아이가 태어나 한 이레가 되는 날 뒷간에 데리고 가서 지킴이에게 인사를 올린다.

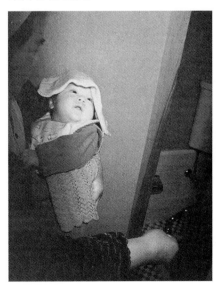

또 흰 종이 접은 것을 정월 대보름에 뒷간에 걸어서 지킴이(오훈도사마)로 삼거나(사진 550), 같은 날 뒷간에 불을 밝히고 주인이 국수를 먹기도 한다. 뒷간 기둥에 종이 인형과 새끼줄 따위를 걸고 '오히나사마'로 받드는 고장도 있다(사진 551). 군마현(群馬縣)의 어떤 곳(多野郡)에서는 정월 대보름날, 나무칼의 끝을 도조신(道祖神)을 위해 지핀 불에 구워서 구부린 뒤, 뒷간에 세워서 잡귀를 쫓는다(사진 552). 이와 달리 같은 현의 다른 곳(利根郡)에서는 정월에 장식하는 종이 오래기(御幣)를 마르고 남은 종이로 인형을 오리거나, 종이로 지은 인형(사진 553)을 지킴이로 받들며, 옛적에는 옥수수 줄기 등으로도 만들었다(丸都十九一, 1999 ; 148).

아끼타현에서는 정월 대보름날 저녁, 모든 부녀자가 뒷간에 가서 촛불을 밝히고 떡을 바치며 지킴이(不動樣)에게 절을 올린다. 그날 밤 뒷간에 가는 사람이 비를 들고 가서 청소를 하면, 한 해 동안 몸에 종기가 나지 않는다. 이 밖에 뒷간 안에 비·총채·부채 따위를 걸어두고 모시거나, 옥수수 알갱이와 잎을 머리털로 둥글게 얽어서 묶은 것을 받들기도 한다(岡山縣, 사진 554).

뒷간 지킴이가 산고(産苦)를 덜어준다는 믿음은 널리 퍼져 있다. 산달이 가까운 임산부가 뒷간 청소를 깨끗이 할수록 아이 낳기가 쉽고, 아기도 똑똑해진다. 이는 지킴이가 미인이라는 점과 관계가 깊다(大勝時彦, 1941 ; 202). 미야기현에서는 아예 뒷간 청소를 담당하는 인형(奉公氏)을 한쪽에 세워 둔다. 그러나 진통이 오래 끌면 나막신과 짚신을 한 짝씩 신고 뒷간에 가거나(群馬縣), 뒷간의 부춛돌을 뒤집어 놓으며(栃木縣), 해산한 뒤에 팥밥·소금·젓가락을 마련, 아기를 데리고 뒷간에 다녀온다(宮田登·馬興國, 1998 ; 266). 사흘째나 한 이레 날, 이름을 짓고 붉은 글씨로 뺨에 개 견(犬)자를 쓴 뒤, 산파가 안고 여러 집의 뒷간 순례도 한다(사진 555).

뒷간 지킴이와 해산과의 관계 그리고 비를 받드는 민속에 대한 설명이다.

뒷간 지킴이는 이상하게 출산과 관계가 깊다. 아이를 낳을 때 산신(産神)이 돕지 않으면 낳지 못한다는 신앙이 일반적이며, 산신으로서 제일 많이 받드는 것이 비신(箒神)이고, 다음이 산신(山神)과 뒷간 지킴이이다. (중략) 히다에서는 뒷간 신이 돕지 않으면 아이를 못 낳는다고 여긴다. 또 다른 곳(武州의 芳野村)에서는 팥밥을 지어 뒷간 지킴이와 비신에게 바쳐야 안산(安産)을 한다고 믿는다. 비신에 대한 신앙은 뒷간 지킴이와 관계가 깊다. 또 다른 데(武州의 入間와 比企 兩郡)에서는 뒷간 비를 산신으로 받들며, 3월 19일과 11월 19일에 제례를 올린다(大勝時彦, 1941 ; 201~202).

군마현에서는 태어난 아기에게 똥을 먹이는 시늉을 한다. 유아의 성장률이 매우 낮은 까닭에, 혼에 힘을 불어넣으려는 의도도 있거니와(三橋健, 1997 ; 165~166), 아기는 똥으로 태어난다는 상상도 작용하기 때문이다. 실제로 임산부는 출산과 동시에 똥을 싸기도 하므로, 해산과 배변을 같은 과정으로 여기는 것이다(飯島吉晴, 1986 ; 141). 한편 "똥을 신의 배설물인 동시에 식물의 원초 형태로 보고, 갓 태어난 아기가 최초의 '식물'로서, 신으로부터 그 배설물을 받는다는 뜻이다."는 설도 있다(礫川全次, 1996 ; 30).

나가노현에서는 아기가 밤에 잘 울면 거울 떡(鏡餠)을 빚어서 뒷간에 바친다. 또 섣달 그믐 날 밤 뒷간에서 '나이 먹기 행사'도 벌인다. 뒷간 앞에 지킴이와 주인의 상을 따로 마련하고 식구들이 둘러앉는다. 주인은 문을 열고 "신세 많이 졌습니다." 읊조리며 음식을 먹는다. 이로써 감기에 걸리지 않고 장수를 누리며 아기도 쉽게 낳는다.

에히메현(三重縣)에서는 아이의 이름을 짓는 날, 냇가의 돌을 가져다가 물에 씻어 우물과 부뚜막과 뒷간에 놓는다. 아이가 경련을 일으켰을 때 뒷간에 가서 이름을 부르면 정신이 돌아온다. 어린아이를 안고 뒷간을 비롯해서 우물·부뚜막·옻나무 주위를 돌고, 허약한 경우 뒷간에 버렸다가 아이 많은 집 사람이 찾아다 주는 절차도 밟는다(宮城縣). 아이가 뒷간에 빠지면 반드시 죽는다고 하여 이름을 바꾸지만, 다른 집 뒷간에 빠지면 오히려 "복을 가져왔다."며 좋아한다(和歌山縣·高知縣)는 보고도 있다(飯島吉晴, 1986 ; 146).

산파나 할머니가 아이를 데리고 뒷간에 가서 쌀·소금·술을 차리고 탈없이 자라기를 빌며(新潟縣·長野縣·山梨縣·福島縣), 첫 이레 날 산파가 아이를 안고 강보(襁褓)나 키를 씌우고 뒷간에 간다(山梨縣). 한편, 군마현과 나가노현에서는 다리를 처음 건너기 전에 세 집의 뒷간을 돌아야 좋다고 하며, 이들 집

에서는 축하의 뜻으로 삼(麻) 한 다발을 보낸다(倉石あっ子, 1999 ; 상 948). 이 밖에 남자아이는 창을, 여자아이는 국자를 허리에 꽂아주고, 아이를 안은 채 뒷간 지킴이에게 인사를 올리는 곳도 있다.

긴끼(近畿) 지역에서는 눈병이 돌 때, 뒷간 지킴이를 위해 향을 사르고 양쪽에 붉은 깃발을 세운 뒤 빈다. 또 집안 식구 수대로 깃발을 만들어 뒷간 옆에 끼워 두면 병에 걸리지 않는다고 여긴다.

오키나와현에서는 '후우루누우구완(厠의 御願)'이라고 하여 소원을 빌 때 지붕에 올려놓은 돌 한 개(또는 세 개)와 부춛돌을 뒷간 지킴이로 받든다. 뒷간·우물·부뚜막 지킴이는 자매간이며, 이들 가운데 첫째 미인이 뒷간 지킴이가 되었다. 뒷간을 깨끗이 하고, 침도 뱉지 않으며, 오래 앉아 있지도 않는 것은 이 때문이다. 또 우물의 돌을 뒷간에 쓰면 나쁘지만, 뒷간 돌은 우물에 놓아도 좋다(鶴藤鹿忠, 1971 ; 267).

아이가 가려움증에 걸리면 뒷간 지붕 네 귀퉁이의 짚을 걷어서 네 거리에 서 태운 다음, 재를 사방에 뿌린다. 문둥병 환자의 병이 조금 더 했다가 덜 했다가 하여 몸이 쇠약해지면 '혼 붙이기(魂付)'를 한다. 가족이 뒷간 지킴이에게 향을 사르는 가운데, 쌀을 바치고 술을 올리며 빈다. 뒷간 옆에서 혼을 준 다음, 짚 인형을 병자의 목에 걸고 냉수 한 사발을 마시게 하면 낫는다(飯島吉晴, 1989 ; 143). 석원도(石垣島)에서는 식을 마친 신부가 시집에 이르러 마루로 오를 때까지 신랑이 뒷간에 숨는다. 이는 앞에서 든, 『고사기』 진무천황(神武天皇)조의 내용을 연상시킨다.

아이누족은 뒷간 지킴이를 '루·코로·카무이'라 부른다. '길(路)의 신'이라는 뜻이다. 뒷간 벽 위에 깃들이는 지킴이는 눈이 멀었으며, 사람의 눈에 띄기 싫어하고, 똥·오줌을 한 손에 받는다(李家正文, 1983 ; 152). 부부 싸움 끝에 아내가 여자 뒷간으로 피하면, 남편은 강제로 끌어내지 못한다. 뒷간 지킴이가 노여워하기 때문이다. 아이누들은 곰이 인간을 죽이면, 머리를 잘라서 여자 뒷간에 처넣는다. 비록 신이라도 잘못하면 인간이 벌을 주고, 사람이 죄를 저지르면 신의 벌을 받는다고 생각하는 것이다. 곧 신과 인간은 언제나 대등하며, 신이 인간을 돌보아주는 까닭에 그 보답으로, 신에게 제물을 바친다. 뒷간 지킴이는 매우 성급해서, 무엇을 부탁하면 곧 들어준다. 예컨대 난산(難産)이거나, 주부가 위급한 병에 걸렸을 때 빌면 곧 낫는다(萱野茂, 1976).

불교의 우스사마명왕(烏瑟沙麿明王)도 뒷간 지킴이로 받든다(그림 69). 본디 우스사마는 산스크리트어인 Uccsma의 음역으로, 인도에서는 불의 신인 '아구니' 를 가리켰다. 이 신은 모든 더러움과 악을 불태워 버리는 영험 있는 명왕(明王) 으로, 진언종(眞言宗)이나 선종에서 뒷간의 수호신으로 섬긴다. 명왕이 뒷간과 관계를 맺은 것은 아수라(阿修羅)와 범천(梵天)이 싸움을 벌인 것이 계기였다. 아수라는 부동에게 도움을 청하였고, 부처가 더러운 것을 싫어하는 사실을 안 범천은 똥으로 성을 쌓았다. 그러나 부동은 그것을 먹어 치우고 결국 범천의 항 복을 받았던 것이다. 명왕은 광솔(松明) 불로 잡귀를 쫓는다. 나가노현에서는 칼 모양의 나무쪽을 명왕 지킴이로 삼아 뒷간에 걸어둔다. 사진 556은 앞에서 설명 한 수은암의 뒷간 지킴이이다.

그림 69 뒷간 지킴이
사자를 밟고 선 우스사마 명왕의 상이다.

사진 556 뒷간 지킴이
나무에 새긴 우스사마 명왕의 상이 신체이다(앞의 수은암)

6도(道) 가운데 아귀도(餓鬼道)에 빠진 자를 묘사한 12세기의 풍속화인 『아귀 초지(餓鬼草紙)』에 등장하는 똥을 먹는 식분아귀(食糞餓鬼)도 지킴이 대접을 받았다. 전세에 탐욕이 지극한 나머지 보시를 베풀지 않고, 부정한 식품을 사문 (沙門)에 준 사람이 아귀가 되어, 똥통 안에서 남녀노소의 똥·오줌을 먹게 되 었다고 한다. 이러한 요괴 사상은 인도에서 나왔으며, 천축(天竺)의 뒷간에도 똥 을 먹는 귀신(食糞鬼)이 있다.

절간의 뒷간 지킴이도 영험이 높다. 오사카시의 지명원(持明院) 본당 옆 뒷간에서 인연이 끊어지기를 빌면 이루어진다고 한다. 또 교토 청수사(清水寺)의 본당과 그 안쪽 건물 사이에 있는 두 채의 뒷간 가운데 한쪽에서는 절연을, 다른 쪽에서는 결연을 빈다.

신사(神社)에서 뒷간 지킴이를 따로 받들지는 않지만, 하니야스비메 (波邇夜須毗賣)·하니야스비고(波邇夜須毗古)·미쓰하노메(彌都波能賣)·하니야마히메노가미(植山毘賣神)·미즈하노메노가미(水波能賣神) 등으로 일컫는다.

한편, 동대사 뒷간에 딸린 손씻는 건물(手水之屋) 들보 위에는 수독악귀(水毒惡鬼)를 쫓는 탈(그림 70)을 걸어두었다. 이에는 '천평승보 춘삼월(天平勝寶春三月)'이라고 적은 명문이 있다. 천평승보는 749년이다.

다음은 뒷간 금기이다.

① 뒷간 안에서 기침을 하거나 머리를 긁지 않는다.

② 머리를 감고 뒷간에 갈 때에는 잘 빗어야 한다.

③ 맨발로 뒷간에 가면 손가락이 잘린다.

④ 뒷간에서 밥을 먹으면 벋정다리가 된다.

⑤ 뒷간에 새 신발을 신고 가면 나쁘다.

⑥ 뒷간 지킴이는 한 손에 똥을, 다른 손에 오줌을 받는다. 따라서 침을 뱉으면 입으로 받게 되어 화를 낸다.

⑦ 밤 12시가 지나면 뒷간에 가지 않는다.

⑧ 밤중에 뒷간에 가면 나쁘지만, 침을 세 번 뱉으면 탈이 없다.

⑨ 뒷간에 들어간 사람을 부르면 귀신 할멈이 되어 나온다.

⑩ 뒷간을 엿보면 새가 되거나 부모의 눈이 찌그러진다.

이러한 금기에는 대체로 다음의 뜻이 들어 있다.

뒷간은 어둡고 냄새나고 더럽고 무서운 곳이자, 신령이 깃들인 장소이므로 경건한 마음을 지녀야 한다(⑤ · ⑲). 이 때문에 평소와 다른 돌출 행동을 하거나 더럽히면 벌을 받는다(① · ② · ③ · ④ · ⑥). 밤늦게 뒷간에 드나드는 것은 위험하므로 삼가고(⑦ · ⑧), 비정상적이거나 비도덕적인 짓을 하지 않는다(⑨ · ⑩).

다음은 뒷간 속신이다.

① 뒷간에서 쓰러지거나 상처를 입으면 죽는다.

② 이가 아프면 소금을 싸서 입에 물고 뒷간 기둥에 못을 박는다.

③ 이가 빠지는 꿈을 꾸면 사람이 죽지만, 빗을 뒷간에 사흘동안 걸어두면 괜찮다.

④ 뒷간 지킴이에게 진흙 경단을 빚어 바치면 좋다.

⑤ 눈병이 나면 정월에 뒷간에 바쳤던 경단을 적신 물에 씻으면 낫는다.

⑥ 아이의 이가 빠졌을 때, 위의 이는 뒷간 처마에, 아랫니는 뒷간 지붕에 던지면 튼튼한 이가 나온다.

⑦ 보리병(麥粒腫)이 생기면 볶은 콩을 뒷간 돌계단 아래에 묻고 "이 콩의 싹이 나지 않도록 도와주소서." 빈다.

⑧ 뒷간에서 밥을 먹고 가면 징병 검사에서 빠진다.

⑨ 새 옷을 지어 입으면 먼저 뒷간에 가서 "나의 새 옷을 보십시오." 외친다.

뒷간은 부정적인 공간이며, 이승과 저승이 교차하는 경계점이다(①). 또 죽음의 공간이면서도 치유와 재생의 공간인 양면성도 지녔으며 (② · ③ · ⑥ · ⑦), 해운을 가져다주기도 한다(⑧). 귀신의 세계와 인간의 세계는 다르지 않아서, 귀신도 떡을 좋아한다(④ · ⑤). 뒷간 지킴이는 영험하므로 무슨 일이나 알려야 탈이 없다(⑩).

9. 뒷간 이야기

뒷간은 사람을 해치기 알맞은 공간이다.

천황이 다시 오우스노미코토(小碓命)에게 "형이 어찌하여 (밥 먹을 때) 나타나지 않느냐? 혹시 네가 일러주지 않았느냐?" 묻자, 그는 "분명히 가르쳐 주었습니다." 대답하였다. "어떻게 일러주었느냐"는 물음에, "아침에 형이 뒷간에 들어갔을 때(朝署入厠之時) 나오기를 기다렸다가 붙잡아, 팔다리를 잡아 비틀어 거적에 싸서 던져 버렸습니다." 하였다(『고사기』 중, 景行天皇).

다음 내용도 마찬가지이다.

소바카리(曾波加里)는 주군이 뒷간에 들어가 있을 때, 몰래 다가가서 창으로 찔러 죽였다(『고사기』 하 履中天皇).

이러한 일이 일어나는 것은 뒷간에서 똥을 눌 때는 무방비 상태가 되기 때문이다.

뒷간에서 기적이 일어난다.

많은 신들이 이즈시오토메(伊豆志袁登賣)를 아내로 맞고 싶어하였지만 실패하였다. 형 아키야마노시타히오토코(秋山之下氷壯夫)가 동생 하루야먀노카스미오토코(春山之

下壯夫)에게 "나는 뜻을 못 이루었지만, 너는 성공할 수 있느냐?" 물었다. "문제없다." 하자, "내 위아래의 옷을 벗어 키를 재고, 내 키와 똑 같은 높이의 항아리에 술을 빚고 또 산과 강에서 나는 특산물을 모두 마련해 주마." 내기를 걸었다. 이를 들은 어머니는 등나무 덩굴을 뜯어서 하룻밤 동안 옷·버선·신발을 짓고 활과 화살을 만든 뒤, 동생을 여신의 집으로 보냈다. 그러자 옷과 화살이 모두 등나무 꽃으로 바뀌었다. 그는 활과 화살을 그네의 집 뒷간(厠)에 걸어놓았다. 이상히 여긴 이즈시오토메가 꽃을 들고 집으로 들어갈 때, 그도 따라가서 관계를 맺었고 자식도 낳았다(『고사기』 중, 應神記).

뒷간에 깃들인 귀신은 물에서 사는 장난 끼 많은 소년(河童)으로, 사람에게 도움을 준다.

니이가타현(新潟縣)의 한 아낙이 뒷간에 들어가자 찬 손이 불쑥 올라와 궁둥이를 어루만졌다. 남편이 여장(女裝)을 하고 들어가, 손이 뻗쳐오는 순간 칼로 베었다. 그것은 갓삐(河童)의 손이었다. 이튿날 소년이 나타나 손을 돌려 달라고 애원하여, 들어주자 매일 물고기를 한 통씩 가져왔다. 물고기의 씨가 마른 뒤로는 어떤 상처에도 잘 듣는 비약(秘藥)을 주었다. 그 집에서는 대대로 이를 수신약(水神藥)이라 하여 팔았다(飯島吉晴, 1989 ; 128~129).

뒷간을 도피처로 이용한다.

이와테현의 어떤 절 화상(和尙)이 말을 듣지 않는 소승(小僧)을 쫓아냈다. 산으로 가서 꽃과 나무 열매를 따던 그가 할멈을 만났다. 그네는 죽은 할아범을 위해 경을 읽어 달라고 졸랐다. 그네가 귀신임을 안 소승은, 밤중에 뒷간에 간다는 구실을 대고 부적 석장을 놓고 달아났다. 그것은 큰 내(大川)와 불바다(火海) 그리고 칼 산(刀山)이었다. 절로 돌아온 그가 문을 두드렸으나, 화상은 옷을 바꾸어 입은 뒤 기침을 하면서 뒷간으로 들어갔다. 그는 소승이 칼 산에서 피투성이가 된 할멈에게 잡히기 직전에야 문을 열었다. 소승은 할멈을 문 사이에 끼워 넣고 박살을 내었다. 이튿날 아침 그네가 깊은 산의 늙은 오소리임이 밝혀졌다. 이 뒤부터 소승은 마음을 고쳐먹었으며, 뒤에 큰절을 지었다(飯島吉晴, 1989 ; 132).

오까야먀현의 어떤 마을(御津郡 今村)에 홀어미와 아들 삼 형제가 있었다. 밤에 집으로 돌아온 어미가 막내를 방에서 잡아먹었다. 형이 까닭을 묻자 먹던 손가락을 던져 주었다. 귀신 할멈(鬼婆)임을 안 형제는 뒷간에 오줌을 누러 간다는 핑계를 대었다. 그네는 이들의 허리에 새끼줄을 감아놓았다. 둘은 뒷간에 새끼줄을 동여매고 뒤뜰의 감나무로 올라가 숨었다. 할멈이 나타나 "어떻게 올라갔느냐?" 물었고, 둘째는 "기름을 바르고 올라왔다." 하였다. 그러나 협박을 이기지 못한 형은 "도끼로 찍어서 자국을 내었다." 털어놓았다. 살려달라는 기도를 들은 하느님은 줄을 내려보냈다. 이들의 흉내를 낸 할멈은 올라가던 도중에 떨어져 죽었다. 메밀 줄기가 붉은 것은 그네가 메밀밭으로 떨어졌기 때문이다(飯島吉晴, 1989 ; 134).

앞 이야기에서 화상이 뒷간으로 들어간 것은 뒷간 지킴이의 힘을 빌기 위함이다. 그리고 옷을 바꾸어 입음으로써 경의를 표하고, 기침을 함으로써 자신의 갑작스런 출현에 지킴이가 놀라지 않도록 하였다. 두 번째 이야기는 우리네 구전 설화와 다르지 않다. 더구나 우물에 비친 그림자를 보고 귀신이 나무 위에 올라간 아이들을 찾았다고도 하고, 하늘에 올라간 오누이가 해와 달이 되었다는 고장도 있다. 메밀과 수수의 차이가 날뿐, 귀신의 피가 곡식에 물들었다는 부분 또한 같다.

뒷간은 죽음과 재생이 어우러지는 공간이다.

히로시마시(廣島市)의 어떤 이가 여행을 떠나면서 큰딸에게 거울을, 둘째에게 발구를, 막내에게 벼루를 사 주마 하였다. 계모는 이들을 물이 펄펄 끓는 가마에 밀어 넣어 죽였다. 큰딸은 뒷간 옆에, 둘째는 손 씻는 물 그릇 주위에, 셋째는 뒷간 뒤에 묻었다. 돌아온 아버지가 뒷간에 가자, 매화나무에 앉았던 까마귀 세 마리 가운데 맨 위의 것이 "그리운 아버지" 하며 울고, 둘째 가지의 것은 "벼루는 이제 필요 없어요." 소리치고 날아갔다. 마침내 뒷간 옆에서 세 아이의 시체를 찾은 그는, 아내를 죽여 딸들의 원수를 갚았다(飯島吉晴, 1989 ; 135).

의붓어미가 아이 셋을 뒷간 주위에 묻은 것은 뒷간이 어둠의 공간이자, 죽음의 장소임을 나타낸다.

뒷간은 둔갑술이 벌어지는 별세계이다.

기후현의 한 남자가 도회에서, 엉덩이를 까고 다가오는 여자를 만났다. 본디 여우인 그네는 "화상(和尙)을 골려주러 간다."며 꾀었다. 따라가 문구멍으로 들여다보았더니, 그네가 화상에게 말똥을 경단, 오줌을 술이라고 속이며 끼었고 있었다. 지나가던 사람이 그의 등을 두드려서 정신을 차린 즉, 문이 아니라 뒷간을 엿보는 중이었다(飯島吉晴, 1989 ; 137).

뒷간에서 둔갑술이 벌어지는 것은 이곳이 정령의 세상이며, 안을 들여다본 행위는 이에 대한 인간의 호기심을 나타낸다.

뒷간은 풍요의 공간이자 비극의 장소이다.

뒷간 지붕을 덮고 난 할아범과 할멈이 벼이삭 세 개를 찾아, 경단 세 개를 빚었다. 할멈이 먼저 슬쩍 한 개를 먹고 모른다고 잡아떼었다. 할아범은 뒷간에서 할멈의 똥을 보고 거짓임을 알았다. 그는 할멈을 똥통에 밀어 넣어 죽였다.

뒷간 지붕에서 벼이삭을 찾은 것은 뒷간의 거름이 재생산의 원동력이 된다는 생각의 결과이다. 그리고 똥으로 거짓을 밝힌 것은 똥의 무사기성을 나타낸 것이며, 할아범이 상대를 똥통에 밀어 넣은 것은 뒷간이 죽음의 공간임을 암시한다.

뒷간은 우스개 감이 되기도 한다.

혼인을 앞 둔 딸이 정중한 말을 모르는 점을 걱정한 아버지가, 화상에게 뒷간에 갈 때 뭐라고 하면 좋은가 물었다. 상대가 "법사(法師)에게 가라."면서 뒷간으로 들어가자, 딸에게 그대로 일렀다. 혼인식 도중에 그네는 "법사에게 간다."며 일어났다. 사람들이 붙들었으나, 참지 못하고 무밭에서 똥을 누었다. 이상히 여긴 이웃 사람이 묻자, 그네는 "법사를 한다."고 중얼거렸다.

이는 일본 사람들이 뒷간을 여러 가지로 둘러대는 관습에서 나왔다. 『조선왕조실록』에 임진왜란을 일으킨 도요토미 히데요시가 본디 뒷간 청소를 맡았던 천민 출신이라는 내용이 있다.

왜구가 침범해 왔다. 이보다 먼저 일본 적추(敵酋) 평수길(平秀吉)이 관백(關白)이 되어 [당초에 수길이 매우 빈천하여 꼴을 베어 팔아 살았다. 전(前) 관백(關白)이 출행할 때 옷을 벗은 채 수레 앞에 누워 있었다. 죽이려드는 부하를 말린 관백이 소원을 묻자, 가난해서 도저히 살 수 없다고 하여, 뒷간(廁厠) 소제를 맡겼다. 어찌나 청소를 깨끗이 하였던지, 냄새도 나지 않고 티 하나 없었다. 매우 기뻐한 관백이 이번에는 신을 삼으라고 하자, 더 할 수 없이 잘 삼아서 바쳤다. (중략)], 여러 나라를 합쳤으며 포악이 날로 심했다. (하략) (『선조실록』 25년 [1597] 4월 13일).

그림 71 일본의 뒷간
모스가 그린 뒷간 모습으로, '조리'를 바닥 구멍 좌우 양쪽에
놓아서 뒷간용 신발이 따로 있음을 나타내었다.

그림 72 일본의 뒷간
바닥 구멍 양쪽에 놓인 디딤돌이 눈을 끈다.

사진 557 다타미에 놓은 흑칠(黑漆) 변기
앞에 손잡이를 붙였으며 바닥에 모래를 담은 상자를 놓았다.

사진 558 무가(武家)의 별저(別邸) 뒷간(臨春閣)
1649년에 세운 것으로, 북쪽과 서쪽에 큰 창을 내어서 똥을 누면서도 밖의 풍광을 즐길 수 있다. 흑칠을 한 변기 아래에
모래를 담은 서랍이 달렸다. 국가지정 중요문화재이다.

10. 뒷간 속담

① 뒷간과 사돈은 멀수록 좋다. ➡ 뒷간이 가까우면 냄새가 나고, 사돈이 가까우면 말썽이 잦다.

② 며느리와 뒷간은 멀어야 좋다. ➡ 친정이 가까우면 며느리가 자주 오가므로, 문제가 있다.

③ 뒷간 정유리(雪隱 淨琉璃) ➡ 뒷간(雪隱) 안에서 조용히 중얼거릴 뿐, 다른 사람에게는 들리지도 않는 형편없는 노래에 맞추어 읊조리는 옛이야기나, 질이 낮은 예술을 빗대는 말이다.

④ 뒷간(雪隱) 목수 ➡ 솜씨 없는 목수

⑤ 계약금 없이는 뒷간(雪隱)도 못 짓는다. ➡ 법칙에 어긋나면 아무리 작을 일이라도 이루지 못한다.

⑥ 뒷간(雪隱) 상량 ➡ 지나친 사치는 꼴불견이다.

⑦ 뒷간(雪隱) 태생 ➡ 문을 닫을 줄 모르는 사람을 비꼬는 말이다. 옛적 뒷간에 문을 달지 않았던 데에서 온 듯 하다.

⑧ 뒷간(雪隱)에 떨어진 고양이 ➡ 더러워서 손을 댈 수 없는 상태를 이른다.

⑨ 뒷간(雪隱) 쥐는 일생 똥을 먹으며 살아간다. ➡ 사람으로부터 아무리 손가락질을 받더라도 살아갈 수는 있다.

⑩ 곳간의 쥐는 쌀을 먹고, 뒷간의 쥐는 똥을 먹으며 즐긴다. ➡ 환경에 따라 목표가 다르다.

⑪ 뒷간(雪隱) 구더기 천장에 오른다. ➡ 아무리 힘이 없어도 굳은 결심을 하면 무엇이나 성취할 수 있다. 지위가 낮아도 입신출세를 할 수 있다.

⑫ 뒷간(雪隱) 구더기도 제 자리가 좋다. ➡ 누구나 제 살던 데가 좋다고 생각한다.

⑬ 뒷간(雪隱)에서 창 쓰기 ➡ 제약이 많아 실력을 충분히 낼 수 없다.

⑭ 뒷간 국면(雪隱局面) ➡ 장기에서 상대의 왕장(王將)을 궁지에 몰아 넣는 수를 이른다. 사람을 막다른 골목에 몰아넣는 행위를 빗대는 말이다.

⑮ 뒷간(雪隱) 공격 ➡ 달아날 구멍을 완전히 막아놓고 적을 쳐 부신다.

⑯ 뒷간(雪隱)에서 쌀을 씹는다. ➡ 혼자서 돈을 모은다.

⑰ 뒷간(雪隱) 만두 ➡ 동자 승이나 하인들이 맛있는 음식을 뒷간에 숨어서 몰래 먹은 데에서, 숨어서 좋은 꾀를 내는 것을 빗대는 말이다.

⑱ 뒷간(雪隱) 자물쇠 ➡ 뒷간에 들어가기 전에, 반드시 기침을 하라는 말이다.

⑲ 뒷간(雪隱)과 불단(佛壇) ➡ 집에 없어서는 아니 되는 물건에 대한 비유이다.

⑳ 뒷간(雪隱) 생각   ➡ 깊이 생각하기에 뒷간이 좋다.
㉑ 신심(信心)만 있으면 뒷간 빗자루도 오백나한(五百羅漢) ➡ 무엇보다 믿느냐 믿지 않느냐가 중요하다.

뒷간에 관한 속담은 부정적인 것이 압도적으로 많다.
악취 ①, 번잡 ②, 저질 ③, 서투름 ④, 하찮음 ⑤·㉑, 부조화 ⑥, 무례 ⑦, 더러움 ⑧, 멸시 ⑨, 나쁜
환경 ⑩·⑫, 비천함 ⑪, 제약 ⑫, 궁지 ⑬·⑭·⑮, 은밀함 ⑯·⑰ 등을 상징한다.
긍정적인 것으로는 예의를 지킴 ⑱, 반드시 필요한 공간 ⑲, 사색하기 좋은 공간 ⑳을 나타낸다.

사진 559 좌식 변기
걸터앉기 알맞은 높이로 널쪽으로 짜 맞추었다. 이러한 형태의 변기는
옛 독일 농촌에서 흔히 썼다. 교토시 지정문화재이다.

사진 560 농가의 뒷간
19세기 중반에 세운 뒷간으로 바닥에 통대를 깔았다.
이곳에서는 원칙적으로 오줌을 누었으며, 목물도 하고 허드렛물도
버려서 거름이 되게 하였다. 국가지정중요문화재이다.

11. 요강

요강을 이르는 '오가와(御厠屋)'의 '오'는 접두어이고, '가와'는 '가와야'의 '야(屋)'야가 떨어져 나간 말이다. 이 밖에 마루・하꼬(箱)・고반・시빙(溲瓶) 등으로도 불렀다. 마루는 배설을 이르는 마루의 명사형이고, 하꼬는 똥・오줌을 좁고 긴 상자에 넣어 들고 다닌 데에서 왔다. 시빙의 '시'와 '수'는 오줌을 이르는 '수(溲)'의 당송음(唐宋音)이다. 중국에서도 수병이라 부른다. 소변호(小便壺)라는 이름은 침상 근처에 두고 오줌을 눈 데에서 왔다.

이것은 7～8세기에 불교와 함께 한국에서 들어왔으며, 『연희식』에 크기와 치장에 대한 규정이 보인다. 높이 9촌(약 30센티미터), 지름 9촌 5부(약 31.5센티미터)에, 주칠(朱漆) 뚜껑이 달렸으며, 이것과 호자에 칠하는 데에 드는 주칠의 양이 두 되 너 홉이라는 내용이다.

변기 설명이다.

우리 나라의 뒷간(厠)은 본디 내(川) 위에 세워서, (똥・오줌을) 흘려보내는 방식이었다. 킨메이(欽明) 천황 13년(552)에, 백제의 성명왕(聖明王)이 불상・불구(佛具)・경론(經論)을 보내주면서 불교 문화가 전래하여 대륙양식의 칠당가람(七堂伽藍) 건축이 시작되었다. 이에 따라 정사(精舍)에 기와를 덮고 대하고루(大廈高樓)도 지었다. (중략)

당시의 뒷간(厠)도 판간(板間)이었다. 대변소와 대변소 바닥은 흙바닥으로, 아마도 물병을 두는 오늘날의 뒷간을 닮았을 것이다. 똥통(便壺)은 없었다. 조선반도에서 대륙을 잇는 배변양식은 변기(便器)였다. 변기는 도래자(渡來者)가 가져와서 결국 나라・평안시대의 상류사회에까지 퍼져, 일본화한 똥상자(便の筥)였다. 이는 『속일본기(續日本紀)』문무천황(文武天皇) 4년(700) 조에 보이는 도소(道昭)의 기사로도 알 수 있다. (중략) 소변에는 통(筒)을 썼으며, 손 씻는 물은 손잡이가 달린 물병에 담아 가지고 다녔다 (李家正文, 1983 ; 116~119).

변기가 한국에서 건너간 사실을 알리는 내용이다.

요강의 형태는 주로 원형 내지 타원형(사진 561)이며 여성용은 이보다 조금 작다(높이 23 센티미터·지름 26.4센티미터). 8~12세기에는 이를 대호(大壺) 또는 오줌 상자(尿の箱)라 불렀으며, 중요한 살림살이의 하나로 손꼽았다. 『유취잡요초』에 "호자거(虎子筥)는 네모꼴이며, 상하로 테를 두른 뚜껑이 있고 받침이 달렸으며 좋은 것은 자단(紫檀) 바탕에 나전(螺鈿)을 베풀고 금은의 무늬를 놓았다."고 적혔다.

사진 561 **요강**
손잡이와 뚜껑이 달렸다. 근래까지 아오모리현에서 쓴 것으로 16×36×15센티미터의 크기이다.

사진 562 **요강과 요강 집**
귀인이 외출할 때에는 하인이 요강을 집에 넣고 따라 다녔다. 요강 한 끝에 손잡이가 달렸다.

귀인이 외출할 때는 하인(御厠人)이 나무상자에 넣고 따라 다녔으며 청소도 담당하였다. 이 상자(사진 561)도 한국에서 들어간 까닭에 가라비쓰(唐櫃)라 불렀다. 이 '가라'는 당 나라가 아니라 우리를 가리키는 말로서 처음에는 한(韓)으로 적었고, 당(唐)을 거쳐 오늘에는 신(辛)으로 표기한다.

1144년에 출간된 『이려파자류초(伊呂波字類抄)』에 호자(虎子)가, 『금석물어집』에는 청거(淸筥)라는 이름이 들어 있다. 그리고 12세기에 나온 『신귀산연기회권(信貴山緣起繪卷)』에 요통(尿桶)이라는 휴대용 소변기가 보인다. 이 때에는 집안에서 소변을 받는 그릇을 대호(大壺)라 일렀다.

이들 가운데에는 좁고 갸름하게 만들고 ㄷ자꼴 손잡이를 붙인 것도 나돌았으며(사진 563), 서민층에서는 쪽나무를 둥글게 대고 테를 두른 나무 요강도 썼다. 뚜껑이 딸리고 뒤에 허리 받침도 붙였다(그림 73·그림 74).

사진 563 통나무 요강
통나무를 파서 만든 것으로 뚜껑 한 가운데에 손에 쥐기 편하도록 꼭지를 붙였다. 요강이라기보다 밥이나 반찬을 넣는 찬합이라고 해도 좋을 것이다.

그림 73 쪽나무 요강
쪽나무를 붙여서 만든 요강으로, 허리 받침을 세웠다.
그림 74 쪽나무 요강
높이가 낮은 대신 바닥이 너르다.

흙으로 빚은(陶器製)의 요강(溲甁)은 17세기에 나왔다. 사진 565의 왼쪽 것은 에도시대 제품으로, 바닥보다 위가 넓고 주둥이 목이 짧아서 간장 병을 연상시킨다(愛知縣, 20×17센티미터). 19세기에 나온 가운데의 검은 색 둥근 꼴 요강은 목이 긴 편이고 바닥에 굽이 달렸다(長野縣, 17×16센티미터). 오른쪽 끝의 회색

사진 564 남성용 요강
꼭대기에 깃봉꼴의 손잡이를 붙였다.

요강(에도시대 제품)은 앞의 것들에 비해 바닥이 넓고 키가 낮아 안정감이 있다 (岐阜縣, 18×17센티미터).

사진 565 남성용 요강
(왼쪽)규슈(九州) 아이치현에서 18세기에 구운 것으로 우리네 백제 호자를 연상시킨다. 20×17센티미터이다.
(가운데)19세기말 나가노현에서 구웠다. 17×16센티미터의 크기이다.
(오른쪽)18세기의 기후현 제품으로, 18×17센티미터의 크기이다.

에도시대에 가고시마현(鹿兒島縣)에서 빚은 것(사진 565의 왼쪽)은 배가 부르고 손잡이 대신 꼭지를 붙인 남성 전용 소변기이다. 우리네 공주 학봉리에서 나온 호자를 빼 닮았다(20×21센티미터).
사진 566은 여성용 요강으로 20세기 초 나가사키현(長崎縣)에서 빚었다. 우리네 꽃요강 그대로이다. 한국의 도공이 현지에서 빚었을 가능성이 높다. 사진 567의 사기 요강도 마찬가지이다. 앞에서 든 대로 사진 338과 사진 339는 일본에 건너간 청자 요강들이다.

사진 566 사기요강
20세기 중반에 나가사키현에서 생산된 여성용으로, 우리네 꽃요강을 빼 닮았다. 25×17센티미터이다.

사진 567 사기요강
20세기에 나가사키현에서 나온 여성용으로 우리네 꽃요강 그대로이다. 21×15센티미터이다.

옛적에는 눈이 많이 내리는 북쪽 지방에서 요강을 혼수품으로 꼽았다. 현재는 어린이나 노인 또는 환자의 똥·오줌을 받는다.

한편, 바닥이 평평하고 배가 조금 부른 요강을 우리는 내외(남녀)가 함께 썼음에도, 일본에서는 여성만 이용하였다. 남자

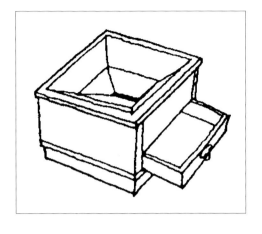

그림 75 오줌상자(御小用箱)
8〜12세기에 귀족이 쓴 소변기이다. 오줌을 누고 나서 서랍을 꺼내어 버렸다.

는 손잡이가 달리고 좁은 주둥이가 그릇의 어깨에 달린 소변기를 쓴 것이다. 부부일지라도 한 요강을 쓰는 것은 불결하다고 여긴 까닭인 듯 하다. 이러한 점은 우리와 크게 다르다.

사진 568 여러 가지 소변기
20세기 초에 나온 풀과 꽃무늬를 넣어 꾸민 호화로운 소변기들이다. 왼쪽 끝의 것은 청자이다. 이로써 일본의 높은 뒷간 문화를 알 수 있다. 크기는 (왼쪽부터) 32×64, 29×60(아이치현), 32×62센티미터이다.

12. 똥·오줌의 민속

가. 똥의 민속

⑴ 똥의 어원

똥을 이르는 '쿠소(く そ)'는 "기이하다(奇し)" 또는 "썩는다(腐し)"에서 왔다. 이것은 '쿠스(楠)'나 '쿠스(樟)'처럼, "기이한 힘을 가진 존재" 또는 "냄새나는 것"이라는 뜻이다. 똥이라는 말이 그것에 깃들인 주력(呪力)에서 온 사실은 놀랍다.

⑵ 똥 이야기

똥에서 신이 태어난다.

이자나키(伊耶那岐)와 이자나미(伊耶那美) 두 신이 낳은 아이는 토리노이와쿠스후네노가미(鳥之石楠船神)이다. (중략) 다음에 오호게츠히메노가미(大宜都比賣神)를 낳았다. (중략) 이 때 음부가 타 버리는 바람에 몸져눕게 되었다. 이자나미가 토하여 생긴 신은 카나야마비메노가미(金山毘賣神)이다. 그리고 똥에서 태어난 신의 이름은 하나야스비코노가미(波邇夜須毘古神)와 하니야스비메노가미(波邇夜須毘賣神)이다. 오줌에서 미쯔하노메노가미(彌都波能賣神)와 와꾸무스히노가미신(和久産巢日神)이 태어났으며, 이 신의 자식이 토요우께비메노가미(豊宇氣毘賣神)이다. 그리하여 이자나미는 불의 신을 낳은 뒤, 끝내 죽고 말았다(『고사기』 상).

앞의 신 가운데 '하니'는 토기의 원료인 진흙을 가리킨다. '야스'는 만져서 부드럽게 만든다는 동사, 곧 물을 조금 섞어서 부드럽게 반죽한 흙이라는 말이다. 따라서 이 신은 흙을 관장하는 남신(男神)이다. 하니야스비메노가미는 그와 같은 구실을 하는 여신이다. 흙의 신이 똥에서 나왔다는 발상은 그 빛과 형태에서 나왔을 것이다.

또 미쯔하노메노가미여신은 관개 용수를 담당하며, 미쯔하노메(罔象女)라고도 불린다. 중국의 『회남자(淮南子)』에는 물의 정령으로 등장한다. 토요우께비메노가미는 곡물의 신이다.

한편, 『일본서기』에 이자나미가 병상에서 흙의 신을 낳고, 불의 신이 그와 혼인해서 태어난 와꾸무스히노가미의 머리에서 누에와 뽕나무가 자라나고, 배꼽에서 오곡이 피어났다는 내용이 있다(제2의 1서). 또 하니야히메(埴山媛)가 이자나미의 똥에서 태어났다고도 하였다(1서 4).

한 학자는 스나노오노미꼬토(須佐能男神)가 오오게츠히메노가미(大宜都毘賣神)를 죽이자 그네의 몸에서 누에·볍씨·조·팥·보리·콩 따위가 생기는 『고사기』와, 쓰꾸요미(月讀尊)가 우께모찌(保食神)을 죽이는 『일본서기』의 기록(제 11의 1서)에 대해 이렇게 설명하였다.

이들은 작물 기원신화이지만, 와꾸무쓰히노가미의 경우처럼 분명히 화생형(化生型)을 취하고 있다. 오오게쓰히메와 우께모찌는 살아 있는 동안에는 구토나 배설물에 의해서 식물을 낳고, 일단 살해된 뒤에는 그 시체의 각 부분에서 여러 가지 곡물과 누에가 생긴다. 곧, 사체화생형(死體化生型) 작물 신화이다(大林太良, 1973 ; 8).

갑자기 위험한 경우를 만나면 똥을 싼다.

타케하니야스노오호키미(建波邇安王)는 히코쿠니부쿠노미코토(日子國意祁都命)가 쏜 화살에 죽었다. 이를 지켜본 군사들은 혼비백산하여 달아났다. 도망가는 군사들을 추격하여 쿠스바(久須婆)의 나루터에 이르렀을 때, 총공격을 펼치자 적군들은 똥이 나와 바지가랑이에 묻을 만큼 당황하였다. 그리하여 처음에는 이곳을 똥 묻은 바지라는 뜻의 쿠소하카미(屎褌)라 불렀다. 지금은 '쿠스바'라 한다(『고사기』 중).

똥을 뿌려서 모욕을 준다.

하야스사노오미꼬토(速須佐之男命)는 아마테라스오호노미까미(天照大御神)가 경작하는 논두렁을 부수고, 논으로 흐르는 개천도 메워버렸다. 그리고 사람들이 바친 햇곡식을 먹는 신전에도 똥을 뿌렸다(『고사기』상).

스사노오노미꼬토(素戔嗚尊)는 해신(日神)이 햇곡식으로 제사할 때, 새 집의 돗자리 밑에 몰래 똥을 누었다. 해신이 모르고 앉자, 냄새가 진동하였다. 크게 노한 해신은 곧 천석굴(天石窟)로 가서 문을 닫아 버렸다(『일본서기』神代 상 제7단 1서 2).

똥·오줌은 무기 구실도 하였다.

구스노기 마사쓰라(楠木正成) 장군이 1333년 천조성(千早城)에 갇혔을 때, 성벽을 넘어오는 적을 향해 국자로 퍼 올린 뜨거운 똥·오줌을 뿌려서 큰 전과를 올렸다. 이후 여러 전투에서 이 방법을 썼다(그림 76).

그림 76 **똥도 무기이다.**
천조성(千早城)의 군사들이 똥을 퍼부어서 성벽을 기어오르는 적군을 물리치는 광경이다. 다른 어떤 무기보다도 효과가 컸음에 틀림없다.

똥에는 병마(病魔)를 쫓는 주력(呪力)이 깃들어 있다.

중병이 들었을 때, 환자가 모르는 사이에 침상 밑에 말똥을 두면 효능이 있고, 밤에 우는 어린아이는 소똥을 자리 밑에 두면 낫는다. 똥이 묻은 측주를 태우면 병마나 잡귀가 달아난다는 생각도 마찬가지이다. 말똥 탕을 마시면 장수한다는 고장도 있다(磯川全次, 1996 ; 20에서 재인용).

사모하는 여인의 똥이라도 보고싶어한 사나이가 있었다. 12세기초의 『금석물어집』의 내용을 뽑아 옮긴다.

옛적에 인품이 좋고, 잘 생기고, 풍류도 아는 헤이쥬(平中)라는 남자가 있었다. 그는 남의 집의 지쥬노 기미(侍從君)라는 여자를 사모하였다. 그네를 만나보고 싶어 편지를 보냈으나 답장이 없었다. "제발 편지를 '보았다'는 말이라도 해 주십시오. 저는 당신을 생각하며 울고 있습니다." 쓰기까지 하였다. 드디어 하인이 가져온 답장을 뜯어보았더니, 자기가 보낸 편지의 '보았다'는 부분에 얇은 종이를 붙여 보냈을 뿐이었다.

5월 20일쯤 비가 내리자, "아무리 독한 사람이라도 이처럼 비가 내리는 캄캄한 밤에 찾아가면 만나주겠지." 하며 그네의 집으로 갔다. 하인이 일렀다. "지금은 식구들이 깨어 있어서 어려우니 기다려 주십시오." 그는 구석에서 가슴을 떨며 기다렸다. 2시간 뒤에 문이 슬그머니 열렸다. 부들부들 떨며 향기 가득한 침실로 들어가자 홑옷만 걸친 여자가 누워 있었다. 어찌할 바를 모르고 있을 때, 여자는 "아, 문을 걸지 않았네." 하며 일어섰다. 그가 스스로 옷을 벗고 여인이 돌아오기를 기다렸지만, 끝내 나타나지 않았다.

하는 수 없어 새벽에 집으로 돌아온 뒤로도, 그리움은 솟구쳐 오를 뿐이었다. 그는 "아무리 아름다운 사람이라도 똥·오줌은 다르지 않으리라. 차라리 그것을 보면 정이 떨어지겠지." 하는 생각이 들었다. 그는 여자의 집으로 몰래 들어가 하녀가 얇은 비단에 싸 가지고 나오는 변기를 빼앗았다.

변기에 입힌 금 칠(漆)과 여러 가지 장식이 내뿜는 아름다움에 취한 그는 한 동안 뚜껑을 열지 못하였다. 마침내 뚜껑을 열자 정향(丁香)이 코끝을 스치는 가운데, 반쯤 차 있는 얇은 노란 색의 물이 보였다. 그리고 안에 엄지손가락 굵기에, 길이 6~8센티미터의 누르고 검은 색을 띤 것 3개가 들어 있었다. "틀림없이 이것이다." 생각한 그가 하나를 집어들자, 아름다운 향기가 진동하였다.

다시 코를 변기에 넣었던 그는 곧, 똥이 아니라 정향나무 토막인 것을 깨달았다. 그리고 "정말 대단한 여인이로구나." 찬탄이 저절로 터져 나왔고, 그네를 차지해야겠다는 열망은 더욱 불타 올랐다. 상사병이 깊이 든 그는 결국 죽고 말았다(卷第30).

사람의 배설물이 애정의 매개물로 등장하는, 변태에 가까운 내용은 일본 특유의 것이다.

똥은 황금을 상징한다.

가고시마현(鹿兒島縣) 어떤 섬(下甑島)의 노부부 집에 머물던 장님(座頭)이 밤중에 뒷간에 빠졌다. 그들은 끌어내어 더운물로 씻기고 몸을 녹여 주었다. 이튿날 아침, 그가 잔 이부자리 속에 백금과 황금이 가득 차있었다. 이웃의 할아범과 할멈이 맹인을 데려 다가 뒷간 똥통에 밀어 떨어뜨렸다. 그러나 요에 구더기만 가득하였다(飯島吉晴, 1989 ; 136).

똥과 관련된 사람의 이름이 적지 않다.

스이코(推古, 601∼628) 천황의 이름은 '머리 똥(首久曾)'이었고, 고우도쿠(孝德, 645∼654) 천황은 '작은 똥(小屎)'이었다. 8세기 초반의 사경(寫經)에 '남자 똥(男屎)'이라는 이름이, 8세기초의 호적에 '똥 사기(久曾買)'와 '작은 똥 사기(小屎買)'라는 형제 이름도 보인다. 10세기에는 방금 똥네(今屎女)·거리 똥네(町屎女)·셋째 똥네(三屎女)라는 여성도 있었다. 이 시기의 어떤 귀족이자 가인(紀貫之)의 아명(兒名)은 '아코쿠소'였다. '아코'는 '나의 아이'이고, '쿠소'는 똥, 곧 '내 똥'의 뜻이다. 흔히 이름 끝에 붙는 '마로(麿)' 또는 '마루(丸)'도 "똥을 담는 그릇"이라는 말이다.

다키자와 가이(瀧澤 解)가 쓴 『현동방언(玄同方言)』에는 食臣小屎·阿部朝臣男屎·押坂史毛屎·錦織首久僧·下部乙屎麿·節婦巨勢朝臣屎子·下野屎子等 따위의 이름이 보인다. 근래에는 '고분위분(古糞爲糞)'이라는 이름 외에, 똥병(糞瓶)이라는 성까지 나왔으며, 오늘날에도 부모가 자기 자식을 똥녀석(糞坊主)이라 부른다(李家正文, 1983 ; 154∼155). 이 같은 풍습에 대해 『소한잡기(消閑雜記)』의 저자는 "나쁜 귀신을 쫓기 위해 사람의 이름에 똥 따위의 더러운 글자를 붙인다."고 적었다.

옛적에 도둑들은 남의 집에 들어가기 전에 똥을 누면 잡히지 않거나, 쉽게 달아날 수 있다고 여겼다. 『분뇨기문(糞尿奇問)』의 내용이다.

도둑이 집에 들어가기 전에, 똥을 누는 풍습은 널리 퍼져 있다. 이른바 똥누기 시험이라고 하여, 그 정도로 대담하지 않으면 남의 집에 들어가지 말라고도 한다. 사누키(讚岐)의 타카마쓰(高松)에서는 도둑이 그 집의 기물로 똥을 덮으면 사람이 눈을 뜨더라도 말을 못한다고 여겨서, 밤에는 통(桶) 따위의 모든 기구를 집밖에 두지 않는다(宮武省三, 1927 ; 96∼97).

똥을 그릇 따위로 덮는 까닭은 "똥에 깃들인 잠재우는 힘이, 똥이 식으면 사라지기 때문이다."는 설이 있다(礫川全次, 1996 ; 17).

오키나와의 아오미섬(奄美大島)에서는 개에게 어린아이의 똥을 먹였다. 『남도잡화』의 내용이다.

개를 상완(賞翫) 시키는 데에 제일 좋은 것은 사람의 똥이다. 어린아이의 똥을 개를 불러서 먹인다. '와에 와에 와에'하고 부르면 곧 달려와서 똥을 먹는다. 그리고 아이의 똥구멍을 그 혀로 핥아서 깨끗이 해준다(礫川全次, 1996 ; 35 재인용).

나가사키현의 다음 이야기를 보면, 이 같은 풍습이 적지 않게 퍼졌으리라 짐작된다.

어떤 집 딸이 마당에서 자꾸 똥을 누었다. 청소를 하기 싫은 어머니는 개에게 "딸이 자라면 네게 줄 터이니 똥을 먹어 치워라." 하였다. 개는 딸이 똥을 눌 때마다 깨끗이 먹었다. 딸이 다 자랐으나, 개가 언제나 붙어 다녀서 시집을 갈 수 없었다. 옛적의 약속을 생각한 어머니는 개와 혼인을 시켰다. 크게 기뻐한 개는 열심히 일하였다. 여자의 미모에 반한 한 남자가, 개를 총으로 쏘아 죽였다. 그리고 자기의 아내가 되어 달라고 졸랐다. 둘은 부부가 되었다.

3년 뒤 여자가 남자의 수염을 깎아주던 날, 비 내리는 소리가 총성처럼 들렸다. 남자는 "당신이 하도 예뻐서, 아내로 삼으려고 내가 개를 죽였소." 털어놓았다. 이에 아내는 "아무리 짐승이라도 한 때 나의 남편이었습니다. 그러므로 당신은 내 남편의 원수입니다." 하면서, 들고 있던 칼로 남자를 죽였다(關敬吾, 1953 ; 96).

17세기(에도시대)에는 감옥에서 똥을 먹이는 린치가 자주 벌어졌고, 이 때문에 똥독에 올라 죽는 일이 잦았다. 제국주의 시대의 사회주의자들도 배신자의 머리를 똥통에 처박았다(Planning OM, 1994 ; 30).

똥이라는 말은 기분 나쁜 사람을 욕하거나, 생각대로 되지 않아 화가 날 때 쓴다. 또 멸시하는 뜻을 덧붙이거나 정도가 지나침을 비웃을 때에도 앞에 붙인다. 이밖에 같은 뜻을 나타내는 접미어 구실도 한다(☞ 똥에 관한 말).

옛적에는 한데뒷간을 세우는 일을 큰 선행으로 여겼다. 샤몬 미치요세(沙門 道世)가 지은 『제경요집(諸經要集)』의 "불타는 전세(前世)에 한데뒷간을 세운 공덕이 있어, 때가 묻지 않으며, 똥·오줌도 누지 않는다."는 내용이 그것이다.

똥을 더럽게 여긴 나머지 신전(神田)에는 똥·오줌을 거름으로 쓰지 않았으며, 신을 받드는 이(神役)도 똥·오줌을 손에 대는 것을 삼갔다.

(3) 똥 속담

① 내 똥은 구리지 않다. ➡ 자기 결점을 모른다.

② 낙지 똥이 머리에 오른다. ➡ (옛적에 낙지 몸을 머리라고 생각하고, 이에서 더러운 것이 나온다고 여긴 데에서) 다른 이들이 바보로 여김에도, 당사자는 오히려 자신만만함을 빗대는 말로 쓴다.

③ 부모가 귀여워한 아이는 똥이 된다. ➡ 아이를 지나치게 귀여워하면 못 쓰게 된다.

④ 아랫것들의 말은 똥으로 끝난다. ➡ 천한 자들의 대화는 품위가 없다.

⑤ 굴러도 똥 위 ➡ 악운이 겹쳤다.

⑥ 된장도 똥도 함께 ➡ 가치나 성질이 다른 것을 같이 다룬다.

⑦ 좋은 때에는 쇠똥이 된장이 된다. ➡ 운이 좋을 때에는 무엇이나 잘 된다.

⑧ 자랑하는 똥은 개도 먹지 않는다. ➡ 자랑이 지나치면 따돌림을 당한다.

⑨ 부처님 얼굴에 똥칠을 한다. ➡ 귀한 물건을 깨뜨리거나 더럽힌다.

⑩ 욕심 내서 똥칠한다. ➡ 욕심이 지나쳐 실패한다.

⑪ 고양이 똥 누기 ➡ 고양이가 자기 배설물을 모래 속에 감추는 것처럼, 감쪽같이 시치미를 떼는 모양을 이른다.
또는 물건을 주인에게 돌려주지 않고 몰래 자기 것으로 삼는 행위를 가리킨다.

⑫ 많이 먹고 똥오줌을 많이 누는 며느리가 귀중한 며느리이다. ➡ 건강하기도 하려니와 그보다 거름 장만에 도움이 되기 때문이다.

⑬ 1리(里, 4킬로미터) 이내라면 집에 와서 똥오줌을 누어라. ➡ 거름을 많이 장만해야 풍년이 든다.

똥에 관한 속담은 부정적인 것이 대부분이다.

잘난 체함 ① · ② · ⑧, 쓸모 없음 ③, 천함 ④, 악운 ⑤, 하찮음 ⑥, 행운 ⑦, 불명예 ⑨, 간교함 ⑪ 등을 상징한다. 이와 대조적으로 ⑫와 ⑬은 농사에 도움이 되는 거름을 나타낸다.

개와 관련된 속담

① 이세야(伊勢屋) 이나리(稻荷)는 개똥 ➡ (이세야는 이세(伊勢) 출신의 상인 쓴 옥호(屋號)이다. 에도에 이세야라는 이름을 가진 상점과, 이나리(稻荷)

신을 받드는 신사가 길바닥의 개똥처럼 많았던 데에서) 어디에나 흔한 것을 이른다.

② 사또(佐藤)와 사이또(齋藤)는 개 똥   ➡ 사또와 사이또라는 이름이 매우 흔한 것을 빗대는 말이다.

③ 개똥도 곳에 따라 봐준다.   ➡ 자기의 것은 다른 것보다 좋다고 여겨서 자만한다.

④ 개도 부탁하면 똥을 먹지 않는다.   ➡ 늘 하던 일도 막상 부탁하면 싫어한다.

⑤ 자비를 베풀면 개똥을 준다.   ➡ 은혜를 베풀었음에도 오히려 해를 끼친다.

⑥ 개똥으로 적을 물리친다.   ➡ 비열한 수단으로 복수를 한다.

⑦ 개똥이 두려워서 무사(侍)가 에도(江戶)에 못 온다.   ➡ 에도에 무사와 개가 많은 것에 대한 비유이다.

⑧ 개똥에 수리검(手裏劍)   ➡ 쓸 데 없는 데에 귀중한 물건을 낭비한다.

개와 연관된 속담도 부정적인 것이 많다.
하찮음 ①·②·⑦, 자만 ③, 몰인정 ④, 배은망덕 ⑤, 비열한 수단 ⑥, 낭비 ⑦의 상징으로 쓰인다

(4) 똥에 관한 말

① 똥 강변(强辯)   ➡ 도리에 맞지 않는 이야기

② 똥 거드름   ➡ 지나치게 뽐냄

③ 똥 공부   ➡ 쓸 데 없이 하는 공부

④ 똥 꾼   ➡ 호색한

⑤ 똥도 되지 않는다.   ➡ 아무 쓸모가 없다.

⑥ 똥 된장   ➡ 좋고 나쁨을 구별하지 않음. 남을 마구 비난하고 공격함.

⑦ 똥 떡   ➡ 에도(江戶)시대에 약국에서 금지되었던 똥 이야기를 한 사람이, 벌로 약국에 돌렸던 작은 콩 떡.

⑧ 똥 바보   ➡ 더 할 수 없는 바보

⑨ 똥 배   ➡ 몹시 화가 남

⑩ 똥 배(糞船) 솔   ➡ (똥배를 청소하는 솔로 형태가 이를 닮은 데에서) 에도시대에 '존마게(丁髷)'의 상투가 지나치게 큰 것을 비웃는 말로 썼다.

⑪ 똥 배짱   ➡ 엉뚱하게 배짱이 셈. 또는 그러한 사람.

⑫ 똥 붕어   ➡ 붕어의 낮춤말.

⑬ 똥 뼈(糞骨) ➡ 보람없는 수고.

⑭ 똥 성실 ➡ 지나치게 성실해서 융통성이 없음

⑮ 똥 손 ➡ 복상(福相)이 없는 평범한 손

⑯ 똥싸개 허리 ➡ 자포자기하는 태도.

⑰ 똥 싸는 병(糞放病) ➡ 지독한 설사를 동반하는 병

⑱ 똥으로 만든다. ➡ 쓸모 없는 것으로 돌린다.

⑲ 똥이 기가 막히다. ➡ 어처구니없다.

⑳ 똥이나 먹어라. ➡ 상대의 말이나 행동을 비웃는 말

㉑ 똥이나 싸라. ➡ 사람을 멸시하는 말

㉒ 똥 이야기 ➡ 여러 이야기 끝에 벌이는 외설 담

㉓ 똥 인삼(人蔘) ➡ 국화과의 일년초. 각지의 길가나 집 근처의 빈터에서 자람

㉔ 똥 장(腸) ➡ 나쁜 마음씨

㉕ 똥 정직 ➡ 지나치게 정직해서 마음이 통하지 않음

㉖ 똥주머니 ➡ 위(胃)나 장의 다른 이름. 몸(體). 인간의 것

㉗ 똥 중 ➡ 중의 낮춤 말. 중처럼 머리털이 없는 사람

㉘ 똥 집(糞戶) ➡ 똥을 누는 일. 깨끗한 데에 더러운 것을 흩뿌리는 일

㉙ 똥 할멈 ➡ 노파의 낮춤말

㉚ 똥 행세 ➡ 화가 날 정도로 젠 채 함

㉛ 똥 힘 ➡ 남보다 훨씬 힘이 셈 또는 그 사람
도움이 되지 않음. 가치가 없음

㉜ 귀 똥(耳糞) ➡ 귀에지

㉝ 눈 똥(眼糞) ➡ 눈꼽

㉞ 코 똥(鼻糞) ➡ 코딱지

㉟ 개똥 ➡ 더러운 것. 밉살스러운 것. 많아서 어찌할 도리가 없음. 악취를 뿜는 나무. 맏이와 막내 사이의 아들. 머리에 붙은 때. 거지. 짓무른 눈

㊱ 운찌·웅꼬 ➡ 똥을 가리키는 어린이 말

똥 꿈 및 똥에 관한 금기

① 똥 누는 꿈을 꾸면 돈을 모은다.
② 똥·오줌을 누는 꿈을 꾸면 좋은 일이 생긴다.
③ 말똥을 밟으면 머리털이 자라고 키가 자란다.
④ 쇠똥을 밟으면 키가 자라지 않는다.
⑤ 밤에 눈 똥 위에 불을 지피면 엉덩이가 구부러진다.
⑥ 똥·오줌을 참을 때 똥은 대(大)자를, 오줌은 소(小)자를 남자는 왼손에, 여자는 오른손에 쓰고 세 번 핥으면 효과가 있다.

사진 569 **똥을 푸는 농부**
뒷간에서 똥을 퍼서 똥통에 담아
걸대 양쪽에 달고 밭으로 나른다.

나. 오줌의 민속

(1) 오줌 이야기

오줌에서 신이 태어난다.

미쯔하노메노가미(彌都波能賣神)는 오줌에서 태어났다. 이 신은 관개용수를 담당한다. 곧, 물의 정령이다(『고사기』 상).

이자나미노미코토(伊奘冉尊)가 오줌을 누자, 신이 되었다. 이름을 미쯔하노메(罔象女)라 한다. 다음에 똥을 누자, 신이 되었다. 이름은 하니야마히메(埴山媛)이다(『일본서기』 神代 상 제5단 1서 4).

신은 많은 양의 오줌을 눈다.

이자나미노미코토(伊奘冉尊)가 큰 나무를 향하여 오줌을 누자, 큰 내를 이루었다(『일본서기』 제7단 1서 6)고도 한다.

오줌에는 신비한 기운이 깃들여 있다.

옛적에 '나가노의 후지산(富士山)'이라 불리는 유명산(有明山)이 매일 높아지고 있었다. 그것을 본 한 임신부가 서서 오줌을 누면서 "매일 저렇게 커지면 어쩌자는 것인가?" 비웃자, 더 자라지 않았다(出口米吉, 1928 ; 380).

삼하(三河)에 있는 『봉래사 고기(鳳來寺古記)』에 전하는 이야기이다. 어떤 도사가 도를 닦을 때 한 할망구가 찾아왔다. 그러나 도를 닦는 중이라며 만나주지 않았다. 그네가 바위 위에 올라가 살폈지만 도사는 보이지 않았다. 화가 난 할멈이 오줌을 누자 바위가 갑자기 깨졌고 그네는 그 속에 빠져 죽었다(出口米吉, 1928 ; 379).

이바라키현 어떤 곳(平津驛家)의 대즐(大櫛)이라는 언덕에 거인의 발자취가 있다. 길이 삼십여 보, 너비 이십여 보이고, 그의 오줌이 뚫은 구멍자리는 이십여 보나 된다(『常陸風土記』).

오줌으로 잡귀를 쫓는다.

귀신이나 여우의 홀린 때에는 오줌을 뿌리거나 마시게 하면 제 정신을 차린다. 여우가 나타났을 때 오줌을 누면 해코지를 못한다. 벼락이 칠 때, 오줌 푸는 국자를 지붕에 던지거나 오줌통을 마당 한가운데에 놓으면 벼락을 맞지 않는다. 벼락이 떨어져서 불이 났을 때, 오줌 주걱으로 오줌을 뿌리면 꺼진다.

오줌으로 복수를 한다.

화상(和尙)이 소승(小僧)과 함께 장례식에 가던 길이었다. 소승이 도중에 오줌을 누려고 하자 화상은 "땅에는 지신이 있다."며 막았다. 한참 걷다가 내에 오줌을 누려하자 이번에는 "물에는 수신이 있다."며 못 누게 하였다. 이 밖에 산에서는 산신을, 논에서는 농신(農神)을, 밭에서는 밭 신(田神)을, 길에서는 도신(道神) 따위를 들먹이며 한사코 막았다. 나무 그늘에서 쉴 때 소승은 나무에 올라가 화상의 머리에 대고 오줌을 갈기며 "화상의 머리에 신이여 깃들라." 소리쳤다(稻田浩二 外, 1995 ; 343).

오줌을 누는 것은 출산을 나타낸다.

규슈에서는 1월 10일에 벌이는 보사제(步射際) 때, 여장 남자가 모를 심는 논가로 나와서 돌에 오줌을 눈다. 이는 해산을 상징한 것으로 태어나는 아이가 남아인가 여아인가에 따라 그 해의 흉풍을 점친다. 또 긴끼 지역의 영아산(嬰兒山)은 그 위의 큰 돌 가운데로 흐르는 물이 오줌 누는 형상을 닮은 까닭에 이렇게 부른다(出口米吉, 1928 ; 377).

그림 77 귀족의 오줌통
왼쪽 끝의 하인이 왼쪽 어깨에 멘 것이 오줌통이다. 당시에는 이를 '공인조석인(公人朝夕人)' 이라 불렀다.

그림 78 오줌통을 멘 하인
왼쪽 어깨 위로 오줌그릇의 윗부분이 보인다.

일본의 영주들도 똥을 눌 때는 중국처럼 옷을 모두 벗었지만, 오줌은 특별히 만든 기구에 누었다. 두텁고 긴 대나무 한쪽에 부드러운 사슴 가죽을 둘러 댄 것으로, 외출 때는 전담 병사가 들고 따라다녔다. 이를 공인조석인(公人朝夕人)이라 불렀다. "아침저녁으로 주인을 섬긴다."는 뜻이다(그림 77·그림 78). 8∼12세기에는 긴 칼집처럼 생긴(길이 70∼80센티미터) 것을 조정 대신이나 중들이 허리에 차고 다니며 이용하였다(Planning OM, 1994 ; 48).

교토 일대에서는 오줌소태 증(症)이 있는 경우, 이부자리를 메고 이웃집으로 소금을 얻으러 다녔다(李家正文, 1988 ; 184). 동북지방에서는 밤에 오줌을 싸는 아이에게 베개와 이부자리를 지워서 절구 주위를 7번 돌게 한다. 이 때 "절구의 신이여, 네 발로 기는 모습을 보세요." 하는 등의 주문을 외우면 낫는다고 한다. 이밖에 붉은 종이를 말(馬)꼴로 네 번 접어 아이의 요 밑에 깔아두면 버릇을 고친다.

그림 79 오줌패 여성
시앗으로 들어가 돈을 뜯어낸 뒤, 일부러 매일 이부자리에 오줌을 싸서 정을 떼었다.

오줌 누러 가는 것을 '작은 데(御小用)' 간다고 한다.

17∼19세기(에도시대)에 성주(城主)의 첩을 오줌패(小便組)라 불렀다. 아들이 없는 무가(武家)에서는 시앗을 들였고, 이 풍속은 서민들에게도 퍼졌다. 이에 따라 주인에게 갖은 아양을 떨어서 여러 가지 금붙이를 손에 넣고 나면, 정을 떼려고 밤마다 일부러 이부자리에 오줌을 싸는 오줌패가 등장하였다. 한 집에서 쫓겨나면, 다시 다른 이의 첩이 되어 돈을 뜯었다(그림 79). 계약을 하고도 지키지 않거나, 해약하는 행위를 "오줌을 눈다."고 빗대는 것은 이에서 왔다.

규슈의 사가현(佐賀縣) 여성들은 7월 7일 아침, "칠성님의 오줌으로 머리를 감으면 예뻐진다."며, 밭의 진흙을 머리에 문지르고 아침 이슬이나 도랑의 물로 얼굴과 머리를 씻는다(佛坂勝男, 1975 ; 102).

오줌을 약으로 쓴다.

13세기에 그린 두루말이 그림(繪卷)에 잇뻰선사(一遍禪師)의 오줌이 눈을 맑게 하고 위장병에 특효가 있다고 하여, 여승이 신자들에게 나누어주는 장면이 있다. 미친 사람에게 오줌을 먹이면 정신이 돌아온다고도 한다. 오늘날에도 자위대 뒷간에서 모은 오줌에서 호르몬을 뽑아 정제로 만든다.

(2) 오줌 속담

① 오줌을 눈다.

➡ 계약을 한쪽에서 부당하게 파기하는 일을 빗대는 말이다.
중도에 계약을 지키지 않음
어떤 일을 중도에 중지하거나 폐지하는 일 등을 이른다.
달아날 때 반드시 먼저 오줌을 누는 개구리(가와즈)와 '사지 않음(가와즈)'의 소리 값이 같은 데에서 왔다는 설도 있다.

② 오줌통에도 잔물결(小波)

➡ 오줌통 안에서도 잔물결이 일듯이, 사물이 지닌 본디 성질은 바뀌지 않는다.

③ 오줌 냄새

➡ 기저귀의 지린내가 지나치게 심한 데에서, 어린 티를 벗어나지 못함을 빗대는 말로 쓴다.

④ 오줌싸개

➡ 작은 여아 또는 예능이 미숙한 기생을 낮추어 부르는 말. 이에서 일반적으로 젊은 무리 또는 미숙자(未熟者)를 가리키게 되었다.

⑤ 오줌통(小便担桶)

➡ 지나치게 음란한 여자를 빗대는 속어이다.

⑥ 오줌 제사

➡ 비 내리는 날 지내는 제사

⑦ 개가 흘리는 오줌

➡ 개가 달리면서 곳곳에 오줌을 질금질금 누는 데에서, 닥치는 대로 어느 것에나 손을 대어 벌이는 일을 빗대는 말로 쓴다.

⑧ 오줌 사기(小便買)

➡ 농부가 거름으로 쓰기 위한 똥오줌을, 찹쌀 채소 등과 바꾸거나 사기 위해 돌아다니는 일. 또는 그 사람을 일컫는 말. '오줌바꾸기(小便替)'라고도 한다.

⑨ 오줌채소(小便菜)

➡ 농부가 거름으로 쓸 똥·오줌을 가져가는 대가로 놓고 가는 야채.

⑩ 오줌 1정(町)·똥 8정(町)·밥 3정(町)

➡ 오줌 누는 사이에 늦어지는 거리는 1정이고, 똥 누는 사이는 8정이며, 밥 먹는 사이는 3정이라는 뜻이다. 1정은 약 109미터의 거리이다. 또 이 정도의 시간이라면 앞의 세 가지 일을 참고 걸을 수 있다는 뜻으로도 쓴다.

오줌에 관한 속담도 부정적인 것이 많다.

속임수 ①, 잘못을 못 고침 ②, 미숙함 ③ · ④, 음란 ⑤, 불편 ⑥, 경망스러움 ⑦ 등을 나타낸다. 이와 대조적으로 ⑧과 ⑨는 오줌을 거름으로 쓴 데에서 나왔다.

오줌에 관한 금기

① 내에 오줌을 누면 배 아픈 아이를 낳는다.

② 처마에 오줌을 누면 부모의 임종을 보지 못한다.

③ 처마에 오줌을 누면 삼도천(三途川)을 못 건넌다.

④ 지렁이에게 오줌을 누면 벌을 받는다.

⑤ 불장난을 하면 밤에 오줌 싼다.

⑥ 내에 오줌을 누고 침을 세 번 뱉지 않으면 성기가 구부러진다.

사진 570 **국가지정문화재인 구세가(旧笹家)의 여러 소변기**
왼 쪽 상뒷간의 주인 전용의 청자 소변기. 아랫도리에 오줌그릇이 달린 특이한 것이다.
가운데 집에서 공무를 보던 사람(公用人)의 소변기.
오른쪽 하인들 전용 소변기로 여성들도 썼을 가능성이 높다.

13. 똥장수

가. 거름으로서의 똥

뒷간은 단순한 배설장소가 아니라, 농작물 생산을 위한 거름 공급처이기도 하였다. 이른바, '가와야'는 거름 개념이 없었던 시대에 존재했던 것으로, 중세 후기에 이르러 퍼내는 뒷간이 등장한 것은 오로지 거름을 거두기 위해서였다. 또 밖에 있던 뒷간도 몸채 안으로 들여왔으며, 문 옆에 오줌독을 묻어서 퍼내기 쉽도록 한 것도 이 때문이다.

농촌 사람들이 도회지의 똥오줌을 사 가져다가 거름으로 쓰기 시작한 것은 14세기(鎌倉時代)부터이며, 16세기(室町時代)에는 거의 전국으로 퍼져나갔다.

1567년에 나온 농업기술서의 내용이다.

마구나 외양간이 깨끗하고 뒷간도 청결해서 많은 똥·오줌을 저장하면 텃밭의 채소가 잘 자란다. 집밖의 논밭을 특별히 기름지게 가꾸는 농부는 훌륭하다. 이와 반대로 담이나 벽이 허물어지고 채소밭이 지저분하며, 외양간이 쓰러지고 퇴비나 인분을 열심히 모으지 않는 자

사진 571 똥통을 나르는 여인
우리처럼 일본에서도 여인들이
똥통을 머리에 여 날랐다.

는 농부라 할 수 없다(『淸良記』).

　농촌에서는 뒷간을 목욕간 옆에 지었다. 몸을 씻은 물까지 뒷간에 받아서 거름으로 쓰기 위해서였다. 눈 고장인 아키타현 남부지역의 오줌섬은 독특하다. 재와 짧게 썬 짚을 넣은 섬을 집안 한 구석에 두고 겨우내 오줌을 눈 다음, 봄에 밭 거름으로 쓴 것이다.

　일본에서 34년 동안 머문 포르트칼 선교사 후로이스(Luis Frois, 1532~1597)의 말은 당시의 사정을 잘 알려준다.

　유럽에서는 똥·오줌을 쳐가는 사람에게 돈을 주지만, 일본에서는 반대로 쳐가는 사람이 쌀과 돈을 낸다. 유럽에서는 말똥을 채소밭에서 뿌리고 사람의 그것은 쓰레기터에 버린다. 그러나 일본에서는 말똥을 쓰레기터에 버리고, 사람의 그것은 채소밭에 준다.

나. 에도시대의 똥장수

　에도시대 각 도시의 똥·오줌을 근교 농촌에서 거름으로 쓴 까닭에 똥·오줌이 도시민들의 큰 수입원으로 떠올랐다. 예컨대 10명의 점원을 둔 오사카의 상점에서는 한 해에 2~3푼의 금을 받았다. 당시의 쌀금으로 따지면 한 사람 앞에 한 되 여섯 홉에서 두 되 네 홉이 된다. 이밖에 야채, 무명, 두부 따위와도 바꾸었다.

그림 80 밭에 똥을 주는 농부
우리와 달리 뒷간에서 똥을 푸는 구기로 똥통의 똥을 떠서 밭에 준다.

그림 81 거리의 똥장수
똥장수들은 무를 메고 다니면서
'오줌과 무 바꿉시다.' 외쳤다.

그림 82 똥장수의 구린내
똥통을 메고 가는 똥장수 곁을
지나던 행인이 똥 냄새 때문에
진저리를 치고 있다.

곳에 따라 똥·오줌의 임자가 달랐던 것은 흥미로운 일이다. 에도에서는 주인이 세든 사람의 것까지 차지하였으며, 큰집(長屋)의 경우, 한 해 30냥 이상의 수입을 올렸다. "큰집의 아이는 똥으로 키운다."는 말 그대로이다. 그러나 오사카에서는 똥은 집주인의 것이었고, 오줌은 세든 이의 몫이었다. 이 때문에 세 든 여인은 절대로 주인의 대변소에서 누지 않았으며, 소변소도 여자가 서서 눌 수 있도록 입이 너른 항아리형으로 만들었다. 흔히 똥은 돈으로, 오줌은 면이나 야채와 바꾸었으며, 사람이 많이 지나다니는 상가(商家)에서는 경쟁적으로 집 앞에 소변소를 세우고 오줌 누기를 부추겼다.

간또우(關東) 지방의 농민들은 한 사람 앞(15세 이상)에 무 50개, 가지 50개를 내었고 어린아이 둘을 어른 하나로 쳤다. 오줌은 똥보다 싸서 무나 무청(蕪菁)을 낸 반면, 똥은 7월 보름에 야채를, 섣달에 찹쌀·콩·무를 건넸다. 이 때 들어오는 찹쌀의 양에 따라 떡의 양도 결정되므로 "떡 먹기는 똥 먹기와 같다."는 말까지 나왔다. 셋 집 두 세 채를 가지면 세든 사람의 똥만으로도 일 년 동안 먹을 충분한 양의 무가 들어왔고, 서른 채를 가지면 집세 외에 세든 이의 똥값만으로도 엄청난 수입을 올렸다. 한편, 니이가타현의 어떤 곳(南蒲原郡 下田村)에서는 1년간 제공한 5인 가족에게 찹쌀 한 말(18.39리터)을, 7명에게는 한 말 두〜석 되를 가을이나 연말에 주었다(北見俊夫, 1994 ; 31). 도시민들이 똥에 오줌이나 물을 타서 양을 불리기도 하여 분쟁이 끊이지 않았다. 다음의 글은 19세기 중기와 말기 무렵의 상황을 잘 설명해 준다.

1841년 교토시 근교의 농민은 한 해 한 사람의 똥값을, 찹쌀 두 되로 갚았다. 당시 교토 인구가 35만 정도였으므로, 7천 석(石)의 쌀이 움직인 것이다. 이와 달리 현금으로 지불한 오사카에서는 열 명 당, 금 2～3푼(分)을 내었다. 이를 당시 쌀값으로 따지면, 한 사람 앞에 한 되 여섯 홉에서 두 되 네 홉에 해당한다. 교토와 거의 같은 셈이다.

이러한 막대한 금액을 위정자가 놓칠 까닭이 없었다. 1889년 오사카시 의회에 분뇨처리 사업을 시에서 맡아야 한다는 건의서가 제출되었다. 겉으로는 문화적이고, 위생적인 오사카시를 건설하려는 듯 하지만, 목적은 전혀 다른 데에 있었다. 40만 인구의 배설물을 근교 농촌에 팔아서, 한 해에 나오는 똥값 4만원과 오줌 값 4만원을 재정으로 쓰기 위한 것이었다. 이 돈으로 산 공채를 20년간 적립하여, 20년 안에 항만을 개축하고 수도관을 묻는 대사업을 벌이려는 것이었다(谷直樹・遠州敦子, 1986 ; 89).

교토시에는 네거리마다 오줌통을 놓아두었던 까닭에, ‘네거리 뒷간’이라는 말까지 나왔다. 도쿄에 한데뒷간이 선보인 것은 19세기초이며, 똥・오줌은 이를 세운 사람이 차지하였다. 1676년에 오사카의 어떤 이(澤田左平次)가 기울어진 집안을 일으키려고, 한데뒷간을 세우겠다는 청원을 낸 것이 좋은 보기이다. 한편, 교토에는 1907년에도 한쪽에 오줌통을, 다른 쪽에 채소가 담긴 통을 멘 이가 큰길에 서서 “오줌과 무 바꾸시오.” 또는 “거름과 야채 바꾸시오.” 행인에게 외쳤다(宮武省三, 1927 ; 88).

똥・오줌의 출처에 따라 다섯 단계의 차등을 둔 것도 우스운 일이다. 귀족집 근무자(勤番)의 것은 최상등품, 한데뒷간의 것은 상등품, 상가(商街)의 것은 중등품, 똥보다 오줌이 많은 것은 하등품, 그리고 최하등품은 감옥이나 유치장의 것으로 값에도 차이가 있었다.

그림 83 부절선(部切船) 모습 배가 흔들려도 똥이 넘치지 않도록 배를 여러 개의 칸으로 나누었다.

에도・오사카・교토 등 대도시의 똥・오줌을 모아, 근처의 농촌으로 나르는 똥배(糞船)도 등장하였다. 이를 관리자의 이름을 따서 갈서선(葛西船)이라 불렀으며, ‘오줌 그릇’이라는 뜻의 지류고보지(志留古保志)라고도 하였다. 특히 오사카에는 똥・오줌이 흔들리지 않도록 내부를 여러 간으로 나눈 부절선(部切船)이 운행되었다(그림 83). 똥을 푸는 권한은 저당권이나 매매

대상이 되었고, 이에 대한 전문 중개인까지 등장하였다. "천하의 부는 오사카에 있고, 오사카의 부는 (똥)배에 있다."는 말이 실감나는 시절이었다.

1892년에, 규슈 후쿠오카시 교외의 농부들은 값을 내리지 않으면 똥·오줌을 쳐가지 않겠다는 데모를 벌였다. 당시 목수 하루 삯이 27전이었음에도, 똥통 둘에 40전이나 받았기 때문이다. 10일이 지나 온 거리에 오물이 차고 넘치자, 시에서는 해상 운송 방법을 쓰기로 하였다. 결국 21일째 되는 날, 농부들이 손을 들고 말았다. 자칫하면 농사를 망치게 될 것이기 때문이다. 시에서는 오히려 한 해의 똥·오줌 값을, 쌀 닷 되에서 일곱 되로 올리는 개가(?)를 거두었다. 당시에는 똥오줌 값을 쌀로 내었으며, 이를 소지마이(掃除米)라 불렀다(Planning OM, 1994 ; 90~91).

박물학자이자 의사였던 지볼트(P. F. B. von Siebold)는 1826년에 낸 『도쿄여행기(江戸參府紀行)』에서 요도가와(淀川)의 경치를 라인 강 계곡에 비겨 감탄하면서도, "오사카에는 똥·오줌을 실은 더러운 배가 자주 오간다. 이를 거름으로 쓰는 농촌에서 여름에 여러 가지 야채나 곡물과 바꾼다. 이 때문에 6월부터 8월에는 지방과 대도시 주변은 똥 냄새로 가득해서 아름다운 자연을 즐기는 데에, 큰 방해가 되는 경우가 자주 있다."고 적었다(本間都, 1990 ; 113).

다음은 모스(E. S. Morse)의 보고이다.

똥 그릇(肥壺)은 기름통이나 술통을 반 쪼갠 것으로, 밖에서 처내기 쉬운 위치에 묻는다. 똥·오줌은 주로 농부가 값을 내고 며칠에 한 번씩 가져간다. (중략) 히로시마(廣島)에서 설비가 썩 좋지 않은 공동 주택에 세를 얻는 경우, 셋이 한 방을 쓰면 그들의 똥·오줌이 한 사람의 방 값이 되고, 다섯이면 세를 따로 내지 않는다고 한다. 실제로 똥·오줌의 가치와 중요성은 일본의 농부에게 있어서, 무엇과도 바꿀 수 없는 정도의 것이다(모스, 1886 ; 242~243).

사진 572 **똥수레**
여러 개의 똥통을 실을 수레를 사람이 끌고 있다.

똥·오줌을 배나 달구지에 실어 농촌으로 나르는 일은 1940년대 말까지 이어졌다(사진 572).

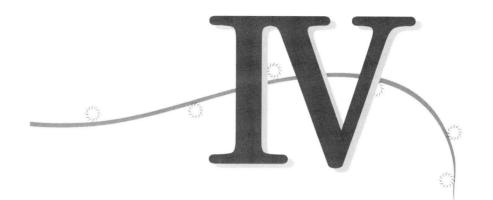

동아시아 뒷간 민속

1. 뒷간의 어원

뒷간의 중국말인 측(廁)은 "집 한 쪽에 있는 공간"이라는 뜻이다. 따라서 측(側)과 같은 계열의 낱말이다. 측은 후한 때 나온 『설문해자(說文解字)』에 처음 보인다. "뒷간을 청(廁 淸也)이라고도 한다."는 내용이다.

혼(溷)은 돼지우리와 뒷간을 함께 쓴 데에서 왔으며, 측(廁)에도 같은 뜻이 들어 있다. 집 '가(家)'도 "집('')에서 돼지(豕)를 먹인다."는 의미라는 주장도 있다. 『한서(漢書)』의 "뒷간에서 돼지 무리가 뛰어나왔다(燕刺王旦傳)."는 말에 대해, 사고(師古)는 "뒷간에서 돼지를 먹였다."는 주를 달았다. 혼측(溷廁)이라는 말은 이에서 나왔다.

민간에서는 뒷간을 모방(茅房)·모사(茅司)·모방(毛房)·요처(要處) 등으로 불렀다. 모(茅)는 띠를 가리키며, 모(毛)는 "하잘 것 없다."는 뜻으로, 모방(茅房)·모사(茅司)·모방(毛房)은 모두 '작은 집'의 의미이다.

불교의 선종(禪宗)에서는 뒷간을 설은(雪隱) 또는 동사(東司)라 불렀다. 뒷간을 동서남북 네 곳에 세우고, 위치에 따라 동쪽의 것은 동사(東司), 서쪽은 서정(西淨), 남은 등사(登司), 북은 설은(雪隱)이라 한 것이다.

오늘날에는 뒷간을 측소(廁所)라 이른다. 2천여 년 전의 이름이 바뀌지 않은 채 오늘에 이른 것은 놀랄만한 일이다. 한편, 중국 일부와 대만에서는 세수간(洗手間)이라고도 이른다.

한국에서 신라시대 이전에 뒷간을 어떻게 불렀는지 알 수 없다. 고려시대에는 대체로 '측(厠)'으로 적었다. 『삼국유사』에 '측청(厠圊)'이라는 이름이 보인다. 『고려사』에 '혼(溷)'도 들어 있지만, 이는 예외적인 것이다.

조선시대의 상류층은 측간(厠間)이라 이른 반면, 서민들은 뒷간이라 불렀다.

이밖에 정랑(淨廊)·통시·동사(東司)·서각(西閣)·북수간(北水間)·급한 데·작은집·변소(便所)·매화간이라는 이름도 썼다.

'뒷간'은 1459년에 나온 『월인석보(月印釋譜)』에 처음 보이며, 1527년에 간행된 『훈몽자회(訓蒙字會)』에도 들어 있다.

厠 뒷간 치 國音 측 俗呼厠屋又茅厠又間雜也…圂 뒷간 혼 俗呼淨房 圊 뒷간 청 俗又呼東司(초 ; 중 3)

뒷간은 말할 것도 없이 "뒤에 있는 방"이라는 뜻이다. 옛말에서도 뒤는 북쪽을 가리켰다. 『용비어천가』에서 북천동(北泉洞)을 '뒷샘골'이라 하였고, 『훈몽자회』에서도 '북(北)'을 '뒤 북'으로 새겼다. 음부나 항문을 씻는 물을 '뒷물', 이렇게 하는 데를 '북수간(北水間)', 똥 누는 것을 '뒤본다' 이르는 것도 마찬가지이다. 뒷간을 집 뒤에 둔 것은, 어둡고 냄새 나고 더러운 공간을 될수록 감추고 싶었기 때문이다.

정랑은 절간의 이름이다. 전라남도 송광사에는 옛적에 '정랑'이라고 쓴 현판을 걸었다. 정랑의 '정(淨)'은 "깨끗하다" 또는 "깨끗이 하다"는 말이지만, 불교에서는 부처의 세계를 상징하는 특별한 의미로 쓴다. 따라서 정랑은 단순히 '깨끗한 데'를 가리키는 말이 아니라, '부처의 세계'를 이르는 심오한 뜻을 지닌 셈이다.

해우실(解憂室), 곧 '근심을 더는 방'이라는 이름도 있다. 이것은 우리네 창작품으로, 중국이나 일본의 절간에서는 쓰지 않는다.

뒷간은 '변소'로 바뀌었다. 변소는, 적어도 고려 이후부터 쓴 듯 하다. 15세기의 문헌에도 '소변'과 '대변'이 나타나지만, 변소는 보이지 않으며, 『17세기 국어사전』에도 올라 있지 않다. 그러나 앞의 두 이름이 15세기에 돌았던 만큼, 그 전부터 썼으리라 추측하기는 어렵지 않다.

뒷간과 변소는 1970년대에 들어와 '화장실'로 바뀌었으며, '뒤지'도 '화장지'로 둔갑하였다.

8세기의 일본에서는 뒷간을 '가와야(河屋)'라 불렀다. "물(河) 위의 집(屋)"이라는 뜻이다. 이는 시내(川) 위에 마련한 틀 위에서 똥·오줌을 누고 물에 흘려보낸 데에서 왔다. 10세기 중반에 나온 『왜명유취초(倭名類聚抄)』에서도 측(厠)을 '가와야(波加夜)'로 새겼다. 이러한 뒷간은 1945년 이전까지 와카야먀현(和歌山縣) 고야산(高野山) 금강봉사(金剛峰寺)에 있었다. 계곡의 물을 나무 홈대로 끌어서 뒷간 밑으로 흘러 나가게 한 것이다.

이밖에 세친(雪隱)·도오스(東司)·고우까(後架)·데아라이바(手洗場)·오데아라이(御手洗)·고후죠(御不淨)·칸죠(閑所)·하바까리(憚り)·벤죠(便所)라고도 불렀다.

세친은 중국의 선종 사찰에서 쓴 이름이지만, 일본 이름인 '센야(背戶)'를 한자의 음을 빌려 적은 것에 지나지 않는다는 주장도 있다. 센야는 '집 뒤(後屋)'의 뜻으로, 이들이 우리 이름을 연상시키는 점은 흥미롭다.

도오스도 중국 절간의 이름이 일본에 들어와 퍼진 것이다. 13세기에 창건된 동복사(東福寺)의 도오스가 대표적이다. 세면소(洗面所)인 고우까(後架)는 선사(禪寺)의 법당 뒤에 가로 설치한 틀을 가리킨다. 이것이 뒷간의 대명사가 된 것은 14세기말에서 16세기 후반(室町時代)이다. 고우까 근처에 뒷간이 있었기 때문이다. 여성은 뒷간을 둘러대는 말로도 썼다.

'오데아라이바(손 씻는 데)'와 '오데아라이(손 씻기)'가 뒷간의 대명사로 등장한 것은 똥을 누고 나서 손을 씻은 까닭이다. '오(御)'는 존칭이다. 고후죠(御不淨)의 '후죠'는 깨끗지 않은 것, 마음과 몸의 더러움이나 그러한 상태를 뜻한다.

칸죠(閑所)는 13세기 이후부터 써 왔다. 말 그대로, "사람이 없는 곳" 또는 "조용한 장소"로, 뒷간에 '숨어서' 똥을 눈 데에서 왔다. 하바까리(憚り)는 "두려워하여 삼간다."는 뜻으로, "사람의 눈을 피하는 장소"를 일컫기도 한다. 나이 많은 여성이 뒷간을 둘러대는 말로도 썼다.

'소변소(小便所)'가 11세기에 나 돈 것으로 미루어, '변소' 또는 '대변(大便)'이라는 말도 썼을 것으로 생각된다. '변소'는 15세기 후반에 나타났으며, 1970년대까지 널리 불렸다. 그 뒤 '화장실'이 주류를 이루다가, 현재는 도이레에 자리를 넘겨주었다. 도이레는 영어인 '토일렛(Toilet)'의 일본식 준말로, 토일레트라고도 한다.

일본 사람들이 뒷간을 여러 가지로 들러 댄 것은, 일본 특유의 '수치 문화' 때문이다. 여성의 똥·오줌 누는 소리를 감추려고 여러 가지 방법을 쓴 것도 그들다운 면모이다.

2. 뒷간의 역사

중국의 주 나라 궁궐에는 똥·오줌을 물에 흘려보내는 '정언(井匽)'이 있었다. 이것은 이른바, 수세식이었다. 그러나 『좌씨전(左氏傳)』의 "진후(晉候)가 뒷간에 빠져 죽었다."는 내용으로 미루어, 땅에 묻은 독에 누는 수거식(收去式)도 있었던 것으로 짐작된다. 오늘날 산동성의 돼지뒷간처럼 워낙 깊었던 까닭에 목숨을 잃었을 것이다.

가장 오랜 뒷간 유구(遺構)는 1956년, 산동성 기남현(沂南縣) 북채촌(北寨村)에서 발굴되었다. 후한시대(25~219) 장군총(將軍塚) 동실(東室)의 동북쪽 구석에 세운 것으로 역시 수세식이다.

한대(漢代) 무덤에서도 뒷간 모습을 그린 화상석(僕人滌器圖)이 나왔다. 뒷간은 왼쪽 담밖에 세웠다. 다락 주위에 난간을 두르고 전(塼)을 깔았으며, 앞쪽에 큰항아리와 호자로 보이는 그릇이 있다. 그리고 한 여인이 비를 들고 청소를 하는 중이다. 내부 구조를 알 수 없지만, 독을 묻은 수거식으로 생각된다. 이로써 중국 고대에는 수세식과 수거식의 뒷간이 있었음을 알 수 있다. 그러나 수세식은 궁궐에 한하였으며, 점차 수거식이 늘어났다.

일본에서는 1990년에 8세기초(720~730)의 뒷간 구덩이가 발굴되었다. 후쿠오카시의 홍려관 유적이다. 일직선상에 남북으로 나란히 세 개의 구덩이가 나타났으며, 구덩이와 구덩이의 간격은 1.8미터이고, 깊이는 4미터였다. 이 가운데 남쪽의 것은 남북으로 긴 장방형(2.6×0.6미터)이며, 가운데 것은 1.35×1.25미터, 북쪽의 것은 1.3×1.4미터 규모이다.

1992년에는 7세기말에서 8세기초의 나라현 등원궁 자리에서 한데뒷간 유적이 나타났다. 이곳에서 나온 신라와 백제 사람의 이름이 적힌 목간은 한국과의 연관성을 알려주는 증거의 하나이다.

이밖에 8세기의 도읍지인 평성경 부근의 뒷간(樋殿)도 발굴되었다. 길옆으로 흐르는 도랑물을 집안으로 끌어들이고, 나무로 짠 관을 통해 다시 흘러나가게 한 것이다. 같은 지역에서 관청의 한데뒷간 유구도 발견되었다. 도랑 위에 세운 두 채의 건물의 건물로, 길이 13.5미터에 너비 5미터 규모이다. 문은 없고, 칸마다 벽을 세웠는지는 불분명하다. 20여 명이 동시에 들어가며, 아래로 물이 흘러서 똥·오줌이 자동 처리되는 수세식이다.

그러나 이 시기의 상류층 가운데에는 뒷간이 없는 집이 적지 않았다. 이들은 모래를 깐 나무 상자에 똥을 누고 개천에 버렸다. 냇가에서 멀리 떨어진 집은 이나마 어려워서, 결국 뒷간을 세우게 되었다고도 한다. 8세기 무렵에는 여성들도 아무 데서나 똥·오줌을 누었다.

12세기에는 대도시의 여기 저기에 똥 무더기가 있었다. 뒷간이 없는 서민들이 길에서 똥을 누었기 때문이다. 이 때문에 교토의 시조(四條)를 똥거리(便小路)라 불렀으며, 이를 들은 천황이 비단거리(錦小路)로 바꾸라는 명을 내렸다. 중국과 한국 사람들도 똥·오줌을 길에서 눈 까닭에 도시 우물물에 짠맛이 돌았다는 기록이 있다. 일본도 예외가 아니었을 것이다.

13세기의 가옥에는 뒷간(樋殿)을 헛간이나 목욕간에 이어 붙이고, 이 안에 대변용 청거(淸筥)와 소변용 항아리(大壺)를 두었으며, 밤에는 침실에 두고 썼다. 항아리는 주인이 외출하는 경우, 하인이 상자에 넣고 따라다녔다.

무가(武家)나, 절간에 뒷간이 들어서기 시작한 것은 14세기부터이다. 특히 무가에서는 가장의 절대적인 권위를 위해 목욕간은 물론, 뒷간도 상뒷간과 하뒷간으로 나누었다. 따라서 상뒷간은 남성들이, 하뒷간은 여성이 썼다.

16세기 후반기의 차실(茶室) 뒷간에는 흙바닥을 우묵하게 파고 4개의 돌을 두른 다음, 가운데에 모래를 깔고 똥·오줌을 누었다. 이를 모래뒷간(砂雪隱)이라 불렀다.

3. 뒷간의 구조와 내부

근래의 뒷간 구조는 세 나라 사이에 큰 차이가 있다. 중국은 개방형이고, 일본은 폐쇄형이며, 한국은 반 폐쇄형이다.

중국의 산동성・절강성・강소성 등지의 농촌 뒷간에는 문이 거의 없으며 칸막이조차 보이지 않는다. 절강성의 어떤 마을사람들은 길가에 한 줄로 늘어 세운 10여 개소의 한데뒷간을 이용한다. 이곳에 문이나 칸막이는 물론이고 성에 따른 구별도 없어서, 남녀가 나란히 앉아 똥・오줌을 눈다. 중국인들처럼 대범한 민족은 찾기 어려울 것이다.

도시의 한데뒷간도 예외가 아니다. 남녀 칸은 따로 있지만, 통로 좌우 양쪽 바닥에 구멍이 있을 뿐, 칸막이도 세우지 않았다. 사람들은 옆이나 앞사람과 이야기를 나누며 일을 본다. 낯모르는 사람들이 같은 식당에서 밥을 먹는 모습과 다르지 않다.

농촌에는 지붕이 없는 것도 적지 않다. 땅에 반쯤 묻힌 항아리가 시설의 전부인 뒷간도 있다. 사람들은 항아리 전에 궁둥이를 걸쳐놓고 똥・오줌을 눈다. 지붕・벽・문이 있다고 하더라도, 너른 확 위에 좁은 널쪽을 건너질렀을 뿐이다. 따라서 자칫하면 똥통으로 빠지기 쉽다.

허술한 뒷간은 한국에도 적지 않았다. 서해안의 지붕 없는 뒷간은 그렇다고 하거니와, 내륙의 중・상류 가옥에도 문이나 벽을 제대로 갖추지 않은 것이 흔하였다. 똥통이나 확 위에 잔 나무 댓 개를 걸쳐놓는 것도 마찬가지이다. 똥통에 빠진 어린이를 위해 똥떡을 해먹는 중국과 한국의 민속은 이에서 나온 것이다. 일본에서도 보꾹에서 늘인 '분별줄'을 잡고 똥을 누었으므로, 큰 차이는 없는 셈이다.

한국의 경우, 조선시대에는 '남녀유별'의 유교적 덕목에 따라, 남자는 사랑채에서, 여성은 안채에서 따로 지냈다. 그리고 여성 전용의 안뒷간은 안채에, 남성 전용의 바깥뒷간은 사랑채에 두었다. 안뒷간은 디딜방아간이나 헛간 등에 붙여 지었으므로, 거의 반드시 부엌을 통해 드나들었다. 동선(動線)이 길었던 만큼 불편도 이만저만이 아니었다. 남성의 바깥 뒷간도 마찬가지였으며, 심지어 대문밖에도 세웠다. "사돈과 뒷간은 멀수록 좋다."는 속담은 일본에도 있지만, 정황은 한국에 꼭 들어맞는다. 속담 자체도 한국에서 들어간 듯 하다.

일본에도 안팎 양쪽에 뒷간이 있지만, 단지 이용의 편의를 위한 것이다. 대문 근처의 바깥뒷간은 밖에서 일하는 이가 썼고, 안뒷간은 밤중에 이용하였다. 이러한 뒷간이 주로 농촌 지역에 있었던 점도 한국과 다르다. 명분을 주요하게 여기는 한국인과 실리를 추구하는 일본의 민족성을 이를 통해서도 엿 볼 수 있다.

중국 뒷간이 아무리 허술하다고 하더라도, 의자 꼴의 틀을 쓰는 점은 높이 살 만하다. 어린이를 위한 낮은 틀을 마련한 것 또한 그렇다. 틀을 놓기 어려운 좁은 공간에는 턱을 붙여서 걸터앉도록 하였다. 고대부터의 입식생활(立式生活)이 낳은 문화이다. 이것은 벌써 3세기의 문헌에 등장한다. 동양에서는 오직 중국만 고대부터 좌변기를 써온 셈이다.

그러나 한국과 일본에서는 쭈그려 앉는다. 변비라도 걸려서 조금 오래 있으면, 다리가 저려서 일어서기조차 어렵다. 특히 임산부나 노인은 힘이 더 든다. 뒷간 지킴이의 노여움을 받아 목숨을 잃었다는 이야기가 나옴직 하다. 중국과 다른 좌식생활(座式生活) 탓이다. 요강도 예외가 아니다. 중국에서는 의자 꼴의 틀 안에 넣고 쓰지만, 한·일 두 나라에서는 무릎을 꺾고 앉아야 한다.

중국에는 대변소와 소변소의 구별이 거의 없다. 그러나 일본에는 대·소변소를 따로 두었다. 오줌을 모았다가 남새밭에 주기 위해서였다. 더구나 긴끼(近畿) 지방에서는 땅에 묻은 항아리에 남녀가 함께 누었다. 이는 여성이 서서 오줌을 누었기에 가능하였다. 오줌을 한 방울이라도 더 모으려는 실리추구의 정신이 여성들로 하여금 서서 오줌을 누게 한 것이다. 이와 대조적으로, 한국에서는 대체로 똥·오줌을 한 곳에서 누었다. 남자들이 대문 옆에 묻은 독에 오줌을 누기도 하였지만, 흔한 일은 아니다. 이것은 남성 전용이었고, 여성은 대변소로 갔다.

중국과 일본의 바닥 구멍은 좁고 긴 네모꼴이며, 이것은 세계 어디나 마찬가지이다. 그러나 한국의 일부 절간이나 살림집에는 가운데가 훨씬 너르고 앞뒤가 좁은 복숭아 꼴이 있다. 이것은 다리를 너르게 벌려 앉아야 하고, 자칫하면 오줌 줄기가 앞으로 뻗쳐 나간다. 또 어린이가 빠질 위험도 크다.

일본의 서민들이 뒷간을 세운 것은 13세기이후부터이다. 위생이나 부끄러움보다 똥·오줌을 팔거나 채소와 바꾸려는 타산이 앞섰기 때문이다. 이 점도 일본다운 특징이라 하겠다. 한편 중국의 양자강 이남에서도 거름이 되는 똥·오줌을 모으려는 목적 때문에 뒷간을 세웠다는 기록(『五雜俎』)이 있다.

일본에서 변기의 앞을 문의 반대쪽, 곧 벽 쪽으로 삼는 것은 유별나다. 한국이나 중국에서는 입구 쪽이 앞이다. 남이 실수로 문을 열었을 때, 국부보다 엉덩이가 드러나는 것이 덜 부끄럽다는 일본인 특유의 관념이 앞뒤를 바꾸어 놓은 것이다. 실상 변기 앞의 가리개를 발명한 나라도 일본이며 그 이름조차 '불알가리개'이다.

뿐만 아니라, 이 나라 여성들은 똥·오줌 소리에 대해서도 병적인 수치심을 느꼈다. 오줌을 눌 때 하인이 뒷간 앞에서 항아리에 물을 퍼 담거나 쏟았으며, 똥인 경우에는, 흙덩이를 당겨서 소리를 감추었다. 오늘날에는 물 흐르는 소리가 나오는 '소리아가씨'까지 발명하였다.

뒷간이 거름 생산 장소였던 것은 세 나라가 같지만, 한국에서 더러 이용한 방법은 간편하고 효과적이었다. 땅바닥에 눈 똥을 그 자리에서 재에 버무려서 똥재로 만든 것이다. 이것은 냄새가 나지 않고 벌레도 꾀지 않으며 나르기도 쉽다. 이를 위해 뒷간을 일부러 너르게 지었고 재간을 따로 세우기도 하였다.

뒷간을 남을 해치는 장소로 여긴 것은 세 나라가 같다. 진 나라 예양(豫襄)이 주군을 죽인 조양자를 뒷간에서 칼로 찌르려고 하였고, 『일본서기』나 『고사기』에도 닮은 이야기가 적혀 있다. 한국에서는 조선 숙종 때 노론들이, 세자를 뒷간에서 죽이려는 음모를 꾸몄다.

4. 절간의 뒷간

불교의 선종에서는 뒷간에 드나드는 일도 수행의 과정으로 여겨서 엄격한 계율을 지켰다. 법당 동쪽 뒷간은 동사(東司), 서쪽은 서사(西司)라 이르다가 동사로 통일하였다. 한편, 설은(雪隱)이라는 이름도 있었다.

대표적인 선종 사찰인 당나라 금산사의 뒷간(東司)은 4간×9간 규모였다. 통로 좌우 양쪽에 똥을 누는 9칸의 정측(淨厠)을 두고, 왼편에 소변소(8개소)를, 아래쪽에 손을 씻는 후가(後架)를 배치하였다. 이러한 양식은 일본 뒷간의 규범이 되기도 하였다.

절간의 승려들은 종이를 쓰지 않고, 측주(厠籌)로 뒤를 닦았다. 그리고 쓰고 나서 씻어 두었다가 다시 썼다.

한국 절 뒷간의 전형은 전라남도 선암사의 것이다. 일자(一字)꼴 몸채에 한 간 길이의 복도(淨廊)를 붙인 건물로 측면 2간, 정면 6간의 3층 다락집이다. 들어서서 오른쪽이 여자 칸(375센티미터), 왼편이 남자 칸(523센티미터)이며, 각 칸에 동시에 12명이 들어간다. 똥은 가운데로 모아서 뒤지를 가려낸 다음, 가랑잎에 버무려 두었다가 거름으로 쓴다.

한국의 선종계에 딸린 절 뒷간은 몇 가지 점에서 중국이나 일본과 다르다. 다락집이고, 입측오주를 읊조리며, 남녀 칸을 한 건물에 둔 점 따위이다. 입측오주는 세정(洗淨)·세수(洗手)·거예(去穢)·정신(淨身)·무병수(無甁水)의 다섯 가지를 가리킨다. 고란사와 해인사에서는 이를 한글로 풀어놓았다.

일본에서 가장 오랜 절 뒷간은 교토시 동복사의 동사이다. 정면 4칸(약 10미터), 측면 7칸(약 27미터) 규모로, 좌우 양쪽 3칸에 18개의 독을 묻었으며, 오른쪽 3칸의 9개는 대변용이고, 왼쪽 3 칸의 9개는 소변용이다. 중국 금산사의 뒷간을 본 떠 지었다. 한편, 중국 절의 개방식 전통은 오늘날의 대도시 한데뒷간으로 이어졌으나, 일본에서는 폐쇄식으로 바뀌었다.

5. 밑씻개

옛적에는 뒤를 보고 나서, 측주(厠籌)로 닦았다. 이것은 길이 20여 센티미터에 너비 5센티미터 그리고 두께 2~3밀리미터의 나무 조각이다. 한 손에 쥐고 항문에 바짝 댄 다음, 한쪽으로 밀어서 남은 똥을 떨어낸 것이다. 중국에서는 이미 진대(秦代)에 널리 썼다. 이 외에 돌이나 흙덩이로도 닦았다. 뒤지는 원(元)나라 때 나왔다.

한국에서는 백제 사람들이 측주로 닦았으며, 고구려나 신라에서도 썼을 것으로 생각된다. 농촌에서는 비교적 근래까지 이용하였다.

일본에서는 주로 삼(杉) 나무로 만든 측주를 곳에 따라 1950년대에도 썼다.

1950년대에는 한국의 농촌에서 볏짚을 비롯해서 나뭇잎·호박잎·머우잎·옥수수 수염 따위를 썼으며, 말뚝에 걸어 놓은 새끼줄의 한 끝을 앞으로 쥔 채 항문에 대고 몇 걸음 걸어서 닦기도 하였다. 이밖에 새끼줄을 두 개의 말뚝 사이에 걸어놓고 이용하였다. 개를 불러서 어린아이 밑도 씻겼다. 일본도 마찬가지이다.

일본에서도 우리처럼 식물의 잎이나 줄기 등으로 닦았으며, 뒤지는 17세기말(元祿時代)에 나왔고, 19세기 이후에 퍼졌다.

6. 돼지뒷간

돼지뒷간은 중국 춘추전국 시대에 황하유역에서 처음 나타났다. 먹이 비용을 줄이려고 시작하였으나, 뒤에 거름 생산이 더 큰 목적이 되었다. 오늘날에는 주로 산동성·산서성·복건성 등지에 분포한다.

한국의 돼지뒷간은 제주도를 비롯하여 거의 전국에 퍼졌으며, 현재는 경상 남도 지리산 자락에 남아 있다. 우리도 거름 이용이 최대의 목적이었지만, 사람의 똥을 돼지먹이의 일부로 쓴 것도 이점이었다.

돼지뒷간은 다락형과 평지형의 두 종류가 있다. 다락형은 똥 누는 데를 돼지우리 위에 붙인 뒷간이며, 평지형은 똥누는 데가 지면과 거의 평행을 이루는 뒷간이다. 제주도의 돼지뒷간(통시)은 돝통(돼지우리)과 사람이 똥을 누는 자리로 구성된다. 똥 누는 데는 50센티미터쯤의 돌 벽을 두를 뿐, 지붕도 없다. 따라서 어깨 위가 드러난다. 그러나 돼지가 쉬는 공간에는 지붕을 붙였다.

일본의 돼지뒷간은 14세기말에 중국 복건성에서 오키나와로 들어갔다. 제주도처럼 사람을 위한 지붕은 없지만, 돼지가 쉴 공간은 마련한다. 밤중에 귀신을 만난 사람이, 자던 돼지를 깨워서 잡귀를 쫓는 것은 일본적인 특징이다.

7. 일본에 건너간 한국의 뒷간 문화

고대 일본의 뒷간 문화 가운데 한국에서 건너간 것이 적지 않다. 대표적인 것의 하나가 측주이다. 앞에서 든, 홍려관의 백제 뒷간 구덩이에서 73점의 측주가 나왔던 것이다. 발굴자는 "백제 사람들은 여러 가지 생활 문화를 가져 왔으며, 이 가운데에는 배설 방법도 있었을 것이다."(松井章, 1994 ; 135)고 하였다.

앞의 것과 비슷한 시기의 유적(등원궁의 한데뒷간)에서도 백제와 신라사람의 이름이 적힌 나무 조각들이 나왔다. 앞의 학자는 이에 대해 "도래계(渡來系) 사람들의 관청이나 그에 딸린 뒷간이 아니었던가 추측됩니다. 먼저 소개한 후쿠오카시의 홍려관도 중국이나 조선반도의 손님을 접대한 장소였던 점에서 고대의 수거식 뒷간은 도래계 사람들과 관계가 있다고 생각됩니다."라고 견해를 밝혔다.

'도래계 사람'은 3세기 이후 일본으로 건너간 한국인들을 가리킨다.

또 다른 학자(李家正文)도 "조선반도에서 대륙을 잇는 배변양식은 변기(便器)였다. 변기는 도래자가 가져와서 결국 8∼12세기의 상류사회에 퍼져, 일본화한 똥상자(便の筥)였다. 이것은 『속일본기(續日本記)』 문무천황(文武天皇) 4년(700)조에 보이는 도소(道昭)의 기사로도 알 수 있다."고 하였다(1983 ; 116∼119).

8. 뒷간 지킴이

 뒷간 지킴이의 내력담(來歷譚)은 중국과 한국에만 전한다. 실명으로 등장하고, 뒷간에서 죽은 여성이 지킴이가 된 점은 공통적이다. 그러나 중국에는 전국에 퍼져 있음에도(지역마다 내용이 조금 다르지만), 한국에는 제주도에만 분포한다. 일본에서는 지킴이를 처음 모시는 과정이 건축의례에 포함된다. 집을 지을 때 목수가 신체인 인형을 똥통 묻을 자리에 먼저 넣는 것이다.

 주인공의 처지는 중국과 한국에 차이가 보인다. 중국에서는 본처의 미움을 받아 억울하게 죽은 시앗을 불쌍히 여긴 옥황상제가 지킴이로 임명하였다. 그러나 한국에서는 본처를 죽인 시앗이, 그 죄 값으로 지킴이의 구실을 맡았다. 뒷간을 더럽고, 냄새나며, 어두운 공간으로 여기는 한국인의 생각이 그네를 그리로 보낸 것이다. 따라서 중국보다 격이 낮고 위협적이다. 성질이 사나운 여성으로 사람에게 자주 해를 끼치며, 목숨도 빼앗는다. 이 때문인지, 그네를 위한 의례는 형식적이다. 시월 상달에 집 지킴이 고사를 지낼 때 끼워 넣는 정도이다. 이름도 구실도 신체도 뚜렷하지 않다.

 이에 비해 중국의 지킴이는 농사를 돕고 아들을 점지해 주며 부자가 되게 하는 등, 선을 베풀지언정 해코지는 거의 하지 않는다. 제례를 거의 전국에서 올리며, 정월 대보름 무렵에 연중 행사로 치른다. 온 가족이 모여서 문답을 주고받거나 노래를 부르는 점에서, 제례라기보다 잔치에 가깝다. 신체가 키·비·광주리·바가지 따위의 부엌 살림살이인 것은 지킴이가 여성이기 때문이다. 여성 인형을 신체로 삼는 고장도 있다.

일본에서는 10세기초부터 국가에서 공식적인 연중행사로 치렀으며, 민간에서도 지킴이를 정성껏 받들었다. 제일은 섣달 그믐에서 정월 보름 사이에 집중된다.

뒷간 지킴이가 해산 및 아이의 성장과 깊은 연관이 있는 것도 일본적인 특징의 하나이다. 그네의 도움을 받지 않으면 아이를 낳기 어렵고, 갓 태어난 아기는 인사를 올려야 잘 자란다고 믿는다. 지킴이는 심지어 죽은 아이를 되살려 내기도 한다. 한국에서도 똥통에 빠진 아이의 혼을 불러 주기도 하지만, 보호력은 일본에 못 미친다. 부부 지킴이도 적지 않으며, 부부인형을 신체로 받든다. 뒷간을 깨끗이 해야 지킴이가 복을 준다는 관념은, 청결을 좋아하는 일본의 국민성이 낳은 것이다. 심지어 자매간인 우물·부엌·뒷간 지킴이 셋 가운데 첫째 미인이 뒷간 지킴이가 되었다고도 한다.

지킴이가 긍정과 부정의 양면성을 지닌 점도 일본의 특징이다. 앞에서 든 대로 최고의 미인인가 하면, 외눈박이 따위의 신체 장애자로도 나타난다. 뒷간을 깨끗이 하면 해산을 돕지만, 더럽히면 장애자가 태어나게 한다. 병도 주고 생사람의 목숨도 앗아간다. 따라서, 죽음과 생명, 어둠과 밝음, 긍정과 부정의 성격을 함께 지닌 양면적 존재이다. 인형을 신체로 삼고, 뒷간에서 음식을 먹는 등의 풍속은 중국에서 건너간 것으로 보인다. 불교의 우스사마명왕(明王)을 지킴이로 받드는 나라는 일본뿐이다.

아이가 똥통에 빠진 경우, 중국에서는 백 집에서 쌀을 얻어 떡을 해먹지만, 한국에서는 이와 달리 자기네 쌀로 빚은 떡을 백 집에 돌린다. 중국의 풍속이 한국에 들어와 이웃과 나눠먹는 쪽으로 변한 듯 하다. 그러나 일본에서는 아이의 이름을 바꾼다. 지킴이를 속여서 해를 면하려는 꾀를 쓰는 것이다.

9. 뒷간 속담

뒷간 속담의 대부분이 부정적인 뜻을 지닌 것은 세 나라가 같다. 중국은 무지·죽음·실수·욕심 등과, 한국은 배신·비천함 등과, 일본은 번잡·비속·무례·서투름·악취 등과 연관되어 있다.

15가지의 한국 속담 가운데 개·더러움·인색함에 비긴 것이 3가지씩이다. 개는 똥을 먹고, 뒷간은 더럽고, 허술하다는 관념에서 나왔다.

8가지의 중국 속담 가운데 죽음에 관한 것이 두 가지, 저승길에 비긴 것이 한 가지이다. 이곳에서 목숨을 자주 잃는 탓인 듯 하다. 한국처럼 인색함에 비긴 것도 있다.

일본의 속담은 많기도 하거니와 내용도 다양하다. 뒷간을 공격하기 좋은 장소로 여기거나, 은밀한 곳으로 이용하는 것이 두 가지이다. 이러한 내용은 중국이나 한국에는 없다. 동물에 관한 것이 적지 않은 것(쥐·고양이·구더기)도 눈에 띈다. 이들이 그곳에 살거나 자주 드나드는 데에서 왔다. 불단과 뒷간을 필수적인 물건에 비교한 것은 각 가정마다 불단을 갖추기 때문이다. 한국처럼 뒷간과 사돈은 멀어야 좋다는 내용도 있어 흥미롭다.

뒷간을 허술한 공간으로 보는 시각은 세 나라가 공통적이다.

10. 호자 · 요강 · 마통

남성의 소변기인 호자(虎子)는 중국에서 주나라 때 나왔다. 초기의 형태는 이름처럼 범꼴이었으며, 주로 상류층에서 이용하였다. 서민들은 원통꼴을 썼고, 근래에는 손잡이가 달린 네모꼴로 바뀌었다. 이 밖에 사람의 해골로도 호자를 만들었으며, 이를 베고 자기도 하였다.

호자는 한국과 일본에도 퍼졌다. 한국에서는 백제(3점)와 고구려(1점) 유적에서 범꼴과 원통꼴의 두 가지가 다 나왔다. 고려시대 이후의 문헌에 등장하지 않는 것으로 미루어, 중국처럼 널리 그리고 오래 쓰이지 않은 듯 하다. 이러한 사정은 일본도 마찬가지이다.

한국의 요강은 쓰기 편하고 만들기 쉬우며, 남녀가 함께 쓸 수 있다. 중국 관리가 조선 사신의 요강을 탐낸 사연을 알만하다. 중국의 호자가 퍼지지 않은 까닭도 이에 있을 것이다. 더구나 뒷간이 저만큼 떨어져 있는 만큼, 요강의 필요성은 매우 높았다. 이것은 신부의 중요한 혼수품의 하나였으며, 부부 애정의 상징물이었다. 뿐만 아니라, 죽은 사람의 무덤에도 넣어서 저승에서도 쓰도록 하였다. 가마 안에서 쓰는 여성용 길 요강까지 만든 것은 한국뿐이다.

중국의 서민들도 한국의 요강을 닮은 그릇을 썼다. 요호(尿壺)라는 이름대로 오줌을 누었지만, 한국에서처럼 어린이나 환자 또는 노인들이 똥을 누기도 하였을 것이다.

일본의 요강(大壺)은 7〜8세기에 불교와 함께 한국에서 건너갔으며, 8〜12세기에는 중요한 살림살이의 하나로 손꼽혔다. 원형 내지 타원형으로, 높이 30센티미터, 지름 31.5센티미터쯤이었다. 여성용은 이보다 조금 작았다. 귀족들은 요강에 나전을 박거나 옻을 입히거나 그림을 그려 넣는 등의 호사를 부렸다. 상전이 외출할 때에는 하인이 뚜껑을 덮어 상자에 넣고 따라다녔다. 중국이나 한국에서처럼 눈이 많이 내리는 북쪽 지방에서는 이것을 혼수품으로 손꼽았다.

17세기 이후에 퍼진 일본의 요강 가운데에는 한국의 것을 닮은 것이 적지 않다. 형태는 물론이고, 무늬까지 꼭 같은 것도 있다. 이들은 한국에서 건너갔거나, 그 곳으로 간 한국인이 빚었을 것이다. 또 원통꼴 요강도 공주에서 나온 호자를 연상시킨다.

한국의 요강 속담 7가지 가운데 깨지기 쉬운 것에 비긴 것이 세 가지이다. 서민들은 거의 모두 오지나 사기요강을 쓴 탓이다. 한국 속담의 내용이 대부분 긍정적인 데 반해, 중국에서는 부정적인 것이 많은 점(3)도 대조적이다.

중국의 마통은 휴대용 변기이다. 오늘날에도 상해나 북경과 같은 대도시의 주민과 절강성 등지에서 방안에 두고, 온 가족이 함께 쓴다. 집에 뒷간이 없는 탓이다. 상류층에서는 의자 꼴 틀 안에 넣어, 침대 가까이 두고 썼다.

11. 똥·오줌의 민속

한국의 신화에서 신이 눈 똥은 산이나 육지가 된다. 이에 비해 일본에서는 똥에서 신이 태어나고 식물이 자란다. 똥이 창조의 재료가 되는 점이나, 똥에서 곡식이 익는 것이나 큰 차이는 없다. 한국에서는 똥을 사람의 국량(局量)을 재는 잣대로도 삼았다. 중국과 한국에서는 똥으로 건강을 재고 그 맛을 보고, 병의 깊은 정도를 알았다. 그리고 똥을 약으로도 썼다. 이에 비해 일본에서는 직접적인 치료약이 아니라, 병을 일으키는 잡귀를 쫓는 비방으로 이용하였다. 개에게 똥을 먹이고, 어린아이의 똥구멍을 핥게 한 것은 두 나라가 같다.

똥이 황금을 상징하고, 더러움의 대상이며, 귀한 아이에게 똥에 관한 이름을 붙이는 관습은 세 나라가 공통적이다. 한국과 일본의 경우, 임금과 천황도 예외가 아니었으며, 일본에는 성까지 있다. 일본에서는 도둑이 남의 집에 들어가 똥을 누면 잡히지 않는다고 한다. 이 풍속은 한국에도 들어왔다. 짝사랑을 하는 남자가 여인의 똥을 보고 싶어 안달하는 이야기는 지극히 일본적이다.

똥에 관한 속담은 중국이 13가지, 일본이 21가지인 반면, 한국은 150여 가지에 이른다. 이로써 한국인의 낙천적이고 해학적인 성품의 한 면을 알 수 있다. 똥은 세 나라에서 대체로 더러움·부정·비천함 등을 나타낸다. 그러나 한국에는 정직·성장·행운·칭찬 등 긍정적인 것이 14가지나 되어, 대조를 보인다.

동물에 관한 속담도 적지 않다. 이 가운데 개와 관련된 것은 한국 29, 일본 8, 중국 6가지로, 비중이 높은 편이다. 개가 사람과 가까울 뿐만 아니라, 인간의 똥을 먹기도 하는 데에서 왔을 것이다. 이 내용이 담긴 것이 13가지에 이르는 것으로 알 수 있다. 똥 먹는 개에 관한 중국 속담도 5가지이다.

한국 속담에 개 외에 소(7)·파리(4)·말(3)·오리(3)·염소(2)·까마귀(2)를 비롯하여 승냥이·개미·황새·곰·고양이·오소리·족제비·병아리 등 여러 동물이 등장하는 점도 특징의 하나이다. 일본에는 고양이(1) 뿐이다.

된장을 똥에 비기는 일본 속담은 빛깔이 같은 데에서 나왔다. 똥의 소중함을 일깨우는 속담도 일본적인 것이다.

똥에 관련된 말은 세 나라에서 모두 부정적인 뜻을 나타낸다. 가지 수도 일본(36)이 압도적으로 많으며, 중국은 한국(25)보다도 훨씬 적다(4). 한국에서는 매춘부(2), 매우 급박한 상황(4)에 견주는 반면, 일본에서는 상대를 깔보거나(4), 긍정을 부정으로 바꾸는 것이 있다(7).

한국에서는 꿈에 오줌을 누는 여성이 귀인이 되고, 위대한 인물을 낳는다. 여성이 대지의 어머니이고 오줌은 땅을 거름지게 만드는 물질이기 때문이다. 남성의 오줌보다 여성의 오줌 효과가 더 높다는 생각도 마찬가지이다. 또 오줌이 도읍이나 온 나라를 덮는 것은, 오줌의 양이 천하를 움직이는 힘과 비례한다는 생각에서 나왔다. 오줌의 깃들인 신비한 생명력이 풍어와 풍년을 가져오고 돌림병도 쫓는다고 믿는다. 중국에서는 오줌으로 잡귀를 쫓는다. 오줌 누는 행위가 훌륭한 인물의 탄생을 나타내는 것은 한국과 같다. 일본에서도 신이 오줌에서 태어나고 오줌으로 바위를 깨뜨리며, 산의 성장도 막는다. 그리고 오줌으로 잡귀도 쫓으며, 신이 눈 오줌이 내를 이룬다. 오줌 누는 행위가 해산을 나타내는 것은 한국과 같다.

한국에서는 오줌싸개의 머리에 키를 씌워서 이웃집으로 소금을 얻으러 보낸다. 그러나 일본에서는 오줌 싼 이부자리를 증거 삼아 메고 간다. 오줌싸개를 대하는 방법도 다르다. 한국에서는 키를 두드리고 고함을 질러서 놀라게 하지만, 일본에서는 놀려서 창피스럽게 만든다. 소금을 얻도록 한 것은 소금이 지닌 잡귀를 쫓는 힘을 빌리려는 뜻도 있다.

오줌을 약으로 쓰고, 오줌 속담이 부정적인 뜻을 나타내는 것은 세 나라가 닮았다. 일본은 농사에 관련된 것이 셋, 성과 관련된 것이 둘이다. 오줌 누는 간격으로 시간의 흐름을 잰 관습은 한국에만 있다. 칠월 칠석에 규슈지방에서 '칠성님의 오줌'으로 머리를 감는 일본의 풍속은, 실제의 오줌으로 몸을 씻은 한국 북부 지방의 관습을 연상시킨다.

12. 똥·오줌누기

한·중·일 세 나라에서는 대체로 남자는 서서, 여자는 앉아서 오줌을 눈다. 그러나 한국에서 남자가 앉아 누기도 하였다. 이 같은 관습은 몽골·네팔·방글라데시·인도·이집트·동남아 대륙 그리고 중국 일부에도 있었다. 성기를 꺼내들고 서서 오줌을 누는 것은 신에 대한 불경이라는 데에서 나왔다. 이란에 남성용 소변기가 없는 것도 이 때문이다. 불교에도, "남자는 서서 똥·오줌을 누지 말라."는 계명이 있다. 일본의 긴끼지역 여성들은 고대부터 땅에 묻은 독에 대고 서서 오줌을 누었다. 심지어 어릴 때는 앉아서 누다가도 자라면 서서 누었으며 이를 성인의 표지로 삼았다. 오줌을 따로 모아 팔기 위해서이다. 일부 농촌에서 1970년대에도 이렇게 누었다.

이를 중국이나 한국에서는 상상조차 하기 어렵다. 그러나 일본 외에 태국 북부의 소수 민족·베트남·아프리카·이집트 등지도 마찬가지였다. 유럽에서도 고대부터 근세까지 여성은 서서 오줌을 누었다.

한국과 중국사람들은 똥·오줌을 동시에 눈다. 일본도 예외가 아니다. 그러나 유럽이나 미국 사람들은 따로 시차를 두고 눈다. 똥은 똥대로, 오줌은 오줌대로 누는 것이다. 그럼에도 불구하고 미국 아리조나주에 거주하는 원주민(아파치족)이나 멕시코 사람들은 동양식을 따른다. 매우 흥미로운 사실이다. 몽골로이드와 코카소이드 사이에 나타나는 인종적 차이인지도 모른다.

13. 똥장수

19세기에 들어와 생산되기 시작한 화학비료가 값싸게 공급되기 전까지 똥·오줌이 중요한 거름이 되었던 것은 세 나라가 같다. 한국에는 18세기에 똥·오줌을 거두어 팔아서 중류 생활을 한 사람이 있었다. 19세기말에도 적지 않는 똥장수들이 거래를 하였으며, 20세기초에는 똥재가 상품으로 등장하였다. 1910년대에는 서울의 회사가 근교 농촌에 똥·오줌을 팔아 큰 수익을 올렸다. 이에 대한 거래는 1950년대까지 이어졌으며 현금 외에 땔감이나 채소 등과도 바꾸었다.

일본의 서민들이 뒷간을 세운 목적은 똥·오줌을 모으려는 데에 있었으며, 중국도 마찬가지였다. 일본의 경우, 이를 사고 파는 행위는 13세기부터 시작되었다. 그리고 중국이나 한국에 비교할 수 없을 정도로 광범위하게 조직적으로 이루어졌다. 관행도 곳에 따라 달랐다.

도쿄에서는 세든 사람의 것을 모두 주인이 차지한 반면, 오사카에서는 똥은 주인의, 오줌은 세든 이의 몫이었다. 이에서 나오는 수입이 적지 않아서, 19세기초에 한데뒷간 건립이 큰 이권이 되었다. 큰 도시에서 농촌으로 나르는 전용선이 나왔고, 전문 중개인까지 나타났다. 또 똥을 거두는 권한 그 자체가 저당권이나 매매의 대상이 되기도 하였다. 똥값이 곧 금값이어서 대도시에는 행인을 상대로 하는 오줌 장수까지 돌아다녔다. 1907년에도 한 쪽에 채소를 달고 다른 쪽에 오줌을 받는 통을 메고 다니며 오줌을 누는 이에게 무 따위를 건네 준 것이다.

19세기말에는 후쿠오카시 근교의 농민들이 값을 내리라는 데모까지 벌였다. 농민들은 약속에 따라 쌀·땔감·채소 따위와 바꾸기도 하였다. "떡 먹기는 똥 먹기와 마찬가지"라는 속담은 이에서 나왔다.

사람의 똥·오줌이 땅을 거름지게하고, 그 결과 식물이 잘 자라서 먹거리가 더욱 풍족해진 것은 자연의 순환 원리가 가져다 준 큰 혜택이다. 그러나 이러한 순환이 지하수의 오염과 기생충의 확산 등, 적지 않은 부작용을 낳은 것도 사실이다.

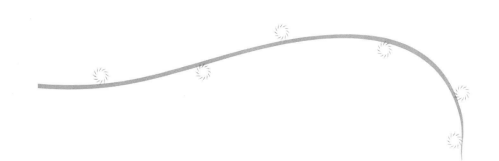

덧붙임

독일 옛 뒷간 엿보기

2000년 여름에 약 한 달 동안, 독일의 이곳 저곳을 돌아볼 기회가 있었다. 이때 주로 민속촌과 박물관을 드나들며, 눈에 띄는 대로 옛 뒷간의 모습을 사진기에 담았다. 그 자료의 일부를 소개한다.

사진 1은 뮌헨 남부 지역의 농가 침실로, 맞은 편 침대 아래에 놓인 것이 밤에 이용하는 요강이다. 독일도 우리처럼 뒷간을 몸채 안에 두지 않고, 집의 한 귀퉁이에 붙여 짓는 까닭에 추운 겨울철에는 요강을 쓴다. 더구나 노인이나 어린이에게는 필수적인 기구이다. 그릇의 형태는 큰 컵을 닮았으며 한쪽에 손잡이가 달렸다. 뚜껑은 없다.

왼쪽 침대 아래에 놓인 납작한 함석 통은 뜨거운 물을 담아서 헝겊으로 싼 다음 이불 속에 넣고 자는 탕파(湯婆)이다. 일본인들도 이것을 즐겨 쓴다. 일본 이름인 '유단뽀(湯蕩婆)'의 유는 뜨거운 물이라는 뜻이고, 담뽀는 탕파를 이르는 중국말 탕파오가 변한 것이다.

사진 1 여성요강
컵처럼 한쪽에 손잡이를 붙였다.

사진 2 **침실의 요강**
요강이 놓인 자리를 통해서 왼쪽
이 아내의 침대임을 알 수 있다.

사진 3 **남녀 요강**
여성용은 입 주위가 나팔꽃처럼
벌어졌으며, 남성용은 손잡이를
겸한 주입구를 길게 빼었다.

사진 4 **침실의 대변기**
침대 오른쪽의 의자꼴 기구가 대
변기이다.

사진 5 **대변기**
바닥에 둥근 구멍을 뚫었다.

사진 2·사진 3도 같은 지역의 농가 침실 모습이다. 같은 크기의 침대를 나란히 놓은 것으로 미루어 부부의 침실인 듯 하다. 침대 앞과 뒤에 세운 널 판의 나무 무늬를 살려내고 테를 둘러서 그림을 보는 느낌을 준다. 기둥과 다리를 깎은 솜씨도 볼거리의 하나이다. 농가일지라도 격식을 갖추고 사는 상류층임을 알 수 있다.

오른쪽 침대 아래의 것은 남성용 소변기이다. 그릇 주위로 둥근 관을 둘러놓았으며 길게 뺀 쪽을 손에 들고 오줌을 눈다. 여성용은 왼쪽 침대 아래에 놓았다. 입이 나팔꽃처럼 벌어져서 앉기 편하다. 남녀용을 이처럼 쓰기 편하도록 따로 만든 것이 눈을 끈다. 요강 왼쪽의 것은 앞에서 설명한 탕파이다.

사진 4 · 사진 5는 동남부에 위치한 검은삼림지대(슈바르츠발트)의 농가 침실이다. 침대 오른쪽에 의자꼴 대변기를 놓았다. 겉보기에는 의자와 꼭 같으나, 바닥에 둥근 구멍을 뚫었다. 안에 넣어둔 그릇에 똥을 누고 아침에 들어내었을 것이다. 높은 등받침에 팔걸이까지 달렸다. 중국의 마통을 연상시킨다.

사진 6 대변기
앞의 것과 달리 뚜껑이 달렸다.

사진 6도 대변기이다. 앞의 것보다 허술하지만, 손잡이 달린 뚜껑이 있다. 앞에 것도 본디 뚜껑이 있었을 것으로 생각된다. 측면보다 전면을 높인 것을 보면 그릇을 아래로 끌어낸 듯 하다.

사진 7 · 사진 8은 위와 같은 지역의 몸채 베란다 한 끝에 마련한 뒷간이다. 벽에 새겨둔 이른바 '큐피트의 화살'이 눈에 띈다. 독일의 옛 뒷간에서 흔히 볼 수 있다. 이것은 환기와 채광에 도움을 주기도 한다.

사진 7 뒷간
몸채 곁에 달아낸 베란다의 한 끝에 뒷간을 붙였다.

사진 8 뒷간 측면
아래쪽의 나무통이 똥통이다. 똥 · 오줌이 바로 떨어지도록 뒷간 아래에 나무 홈을 달아놓았다.

옆에서 보면 뒷간은 공중에 매 달린 꼴이다. 아래에 놓인 나무통이 똥·오줌을 받는 그릇이다. 배가 부르고 위아래는 조붓하며 여러 곳에 쇠테를 둘렀다. 오물이 한데로 튀지 않도록 뒷간 아랫도리에 네모꼴로 짠 홈통을 끼워놓았다.

사진 9 **몸채 곁에 붙인 뒷간**
독일에서도 우리처럼 뒷간을 집 안에 들이지 않았다.

사진 10 **뒷간**
환기나 채광을 위한 창이 없어서 안은 매우 어둡다.

사진 9의 몸채 왼쪽 끝에 달린 공간이 뒷간이다. 지붕에 너와를 얹고 바람에 날리지 않도록 서너 개의 호박돌로 눌러 놓았다(사진 10). 출입문 위쪽에 '큐피트의 화살'을 뚫기는 하였지만, 이것만으로는 환기가 불충분하다. 또 대낮이라도 내부는 매우 어둡다.

사진 11은 북부지방 농가의 2인용 뒷간이다. 남녀 표지가 없는 것을 보면 남녀 공용임에 틀림없다. 안에는 칸막이를 세웠다. 지붕에는 새를 덮었음에도 뒷간에는 기와를 얹었다.

사진 11 2인용 뒷간
2인용이지만, 남녀 칸의 구별은 없다.

사진 12 따로 세운 뒷간
몸채에서 저만큼 떨어진 데에 지은 뒷간이다.

사진 13 뒷간 안 모습
걸터앉기 알맞은 높이로 널로 짠 턱을 붙였다.

사진 14 변기와 뚜껑
안에 똥·오줌을 받는 그릇을 두었다.

사진 12는 바이에른 지방 농가의 2인용 뒷간이다. 앞에서 든 것과 달리, 뒷간을 몸채에서 떨어진 곳에 따로 세웠다. "뒷간과 사돈은 멀수록 좋다."는 우리네 속담 그대로이다. 남녀 표지물은 보이지 않는다. 양쪽 칸 사이에 널벽을 쳤으며(사진 13), 바닥에 걸터앉기 알맞은 높이의 마루를 깔았다. 가운데의 둥근 구멍에 앉아 일을 본 다음, 뚜껑으로 덮는다(사진 14).

사진 15의 왼쪽 아래의 건물은 바이에른 지방 대농가의 뒷간이다. ㄷ자 꼴로 구성된 몸채 마당 한쪽에 따로 세웠다(사진 16). 형태는 앞에서 든 것들과 다르지 않다. 사진 17은 내부 모습이다. 적당한 높이의 마루를 깔고 구멍을 내었으며 뚜껑도 마련하였다.

사진 15 대농가의 뒷간
안마당 한쪽에 뒷간을 세웠다(오른쪽 아래).

사진 16 앞 뒷간
지붕의 물매가 몹시 되다.

사진 17 뒷간 안 모습
뚜껑의 손잡이가 길다.

사진 18 박물관 뒷간
옛 동 베를린 구역에 있는 농기구
박물관의 뒷간으로, 지금도 쓰고
있다.

사진 19 안 모습
가운데에 플라스틱 변좌를 놓고
오른쪽에 뒤지를 걸었다.

사진 18 박물관 뒷간
옛 동 베를린 구역에 있는 농기구
박물관의 뒷간으로, 지금도 쓰고
있다.

사진 19 안 모습
가운데에 플라스틱 변좌를 놓고
오른쪽에 뒤지를 걸었다.

사진 20 베란다에 세운 뒷간
오른쪽이 집으로 들어가는 출입
구이다.

사진 18·사진 19는 베를린시 근교에 있는 농기구 박물관의 뒷간으로, 옛적 모습을 많이 닮았다. 다른 것은 뚜껑이 달린 플라스틱 제품의 변기와, 벽에 걸린 뒤지 뿐이다. 이 박물관은 옛 동독 지역에 위치한 까닭에 수세식을 갖추지 못한 듯 하다. 비록 뚜껑을 덮었지만, 사진을 찍는 잠깐 동안에도 냄새가 심하였다.

사진 20은 몸채 입구 옆 베란다의 뒷간이고, 사진 21·사진 22는 몸채 곁에 붙인 뒷간의 옆모습(사진 21)과 뒷모습(사진 22)이다.

독일 뒷간에는 지역에 따른 차이가 거의 없으며, 2인용의 경우 남녀 칸을 구분하지 않는다. 뒷간의 아랫도리에는 우리와 달리 똥·오줌을 퍼내기 위한 구멍이 없다. 일찍부터 화학 비료를 쓴 까닭일 터이다. 따라서 안에 둔 작은그릇을 들어내어 다른 데에 버렸다. 채광이나 환기가 매우 불리한 점은 결점이라 하겠다.

사진 21 몸채 곁의 뒷간
뒷간에 드나들려면 대문 밖으로 나와야 한다.

사진 22 앞 뒷간의 뒷모습

〔Abstract〕

Latrines Of The East Asia

The three North Eastern Asian countries i.e. China, Korea, and Japan, have many things in common in their culture from the ancient time. Philosophies, religions, and new materials came to Korea from China and then it passed on to Japan. However, in Korea and Japan, people were proficient in transforming or even recreating these new ideas into their own. Therefore, by observing the process of adaptation and acculturation, one can easily recognize the unique cultural characteristics of these peoples.

The topic of this book is latrines of China, Korea, and Japan. Latrines certainly take an important role on one's daily life as well as kitchens and living rooms. But not many researches have been done on this subject. Even though Edward S. Morse from the USA wrote a short article named "Latrines of the East" in 1893, there are very few books that report about this field more specifically. This book is the first one comparing latrine habits of the three countries. This study has been done through field works and old documents.

I. Korea

1. The Origin of the Words

a. Dwitgan(뒷간)

b. Jeongnang(淨廊)

c. Haeusil(解憂室)

d. And others

e. Distribution charts

2. Old style latrines

3. Latrines in many places

a. Gangwon-do

b. Gyeonggi-do

c. Chungcheong-do

d. Gyeongsangbuk-do

e. Gyeongsangnam-do

f. Jeollabuk-do

g. Jeollanam-do

4. Pig-Latrines(돼지뒷간)

a. Gyeongsangnam-do

b. Jeju-do

5. Latrines of Temples

a. Jeollanam-do

(1) Seonamsa(Seonam Temple)   (2) Songgwangsa(Songgwang Temple)

(3) Yeongoksa(Yeongok Temple)   (4) Burimam

b. Jeollabuk-do

(1) Naesosa(Naeso Temple)　　　(2) Gaeamsa(Gaeam Temple)

c. Chungcheongnam-do

(1) Gaesimsa(Gaesim Temple)　　　(2) Goransa(Goran Temple)

(3) Magoksa(Magok Temple)　　　(4) Sinwonsa(Sinwon Temple)

d. Gyeongsangnam-do

(1) Haeinsa(Haein Temple)　　　(2) Bulguksa(Bulguk Temple)

(3) Ssanggyesa(Ssanggye Temple)

e. Gangwon-do

(1) Bodeoksa(Bodeok Temple)

6. Latrines of Palaces

a. Latrines of *Goryeo History*

b. Latrines of *Story of Joseon Dynasty*

c. Latrines of Changdeokgung(Changdeok Palace)

7. Toilet Paper (Mitssitgae, 밑씻개)

a. Materials of Toilet Paper

b. Cleaning one's bottom by using a dog

c. Dwinnamu(Using a stem of tree)

8. Ghosts of Latrines

a. Names

b. History of latrine ghosts

c. Characters

9. Latrine Stories

a. Latrines in the Documents

b. Folk tales

b. Dung-Seller of Joseon era

c. Dung-Seller of the 20th Century

II. China

1. Origine of the words

a. Chuck(厠)

b. Xueyin(雪隱)

2. Latrines of Ancient

3. Latrines in many places

a. Jilim

b. Shandong

c. Chougan

d. Yunnan and Guizhou

e. Kuangdong

4. Latrines of Temples

5. Latrines of Documents

6. Pig-Latrines

7. Toilet Paper

8. Latrine Ghosts

a. Names

b. Memorial ceremonies for them

9. Latrine stories

10 Latrine Proverbs

11. Hoja, Yogang and Matong(馬桶)

a. Hoja

(1) The Origin of the word (2) Hoja of the ancient (3) Various kinds of Hojas

b. Yogang

(1) Various kinds of Yogangs (2) Yogang Proverbs (3) Popular Custom

c. Matong

(1) Various kinds of Matongs (2) Matong Proverbs (3) Popular Custom

12. Popular custom of Dung and Urine

a. Popular custom of Dung

(1) The Origin of the word (2) Dung Stories (3) Dung Proverbs

(4) Words about Dung (5) Dung-Seller

b. Popular Custom of Urine

(1) The Origin of the word (2) Urine Stories (3) Urine Proverbs

III. Japan

1. The Origin of the word

a. Kawaya(河屋)

b. Seichin(雪隱)

c. Tousu(東司) and others

2. Change of Latrines

a. Latrines of the ancient

b. Supply of Latrines

3. Latrines in many places

4. Direction of a toilet bowl

5. Pig-Latrines

6. Toilet Paper

7. Latrine Ghosts

8. Latrine Stories

9. Latrine Proverbs

10. Yogangs

11. Popular custom of Dung and Urine

a. Popular custom of Dung

(1) Dung Stories   (3) Dung Proverbs

(4) Words about Dung

b. Popular Custom of Urine

(1) Urine Stories   (3) Urine Proverbs

A Glimpse at old German Toilets

1 Origin of the word

'厠'(chuck) is the Chinese word for latrine. It means a corner space of the house. Koreans call it 'Dwitgan'(뒷간). This means a space behind the house. In these two cases, the locations of latrines became the name of it. However in Japan, '川屋' came from the method they process the stools. Meanwhile some cities in Japan call it '背屋(space behind the house)'. Chinese people use the word '厠' over two thousand years. They still call latrine '厠所'. The word '厠'(chuck) was also used in Korea in ancient time and it is still remain in some area as they call it '厠間(Chuckgan)'.

The word 'Chuckgan' was used among the upper class in Korea, but 'dwitgan(뒷간)' was more widely used. 'dwitgan' first appears in the 15th century documents and the origin is believed to be much older than that. 'Byeonso(便所)' has been used since 15th century and nowaday 'hwajangsil(化粧室)' is much more used than that.

In Buddhist temples around Korea, latrines were also called 'haeuso(解憂所)' ; its literal meaning is 'a place where you can resolve your trouble.' Meanwhile at the temples in China, they call latrines 'Xueyin(雪隱)', and this word was spread into the Japanese temples and the common people. But in Korea, people did not use it.

Japanese people like to use indirect expressions to call their latrines such as 'a place for washing hands', 'a silent place', and 'a private place'. This is a custom only found in Japan. Ruth Benedict earlier named this kind of behavior a part of 'culture of shame'. '便

所' was used from 15th century to 1970's.

On the other hand, they also used the words of Buddhist origin such as 'Seichin' and 'Tousu'. But today over eighty percent of the Japanese people use a western word, that is, 'toilet' or its short form 'toile'.

2. Interior and structure of latrines.

These three countries have their own styles of the latrine structures. Chinese latrines have open- air style, Japanese have closed one and Korean half closed one.

In the Farming area of Shangdong in China, there are many latrines that have no doors and compartments. People use the open-air latrines that stand in a line on the street in the villages. Because there are no doors and compartments, men and even women in latrine can be seen by passersby. Furthermore there are no separated section between men and women. The only difference between men's latrine and women's is that the women's have bigger holes than men's. They usually talk each other from their seat and say hello to passersby while they are excreting.

There are no exceptions in open-air latrines of the cities. Although there are separations between men and women, but there are also no doors and compartments. They have only holes for relieving themselves in the right and left side of the aisle. People sit face to face with others, talk to each other, and exchange their newspaper while they are relieving themselves. They do it very naturally as if they sit in the restaurant.

The roofs or the interiors of latrines are also very poor. The ones located near fields of farmlands have just big pots. And men or women defecate with placing one's bottom on the mouth of the pot. And even if there is a roof or wall, they are just pieces of tree on the pot. Therefore children or drunken men easily fall into it. For children who have fallen into dung tubs, people in China and Korea have made rice cake. Meanwhile Japanese relieved themselves holding ropes connected to the roof but children have easily fallen into it too. In those cases, they changed the children's name to escape from the anger of latrine ghosts.

Korea has similar situation. There were latrines without doors or roofs in the southern coastal area and inland. It is same with Chinese style that there are pieces of tree on the dung tub. However even the poorest farmer family, they had their own latrine and they did not use the outside privy like Chinese one.

Korean upper class separated toilet for men and women strictly. Latrines for women were in the main building of their house, and ones for men were in the detached building for men. This was due to the fact that women almost lived in the main building of the house and men usually stayed in the detached building for men. The women's latrines were connected to a building for a treadmill or a barn and they had to pass through a kitchen to go to latrines. It might be very inconvenient to go there. Men's case was similar because latrines were built outside the gate. The Japanese proverb, "the house of in-laws, like the toilet, should be located at a distance" has same meaning in Korea. And we can think the proverb came from Korea.

Japan also placed latrines inside and outside of the building at the same time, but that was from the more realistic cause. Outside latrines were used by men those who usually worked outside. And inside latrines were usually used at night.

In the farming area of China, people use frame works that look like a chair (that is, sitting type toilet). This way is old enough to appear in the documents written in 2000 years ago. It has very long history so you can find it in the 3rd century documents. It might be used in the other areas a long times ago too. Frankly speaking, in Korean and Japanese styles, it is a little bit uneasy and even painful to sit on a dung tub, especially for pregnant women and the old. If you sit on it for a long time, you will have a dull pain. The stories of latrine ghosts who have taken people's life might came from these kinds of situations. You can say only Chinese used European style toilets (sitting type toilets) in the Asia. Yogangs were also adapted in similar style. The upper class of China set them in the chair-like-frame works. But in Korea and Japan, people have to bend their knees to sit on the tub.

Unlike China, Japan had the separated space for dung and urine. Especially they used their urine as fertilizer for vegetable gardens. Both men and women of Kinki in Japan used pots buried under the earth. And women in this city, urinated in the men's pose. It could be possible due to the fact that they wanted to collect their urine as much as possible. Korean collected urine in pots too, but unlikely Japan, the pots were called 'latrine for urine(小便所)' and used by only men. Meanwhile women used only 'latrines for dung(大便所)'.

Japan has a lot of old documents about latrines and it helps us to know about situation of those days.

In 8th - 12th century, there were no latrines even in the houses of the aristocracy. They used chamber pots and their servants threw excreta on the road. The common people defecated just on the roads, so the roads were full of dung and urine. In the 12th-13th century genre painting, you can see men and women who wear the high-heeled wooden shoes excreting as they bending themselves low. Chinese and Korean also excreted on the road too. You can find the old documents tell that the water of the wells in those cities was salty. The situation of Japan might be the same.

Common people of Japan began to build latrines after 13th century. And they did it for using their dung and urine as fertilizer not for sanitary purpose or for hiding their shame. You can say it is the very Japanese characteristic feature. Meanwhile there are documents that say southerners of Yangtze River in China built latrines to collect their urine and dung, which they used as fertilizer either.

There is another characteristic Japanese feature. They put the toilet stool in the opposite side of the door, that is, against the wall. It is different from not only China and Korea but also all over the world. They explain the reason like this. If a person opens the door of latrine accidentally when you use it, that kind of position makes you cover your genital part. And they can't see each other's face. In fact the cover attached in front of toilet stool was made by a Japanese. It is so called "ball-cover".

And women in this country feel shames abnormally by the sound made when they are excreting. So when a noble woman used latrine in old times, a servant used to make the sound dead by pouring water into a pot in front of latrine. If she relieve herself, they use a clod of earth, they tied it with a tread and pull it with a splash continuously. Furthermore, they made water run intentionally in the western style toilet. They even invented "Sound lady" which make a water flowing sound with a button. And this stuff has been installed in Inchon International Airport.

3. Latrines of the temples

Zen Buddhism regards relieving one self as one of the process of self-discipline. So, they made strict rules and tried hard to keep those rules. Furthermore, they observed the cleaning rules, which prescribed about the way of cleaning latrine, and washing one's hands and body after using latrine.

The most representative Zen temple, 金山寺 of Tang era had 720cm × 1620cm latrine building. On the right and left side of the aisle, there are 9 rooms for night soil (淨厠) and on the left side, there were 8 rooms for urinating and on the lower part of the building there was a space for washing one's hands(後架).

Typical latrine of Korean temple is Seonamsa in Jeollanam-do(illustration 15). The overall latrine building looks like "T". It is the biggest latrine building in Korea. It has space for women (375cm) on the right side and for men (523cm) on the left side. Men's space has 8 rooms (illustration 200) and women's space has 6rooms. Men's one has more rooms than women's because men go to the temple more frequently. Width of men's room is 120cm, depth is 130cm, and the height of a partition is 135cm.

Meanwhile, latrines of Tohokuji temple(東福寺) in Tokyo, Japan, have about 20 urns on the left and right side of the aisle and they have no compartments and doors. They are open-air style like outside privies of Chinese big cities. Experts say this temple have been built after the ones of Tang era. We could think that today's open-air latrines followed this tradition. At Saidaiji temple(西大寺) in Heiseikyo(平城京) which was built before the Tohokuji temple, People have found the latrine site at which about 20 people could excrete And there are also no marks of compartments. So you can think the latrine style of Tohokuji temple have been spread to the nation wide.

Latrines of the Korean temples are different from ones of Japanese and Chinese in several aspects. First, latrine buildings are located in higher place. Second they memorize five incantations. Third they build the compartments of men and women in the same building.

Modern latrines after the old style are higher than second floor of modern buildings. The higher location like this means you should waste away not only your night soil and urine but also the filthiness of your mind.

The following sentences are 5 incantations.(入廁五呪)

1. After relieving yourself, wash it with the water of your left hand.

2. Wash your hands.

3. Throw away the filthiness of your mind.

4. Wash your body.

5. When there is no water, memorize "there is no water".

4. Toilet paper

In the ancient temples, they used a narrow (5mm) and long (20cm) piece of bamboo tree(廁籌) as toilet paper. This way was originated from India, and introduced to China with Buddhism and again to Korea, finally to Japan. The common people of these countries used it too.

In Korea, people of Baekje(百濟) used this way, and we can find it in the 18th century documents. In rural communities of Japan used this way until mid-20th century.

The upper class of China began to use paper after 13th century. The warrior and the merchant class of Japan could use it at 18th century. Even at this time, however, paper was very expensive, so common people, especially in Osaka, usually resold the paper that had been once used.

The common people of these countries wiped their bottom with leaves or stems of plant. They used hay in the wintertime in Korea and Japan. But those who could not afford to it used another way. They used two straws that were hanged on the left and right side of latrine. In Korea this way was used until 1950. People of farming areas in Korea also called a dog and made the dog lick their children's bottom.

In Japan, 'Chirigami(塵紙)' was widely used due to the popularization of cheep newspaper.

5. Pig latrine

The people of these three countries built pigsties next to latrines and feed their pigs on dung. This kind of latrine derived from the middle - lower reaches of Yellow river in B.C 7th - 2nd century of China and it spread to the Yangtze River and the southern area. It resulted from expansion of farming.

Even nowadays, it still remains a lot in the Shandong and Shanshe. In Korea, people began to grow pigs in latrines before 3thc century, but it remains only in the Gyeongsangnam-do area. A long times ago in Korea, pigsties were spotted all the country over. While in Japan they were only in the Okinawa(沖繩) area. The reason why latrine did not spread into the land was that Buddhism prohibited the meat-diet. In Okinawa it came from southern China in 14th century.

The purpose of these building was to get fertilizer, let alone breed pigs. And it was easier to feed them because they eat some of human dung, and there was no need to clean the dung separately. Before people produced chemical fertilizer, the one from pig latrine was a great help to a dry field farming. It was the most effective way to fertilize the rough land.

6. Korean latrine habits that went over Japan

Latrine habits of ancient Japan was from Korea. The example is '厠籌'. 73 pieces of 厠籌 were discovered on the Baekje latrine spot in a hotel at which envoys or officials from Baekje and China stayed. A scholar who was in the excavation team for this remain said, "people from Baekje brought many kinds of living culture, and among these, there might be the ways of using bathroom."

And from the remain of the similar period(outside privy of 藤原宮), people found some pieces of tree on which Baekje and Shila people's names are written down. And the scholar said, "the building must be latrine or an office of Toraikei. 渡來系 鴻臚館 in Hukohoka city was a building for serving their guests from China or Korea. So you can say the ancient collective-latrine might be connected with these Toraikei people." These 'Toraikei' means Koreans who have gone over to Japan after 3rd century. And another scholar(李家正文) write "from Choson peninsular to China, people used toilet stool(便器). It was brought by Toraikei and spread into the upper class society in the 8 - 12th century and finally settled in Japanese style. It is that 'bennohako'. And it is found in the report of 'Dosho(道昭)' at Bunbutennou(文武天皇) era in *New Japanese History*."

7. Latrine Ghosts

People of these three countries think there are ghosts in latrines. The origins of these ghosts are told only in Korea and China. In the stories of these two countries, women who died in latrines became ghosts and they were called their real names. The stories of them are common in China, while in Korea they are existed only in Jeju Island. In Japan, ceremonies for these ghosts are included in the constructional process, so when they build houses, carpenters put a doll into a hall in which a dung barrel is to be buried.

In China, the second wives who were killed by the first ones became the ghosts. On the contrary, in Korea, the second wives who killed the firsts one became the ghosts to pay for their crime. So they have negative characters and their level is very low too. It is due to the Korean psychology, which regard latrines dirty and smelly places. Therefore young women ghosts are wild and evil. And sometimes they even deprive persons of life. Because of this kind of negative character, ceremonies for them are very formal.

Compare to this, Chinese latrine ghosts always help people to farm, to give birth to sons, and to become to be rich and they never play negative roles. Ceremonies for them usually hold at the first full moon day in January all over the country. And you can say they are rather parties than ceremonies because all family members gather together, and have games such as 'Question and Answer' and sing together. Objects of worship (housed in a shrine in which the ghost of a deity is traditionally believed to dwell) are almost house-hold goods such like a winnow, a besom, a round basket, a gourd (a container made of this fruit), because the ghosts are female, Few cities take objects of worship as female dolls.

In Japan, not only common people but also the government since 10th century has observed the annual events. Dolls are used as objects of god and the ceremonies are served from late December to January 15th(in the lunar calendar).

These Japanese ghosts are especially related with giving birth to children. People believe they can give birth to healthy children safely and children grow well only when the latrine ghosts help them. In this reason, the parents should go to latrine with their newborn baby and bow to them. These Japanese ghosts even can revive children who have already dead. Korean latrine ghosts can call back the spirit of deceased children, but their power cannot reach the Japanese one. There are many husband and wife latrine ghosts, and their objects of worship are dolls. They think latrine ghosts blessed people who always keep their latrine clean. From this belief, we can see that Japanese like cleanness very much. They say the most beautiful ghost of the three ghosts sisters (a well ghost, a kitchen ghost, a latrine ghost) is latrine ghost.

In Korea and China, when a child falls into the dung pot, people make rice cake to reduce the ghost's anger but the ways to make it are very different from each other. In

China the family beg the rice from 100 neighbors and make rice cake from it. While in Korea, they share the rice cake, which is made of their own rice with their 100 neighbors. We could think the Chinese custom have been changed into typical Korean tradition.

As we said, Chinese latrine ghosts are very positive. They blessed people, help people to farm, and make people rich. So people hold memorial services gorgeously like festival and they enjoy it,

Comparing with China, Korean latrine ghosts have only negative images. They are ferocious, evil and sometimes they take life from human. Japanese latrine ghosts have both negative and positive images. They help human being if they like him, but they also harm people when the men make some mistakes. They give medicine and illness to human and make people live and die. They also have various features. Some people believe they are beauty and the others think they are handicapped. So you can say the Japanese latrine ghosts have both aspects of darkness and brightness, life and death at the same time.

8. Latrine Proverbs

Generally speaking, the most of latrine proverbs have negative meanings. These three nations have similar situations. Chinese proverbs show stubbornness, death, mistake, and grubbiness. Korean proverbs tell betrayal, humbleness and Japanese mean troublesomeness, meanness, and rudeness.

In the 15 Korean latrine proverbs, there are proverbs about dogs (3) and filthiness (3). It might be connected with the thought that dogs eat dung and latrines are dirty and shabby.

Among the 8 Chinese latrine proverbs, there are two ones about death and one comparing with the road to the world of death. It might be connected with the fact that people sometimes die suddenly in latrines. There are ones comparing with meanness like Korean.

Japan has more latrine proverbs than the two other nations. So its contents are more diverse. 3 proverbs regard latrines as a place in which easily harm someone. There are such kinds of proverbs in China or Korea too. 4 proverbs are about animals such as mice, cats, maggots, which we can find in latrines. They compared latrines with Buddhist shrines as necessaries of life because each and every house has the shrine. Korean and Japanese have a common latrine proverb, they say "the house of in-laws, like the toilet, should be located at a distance." All these three countries regard latrine as a shabby place.

9. Hoja, Yogang, Matong

Hojas, men's urinal, derived from Ju era in China and people use up to now. They were spread into Korea and Japan, but were not employed in common at that time. In Korea they came out of the remains of Baekje(3pieces) and Kokurie 高句麗(1 piece). But we can't find them in the post 9th century documents.

There were two kinds of Hojas. One was a shape of tiger and used by the aristocrats and the other was cylindrical used by common. Nowadays you can find rectangle. Korean used the two kinds of Hojas. Especially Chinese used them as a pillow too. Yogangs of Korea were easier to make and to use than hojas of China. The efficiency of yogangs came from the fact that both man and woman can use them. People placed them in the room and used them when they urinated and sometimes relieved themselves. From the king to the common people used them and today the old in the rural area use them.

In 18th century, a mandarin of China desired Yogang due to these facts. Especially in Korea, people used them at night because their toilets were located apart from the houses. So brides always regarded them as one of the important items which they should prepare for their marriage[Korea call it 'honsu(婚需)'] and people thought them as a symbol of a happy marriage. And they even put the yogangs in ones' graves because people thought the deceased could use them in the other world. And the Korean invented "road yogang" which a lady could use in the 'Kama'(Korean palanquin for women).

Yogangs of Korea went over to Japan with Buddhism. They have been counted as one of the important household goods. The shapes of them were cylindrical or oval and their height was about 30cm and diameter was about 31.5cm. Women's were a little bit smaller than that. The aristocrats drew picture or decorated with mother-of-pearl and applied lacquer on them. When masters went out, their servants prepared them in the box and followed them. In the Northern cities which have a lot of snow in Korea and China, people regarded them one of the most important 'honsu' items ('honsu' means items which bride should prepare for her marriage).

Among the Japanese yogangs, which were used after 17th century, there are a lot of ones that resemble Korean yogang. They are similar not only in shape but also in pattern. They might be from Korea or Korean who went to Japan made them. Cylindrical yogangs also remind hojas from Gongju.

Among the Korean proverbs about yogangs, there are three proverbs that point fragileness of them. And in Chinese, there is one proverb. Korean has used it widely and most of them were made by pottery with the dark brown glaze. Most of Korean proverbs have positive meaning while Chinese have negative ones (3). Matons of China are potable toilet stools. And even today there are no latrines in Chinese cities such as Sanghai or Peking and Jian. People put them in the rooms and all families use them together. Their height and diameter are about 30cm and they look like casks. They are made of pieces of Japanese cedar. In these days there are also plastic matongs. In upper class, People set them in frames and placed them near beds. And at dawn, housewives bring them to the road and poured their contents into barrels which are set on hand carts pulled by street cleaners. And people brushed them and exposed them to the sun.

The brides of Korea and Japan regarded matong as one of the important 'honsu' (articles which they should ready for their marriage). In China matongs were regarded as means that accelerated pregnancy. Because they thought giving birth to children was same with relieving themselves.

10. Popular custom of excretion

In the Korean myths, the god's night soil changes into mountain or land. And in the Japanese ones, gods are born or plant grows up in their excrement. China has myths of same motif too. All myths of these countries used night soil as material of creation. It might be from the thought that ordure could be used as fertilizer and circulated.

In China and Korea people used night soil as a barometer of one's health and a medicine. Compare to this, Japanese people used it for expelling evil spirits. And Chinese and Korean let their dogs eat human excrement or made them lick their children's bottom.

These three countries also regarded night soil as a symbol of gold and as a target of filthiness at the same time. We also could find custom that people gave an ordure-related-name to a precious child. In Korea and Japan, even their kings had that kinds of names and Japanese has such kinds of family names.

Japanese thought that a thief who broke into someone's house was not caught if he relived himself. This kind of thought came to Korea. And in Japan there is a story about a man who loves a lady in vain and desires to see the lady's night soil.

Proverbs about excrement reach to 150 in Korea, 21 in Japan and only 13 in China. Korea has much more excrement-related-proverbs than these two countries. From this figure, you can see optimistic and humorous character of Korean. Most of them in these had negative meanings such as filthiness, injustice, humbleness, contempt, poverty, and incompetence. Among Korean proverbs, 14 means growth, luck and goodness. Meanwhile dog related ones reach 30 in Korea, 8 in Japan and 6 in China. This shows that dogs have a very close relationship with human, but more importantly, it might be connected with the fact that dogs eat night soil of human.

There are many animals such as cows (7), flies (4), horses (3), ducks (3), goats (2), crows (2) in Korean proverbs. It is very distinctive feature of Korean. Japanese proverbs have dogs (7) and cats (1), China has only a dog (1).

In Japanese proverbs, people compare soybean paste with night soil because those two things are similar in color. And there are proverbs, which tell you the value of human excrement.

In the case of night-soil-related-words, Japanese have 36, Korean 25, Chinese 4 cases. In Korea they are compared with the urgent situation (4), or prostitute and in Japan they show almost negative meaning or contempt (6).

Korean thought that a woman who had urinated in her dream became a very noble person (queen), and gave birth to a great man. It was from such a notion which woman was a mother of the earth and urine made land fertilize. People also regarded women's urine was more effective than man's. And they believe life energy of urine helped farming, fishing, and driving out epidemics.

Chinese also expelled the evil spirits by urine. And dream of urinating meant birth of a great man. In Japan, god was born in urine and showed his power by breaking a big rock and made mountain stop its growth with his urine. And the evil spirits were driven away by god's urine, and sometimes it becomes a river. Like Korean proverbs, action of urinating means giving birth to a child.

Korean sent their child to his neighbor for asking some salt when he had urinated in his bed. At this time the child should wear a winnow in his head. Instead winnow, Japanese child went asking some salt with his sheet spotted with his urine. Asking salt means borrowing its power that can expel evil spirit from his neighbors.

The peoples of three nations used urine as a medicine and they used it as negative meanings in proverbs. Japan has 3 proverbs connected with farming and 2 ones related with sex. And Korean distinctively used it as means of measuring time. That is, they calculated time by intervals of urinating. The two other nations had no habit such like that.

At 7th July, in Kyushu, they wash their hair with 'urine of the seven stars of the Great Bear' and it remind the custom of northern area of Korea, in which people wash their bodies with real urine.

11. Excreting

Generally speaking, when people urinate, men do it in a standing posture and women do it in a sitting posture. But in Korea, sometimes men did it in a sitting posture while in Kansai, Japan, women did it in a standing posture until lately. The men's sitting posture was exited in Mongolia, Egypt, Iran, Bangladesh, Nepal, East Asia and some of Chinese cities. In Iran, there is no men's urinal. It is from the thought that the standing posture is impious for God. In Buddhism there is a commandment such as, " Do not urinate in a standing posture."

In Kansai, Japan, women stood toward a pot buried under the earth and urinated in standing posture. Furthermore, in childhood, they did it in sitting posture but when they became an adult, they did it in standing posture and they regarded it as an evidence of becoming an adult. They wanted to use their urine as fertilizer apart from night soil. So in this area, men and women have used toilet separately.

It was same not only in Japan but also in Northern Thailand and Vietnam and Egypt. In Europe, women also used toilet in a standing posture from ancient to modern society.

It is very interesting that Korean, Japanese and Chinese urinate and relieve themselves at once, while American or European do it separately. Westerners do it with time difference. But Apache in Arizona do it at once. It is same with Mexican. But it is not sure that the difference is from racial difference (between Mongoloid and Caucasoid).

12. Dung Seller

These three countries have sold the dung as goods before chemical fertilizer was produced at 19th century, it played a big part as fertilizer. In Korea there were the upper-middle class who sold night soil. In 19th and 20th century, there were a lot of dung sellers. In 1910's, dung-ash that was mixed with dung and ash had a good quality. Japan found a company that dealt with dung and urine of Seoul, and drew large revenue by supplying it to nearby farming area. The trade of dung and urine continued until 1950's and people exchanged it for vegetables or fuel instead of cash.

In Japan and China, people built latrine for collecting dung and urine. Japanese began to trade these items from 13th century and did it more widely and systematically than people of Korea and China. And customs of this trade are diverse according to the area.

In Tokyo, dung and urine of tenants belonged to their landlords, while in Osaka, dung went to the landlords and urine did to the tenants. This business was very profitable so building outside privies became a big business at the early 19th century. Ships were used only for carrying it from cities to farming areas and specialized middlemen appeared. And the right of collecting dung itself was the mortgage and the subject of buying and selling. They thought dung was gold so there were urine sellers in the big cities who exchanged pedestrians' urine for vegetables.

In late 19th century, farmers in Kyushu had rallies for falling down the price of dung and urine. Farmers sometime exchanged it vegetables or rice or fuel. They said it is same with eating rice cake and eating dung. This sentence could be understood only if you know this circumstance.

In fact dung and urine of human being fertilized the earth and it help to grow the crops and we could have plenty of food. It was benefit of circulation of nature but that kind of circulation brought some side effects, such as water pollution, spreading of parasite.

인용 문헌

가. 우리 문헌

김광언, 1996, <주거생활>, 『중국 길림성 한인 동포의 생활문화』, 국립민속
　　　박물관.

김미영, 2000, <안동 양반의 가족과 친족생활>, 『안동양반의 생활문화』, 안
　　　동시·안동대학교 민속학연구소.

김수영, 1966, 『문학』 10.

김영자, 1997, 『조선왕국 이야기』, 서문당.

김용숙, 1987, 『朝鮮朝 宮中風俗硏究』, 일지사.

김용제, 1981, 『唐詩逸話』, 정음사.

金元龍, 1962, <三國時代 動物形土器 試考>, 『美術資料』 6.

김인옥 편저, 1996, 『중국의 생활민속』, 집문당.

김지하, 1989, 『애린』, 실천문학사.

두창구, 2001, 『동해시지역의 설화』, 국학자료원.

무비(無比) 편찬, 1994, 『화엄경』 2, 민족사.

박상우, 1988, 『사람구경』, 고려원.

박제가 지음, 이익성 옮김, 1971, 『北學議』, 을유문고 51.

박지원, 『課農小抄』

박지원 지음, 김혈조 옮김, 1997,『그렇다면 도로 눈을 감고 가시오』, 학고재.

徐聲勳, 1979, <百濟 虎子 二例>,『百濟文化』第12集.

서정주, 1994,『미당시전집』1, 민음사.

성기열, 1988,『한국설화의 연구』, 인하대학교 출판부.

成俔 지음, 남만성 옮김, 1973,『용재총화(傭齋叢話)』, 대양서적.

안도현, 1989,『모닥불』, 창작과비평사.

양주동, 1967, <정지상>,『한국의 인간상』第5卷, 신구문화사.

예용해, 1979,『이바구 저바구』, 까치.

오장환, 1946,『병든 서울』, 정음사.

禹夏永, 18세기 중반~19세기 초,『千一錄』

殷和秀, 1998, <傳 開城出土 靑磁虎子에 대한 考察>,『考古學誌』第9集,
        韓國考古美術研究所.

이규태, 2001,『이규태 코너』, 월간조선사.

이벤허, 1994,『중국인의 생활과 문화』, 김영사.

이생진, 1987,『그리운 바다 성산포』, 동천사.

이성선, 1987,『하늘 문을 두드리며』, 전예원.

이성우, 1981,『韓國食經大典』, 향문사.

이재곤, 1996,『서울의 민간신앙』, 백산출판사.

이재정, 1999,『중국사람들은 어떻게 살았을까』, 지영사.

임석재, 1989,『한국구전설화』임석재 전집 4(함북·함남·강원편), 평민사.

임창순, 1999,『唐詩精解』, 소나무.

전완길, 1991,『한국인의 탈무드』, 오늘.

丁若鏞, 1979,『與猶堂全書補遺』3책, 京仁文化社.

정연식, 2001,『일상으로 본 조선시대 이야기』2, 청년사.

鄭招 外, 1429,『農事直設』

『朝鮮王朝實錄』

진기환, 1996,『중국의 토속신과 그 신』, 지영사.

진성기, 1990,『제주도무가 본풀이사전』, 민속원.

최연식, 1997,『고려시대 사람들은 어떻게 살았을까』1, 청년사.

최영철, 1987,『아직도 쭈그리고 앉은 사람이 있다』, 열음사.

한양명, 2000, <안동 양반의 제사활동>,『안동양반의 생활문화』, 안동시・안
　　　　동대학교 민속학연구소.

헤로도토스 지음, 박광순 옮김, 1987,『역사』, 범우사.

현각, 1999,『하버드에서 화계사까지』, 열림원.

玄容駿, 1980,『濟州道 巫俗資料事典』, 新丘文化史.

홍순민, 1999,『우리 궁궐 이야기』, 청년사.

홍태한, 1999,『한국의 민담』, 민속원.

나. 중국 문헌

干寶 지음・도경일 옮김, 1999,『고대 중국 민담의 재발견(搜神記)』, 세계사.

『甲乙剩言』

『古今圖書集成』

『昆尼母經』

蒯大申・祁紅 지음, 박현규 옮김, 1998,『중국민속학』, 백산자료원.

巫瑞書, 1972, <迎紫姑風俗的流變及其文化思考>,『民俗硏究』, 第2期.

『墨子』

龐元英, 宋,『文昌雜錄』

司馬遷 지음, 김원중 옮김, 2002,『사기열전』, 을유문화사.

謝肇淛, 明,『五雜俎』

『沙摩經』

『三國志』

尙秉和 지음, 秋田成明 編譯, 1969,『中國社會風俗史』, 平凡社.

孫机, 1989,『漢代物質文化資料圖說』, 中國歷史博物館.

孫詒讓, 淸,『周禮正義』

松枝茂夫 編, 1969,『記錄文學集』(中國古典文學大系 第56卷), 平凡社.

沈括, 北宋,『夢溪筆談』

梁宗懍, 6世紀,『荊楚歲時記』

袁珂 지음, 전인초・김선자 옮김, 1992,『중국신화전설Ⅰ・Ⅱ』, 민음사.

『元史』

劉侗, 明,『帝京物略』

劉韻, 前漢,『西京雜記』

劉義慶 撰, 金長煥 譯註, 2000,『世說新語』, 살림.

義淨,『南海寄歸內法傳』

『紫姑顯異錄』

『資治通鑑』

『莊子』

褚人穫, 淸,『堅弧秘集』

『輟耕錄』

中國硅酸鹽學會 編・오강원 옮김, 1995,『中國古代陶瓷史』, 白山資料院.

蒲松齡 撰, 최인욱 옮김, 1966,『聊齋志異 下』, 을유문화사.

『韓非子』

『漢書』

胡雲翼 지음, 장기근 옮김, 1961,『중국문학사』, 한국번역도서주식회사.

後藤基巳 編譯, 1968,『中國古代寓話集』, 平凡社.

다. 일본 문헌

『家相極秘傳』

『古事記』

谷直樹・遠州敦子, 1986,『便所のはなし』, 鹿島出版會.

關敬吾, 1953,『日本昔話集成』, 角川書店.

光藤俊夫・中山繁信, 1984,『すまいの火と水』, 彰國社.

宮武省三, 1927, <糞尿奇問>,『習俗雜記』(『糞尿の民俗學』, 1996 所收).

宮本常一, 1981,『繪卷物に見る日本庶民生活誌』, 中公新書 605, 中央公
　　論社.

宮田登, 1983,『女の靈力と家の神』, 人文書院.

宮田登・馬 興國 編, 1998,『民俗』(日中文化交流史叢書 5), 大修館書店.

今村鞆, 1928,『民俗歷史・朝鮮漫談』, 南山吟社.

金城朝永, 1930, <琉球の厠>,『民俗學』2巻 4號.

金城朝永, 1931,『厠に關する習俗』(『糞尿の民俗學』, 1996 所收).

奈良國立文化財研究所, 1992,『藤原京跡の便所遺構』.

大勝時彦, 1941, <厠神考>,『國學院雜誌』47巻 10號.

大林太良, 1973,『稻作の神話』, 弘文堂.

大帝權帥 外,『帥記』

稻田浩二 外, 1995,『日本昔話事典』, 弘文堂.

都丸十九一, 1999,『上州の民俗』, 未來社.

礫川全次, 1996,『糞尿の民俗學』, 比評社.

飯島吉晴, 1986,『竈神と厠神』, 人文書院.

『百姓傳記』

『兵範記』

本居宣長,『古事記傳』

本間都, 1990, <屎尿はどう扱われで來たか>,『日本トイレ博物誌』, INAX.

北見俊夫, 1994, <日本便所考>, 大野盛雄・小島麗逸 編著,『アジア厠考』, 勁草書房.

佛坂勝男 外, 1975,『九州の歲時風俗』, 明玄書房.

三橋健, 1997,『わが家の守り神』, 河出書房新社.

三浦若明, 1914,『朝鮮肥料全書』, 日本園藝研究會.

西岡秀雄, 1987,『トイレツトペ－パ－の文化誌』, 論倉社.

西岡秀雄, 1996,『考古學トイレ考』圖錄, 大田區鄕土博物館.

西谷大, 2001, <豚便所>,『國立歷史民俗博物館 研究報告』第90輯.

西村惠信, 1983,『禪僧の生活』, 雄山閣.

萱野茂, 1976,『アイヌ民家の復原, チセ・ア・カラ』, 未來社.

孫晉泰, 1932, <厠に於ける朝鮮民俗に就いて, ドルメ 第8號>,『糞尿の民俗學』, 1996, 比評社.

松井章, 1994, <考古學から見たトイレ>,『下水文化研究』第6號, 愛甲社.

須藤功, 1994,『すまう』, 弘文堂.

市川建夫, 1978,『風土の中の衣食住』, 東京書籍.

新納豊, 1994, <韓國便所事情>, 大野盛雄・小島麗逸 編著,『アジア厠考』, 勁草書房.

櫻川貞雄, 1966,『トイレ古現』, 東洋陶器株式會社.

『延喜式』

染木煦, 1939,『北滿民具採訪手記』, 座右寶刊行會.

鈴木了司, 1991,『トイレ學入門』, 光雲社.

永尾龍造, 1941,『支那民俗誌』第二卷, 支那民俗誌刊行會.

『宇治拾遺物語』

『倭名類聚抄』

源隆國(?), 12世紀 初,『今昔物語集』

柳田國男・山口貞夫, 1939,『住居習俗語彙』

李家正文, 1988,『增補 厠 まんだら』, 雪華社.

李家正文, 1983,『住いと厠』, 鹿島出版會.

伊藤淸司 지음, 박광순 옮김, 2000,『신이(神異)의 나라 중국의 신화와 전설』, 넥서스.

『日本書紀』

林巳奈夫, 1976,『漢代の文物』, 京都大學人文科學硏究所.

林巳奈夫 지음, 김민수・윤창숙 옮김, 1996,『돌에 새겨진 동양의 생활과 사상』(石に刻まれた世界—『畵像石が語る古代中國の生活と思想』), 두남.

井出季和太, 1935,『支那の奇習と異聞』, 平野書房.

齋藤政喜・內澤旬子, 2001,『東方見便錄』, 文藝春秋.

佐久山史子, 1993, 研究集會,『便所をめぐる考古學』, 奈良國立文化財研究所.

左原眞, 1996,『食の考古學』, 東京大學出版會.

『淸良記』

村山智順, 1929,『朝鮮の鬼神』, 朝鮮總督府.

出口米吉, 1914, <厠神>『人類學雜誌 29卷 1號』(礫川全次의『糞尿の民俗學』에서 재인용).

坂本高雄, 1975,『山梨の民家』, 비매품.

平川宗隆, 2000,『忠繩トイレ世替わり』, ボーダーインク.

Planning OM 엮음, 1994,『화장실이 웃는다』, 사민사.

鶴藤鹿忠, 1961,『中國地方の民家』, 明玄書房.

鶴藤鹿忠, 1968,『四國地方の民家』, 明玄書房.

鶴藤鹿忠, 1971,『琉球地方の民家』, 明玄書房.

荒 宏 外, 1990,『日本トイレ博物誌』, 圖書出版社.

다. 서양 문헌

Adams Hart-Davis, 1997, *An Encycloopedia : Thunder, Flush And Thomas Crapper*, Michael O'Mara Books Limited (藤澤邦子 譯, 1998,『トイレおもしろ百科』, 文藝春秋).

A. Henry Savage-Landor, 1895, *Corea or Cho-sen : The land of the Morning Calm*, William Heinemann, London (신복룡・장우영 옮김, 1999,『고요한 아침의 나라 조선』, 집문당).

Bishop, Isabella. B., 1898, *Korea and Her Neighbors*, St. James Gazette, London (이인화 옮김, 1994,『한국과 그 이웃나라들』, 살림).

Edward, S. Morse, 1893 March.18, <Latrines Of The East>, *The American Architect And Building News* Vol. XXXIX. ~ NO. 899.

Edward, S. Morse, 1886, *Japanese Homes and Their Surroundings* (齋藤正二 外 譯, 2000,『日本人の住まい』, 八坂書房).

Gernot Prunner 지음, 조흥윤 옮김, 1984,『中國의 神靈』, 정음사.

Horace N. Allen, M. D., 1908, *Things Korean A Collection of Sketches and Anecdotes, Missionary and Diplomatic*, Fleming H. Revell Co., New York (신복룡 옮김, 1999,『조선견문기』, 집문당).

Jacque Gernet, 1959, *La vie quotidienne en Chine-a' la veille de l'invasion mongol 1250 ~ 1276* Paris ; Hacette (김영제 옮김, 1995,『전통중국인의 일상생활』, 신서원).

John Gregory Bourke, 1891, *Scatologic Rites Of All Nations*, W. H. Lowdermilk & Co.,

Wshington (성귀수 옮김, 2002, 『신성한 똥』, 까치글방).

Julie L. Horan, *The Porcelain God* (남경태 옮김, 1996, 『1.5평의 문명사』, 푸른숲).

Lawrence Wright, 1960, *The Fascinating History Of The Bathsroom And The Water Closet* (高島平吾 譯옮김, 1989, 『風呂トイレ讚歌』, 株式會社 晶文社).

Rev. George W. Gilmore, A. M., 1892, *Korea from its Capital : with a Chapter on Mission,* Presbyterian Board of Publication and Sabbath-School Work, Philadelphia (신복룡 옮김, 1999, 『서울 풍물지』, 집문당).

Par M. Charles Varat, 1892, *Voyage en Core'e,* Le Tour Monde Vol. LXⅢ

W. R. Carles, F. R. G. S., 1888, *Life In Corea,* Macmillan And Co.

도판출처

가. 사진

1. 李家正文, 1988,『增補 厠 まんだら』, 雪華社.
2. Ostia 박물관, 1975, Ostia · Porto · Isola Sacra.
4. 정연학.
28. 모름.
311. 荒 宏 外, 1990,『日本トイレ博物誌』, 圖書出版社.
320. 김동섭.
321. 김동섭.
322. 황헌만.
323. 최영 장군 당굿보존회.
328. 殷和秀, 1998,『考古學誌』第9集, 韓國考古美術研究所.
329. 殷和秀, 1998,『考古學誌』第9集, 韓國考古美術研究所.
332. 殷和秀, 1998,『考古學誌』第9集, 韓國考古美術研究所.
333. 殷和秀, 1998,『考古學誌』第9集, 韓國考古美術研究所.
334. 殷和秀, 1998,『考古學誌』第9集, 韓國考古美術研究所.
335. 殷和秀, 1998,『考古學誌』第9集, 韓國考古美術研究所.
336. 殷和秀, 1998,『考古學誌』第9集, 韓國考古美術研究所.

337. 殷和秀, 1998, 『考古學誌』 第9集, 韓國考古美術研究所.

338. 李家正文, 1984, 『圖說 厠まんだら』, INAX.

339. 荒宏 外, 1990, 『日本トイレ博物誌』, 圖書出版社.

340. 김동섭.

341. 김동섭.

343. 원광대학교박물관, 1997, 『호남지방의 옹기문화』.

352. Par M. Charles Varat, 1892, *Voyage en Core'e*, Le Tour Monde Vol. LXⅢ.

353. 김동섭.

363. 국립민속박물관.

364. 국립민속박물관.

366. 須藤功, 1994, 『すまう』, 弘文堂.

367. 모름.

369. 국립문화재연구소, 1999, 『프랑스 국립기메동양박물관 소장 한국문화재』.

434. 殷和秀, 1998, 『考古學誌』 第9集, 韓國考古美術研究所.

441. 染木煦, 1939, 『北滿民具採訪手記』, 座右寶刊行會.

488. 모름.

489. 모름.

490. 奈良國立文化財研究所, 1992, 『藤原京跡の便所遺構』.

491. 奈良國立文化財研究所, 1992, 『藤原京跡の便所遺構』.

492. 奈良國立文化財研究所, 1992, 『藤原京跡の便所遺構』.

493. 奈良國立文化財研究所, 1992, 『藤原京跡の便所遺構』.

494. 奈良國立文化財研究所, 1992, 『藤原京跡の便所遺構』.

495. 李家正文, 1984, 『圖說 厠まんだら』, INAX.

496. 荒宏 外, 1990, 『日本トイレ博物誌』, 圖書出版社.

497. 荒宏 外, 1990, 『日本トイレ博物誌』, 圖書出版社.

498. 荒宏 外, 1990, 『日本トイレ博物誌』, 圖書出版社.

499. 荒宏 外, 1990, 『日本トイレ博物誌』, 圖書出版社.

500. 荒宏 外, 1990, 『日本トイレ博物誌』, 圖書出版社.

501. 李家正文, 1984, 『圖說 厠まんだら』, INAX.

502. 鶴藤鹿忠, 1961, 『中國地方の民家』, 明玄書房.

503. 鶴藤鹿忠, 1961, 『中國地方の民家』, 明玄書房.

507. 荒宏 外, 1990, 『日本トイレ博物誌』, 圖書出版社.

510. 荒宏 外, 1990, 『日本トイレ博物誌』, 圖書出版社.

511. 荒宏 外, 1990, 『日本トイレ博物誌』, 圖書出版社.

512. 荒宏 外, 1990, 『日本トイレ博物誌』, 圖書出版社.

518. 牧田茂, 1958, 「小屋」, 『日本民俗學大系』 6, 平凡社.

519. 李家正文, 1984, 『圖說 厠まんだら』, INAX.

520. 李家正文, 1984, 『圖說 厠まんだら』, INAX.

521. 李家正文, 1984, 『圖說 厠まんだら』, INAX.

522. 須藤 功, 1994, 『すまう』, 弘文堂.

523. 李家正文, 1984, 『圖說 厠まんだら』, INAX.

524. 李家正文, 1984, 『圖說 厠まんだら』, INAX.

525. 荒宏 外, 1990, 『日本トイレ博物誌』, 圖書出版社.

526. 萱野茂, 1976, 『アイヌ民家の復原, チセ・ア・カラ』, 未來社.

527. 谷直樹・遠州敦子, 1986, 『便所のはなし』, 鹿島出版會.

531. 荒宏 外, 1990, 『日本トイレ博物誌』, 圖書出版社.

532. 荒宏 外, 1990, 『日本トイレ博物誌』, 圖書出版社.

533. 荒宏 外, 1990, 『日本トイレ博物誌』, 圖書出版社.

534. 谷直樹・遠州敦子, 1986, 『便所のはなし』, 鹿島出版會.

535. 荒宏 外, 1990, 『日本トイレ博物誌』, 圖書出版社.

539. 荒宏 外, 1990, 『日本トイレ博物誌』, 圖書出版社.

545. 李家正文, 1984, 『圖說 厠まんだら』, INAX.

546. 荒宏 外, 1990, 『日本トイレ博物誌』, 圖書出版社.

547. 西岡秀雄, 1987, 『トイレットペーパーの文化誌』, 論倉社.

548. 李家正文, 1984, 『圖說 厠まんだら』, INAX.

549. 谷直樹・遠州敦子, 1986, 『便所のはなし』, 鹿島出版會.

550. 都丸十九一, 1999, 『上州の民俗』, 未來社.

551. 都丸十九一, 1999, 『上州の民俗』, 未來社.

552. 都丸十九一, 1999, 『上州の民俗』, 未來社.

553. 都丸十九一, 1999, 『上州の民俗』, 未來社.

554. 鶴藤鹿忠, 1961, 『中國地方の民家』, 明玄書房.

555. 都丸十九一, 1999, 『上州の民俗』, 未來社.

557. 荒宏 外, 1990, 『日本トイレ博物誌』, 圖書出版社.

558. 荒宏 外, 1990, 『日本トイレ博物誌』, 圖書出版社.

559. 荒宏 外, 1990, 『日本トイレ博物誌』, 圖書出版社.

560. 荒宏 外, 1990, 『日本トイレ博物誌』, 圖書出版社.

561. 李家正文, 1984, 『圖說 厠まんだら』, INAX.

562. 李家正文, 1984, 『圖說 厠まんだら』, INAX.

563. 李家正文, 1984, 『圖說 厠まんだら』, INAX.

564. 李家正文, 1984, 『圖說 厠まんだら』, INAX.

565. 荒宏 外, 1990, 『日本トイレ博物誌』, 圖書出版社.

566. 荒宏 外, 1990, 『日本トイレ博物誌』, 圖書出版社.

567. 荒宏 外, 1990, 『日本トイレ博物誌』, 圖書出版社.

568. 荒宏 外, 1990, 『日本トイレ博物誌』, 圖書出版社.

569. 須藤功, 1994, 『すまう』, 弘文堂.

570. 荒宏 外, 1990, 『日本トイレ博物誌』, 圖書出版社.

571. 小野重朗, 1969, 『南九州の民具』, 慶友社.

572. 李家正文, 1984, 『圖說 厠まんだら』, INAX.

나. 그림

1. Lawrence Wright, 1960, *The Fascinating History Of The Basroom And The Water Closet* (高島平吾 譯, 1989, 『風呂トイレ讚歌』, 株式會社 晶文社).

2. 妹尾河童, 1990, 『河童が 覗いた トイレまんだら』, 株式會社文藝春秋.

11. 주남철, 1980, 『한국주택건축』, 일지사.

14. 櫻川貞雄, 1966, 『トイレ古現』, 東洋陶器株式會社.

23. 김용숙, 1987, 『朝鮮朝 宮中風俗研究』, 일지사.

24. 주남철, 1980, 『한국주택건축』, 일지사.

25. 문화부 문화재관리국, 1991, 『東闕圖』.

27. 西岡秀雄, 1987,『トイレットペーパーの文化誌』, 論倉社.

28. 市川建夫, 1978,『風土の中の衣食住』, 東京書籍.

29. 李家正文, 1983,『住いと厠』, 鹿島出版會.

30. 孫机, 1989,『漢代 物質文化資料圖說』, 中國歷史博物館.

31. 林巳奈夫 지음, 김민수・윤창숙 옮김, 1996,『돌에 새겨진 동양의 생활과
　　　　　사상』(石に刻まれた世界― 畫像石が語る 古代中國 の生活
　　　　　と思想), 두남.

32. 染木煦, 1939,『北滿民具採訪手記』, 座右寶刊行會.

33. 染木煦, 1939,『北滿民具採訪手記』, 座右寶刊行會 32.

34. Edward, S. Morse, 1893 March.18, <Latrines Of The East>, <The American
　　　　　Architect And Building News> Vol. XXXIX. ~ NO. 899

35. 光藤俊夫・中山繁信, 1984,『すまいの火と水』, 彰國社.

36. 西谷大, 2001, <豚便所>,『國立歷史民俗博物館 研究報告』第90輯.

37. 西谷大, 2001, <豚便所>,『國立歷史民俗博物館 研究報告』第90輯.

29. 西谷大, 2001, <豚便所>,『國立歷史民俗博物館 研究報告』第90輯.

38. 西岡秀雄, 1987,『トイレットペーパーの文化誌』, 論倉社.

39. 西村惠信, 1983,『禪僧の生活』, 雄山閣.

40. G. 프르너 지음, 조흥윤 옮김, 1984『중국의 신령』, 정음사.

41. G. 프르너 지음, 조흥윤 옮김, 1984『중국의 신령』, 정음사.

42. G. 프르너 지음, 조흥윤 옮김, 1984『중국의 신령』, 정음사.

43. 永尾龍造, 1941,『支那民俗誌』第二卷, 支那民俗誌刊行會.

44. 殷和秀, 1998,『考古學誌』第9集, 韓國考古美術研究所.

45. 모름.

46. 光藤俊夫・中山繁信, 1984,『すまいの火と水』, 彰國社.

47. 左原眞, 1991, <食から見た日本史 古代の食⑨>, VESTA NO. 9.

48. 光藤俊夫・中山繁信, 1984,『すまいの火と水』, 彰國社.

49. 松井章, 1995,「トイレ考古學のはじみり」,『古代に挑戰する自然
　　　　　科學』, クバプロ.

50. 西岡秀雄, 1996,『考古學トイレ考』圖錄, 大田區鄕土博物館.

51. 西岡秀雄, 1996,『考古學トイレ考』圖錄, 大田區鄕土博物館.

52. 佐原眞, 1996, 『食の考古學』, 東京大學出版會.

53. 西岡秀雄, 1996, 『考古學トイレ考』圖錄, 大田區鄉土博物館.

54. 李家正文, 1988 『增補 厠 まんだら』, 雪華社.

55. 李家正文, 1988 『增補 厠 まんだら』, 雪華社.

59. 宮本常一, 1981, 『繪卷物に見る日本庶民生活誌』, 中公新書 605, 中央
    公論社.

60. 李家正文, 1988, 『增補 厠 まんだら』, 雪華社.

61. 平川宗隆, 2000, 『沖繩トイレ世替おわ』, ボーダーインク.

62. 光藤俊夫・中山繁信, 1984, 『すまいの火と水』, 彰國社.

63. 平川宗隆, 2000, 『沖繩トイレ世替おわ』, ボーダーインク.

64. 光藤俊夫・中山繁信, 1984, 『すまいの火と水』, 彰國社.

66. 李家正文, 1984, 『圖說 厠まんだら』, INAX.

67. 谷直樹・遠州敦子, 1986, 『便所のはなし』, 鹿島出版會.

68. 佐原眞, 1996, 『食の考古學』, 東京大學出版會.

69. 三橋健, 1997, 『わが家の守り神』, 河出書房新社.

70. 李家正文, 1983, 『住いと厠』, 鹿島出版會.

71. Edward, S. Morse, 1886, *Japanese Homes and Their Surroundings* (齋藤正二 外 옮
    김, 2000, 『日本人の住まい』, 八坂書房).

72. Edward, S. Morse, 1886, *Japanese Homes and Their Surroundings* (齋藤正二 外 옮
    김, 2000, 『日本人の住まい』, 八坂書房).

73. 光藤俊夫・中山繁信, 1984, 『すまいの火と水』, 彰國社.

74. 西岡秀雄, 1996, 『考古學トイレ考』圖錄, 大田區鄉土博物館.

75. 李家正文, 1984, 『圖說 厠まんだら』, INAX.

76. 李家正文, 1984, 『圖說 厠まんだら』, INAX.

77. 李家正文, 1984, 『圖說 厠まんだら』, INAX.

78. 李家正文, 1984, 『圖說 厠まんだら』, INAX.

79. 李家正文, 1984, 『圖說 厠まんだら』, INAX.

80. 秋山高志 外, 『圖錄 農民生活史事典』, 柏書房.

81. 모름.

82. 李家正文, 1984, 『圖說 厠まんだら』, INAX.

찾아보기

김광언 金光彦

1939년 서울 출생

서울대학교 사범대학 국어교육과 졸업

서울대학교 문리과대학 고고인류학과 졸업

일본 도쿄대학 대학원(문화인류학) 졸업

전북대학교 문리과대학 조교수

국립민속박물관장

현재 인하대학교 사범대학 교수

▮ 저 서

『한국의 농기구』(1969, 문공부 문화재관리국)

『정읍 김씨 집』(1980, 열화당)

『한국의 옛집』(1982, 마당)

『한국의 민속놀이』(1982, 인하대출판부)

『한국 농기구고』(1986, 한국농촌경제연구원)

 ※ 출판문화상 저작상 수상

『한국의 주거 민속지』(1988, 민음사)

『한국 민속학』(1988, 새문사, 공저)

『풍수지리』(1993, 대원사)

『몽골/바람의 교향, 초원의 말발굽』(1993, 조선일보사, 공저)

『아! 고구려』(1994, 조선일보사, 공저)

『김광언의 민속지』(1994, 조선일보사)

『한국의 부엌』(1997, 대원사)

『운반용구』(1998, 국립문화재연구소)

『기층문화를 통해 본 한국인의 상상체계』 상·중·하(1998, 민속원, 공저)

『한국의 집지킴이』(2000, 다락방)

 ※ 2000년도 문화관광부 우수학술도서

『우리생활 100년·집』(2000, 현암사)

 ※ 2002년도 문화관광부 우수학술도서

 ※ 중앙일보 좋은 책 100선

『우리 문화가 온길』(2001, 민속원)

『디딜방아 연구』(2001, 지식산업사)

 ※ 2002년도 대한민국학술원 우수학술도서

『민속놀이』(개정판, 2001, 대원사)